Leopold Kratochwil

# Pädagogisches Handeln bei Hugo Gaudig, Maria Montessori und Peter Petersen

Leopold Kratochwil

# Pädagogisches Handeln bei Hugo Gaudig, Maria Montessori und Peter Petersen

**Reihe Schule und Unterricht**

Herausgegeben von Jörg Petersen und
Gerd-Bodo Reinert

Verlag Ludwig Auer Donauwörth

*Allen,*
*die mir Lehrer waren und sind,*
*in tiefer Dankbarkeit*

1. Auflage. 1992
© by Ludwig Auer GmbH, Donauwörth. 1992
Alle Rechte vorbehalten
Gesamtherstellung: Ludwig Auer GmbH, Donauwörth
ISBN 3-403-02141-6

# Inhalt

Vergleich der drei pädagogisch-didaktischen Konzepte
unter dem Aspekt des pädagogischen Handelns in
systematischer Absicht

# Einleitung

Am Ende eines Jahrhunderts, das an seinem Anfang programmatisch als eines des Kindes apostrophiert und postuliert worden ist[*], wird gerade aus pädagogischer Sicht vielfach Bilanz gezogen. Dabei kommt es aus mancherlei Gründen zu einer verstärkten Rückbesinnung und teilweise zu einer "Wiederentdeckung" jener kräftigen Impulse, die am Beginn dieses Jahrhunderts gesetzt wurden. Und es geschieht nicht selten, daß einzelne Theorie- und Praxis-Elemente aus den Zusammenhängen gerissen werden, in denen sie entwickelt worden sind, und daß diese Elemente dementsprechend beziehungslos-unvermittelt in neue Theorie- und Praxis-Kontexte gestellt werden. Dies ist meistens verbunden mit einseitigen Akzentuierungen, mit Überbewertungen, mit offensichtlichen Simplifizierungen und ähnlichem mehr. Dieses Schicksal widerfährt auch den prominenten pädagogisch-didaktischen Konzepten HUGO GAUDIGs, MARIA MONTESSORIs und PETER PETERSENs, die bis heute für die pädagogische Theorie wie vor allem für die Schul- und Unterrichtspraxis ihre Wirkungen zeigen. Deshalb wird es aufschlußreich sein, gerade diese drei Werke hinsichtlich der Kategorie zu analysieren, die für die Pädagogik wohl aller Zeiten von zentraler Bedeutung ist: hinsichtlich des "pädagogischen Handelns".

Diese Studie markiert eine Station im Prozeß meiner jahrelangen Auseinandersetzung mit Fragestellungen und Problemen im Umkreis pädagogischer und didaktischer Theorie und Praxis. Ich möchte sie daher als orientierende Wegmarke verstanden wissen - einerseits am heute weithin schmal gewordenen Pfad historischer Vergewisserung systematischen Denkens; und andererseits im Labyrinth häufig geschichts- bzw. vergangenheitsvergessener und theorieabstinenter bildungspolitischer Ansinnen und Entscheidungen.

Auch an dieser Stelle möchte ich allen jenen Dank sagen, die mir in persönlichem Kontakt oder über ihre Werke Lehrer waren und sind, und überhaupt allen Gesprächspartnern in geistiger Herausforderung, in Zuspruch und konstruktiver Kritik. Zugleich hoffe ich, daß diese Studie Anlaß für die Eröffnung neuer Dialoge mit Menschen sein kann, die an der Weiterentwicklung pädagogischer Theorie wie Praxis ernsthaft interessiert sind.

---

[*]  E. Key: Das Jahrhundert des Kindes. 1900 (deutsch 1902).

# Zielstellung und Aufbau

Die vorliegende Studie macht es sich zur Aufgabe, die nach der Jahrhundertwende entwickelten, weithin anerkannten und wirkungsmächtigen Konzepte HUGO GAUDIGs, MARIA MONTESSORIs und PETER PETERSENs in der Absicht zu analysieren, sie für systematische pädagogische Überlegungen fruchtbar zu machen. Nachdem diese drei Konzepte sowohl für die pädagogisch-didaktische Theorie als auch für die erzieherisch-unterrichtliche Praxis zahlreiche Impulse gegeben haben, scheint es besonders lohnend zu sein, der Frage nachzugehen, wie GAUDIG, MONTESSORI und PETERSEN in ihren Denk-Kontexten das "pädagogische Handeln" verstehen - ringt das pädagogische Denken aller Zeiten doch immer wieder um das Verständnis dieser grundlegenden Kategorie und um die ihr entsprechende Praxis. Damit ist das systematische Interesse dieser Studie formuliert. Diese Zielstellung erfordert die hermeneutisch-kritische und systematisch-komparative Analyse der Werke als Methode des Vorgehens.

Dieser intentionalen und methodischen Anlage der Arbeit entspricht ihr **Aufbau in drei Schritten**:
1. Zunächst werden jene Gesichtspunkte herausgearbeitet und in ihrem Zusammenhang dargestellt, welche dazu geeignet erscheinen, die Analyse pädagogisch-didaktischer Konzepte unter der Kategorie des pädagogischen Handelns anzuleiten.
2. Damit ist die Voraussetzung dafür gegeben, die geschichtsmächtig gewordenen Konzepte GAUDIGs, MONTESSORIs und PETERSENs unter dieser Kategorie zu analysieren, was den Hauptteil der Studie ausmacht. Dazu werden in jeder der drei Einzelanalysen
   - zuerst lebens-, werk- und rezeptionsgeschichtliche Marginalien skizziert, soweit sie für das Konzept des pädagogischen Handelns von Bedeutung sind, sowie
   - ein Umriß der pädagogischen-didaktischen Denkstruktur als dem fundierenden Hintergrund geboten, um auf dieser Basis
   - das pädagogische Handeln in dem Konzept des jeweiligen Autors sorgfältig zu analysieren und
   - sich schließlich mit seinem Verständnis von pädagogischem Handeln hermeneutisch-kritisch auseinanderzusetzen.
3. Auf diese isolierten Einzelanalysen folgt im Sinne des komparativen Forschungsdesigns der Vergleich aller drei Konzepte unter dem Aspekt

des pädagogischen Handelns in systematischer Absicht. Damit sollen nicht zuletzt die Möglichkeiten und Grenzen der drei historisch bedeutsamen Konzepte für die pädagogische und didaktische Theorie und Praxis unserer Zeit abgewogen bzw. eingeschätzt werden.

Um die Vergleichbarkeit der Analyseergebnisse zu gewährleisten, müssen die Gesichtspunkte einheitlich gewählt werden; und um den Begriff des "pädagogischen Handelns" in den Konzepten so auffassen zu können, wie er dort jeweils gemeint ist, müssen diese Gesichtspunkte ganz genereller Art sein, also das menschliche Handeln schlechthin betreffen.

Der spezielle Untersuchungsrahmen dieser Studie läßt eine umfassende kritische Würdigung der drei Persönlichkeiten und ihres Gesamtwerkes natürlich nicht zu. Außerdem wird es sehr bewußt vermieden, die Werke von vornherein im Kontext jener Bewegungen und Strömungen zu diskutieren, die später mit dem Epochenbegriff "Reformpädagogik" etikettiert worden sind.* Vielmehr kann umgekehrt diese historische Ordnungskategorie aufgrund der Analyseergebnisse vielleicht etwas präziser verstanden werden.

In den folgenden Ausführungen werden immer wieder die Begriffe "Konzept" und "Konzeption" gebraucht. Dabei wird "Konzept" in Anlehnung an das englische Grundwort "concept" - abgesehen von der unmittelbar synonymen Verwendung im Sinne von "Begriff", etwa wenn vom "Konzept 'Erziehung'" die Rede ist - eher im Sinne "pädagogisch-didaktischer Theorien" und "Konzeption" eher im Sinne von "pädagogisch-didaktischen Praxis-Modellen" - zum Beispiel als "schulpädagogisches/schuldidaktisches Modell" - verwendet.

Ein alphabetisches Verzeichnis der in allen Anmerkungen erwähnten Literatur schließt die Arbeit ab. Die im Text verstreuten Hinweise in Form von Dezimalgliederungen in Klammern beziehen sich auf die Darstellung der Handlungsstruktur auf Seite 18.

---

\*   Vgl. J. Oelkers: Reformpädagogik. Eine kritische Dogmengeschichte. Weinheim – München 1989, v.a. S. 7-19.

# Gesichtspunkte für die Analyse pädagogisch-didaktischer Konzepte unter dem Aspekt pädagogischen Handelns

Stellt man sich die Aufgabe, pädagogisch-didaktische Konzepte unter dem Aspekt des pädagogischen Handelns zu analysieren und zu vergleichen, ist es unumgänglich, nach einheitlichen und so generellen Gesichtspunkten zu suchen, daß sie die Untersuchung inhaltlich möglicherweise auch recht unterschiedlicher Konzepte orientieren können. Diese einheitlichen und generellen Gesichtspunkte für **pädagogisches** Handeln sind einer handlungstheoretisch fundierten allgemeinen Handlungsstruktur zu entnehmen, die hier kurz entfaltet wird.[1]

Zur Konstituierung und Beschreibung von Handlungen können folgende **Strukturelemente** unterschieden werden:
Handlungen können grundsätzlich nur vor dem Hintergrund einer Umwelt realisiert und reflektiert werden, die kulturell (also wesentlich auch sprachlich) und damit auch historisch vermittelt ist. Im Rahmen dieser kulturell vermittelten **"Handlungs-Umwelt"** können bestimmte Situationen als **"Handlungssituationen"** interpretiert werden, innerhalb derer man - zumindest prinzipiell - Handlungsbedingungen, Handlungsvorbereitungen, die eigentliche Handlungsdurchführung sowie Handlungsfolgen identifizieren kann. Die Realisierung und Reflexion von "Handlungen" sind demnach stets kontextabhängig.

Für jedes Handeln lassen sich Bedingungen angeben (1.)[2], die extern, das

---

1   Vgl. L. Kratochwil: Der Erziehungsbegriff aus handlungstheoretischer Perspektive. In: Pädagogische Rundschau, Heft 2/1988, S. 165-185. - Die Fruchtbarkeit dieses Ansatzes habe ich das erste Mal am Beispiel der Spiel-Handlungen erprobt und demonstriert; siehe: L. Kratochwil: Spielen in der Schule - eine Praxis zwischen Spiel-Philosophie und Spiel-Didaktik. Ein handlungstheoretischer Versuch für "Spiel" und "Unterricht". In: E. Meyer (Hg.): Spiel und Medien in Familie, Kindergarten und Schule. Heinsberg 1984, S. 202-218. Zur Fundierung aus der Sicht der pädagogischen Anthropologie siehe z.B. H. Zdarzil: Pädagogische Anthropologie. Graz - Wien - Köln 1978, 2., überarb. u. erw. Aufl. (1972).

2   Die Dezimalgliederung in Klammern bezieht sich auf das Kohärenzstrukturdiagramm auf Seite 18.

heißt außerhalb des Handlungsakteurs (1.1.), und intern, das heißt im Akteur selbst (1.2.), gelegen sein können.[3]

Zu den **externen Bedingungen** zählen

– Merkmale bzw. Kriterien, die es erlauben, ein "Geschehnis" überhaupt als "Handlung" eines bestimmten Typs[4] interpretieren zu können, was Sinnzuschreibungen nötig macht (1.1.1.);

– der "Raum", in dem gehandelt wird; der Zeitpunkt und die Dauer[5] der Handlung (Zeitaspekt); die Mittel, die für die Durchführung der Handlung eingesetzt werden; die Normen, an denen die Handlung orientiert ist:[6] dazu gehören "Lebensformen"[7], Traditionen, Konventionen, Sitten, (Ge-)Bräuche, Grundsätze, Regeln, Ziele und ähnliches; die Sozialstruktur, in der die Handlung vollzogen wird: allein, zu zweit, in oder mit einer oder gegen eine Gruppe, beobachtet oder unbeobachtet und so weiter - diese Momente können mit dem Begriff "Handlungsorganisation" (1.1.3.) zusammengefaßt werden;

---

3 Zur Begrifflichkeit "extern" und "intern" siehe H.-D. Schmalt: Psychologische Aspekte einer Theorie der Handlung. In: H. Lenk (Hg.): Handlungstheorien - interdisziplinär. Band 3: Verhaltenswissenschaftliche und psychologische Handlungstheorien. 2. Halbband. München 1984, S. 535.

4 Siehe H. Lenk: Handlung als Interpretationskonstrukt. Entwurf einer konstituenten- und beschreibungstheoretischen Handlungsphilosophie. In: Ders. (Hg.): Handlungstheorien - interdisziplinär. Band 2: Handlungserklärungen und philosophische Handlungsinterpretation. 1. Halbband. München 1978, S. 304 und seine Einleitung (S. 12f.) zu Band 4 (Sozialwissenschaftliche Handlungstheorien und spezielle systemwissenschaftliche Ansätze, München 1977) dieses Sammelwerkes sowie H. Girndt: Das soziale Handeln als Grundkategorie erfahrungswissenschaftlicher Soziologie. Tübingen 1967, S. 56ff. - Brüggen stellt klar, daß Erziehung und Unterricht jedenfalls nicht dem "Typus zweckrationalen Handelns" entsprechen (Strukturen pädagogischer Handlungstheorie. Dilthey, Geisteswissenschaftliche Pädagogik, Mead, Habermas, Erlanger Schule. München 1980, S. 308f.), und Oelkers spricht von den "Handlungsklassen 'Erziehen' und 'Unterrichten'" (Intention und Wirkung: Vorüberlegungen zu einer Theorie pädagogischen Handelns. In: N. Luhmann/K.E. Schorr (Hg.): Zwischen Technologie und Selbstreferenz. Fragen an die Pädagogik. Frankfurt 1982, S. 162).

5 J. Oelkers: Intention und Wirkung, a.a.O., S. 154.

6 H. Lenk: Handlung als Interpretationskonstrukt. Entwurf einer konstituenten- und beschreibungstheoretischen Handlungsphilosophie. In: Ders. (Hg.): Handlungstheorien - interdisziplinär. Band 2: Handlungserklärungen und philosophische Handlungsinterpretation. 1. Halbband. München 1978, S. 337ff.

7 Siehe z.B. W. Flitner: Allgemeine Pädagogik. Stuttgart 1970, 13. Aufl. (1950), S. 65f. u. 109ff. sowie E. Spranger: Lebensformen. Geisteswissenschaftliche Psychologie und Ethik der Persönlichkeit. München - Hamburg 1965 (1914).

- die "Handlungsgemeinde" (1.1.4.), die sich aus der Sozialstruktur ergibt: ein oder mehrere Handlungsakteure (Handlungspartner), eventuell auch Handlungsbeobachter.

Zu den **internen Handlungsbedingungen** (1.2.) gehören einerseits biologische Voraussetzungen wie das Lebensalter und das Geschlecht des Akteurs bzw. der Akteure (1.2.1.), andererseits seine bzw. ihre Handlungsdispositionen[8] (1.2.2.) im Zeitpunkt der Handlung. Diese Dispositionen lassen sich als viergliedriges Komponenten-Gefüge auffassen, das während der Handlungsdurchführung mit den Handlungskomponenten selbst ident ist. Die physischen und physiologischen Komponenten sind als somatische, neurologische und elektrochemische Prozesse die materielle Basis jeder Handlung. Auf dieser Grundlage bauen die psychischen Prozesse des Erlebens im sozialen, emotionalen, sensomotorischen und kognitiven Bereich auf: Stimmungen, Strebungen, Bedürfnisse, (An-)Triebe, Gefühle, Wollen, Denken, Wahrnehmen und so weiter.[9] Dabei entwickeln sich Einstellungen, Erwartungen, Bewertungen, Ziele, Motive, Interessen, Fähigkeiten und so weiter. Diese Prozesse und Zustände durchaus unterschiedlichen Bewußtheitsgrades haben jedoch nicht nur physische und physiologische sondern auch metapsychische Voraussetzungen, die in der Möglichkeit und Notwendigkeit der Findung und Stiftung, jedenfalls der Zuschreibung eines Handlungssinns durch den (die) Handlungsakteur(e) liegen. Dabei ist es nicht unbedingt nötig, daß dem Akteur in jeder Phase seiner Handlung deren Sinn (und damit auch seine Intention(en)) voll bewußt ist. In vielen Situationen reicht es, wenn sich der Akteur den (vollen) Sinn (und damit auch die Intention(en)) seiner Handlung prinzipiell bewußt machen könnte. Ohne das Leib-Seele-Problem (Körper-Geist-Problem) hier diskutieren zu können, sei wenigstens auf die sehr komplexe wechselseitige Beeinflussung der dargestellten vier Faktorengruppen (Komponenten) hingewiesen.[10]

---

8   Zum Begriff "Dispositionen" siehe z.B. R. Strohal: Bemerkungen zu dem Begriff der psychischen Dispositionen und seiner Bedeutung für die Pädagogik. In: W. Brezinka (Hg.): Weltweite Erziehung. Freiburg 1961, S. 251 - 262 und W. Brezinka: Grundbegriffe der Erziehungswissenschaft. Analyse, Kritik, Vorschläge. München 1977, 3., verb. Aufl. (1974), S. 80ff.

9   Siehe Ph. Lersch: Aufbau der Person. München 1970, 11. Aufl.

10  Dieses komplexe viergliedrige Komponenten-Gefüge demonstriert hervorragend die Notwendigkeit, Verhaltensbiologie und Verhaltensphysiologie, Handlungspsychologie und Handlungsphilosophie in interdisziplinärer Anstrengung aufeinander zu beziehen.

Unter Umständen können der Ausführung einer Handlung im Sinne des Akteurs gewisse **Hemmnisse** entgegenstehen bzw. sie behindern (1.3.), die extern oder/und intern bedingt sein können.

Schließlich gehört zu den Handlungsbedingungen noch der **Handlungsanlaß** (1.4.), zum Beispiel aufgrund des "Aufforderungsgehaltes der Situation"[11] bzw. eines "Widerfahrnisses"[12].

Indem man die vier Handlungsdispositions-Komponenten zugleich als Handlungs-Komponenten identifiziert, wechselt man vom Feld der Handlungsbedingungen unwillkürlich in das der **Handlungsvorbereitung** und der eigentlichen Handlungsdurchführung. Dabei können die "Vorbereitung(en)" (2.) für die "eigentliche" Handlung häufig selbst als Handlung(en), eben als "Vorbereitungs-Handeln" im Sinne von Denk-Handlungen[13] im Rahmen von Handlungsplänen bzw. -entwürfen[14] interpretiert werden, in denen das "eigentliche" Handeln und sein Ergebnis knapp vor dessen Realisierung geistig mehr oder minder bewußt antizipiert werden. Hier leuchtet das Problem der Interpretation von "Geschehnissen" als "Handlungsserien" bzw. "Handlungsketten" auf[15], das natürlich nur unter Bezugnahme auf die "Merkmale des Handlungsgeschehens" (1.1.1.) und über das Erschließen und/oder Produzieren von Handlungssinn durch die Handlungsgemeinde gelöst werden kann.

Innerhalb der **Handlungsdurchführung** im weiteren Sinn (3.) können das Handlungserlebnis des Akteurs, seine Orientierungen, eventuellen Störungen und Tätigkeiten beim Handeln unterschieden werden.

---

11 H. Lenk: Handlung als Interpretationskonstrukt, a.a.O., S. 330.

12 H.-D. Schmalt: Psychologische Aspekte einer Theorie der Handlung, a.a.O., S. 524 (unter Bezug auf W. Kamlah).

13 Siehe z.B. A. Schütz, Th. Luckmann: Strukturen der Lebenswelt. Band 1. Frankfurt 1979 und R. Wiehl: Reflexionsprozesse und Handlungen. In: R. Bubner u.a. (Hg.): Handlungstheorie. Göttingen 1976, S. 17-65.

14 Siehe z.B. K. Reich: Unterricht - Bedingungsanalyse und Entscheidungsfindung. Ansätze zur neuen Grundlegung der Berliner Schule der Didaktik. Stuttgart 1979, S. 139ff. und G.A. Miller u.a.: Strategien des Handelns. Pläne und Strukturen des Verhaltens. Stuttgart 1973.

15 J. Oelkers: Erziehen und Unterrichten. Grundbegriffe der Pädagogik in analytischer Sicht. Darmstadt 1985, S. 207 (unter Bezug auf A. Kaufmann), S. 232 (auch "Episoden" - unter Bezug auf W.V.O. Quine), S. 256 u. 276.

Das Erlebnis des Handelns durch den Akteur (3.1.) umfaßt seinen Entschluß zum Handeln (3.1.1.), den eigentlichen Vollzug der Handlung (die Handlungsrealisierung im engeren Sinn) (3.1.2.), der in seinen verhaltensmäßigen Anteilen auch für Handlungspartner und Beobachter interpretierend erlebbar ist, und die vollzogene Handlung als Handlungsergebnis bzw. Handlungsresultat (3.1.3.).

Handlungsentschluß und -vollzug werden vor allem an den eigenen Handlungsdispositionen, eventuellen Handlungspartnern, der Handlungsorganisation und der Handlungsumwelt orientiert (3.2.)[16] und können auf Widerstände als Handlungsstörungen stoßen (3.3.).

Schließlich gehören zur Handlungsdurchführung die eigentlichen Handlungstätigkeiten (3.4.), die an physische, physiologische, psychische und metapsychische Handlungskomponenten gebunden sind. Sie können zunächst in "Handlungsclustern" gebündelt beschrieben werden[17], bevor man sie in einem Operationalisierungsprozeß bis zu Verhaltenselementen bzw. -partikeln gleichsam "kleinhackt".

An die Handlungsdurchführung schließen die **Handlungsfolgen** unmittelbar an (4.) - mindestens soweit es sich um sichtbare Sofortfolgen handelt. Nun wird das Problem der Zuschreibung gleichsam akut; denn wir neigen dazu, vieles - soweit es überhaupt beobachtbar und damit erlebbar ist - als beabsichtigte oder unbeabsichtigte Wirkungen bzw. Effekte von Handlungen unter Rückbezug auf unsere Handlungsintentionen zu interpretieren. Dieses allzu einfache, aber nichtsdestoweniger weithin vorherrschende Interpretationsmuster hat JÜRGEN OELKERS in bezug auf das Erziehungshandeln einer gründlichen und wohl unwiderlegbaren Kritik unterzogen.[18]

---

16 Zur Handlungsorientierung bzw. -regulation unter besonderer Berücksichtigung des Lehrerhandelns siehe K. Reich: Unterricht - Bedingungsanalyse und Entscheidungsfindung, a.a.O., S. 139ff.

17 Vgl. meine handlungstheoretische Analyse der didaktischen Struktur: L. Kratochwil: Didaktische Grundsätze - Umriß eines zentralen Unterrichtsproblems zwischen Praxis-Not und Theorie-Defizit. In: Pädagogische Impulse, Heft 3/1983, S. 15.

18 J. Oelkers: Intention und Wirkung, a.a.O.

Nicht mehr zur Handlungssituation gehört die **Reflexion über die Handlung**, worunter man die nachträgliche Interpretation der Handlung durch den Akteur, eventuell durch Partner und/oder Beobachter sowie durch die Mitwelt (z.B. Handlungstheoretiker) versteht. Diese Interpretation kann sich auf ein, mehrere oder alle Strukturelemente der Handlung einschließlich ihrer Situations- und sogar Umwelteinbettung beziehen.

Die hier beschriebenen Strukturelemente zur Konstituierung und Beschreibung von Handlungen werden in einem **Kohärenzstrukturdiagramm** in ihrem Zusammenhang dargestellt (S. 18).

Wenn die auf der nächsten Seite dargestellten Gesichtspunkte das menschliche Handeln im allgemeinen und grundsätzlich gültig beschreiben, dann müssen sie auch dazu geeignet sein, das Verständnis von "pädagogischem Handeln" als einem speziellen Handlungstyp aufzuhellen. Deshalb bilden diese generellen Handlungsaspekte den Leitfaden für die folgenden drei Analysen pädagogisch-didaktischer Konzepte.

Mit der Herausarbeitung von Gesichtspunkten für pädagogisches Handeln ist auch klargestellt, daß in dieser Untersuchung eine deutliche und prinzipielle Unterscheidung zwischen Erziehen und Unterrichten als pädagogischem Handeln vor allem von Erziehern und Lehrern auf der einen Seite und Bildung als "Sich-selbst-Bilden" von Kindern, Jugendlichen und Erwachsenen[19] auf der anderen Seite vorgenommen wird.

---

19 Vgl. W. Flitners Auffassung von "Bildung als Werk der Erziehung". W. Flitner: Allgemeine Pädagogik, a.a.O., S. 116ff.

# Allgemeine Struktur zur Konstituierung und Beschreibung von „Handlungen"

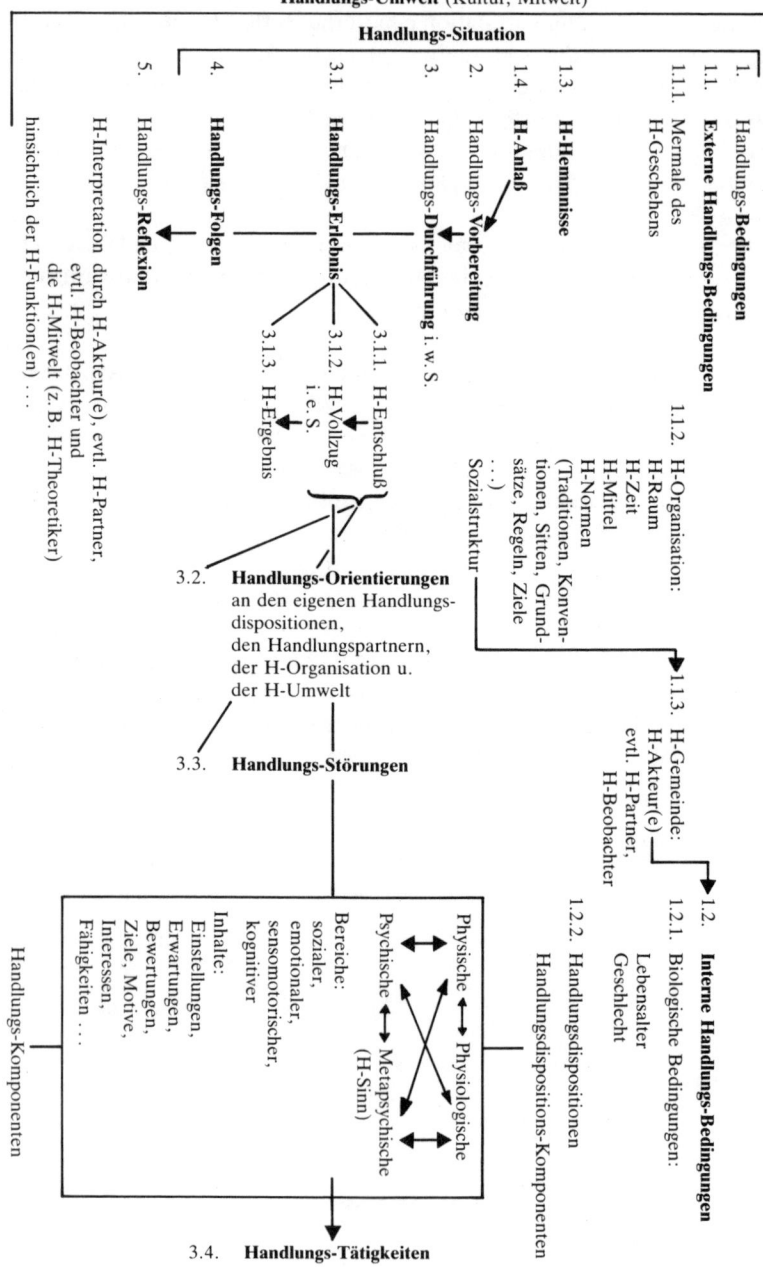

# Analyse dreier pädagogisch-didaktischer Konzepte unter dem Aspekt des pädagogischen Handelns

Unseren Zielvorstellungen entsprechend soll nun untersucht werden, in welcher Weise HUGO GAUDIG, MARIA MONTESSORI und PETER PETERSEN in ihren pädagogisch-didaktischen Konzepten "Erziehung" und "Unterricht" mit der Kategorie des Handelns verbinden, als ein "Handeln" auffassen. Sowohl die Einzelanalysen wie die darauffolgende komparative Schau der drei pädagogischen Ansätze beziehen sich - wie bereits erwähnt - auf biographische und rezeptionshistorische Marginalien zum Werkverständnis, auf die pädagogisch-didaktischen Denkstrukturen der Autoren sowie auf die Strukturelemente des pädagogischen Handelns in deren Werken. Dementsprechend wird für die Notizen zu Biographie und Rezeptionsgeschichte auch Sekundärliteratur von Zeitgenossen, Schülern und Nachgeborenen herangezogen, während die anderen beiden Teile weitestgehend von der jeweiligen Primärliteratur getragen werden, sollen GAUDIG, MONTESSORI und PETERSEN doch möglichst direkt bzw. unmittelbar (manchmal auch in längeren Originalzitaten) zu Wort kommen. Dieses Bemühen um Authentizität der Darstellung möchte einerseits sicherstellen, daß die Werkinterpretationen unter dem Aspekt des pädagogischen Handelns keine Verfälschung durch subjektiv-selektive Rezeption erfahren, und es andererseits dem geneigten Leser leichter machen, sich in die (heute teilweise bereits antiquiert anmutende) Sprache und damit in das Denken dieser Autoren immer besser und tiefer "einzuhausen". Dies schließt natürlich nicht aus, daß gelegentlich auch Querverweise auf heutige Forschungsergebnisse gegeben werden, welche die Relevanz der damaligen Erkenntnisse verdeutlichen können.

# I. Pädagogisches Handeln bei HUGO GAUDIG

## 1. Biographische und rezeptionshistorische Marginalien zum Verständnis von GAUDIGs Werk

Wie für viele andere bedeutende Pädagogen bildete auch für HUGO GAUDIGs Wirken das persönliche Erleben in seiner eigenen Kindheit und Jugend den Hintergrund: zunächst seine Erfahrungen mit der Dorfschule, deren Lehrer "als geschlossene Persönlichkeiten inmitten der Dorfschule standen"[1]; danach mit dem Gymnasium, unter anderem "über den 'Wert' von Prüfungen, über die Rangordnung innerhalb der Klasse und über die schädigenden Folgen des Schülerehrgeizes"[2]; und im Anschluß an sein Universitätsstudium schließlich mit der praktischen Ausbildung als Lehrer-Student im Probejahr durch seinen Mentor OTTO PAUL FRICK, von dem er "in der damals gültigen Methode der Formalstufen und der Kunst der Lehrerfrage" gründlich unterwiesen wurde.[3] Dazu schreibt GAUDIG im Rückblick vieler Jahre: "Ich mußte bald, nachdem ich bei Frick Probelehrer gewesen war, in der pädagogischen Grundanschauung mit ihm brechen. Ihm stand der Lehrer im Mittelpunkt seines Interesses, und was schlimmer war, der Schule. Der schaffende Pädagoge, der Schulmeister, der Künstler des Unterrichts, der mit weisem Kunstverstand Lektionen aufbaute, mit feinschmeckerischem Entzücken 'letzter Wölbungen' (Herbart) sich freute. Sobald **mir** der Schüler in den Mittelpunkt der Schule und meines Interesses trat, mußte ich andere Wege als Frick gehen. Dem pädagogischen Kunsttrieb, dem Willen zur Form, sofern er sich im Kunstbau der Lektionen auslebte, mußte ich absagen. Aber unvergessen blieb mir Fricks großes pädagogisches Herz, seine Liebe zu 'unseren Jungens', die ihn richtigere Wege hätte weisen können als sein kühler pädagogischer Kunstverstand."[4] Aus dieser Darstellung tritt ein Wesenszug GAUDIGs hervor: Er vermochte es zeitlebens, die Spannung zwischen sachlichen Differenzen und mensch-lichem Verständnis bzw. persönlicher Wertschätzung auszuhalten.[5] Zu-

---

1   H. Gaudig: Die Schule der Selbsttätigkeit (hrsg. v. L. Müller). Bad Heilbrunn 1969, 2. Aufl. (1963), S. 84.
2   L. Müller: Nachwort, ebd., S. 84; vgl. H. Gaudig: Was mir der Tag brachte. Leipzig - Berlin 1923, S. 20 u. 46.
3   L. Müller, ebd.; vgl. H. Gaudig: Was mir der Tag brachte, a.a.O., S. 14ff. u. 83.
4   Ebd., S. 16.
5   Vgl. H. Gaudig: Die Schule der Selbsttätigkeit, a.a.O., S. 94 (L. Müller).

gleich wird deutlich, daß die persönlichen Erfahrungen auch die biographisch-lebensweltliche Ausgangsbasis für seine scharfe Kritik an der damaligen Schule bilden.

Ein weiterer bedeutender Umstand für GAUDIGs Schaffen ist die Tatsache, daß er als sein ganzes Berufsleben lang aktiv unterrichtender Lehrer einerseits seine Gedanken unmittelbar in der Schulpraxis selbst überprüfen, andererseits sein Handeln an der Theorie orientieren konnte und umgekehrt aus seinen Erlebnissen, Nöten und Entdeckungen in der Praxis allgemeingültige Einsichten zu gewinnen versuchte: GAUDIG blieb zeitlebens ein sorgfältig reflektierender, geistreich theoretisierender Lehrer, der die Praxis und die Theorie des Unterrichts in ununterbrochener wechselseitiger Konfrontation analysieren, korrigieren und optimieren konnte und wollte.[6] Hinzu kommt eine allgemeine pädagogische Aufbruchstimmung in den ersten drei Jahrzehnten des 20. Jahrhunderts, deren vielfältige Bestrebungen in Theorie und Praxis im Rückblick unter dem Stichwort "reformpädagogische Bewegung" zusammengefaßt werden.[7]

Zu diesen für das Werk günstigen äußeren Arbeitsbedingungen und Zeitumständen kommen GAUDIGs glückliche Natur, die sich in seiner Lebensfreude, Lebenskraft und Zielstrebigkeit[8] wie in seinem unstillbaren Lerninteresse offenbart, und seine hohe wie breite Begabung, welche sich sowohl auf die wissenschaftsorientierte sachstrukturelle Durchdringung zahlreicher Stoffgebiete als auch auf das intuitiv und reflexiv sichere Erfassen dessen, was Kindern und Jugendlichen pädagogisch und didaktisch angemessen ist, erstreckt. Als Denker und Psychologe, als Meister des gesprochenen wie des geschriebenen Wortes und als Verhandlungsleiter[9] bewies er seine Intuition, Originalität[10] und Genialität, als begeisterter und kompetenter, ja begnadeter Lehrer zusätzlich die Beherrschung der

---

6  Siehe z.B. H. Gaudig: Schule und Schulleben. Leipzig 1923 (Wiederveröffentlichung von Aufsätzen aus der Zeitschrift für pädagogische Psychologie und experimentelle Pädagogik). Leipzig 1923, S. V.

7  Siehe W. Scheibe: Die reformpädagogische Bewegung 1900-1932. Eine einführende Darstellung. Weinheim - Basel 1984, 9. Aufl. (1969); vgl. J. Oelkers: Reformpädagogik. Eine kritische Dogmengeschichte. Weinheim - München 1989.

8  Hugo Gaudig zum Gedächtnis. Worte seiner Mitarbeiter. Leipzig - Berlin 1924, S. 16f. (P. Krüger); auch S. 62 (L. Müller).

9  Ebd., S. 9 (Th. Friedrich).

10 Ebd., S. 31 (P. Gedan).

"geistweckenden Unterrichtskunst"[11] - kurz: GAUDIG war "Persönlichkeit".[12] Insgesamt ist sein Werk deshalb blutvoll durchströmt von höchstem Engagement und Dienst am Kind und Jugendlichen, besonders an der Mädchenbildung im Rahmen der Institution Schule. Von 1896 bis zu seinem Tode im Jahre 1923 hat er sich um diese nach dem Grundsatz "der Knabenbildung gleichwertig, aber nicht gleichartig"[13] angenommen.

Wenn LOTTE MÜLLER aus ihrer persönlichen Kenntnis GAUDIGs auch schreiben konnte, daß "dessen bedeutendstes Werk seine Schule war, von der sein literarisches Werk, von ihm unter kaum vorstellbarem Zeitdruck und oft, von außen gedrängt, nur widerstrebend geleistet, einen schwachen Widerschein gibt"[14], dürfte und sollte dies von der Nachwelt keineswegs als Abwertung seines schriftlich niedergelegten "hochragenden Bau(s) seiner pädagogischen Ideen in seiner eigenartigen Architektonik", seines "Ideengebäudes"[15] aufgefaßt werden, dessen Entwicklung hier für das bessere Verständnis kurz nachgezeichnet sei:
Schon GAUDIGs erste Veröffentlichungen sind didaktischer Art: "Wegweiser durch die klassischen Schuldramen"[16], "ein Werk, in dem Gründlichkeit der wissenschaftlichen und pädagogischen Durchdringung des Stoffes sich zu glücklicher Einheit verbanden"[17]. Auch in seinen Beiträgen in den Jahresberichten der Schule (ab 1901) zeigt sich bereits ganz am Beginn seiner schriftstellerischen Tätigkeit deutlich sein zentrales Interessengebiet und Arbeitsfeld: die überaus stark schul- und unterrichtsbezogene pädagogisch-didaktische Reflexion, die mit sicherem Blick Defizite aufdeckt und analysiert, in produktiven und kreativen Entwürfen zu überwinden trachtet sowie neue pädagogisch legitimierbare und ausgewogene Ideen, Wege und Lösungsvorschläge entwickelt. 1902 formuliert GAUDIG im Rahmen eines Jahresberichts zum ersten Mal "Die Erziehung zur Selbsttätigkeit"[18] ausdrücklich als zentrales Erziehungsziel.

---

11 Ebd., S. 30.

12 Ebd., S. 12 (L. Hennig) u. S. 31 (P. Gedan).

13 H. Gaudig: Die Schule der Selbsttätigkeit, a.a.O., S. 85.

14 L. Müller: Nachwort, ebd., S. 89.

15 Hugo Gaudig zum Gedächtnis. Worte seiner Mitarbeiter, a.a.O., S. 30 (P. Gedan).

16 Friedrich Schillers Dramen II. (Aus deutschen Lesebüchern, 5. Band. Wegweiser durch die klassischen Schuldramen. 3. Abteilung. Gera/Leipzig 1894).

17 Hugo Gaudig zum Gedächtnis. Worte seiner Mitarbeiter, a.a.O., S. 30 (P. Gedan).

18 30. Bericht, Leipzig 1902.

Die unterrichtspraktische Bedeutung dieses ersten Schlüsselbegriffs seines Denk- und Handlungskonzepts führt er in locker-aphoristischer Form in seinen beiden ersten Büchern, zuerst in den "Didaktische(n) Ketzereien" (1904) und etwas später in den "Didaktische(n) Präludien" (1909), näher aus.[19]

In folgerichtigem Denken wird die Selbst-, Eigen- oder Freitätigkeit, die freie geistige Tätigkeit zu einem wesentlichen Merkmal des Zielbildes der "Persönlichkeit", dem denkgeschichtlich (nicht denksystematisch!) zweiten Zentralbegriff seiner Pädagogik[20], einer Zielvorstellung, in deren Dienst sich die Schule als Institution zu stellen hat. Deshalb gibt GAUDIG seinem Hauptwerk den Titel "Die Schule im Dienste der werdenden Persönlichkeit" (1917).[21] Den Begriff der Persönlichkeit führt GAUDIG 1923 in seinem Buch "Die Idee der Persönlichkeit und ihre Bedeutung für die Pädagogik" noch einmal breit aus.[22]

19  Siehe H. Gaudig: Didaktische Ketzereien. Leipzig - Berlin 1904, 1. Aufl.; 1925, 6. Aufl.; ders.: Didaktische Präludien. Leipzig - Berlin 1909, 1. Aufl.; 1921, 2. Aufl.

20  Der Begriff "Persönlichkeit" (wie auch "Schulleben") wird bereits in dem Aufsatz: 30. Bericht (Leipzig 1902) und in den "Didaktischen Ketzereien" wie in den "Didaktischen Präludien" vorbereitet. K. Odenbachs Feststellung: "G. hat so die Persönlichkeitspädagogik zu einer Selbsttätigkeitspädagogik weiterentwickelt." (Lexikon der Schulpädagogik. In chronologischer Darstellung von 1423 bis zur Neuzeit. Braunschweig 1970, S. 145) kann in diesem Zusammenhang wissenschaftsgeschichtlich verstanden werden. - Zur denkgeschichtlichen Entwicklung Gaudigs vgl. C. Marx: Die Persönlichkeitspädagogik Hugo Gaudigs. In systematischer Darstellung und kritischer Würdigung. Paderborn 1924, S. 78f.

21  Siehe H. Gaudig: Die Schule im Dienste der werdenden Persönlichkeit. Erster und zweiter Band. Leipzig 1917; die 3. Aufl., 1930, wurde von O. Scheibner (verkürzt) in einem Band zusammengefaßt. - Die dieses Werk charakterisierende Kurzbemerkung in W. Flitner, G. Kudritzki (Hg.): Die deutsche Reformpädagogik. Band I: Die Pioniere der pädagogischen Bewegung. Düsseldorf - München 1961, S. 357: "Breite, verallgemeinernde und dogmatisierende Darstellung des Prinzips" (welches Prinzips?) ist schlechthin unzutreffend und daher unberechtigt.

22  Siehe H. Gaudig: Die Idee der Persönlichkeit und ihre Bedeutung für die Pädagogik. Leipzig 1923.

Von diesem "unter dem Einfluß Fichtes und Euckens entwickelte(n)" Persönlichkeitsbegriff aus[23], der Momente des individuellen und sozialen Personseins wie den ständigen Bezug zum Leben des Kindes und Jugendlichen umfaßt[24], gewinnt GAUDIG die Anforderungen an die Schule sowohl in ihrer organisatorisch-methodischen und intentional-stofflichen Struktur wie an das Selbstverständnis und an das Niveau des pädagogisch-didaktischen Könnens des in ihr wirkenden Lehrpersonals ("Lehrkräfte") als auch hinsichtlich der engen Zusammenarbeit mit dem Elternhaus.[25] In diesem Aufgabenkontext entwickelt er ein Profil, eine Physiognomie der Schule, das bzw. die dazu geeignet ist, die Entwicklung der werdenden wertvollen Gesamtpersönlichkeit optimal zu gewährleisten: weg von einer Schule als "Anstalt"[26], als bloßer "Einrichtung" und "Institution" und hin zu einer "Lebenssphäre", zu einer "Stätte des Lebens", zu einer Lebensschule[27] mit einem kind- und jugendbezogenen "Schulleben" (1913 und 1923)[28], zu einer "Kultur-, Arbeits-, Erlebnis- und Gemeinschaftsschule".

Schließlich sieht GAUDIG den "Lebens- und Kulturkreis" Schule zusammen mit Wissenschaft, Kunst, Wirtschaft, Familie, Kirche und Staat

---

23 H. Röhrs: Die Reformpädagogik. Ursprung und Verlauf in Europa. Hannover 1980, S. 198. - Was den Einfluß des idealistischen Philosophen R. Eucken auf Gaudigs Begriff der "Persönlichkeit" betrifft, so wurde dieser bereits 1923 von R. Lehmann (Die pädagogische Bewegung der Gegenwart, II. Teil: Die Entwicklung der Theorie. München - Leipzig 1923, S. 41) behauptet und ein Jahr später von C. Marx (Die Persönlichkeitspädagogik Hugo Gaudigs, a.a.O., S. 80) bezweifelt, und zwar mit dem Hinweis auf Gaudigs Feststellung: "Eine Rückschau auf die Geschichte des Begriffs 'Persönlichkeit' würde (obwohl an sich nicht ohne Interesse) nun einen sehr spärlichen Betrag ergeben, da die Idee der Persönlichkeit in keinem der bedeutenden philosophischen Systeme eine zentrale Stellung eingenommen hat und da die hier und da sich findenden Begriffsbestimmungen nur beweisen, wie unbestimmt der Begriff in der philosophischen Lehrsprache ist." (H. Gaudig: Die Idee der Persönlichkeit und ihre Bedeutung für die Pädagogik, a.a.O., S. 4). Vgl. auch Th. Schwerdt: Kritische Didaktik in Unterrichtsbeispielen. Paderborn 1952. 18. Aufl., S. 111f.
24 Hugo Gaudig zum Gedächtnis. Worte seiner Mitarbeiter, a.a.O., S. 34 (P. Gedan).
25 H. Gaudig: Elternhaus und Schule als Erziehungsgemeinschaft. Leipzig - Berlin 1920 (2. Aufl. 1929); ders.: Elternhaus und Schule innerhalb der nationalen Kulturentwicklung. In: Zeitschrift für pädagogische Psychologie und experimentelle Pädagogik, 1921.
26 Hugo Gaudig zum Gedächtnis. Worte seiner Mitarbeiter, Vorwort, a.a.O., S. 76, 106; H. Gaudig: Schule und Schulleben, a.a.O., S. 154; ders.: Die Idee der Persönlichkeit und ihre Bedeutung für die Pädagogik, a.a.O., S. 2.
27 H. Gaudig: Die Schule im Dienste der werdenden Persönlichkeit. Bd.1, a.a.O., S. 59.
28 Siehe die Werke: H. Gaudig, Th. Friedrich: Schulleben. Leipzig 1913 (Wissenschaftliche Abhandlung zu dem Programm der II. Höheren Schule für Mädchen und des Lehrerinnenseminars zu Leipzig); und H. Gaudig: Schule und Schulleben, a.a.O.

eingebettet in den Prozeß des nationalen und menschheitlichen Kulturlebens der Gesamt- bzw. Allgemeinkultur.[29] Und indem die Schule die in diesen anderen Lebensgebieten liegenden pädagogisch relevanten Potenzen aufgreift, wird sie zur bedeutsamen Kulturträgerin: Es erwächst ihr die Aufgabe, über die Vermittlung der Kultur in "freier geistiger Schularbeit"[30] den Willen zur Kulturaneignung und zum Kulturschaffen (den "Kulturwillen") zu wecken und zu stärken.

Wirkungsgeschichtlich ist aus heutiger Sicht zweierlei festzuhalten: Erstens die rezeptionshistorisch erkennbare Tendenz, GAUDIG auf die Rolle des Gegenspielers GEORG KERSCHENSTEINERs im Rahmen der "Arbeitsschuldiskussion" festzulegen und damit zu verkürzen[31], wobei GAUDIG eher in KERSCHENSTEINERs Schatten zu stehen kommt. Zweitens die ungünstige Editionslage: Derzeit ist nur ein einziges Bändchen erhältlich, in dem GAUDIGs ehemalige Mitarbeiterin LOTTE MÜLLER bereits im Jahre 1963 (1. Auflage) dankenswerterweise einige Auszüge aus verschiedenen seiner Schriften unter dem Titel "Die Schule der Selbsttätigkeit" zusammengestellt hat, und zwar in der Reihe "Klinkhardts Pädagogische Quellentexte" in der 2. Auflage 1969.[32] Daneben finden sich noch mehr oder weniger kurze Werkausschnitte in historischen Dokumentationsbänden und ähnliches.[33] Nicht zuletzt diese kärgliche Editionslage wird außerdem eine der Ursachen dafür sein, daß GAUDIG und sein Werk in der breiten Lehrerschaft heute weitgehend unbekannt sind.

Selbstverständlich kann und soll man **GAUDIGs Auseinandersetzung mit KERSCHENSTEINER** im Sinne der Methode der Kontrastierung dazu heranziehen, die Kernaussagen und Konturen seines pädagogisch-didaktischen Denkens besonders deutlich herauszuarbeiten. Aus den beiden

---

29 Siehe v.a. H. Gaudig: Schulreform? Gedanken (Vorläufiges) zur Reform des Reformierens. Leipzig 1920, Vorwort, S. 2ff., 40ff., 106.

30 Siehe H. Gaudig: Freie geistige Schularbeit in Theorie und Praxis. (Hrsg. im Auftrage des Zentralinstituts für Erziehung und Unterricht) Breslau 1922, 2. Aufl.

31 Siehe z.B. Th. Dietrich: Geschichte der Pädagogik in Beispielen. 18.-20. Jahrhundert. Bad Heilbrunn 1970, 223ff.

32 H. Gaudig: Die Schule der Selbsttätigkeit, a.a.O.

33 Siehe v.a. W. Flitner, G. Kudritzki (Hg.): Die deutsche Reformpädagogik. Band I, a.a.O., S. 238-247 und 252f.; A. Reble (Hg.): Die Arbeitsschule. Texte zur Arbeitsschulbewegung. Bad Heilbrunn 1963, S. 72-90; A. Reble: Geschichte der Pädagogik. Dokumentationsband II. Stuttgart 1971, S. 535-544.

gleichbetitelten Vorberichten "Der Begriff der Arbeitsschule" für den "Ersten Deutschen Kongreß für Jugendbildung und Jugendkunde zu Dresden am 6., 7. und 8. Oktober 1911"[34] lassen sich im wesentlichen folgende **vier Differenzgesichtspunkte** gewinnen:

| Differenz-gesichtspunkte hinsichtlich | KERSCHENSTEINER | GAUDIG |
|---|---|---|
| 1. höchstes Gut | "der Staat als sittliches Gemeinwesen" | die Individualität des Menschen |
| 2. leitendes Zielbild der Erziehung | "der sittliche Staatsbürger" | die "wertvolle Persönlichkeit" als "das Ideal der eigenen Individualität" |
| 3. materiale Bildungs-intention | Die Schule soll auf das Leben im Staat vorbereiten. | "Die Schule hat für **alle** Lebensgebiete vorzubereiten." |
| | Betonung der "Berufsbildung" | Betonung der "Allgemeinbildung" |
| 4. methodischer Leitgedanke | besondere Betonung der manuellen Arbeit | besondere Betonung der geistigen Arbeit "freie geistige Schularbeit" |

---

34 Vgl. H. Gaudig: Die Schule der Selbsttätigkeit, a.a.O., S. 8-25 und G. Kerschensteiner: Texte zum pädagogischen Begriff der Arbeit und zur Arbeitsschule. Ausgewählte pädagogische Schriften. Band II (besorgt v. G. Wehle). Paderborn 1982, 2. Aufl. (1968), S. 39-45. - Die unterschiedliche Einschätzung dieser konfrontativen Begegnung hinsichtlich der Frage, ob sich die verschiedenen Begriffe und damit die Konzepte der Arbeitsschule von da weg divergierend, wie dies die Interpretation Müllers nahelegt (Nachwort in H. Gaudig: Die Schule der Selbsttätigkeit, ebd., S. 86), oder konvergierend, wie dies Th. Dietrich behauptet (Geschichte der Pädagogik in Beispielen, a.a.O., S. 228), entwickelt haben, ist für unseren Analysekontext irrelevant. - Zu "Allgemeinbildung" versus "Berufsbildung" vgl. A. Reble: Geschichte der Pädagogik. Stuttgart 1975, 12., abermals überarb. u. erw. Aufl. (1951), S. 292.

Gelegentlich übten Besucher der Versuchsschule natürlich auch Kritik, unter ihnen vor allem FRITZ KARSEN, und zwar in zwei Richtungen: Zum ersten glaubte er Differenzen zwischen dem Anspruch des theoretischen Konzepts und seiner Realisierung in der Schulpraxis feststellen zu können: Bei den Schülern bemerkt er statt "innerer Anteilnahme an gerade diesem Thema" bloß äußere Betriebsamkeit und Geschäftigkeit[35] sowie kein Bewußtsein von der Verbindung des Schullebens mit ihrem persönlichen Leben außerhalb der Schule[36]; und beim Lehrer statt des angekündigten bzw. geforderten weitgehenden Zurücktretens im Unterricht eine relativ hohe Dominanz[37]. Diese Differenzen können hier vernachlässigt werden, weil es allein um die Aufarbeitung des pädagogisch-didaktischen **Denkens**, also des Theorie-Konzepts für unsere systematische Fragestellung geht. Der zweite Kritikpunkt hingegen ist für unseren Kontext durchaus von Bedeutung, nämlich KARSENs Vermutung, daß das methodische Moment und damit die Arbeitstechniken gegenüber dem stofflich-inhaltlichen Moment überbetont werden[38]; daß, wie RÖHRS in diesem Zusammenhang festhält, "die eigentliche Zusammenfassung sowie die Vertiefung" gegenüber der "methodischen Aufgliederung des Stoffgebietes durch die Schüler" "zurücktritt"[39]. Nach GAUDIG gehe es im Unterricht eben gar nicht darum, Lösungen zu erarbeiten oder gar anzubieten, sondern "die im Stoff (!!) liegenden Fragen in möglichster Vollzähligkeit zu gewinnen"[40]. Dazu KARSENs Kommentar: "Es scheint mir ein Irrtum, wenn man glaubt, daß im Stoff an sich überhaupt Fragen liegen können; Fragen stellt nur der Mensch an ihn, und es wäre Aufgabe der Schule, ihn daran zu gewöhnen, nur dann und dann aber auch wirklich zu fragen, wenn ein inneres Bedürfnis dazu in ihm besteht, und ihn negativ und positiv zu der Verantwortlichkeit des Fragens zu erziehen."[41] Weil sich "diese **Methode der freien geistigen Arbeit**" nur an "rein formalen, äußeren, logischen Gesichtspunkten"

---

35 F. Karsen: Deutsche Versuchsschulen der Gegenwart und ihre Probleme. Leipzig 1923, S. 31.

36 Ebd., S. 33.

37 Ebd., S. 32.

38 Ebd., S. 31f.

39 H. Röhrs: Die Reformpädagogik, a.a.O., S. 197.

40 F. Karsen: Deutsche Versuchsschulen der Gegenwart und ihre Probleme, a.a.O., S. 32f.

41 Ebd., S. 33.

orientiert[42] und damit "an die Stelle der Autorität des Lehrers die Autorität der formalen Logik tritt"[43] und weil der Unterricht in der "Art von Formalstufen" aufgebaut ist - zu deren Überwindung GAUDIG gerade angetreten war! - , werden nur die formalen, logisch-analytischen Fähigkeiten geschult und "fehlt den Schülerinnen die Verantwortung des Fragens, (...) der Wille, zu einer begründeten Überzeugung zu kommen", die Entwicklung eines echten Engagements an der Sache - kurz: "Diese Art des Unterrichts führt **nicht zu freier Selbsttätigkeit**".[44] Denn: "Der letzte **Sinn der Arbeit** ist in dieser Methode nicht begriffen"[45], die allseitig gedachte Persönlichkeitsbildung wird einseitig auf formale Denkschulung reduziert.

Ganz ähnlich und weiterführend die Kritik von CORNELIUS MARX: "Gaudig stellt in seiner Pädagogik zu sehr die Kraftentfaltung in den Mittelpunkt", obwohl "das Lehrgut immer mehr ist als eine bloße Gelegenheit zur Kraftbildung". "Es steht ferner auch nicht ohne weiteres fest, daß die Kulturgüter ohne Unterschied der Kraftentfaltung der werdenden Persönlichkeit zu dienen haben und daß diese Kraftbildung allein auf dem Wege der Selbsttätigkeit möglich ist." GAUDIGs "Pädagogik zeigt doch im ganzen einen sehr subjektiven Charakter oder anders ausgedrückt: die objektiven Kulturwerte werden u. E. allzusehr in den **Dienst** der werdenden Persönlichkeit gestellt", wodurch sich "die Gefahr einer Subjektivierung des Lehrgutes" ergibt. Einen wesentlichen Grund für diese Einseitigkeit sieht MARX darin, daß für GAUDIG der Schüler bereits mehr schon "Persönlichkeit" als noch "Individualität" ist und damit "die Individualität den überindividuellen Kulturwerten" übergeordnet und "die volle Hingabe an die Kulturgüter sehr erschwert wird."[46] Auch EMIL SAUPE bemerkt im selben Jahr (bereits 1924!): "Gaudig unterschätzt das Wissen doch etwas und legt zuviel Wert auf Kraftentfaltung, die das Bildungsgut vernachlässigt"[47]; und KURT KESSELER schreibt vorsichtig: "Gaudig ist vielleicht

---

42 Ebd., S. 35.

43 Ebd., S. 36.

44 Ebd., S. 35.

45 Ebd., S. 37.

46 C. Marx: Die Persönlichkeitspädagogik Hugo Gaudigs, a.a.O., S. 81f.

47 E. Saupe: Deutsche Pädagogen der Neuzeit. Ein Beitrag zur Geschichte der Erziehungswissenschaft zu Beginn des 20. Jahrhunderts. Osterwieck am Harz 1929, 7. u. 8. Aufl. (1924), S. 112.

nicht ganz der Gefahr entgangen, das Ideal der freien geistigen Arbeit etwas zu überspannen."[48]

Die folgende Analyse von GAUDIGs Werk hinsichtlich seines Begriffs von pädagogischem Handeln gestaltet sich aus mehreren Gründen recht arbeitsaufwendig: zunächst deshalb, weil GAUDIGs Stil seiner spontan-fluktuierenden Arbeitsweise entsprechend meist essayistisch oder aphoristisch ist und damit die Aussagen sich häufig wiederholen, manchmal unscharf und schillernd sind[49] - sein langjähriger Mitarbeiter und treuer Verwalter seines Werks OTTO SCHEIBNER spricht einmal in nobler Formulierung von "seinem unausgeglichenen Sprachgebrauche"[50] - , vor allem aber recht unübersichtlich zusammengestellt sind. EMIL SAUPE schreibt in seinem Werk über "Deutsche Pädagogen der Neuzeit": "**Gaudig ist kein pädagogischer Systematiker.** Seine Arbeiten entbehren der Systematik."[51] und KURT KESSELER in seinen "Pädagogischen Charakterköpfen": "Das Verständnis Gaudigs wird leider durch die Systemlosigkeit und Weitschweifigkeit seiner Schreibweise erschwert. Wer sich aber das Studium der Gaudigschen Schriften trotzdem nicht verdrießen läßt, der wird reich belohnt."[52] Die Überbetonung des Nationalismus, vor allem in den Schriften, die während des 1. Weltkriegs entstanden sind, ist natürlich stark zeitbedingt.[53] Ein weiterer Grund für die Erschwerung der Analyse liegt in dem Umstand, daß Arbeiten, welche das Werk GAUDIGs oder Teile davon unter bestimmten wissenschaftlichen Gesichtspunkten analysiert und weitergeführt hätten, völlig fehlen - mit

---

48 K. Kesseler: Pädagogische Charakterköpfe. Eine Beleuchtung der Pädagogik im zwanzigsten Jahrhundert. Frankfurt 1929, 5. Aufl., S. 154.

49 Die begrifflichen Unschärfen schlagen zum Teil bis in die Rezeption durch, zum Beispiel die Verschleifung der Begriffsinhalte von "Prinzip" und "Ziel" bei A. Reble: Geschichte der Pädagogik, a.a.O., S. 298.

50 O. Scheibner: Arbeitsschule in Idee und Gestaltung. Gesammelte Abhandlungen. Heidelberg 1962, 5. Aufl., S. 11.

51 E. Saupe: Deutsche Pädagogen der Neuzeit, a.a.O., S. 101.

52 K. Kesseler: Pädagogische Charakterköpfe, a.a.O., S. 155.

53 Vor allem in "Deutsches Volk - Deutsche Schule! Wege zur nationalen Einheit." (Leipzig 1917) schlägt Gaudig, den Zeitumständen gemäß (3. Kriegsjahr!), sehr eng nationalistische Töne an (siehe L. Müller: Nachwort in H. Gaudig: Die Schule der Selbsttätigkeit, a.a.O., S. 87).

Ausnahme des schon im Jahre 1927 erstmalig erschienenen Sammelbandes mit dem Titel "Zwanzig Jahre Arbeitsschule in Idee und Gestaltung" von seinem Mitarbeiter OTTO SCHEIBNER[54] und den Monographien "Die Persönlichkeitspädagogik Hugo Gaudigs. In systematischer Darstellung und kritischer Würdigung" von CORNELIUS MARX[55], "Über die Persönlichkeitspädagogik Hugo Gaudigs" von KARL-HEINZ GÜNTHER[56] und "Hugo Gaudigs Stellung zum Problem der weiblichen Bildung" von JOSEFINE JANSEN[57].

---

54 Leipzig 1927; seit der 3. Aufl., Heidelberg 1951 unter dem Titel "Arbeitsschule in Idee und Gestaltung" erschienen.
55 A.a.O.
56 Ost-Berlin 1957.
57 Dissertation, Köln 1928.

## 2. Das pädagogisch-didaktische Denken GAUDIGs als fundierender Hintergrund

*Der Bildungsprozeß: von der "Individualität" zur "Persönlichkeit"*

In sorgfältiger Analyse lassen sich aus GAUDIGs Werk für den heranwachsenden und für den erwachsenen Menschen **drei Bestimmungsmerkmale** herausfiltern:

1. Der Mensch ist "handelndes Subjekt", "Täter seiner Taten"[58], nie Objekt. Darin gründen die Möglichkeit und die Notwendigkeit zur Übernahme von Verantwortung.
2. Der Mensch ist Individuum, "Individualität". Darin gründen seine Würde und seine Gleichwertigkeit[59] wie seine Unvertretbarkeit und seine Einzigartigkeit[60].
3. Der Mensch ist ein selbsttätiges, aktives Wesen[61], eine "persona agens"[62]. Darin gründen die Möglichkeit und die Notwendigkeit der Bildung im Sinne von "Selbstbildung" bzw. "Selbsterziehung".

Diese dreifache anthropologische Bestimmung bildet zusammen mit GAUDIGs "lebensphilosophischer" Grundthese "Leben ist **Selbstentfaltung** (Selbstevolution)"[63] die Grundlage sowohl für die Beschreibung des Bildungsprozesses wie für den Entwurf des Bildungsideals und damit für seine "Persönlichkeitspädagogik" bzw. "Personalitätspädagogik"[64], die er von der "Humanitätspädagogik", der "eine abstrakte Allgemeinheit ihres Erziehungsideals eigen" ist, abgrenzt: "Nicht **der** Lehrer vermag zur Persönlichkeit zu erziehen, dem über seiner Schülerzahl ein abstraktes Allgemeinideal schwebt, sondern nur der, dem sich die gegebenen Individualitäten in seiner schaffenden Phantasie zu idealen Persönlichkeiten

---

58  H. Gaudig: Die Schule im Dienste der werdenden Persönlichkeit. 1.Bd., a.a.O., S. 90; vgl. ders.: Didaktische Präludien, 2.Aufl., a.a.O., S. 192: "(...) die Persönlichkeit des Schülers als das handelnde Subjekt (...)".
59  H. Gaudig: Die Schule im Dienste der werdenden Persönlichkeit. 1.Bd., a.a.O., S. 40f.
60  Ebd., S. 53.
61  Ebd., S. 24.
62  Ebd., 2.Bd., S. 232.
63  Ebd., 1.Bd., S. 178; vgl. dazu das "Lebensprinzip" und die "Prinzipien der Entfaltung und der Bewegung" (ders.: Didaktische Ketzereien, 6.Aufl., a.a.O., S. 130f.).
64  H. Gaudig: Die Schule im Dienste der werdenden Persönlichkeit. 1.Bd., a.a.O., S. 40f.

verklären, deren Bilder er bei seiner Arbeit als Leitbilder schaut."[65] "Bildungsgesinnung", "Bildungskraft" und "Bildungstechnik" sind die drei Dimensionen für den "selbsttätigen Bildungserwerb in freiem Arbeitsvorgange"[66], in der Auseinandersetzung mit wertvollen Bildungsstoffen bzw. Bildungsgütern[67]. Leitend ist dabei die Idee der "wertvollen Persönlichkeit"[68] als "veredelter Individualität"[69].

Unter "Bildung" versteht GAUDIG einerseits ein "Kulturgebiet" des (nationalen) Kulturlebens, andererseits das "geistige (**intellektuelle**) Leben". "Das Wesen der Bildung ist dann **formal** und **material** zu bestimmen: Formal handelt es sich bei Bildung um ein allgemeines Geformtsein des Geistes, um die Fähigkeit des Geistes zu allen wesentlichen (zu allen kulturnotwendigen) geistigen Tätigkeitsweisen (Funktionen). Dem Inhalt nach aber ist Bildung der Besitz der Erkenntnis des nationalen Kulturlebens nach seinen wesentlichen und wichtigsten Zügen; nur der ist gebildet, der das mitzudenken vermag, was die Nation um ihres Kulturlebens willen geistig bewegt."[70], GAUDIG lehnt sowohl den pädagogisch-didaktischen Materialismus wie den Formalismus in ihrer jeweiligen Einseitigkeit ab und sieht zugleich ganz klar, daß in jedem echten Bildungsstreben beide Aspekte enthalten sind: "die geistige Kraft (ist) an den Stoff, (...) das Können an das Wissen gebunden"[71].

Im Sinne einer "**Entelechie** der individualen Existenz"[72] ist es dem Menschen als seine "Bestimmung"[73] aufgegeben, von dieser Ausgangslage her "Persönlichkeit", "mündiger Mensch"[74] zu werden. Diese Bewegung geschieht im Bildungsprozeß als aktivem, selbsttätigem Bildungserwerb. In diesem Prozeß wird "Individualität" "aufgehoben" im Sinne des Beseitigens wie des Bewahrens und Emporhebens.[75]

---

65  Ebd., S. 41.
66  Ebd., S. 64.
67  Ebd., S. 65.
68  Ebd., S. I, XII.
69  Ebd., S. 53.
70  H. Gaudig: Schulreform, a.a.O., S. 40f.
71  H. Gaudig: Die Schule im Dienste der werdenden Persönlichkeit. 1.Bd., a.a.O., S. 65; siehe auch ders.: Didaktische Präludien, 2. Aufl., a.a.O., S. 176f.
72  H. Gaudig: Die Schule im Dienste der werdenden Persönlichkeit. 1.Bd., a.a.O., S. 178.
73  Ebd., S. 40.
74  Ebd., S. 400.
75  Ebd., S. 22f.

Die **Selbsttätigkeit** bzw. **Eigentätigkeit** bzw. **Freitätigkeit** bezieht GAUDIG als "geistige Tätigkeit"[76] sowohl auf das Handeln (auf die "Arbeit") als auch auf das Erleben und somit auf den gesamten Bildungsprozeß.[77] Handeln und Erleben unterscheidet er dabei so voneinander: "Die Seelenlage des Arbeitenden und des in und mit der Tätigkeit Erlebenden gegenüber dem Objekt ist freilich grundverschieden: dort ist das Objekt Gegenstand einer auf ein Erkenntnisziel hingerichteten Tätigkeit des Geistes; hier erregt es die Erkenntniskräfte des Geistes als eine auf den Geist einwirkende Macht, und mit dieser Tätigkeit kann sich das Erleben verbinden, ja die Tätigkeit selbst kann Erlebnis sein."[78] Und: "Die Arbeit gibt dem Geiste die geistige Kraft und das Wissen, ohne das reiches und tiefes Erleben nicht möglich ist, und das Erleben drängt, wenn es rechter Art ist, zur Arbeit, weil der tiefer Erlebende weiß, was er der vorausgehenden Arbeit verdankt."[79]

Die **Idee der Persönlichkeit** erfordert es, "einerseits den Mikrokosmos des Indviduums, andererseits den Makrokosmos des auf den verschiedenen Lebensgebieten sich auswirkenden Kulturlebens zu studieren und diese beiden 'Welten' in die fruchtbare Beziehung zu bringen, die persönliches Leben heißt"[80]. Darin wurzelt die Rede vom "Lebens- und Kulturideal der wertvollen Persönlichkeit"[81], das GAUDIG im Blick auf den Eudämonismus konkreter so bestimmt: "Im Prinzip der Persönlichkeit ist das Recht auf Eudämonie tief begründet, aber wenn das Ringen nach Persönlichkeit die Gesamtheit der Lebensbedingungen des Subjekts umfassen soll, wenn das Ideal der Persönlichkeit nicht nur 'sittliche' Gesinnung in allen wichtigen Formen der Gemeinschaft, sondern auch die wertvolle Betätigung im Berufsleben, das Verlangen nach Erkenntnis, die Empfänglichkeit für die Welt des Schönen, vor allem die Stellungnahme zu der Welt des Übersinnlichen verlangt, wenn der zum Ideal der Persönlichkeit Emporstrebende sein Verhältnis zu seinem Schicksal ideal gestalten, seinen Leib zum Organ und Symbol des Geistes emporbilden, sein gesamtes Innenleben

---

76 Ebd., S. 187.

77 Vgl. das "Prinzip der Arbeit und des Erlebens" in H. Gaudig: Didaktische Ketzereien, 6. Aufl., a.a.O., S. 135.

78 H. Gaudig: Die Schule im Dienste der werdenden Persönlichkeit. 1.Bd., a.a.O., S. 180.

79 Ebd., S. 186.

80 Ebd., S. XII.

81 Ebd., S. 23ff.

in eine ideale Verfassung bringen soll - ich meine: wenn die Forderungen an die sich behauptende Persönlichkeit so hoch sind, dann kann Persönlichkeit kein eudämonistisches Ideal mehr sein; dann hindert schon die Anspannung der gesamten Kräfte das Aufkommen eines dauernden Zustandes der Daseinsbehaglichkeit."[82] Persönlichkeit heißt auch, "sich sowohl gegen die Unfreiheit des ungeprüften Hinnehmens traditioneller Anschauungen wie gegen die 'Freiheit' des ungeprüften Annehmens neuer Ideen" kehren, heißt weder kritiklose Übernahme von Bestehendem, noch "unbesonnene Kritik", heißt "Altes und Neues zu einem einheitlichen Ideal verschmelzen"[83]. Damit werden gültig, unüberholbar und unverzichtbar Kultur, Wert, Mensch, Bildung und Erziehung zusammengedacht bzw. aufeinander bezogen.

Der **Bildungserwerb** erfolgt in unserer Kultur sowohl frei (außerinstitutionell), das heißt über "das gesamte uns umgebende Leben" (Theater, Kunstausstellungen, Bibliotheken usw.), als auch schulmäßig (eben in der Institution Schule). Dabei ist es "von größtem Wert", wenn diese beiden Grundformen des Bildungserwerbs "in fruchtbarem Wechselverhältnis stehen, wenn zum Beispiel Erscheinungen des Lebens mit den Mitteln, die die Schule anwenden gelehrt hat, begriffen werden, wenn das Leben Antriebe zum Fragen in der Schule gibt und so weiter"[84]. "Man kann paradox sagen: je freier die Schulbildung ist, je gebundener (und zwar im guten Sinne) ist die nichtschulmäßige Bildung."[85] GAUDIG sieht darüber hinaus sehr klar die Zusammenhänge zwischen dem Bildungsleben in der Schule und des einzelnen und dem der "Nation", der Gesellschaft überhaupt, und zwar durchaus in der Dialektik zwischen Anpassung und Widerstand: Deshalb verwirft er die Zielformel "Teilnahme an dem Bildungsleben der Nation" zugunsten von "individuelles Bildungsleben auf dem Boden des nationalen Bildungslebens"![86]

---

82 Ebd., S. 25; zu "Eudämonismus" und "Glück" siehe auch H. Gaudig: Schule und Schulleben, a.a.O., S. 63 sowie das "Prinzip der Sittlichkeit" in ders.: Didaktische Ketzereien, 6. Aufl., a.a.O., S. 134f.

83 H. Gaudig: Die Schule im Dienste der werdenden Persönlichkeit. 1.Bd., a.a.O., S. 24.

84 Ebd., Bd. 2, a.a.O., S. 86.; siehe auch Bd.1, ebd., S. 52 u. 178.

85 Ebd., Bd.1, S. 64.

86 Ebd., S. 66.

Ziel der "**Erziehung**" ist es, den soeben skizzierten Bildungsprozeß bzw. den Bildungserwerb zu unterstützen. Für unsere Interpretation und Konstitution von pädagogischem Handeln ist es bedeutsam, daß GAUDIG "Erziehung" als eine Tätigkeit, als ein Tun und damit die Pädagogik als "Wissenschaft von einem Handeln"[87] auffaßt. "Auch hier tut es not, die Begriffsbestimmung scharf zu fassen. Wenn nicht eben die Tätigkeit der Erziehung als das Objekt der normierenden Festsetzung gefaßt wird, so drohen der Wissenschaft der Pädagogik die Gefahren des falsch gelegten Schwerpunkts. Man wundert sich vielleicht, daß gerade ich, der ich mit allem Nachdruck alle irgendwie entbehrliche Einwirkung des Lehrers ablehne, die Tätigkeit der Erziehung zum Gegenstand der Arbeit der Pädagogik mache. Ich gebe indes zur Erwägung, daß wir unter Erziehung nicht nur die direkte Einwirkung auf den Zögling verstehen, sondern auch die indirekte Einwirkung durch die Gestaltung der 'Umwelt', der Lebensumstände, des Lebenskreises und daß die Auslösung latenter Kräfte, die Wegräumung von Hemmnissen der Selbstentfaltung die vornehmste Art der erziehlichen Einwirkung ist. Erziehen bedeutet uns das Fortentwickeln von einem Zustand des 'Zöglings' zu einem anderen und zwar höheren Zustande."[88]

In diesem Zusammenhang sieht GAUDIG, daß sich das Verhältnis des Schülers zum Lehrer "aus dem Prinzip der **Selbstentfaltung** unter der Einwirkung des Lehrers" entwickelt; und "weil es sich um Selbstentfaltung handelt, darf die **Selbstbehauptung** so wenig fehlen wie die **Selbsthingabe** an die Einwirkung des Lehrers in der Richtung auf große Ziele, hohe Werte, sittliche Normen."[89] Diese antinomische Dialektik zwischen Selbsthingabe und Selbstbehauptung formuliert GAUDIG in seinen "Aphorismen zum Lebensbegriff der Zukunft" allgemein so: "Die Selbsthingabe ist um so wertvoller, je mehr der, der sich hingibt, sich selbst besitzt. Und die Selbstbehauptung ist um so wertvoller, je größer die Selbsthingabe ist.

---

87 Ebd., S. 4.
88 Ebd., S. 397.
89 H. Gaudig: Schulreform, a.a.O., S. 90; siehe auch ders.: Schule und Schulleben, a.a.O., S. 101.

Welch Glück für den, dem sich ein anderer **nicht** mit einigen Partikeln seiner Persönlichkeit hingibt, sondern mit der Gesamtkraft seines Personseins! Und wie groß ist die Kraft der Persönlichkeit, die bei aller Selbsthingabe doch sich selbst behauptet!"[90]

Außerdem ist darauf hinzuweisen, daß sich GAUDIGs Denken auch stark an **pädagogischen Antinomien** orientiert bzw. diese berücksichtigt, was gerade für das erzieherische Handeln von besonderer Bedeutung ist:

- Freiheit und Gebundenheit bzw. Bindung[91], z.B. hinsichtlich der Stoffauswahl und -anordnung, der Methodenwahl[92], aber auch der Urteilsbildung;
- Individuum und Gemeinschaft, wobei Individualerziehung und Sozial- bzw. Gemeinschaftserziehung in der Persönlichkeitserziehung "aufgehoben" erscheinen[93];
- Materialität bzw. Stoffprinzip und Formalität bzw. Formprinzip, als materiale **und** formale Bildung[94];
- Bedürfnis-, Wunsch- bzw. Interessenorientierung und Stoff- bzw. Wertorientierung: "Der Führung der kindlichen Wünsche und naturwüchsigen Interessen vertraut sich die Arbeitsschule nicht an; sie ist aber sicher, daß sie für ihre Arbeit das Interesse, den Willen und die Kraft der Kinder gewinnt. Wo es möglich ist, läßt sie auch auf ihrer Elementarstufe Wahlfreiheit; aber sie will im Prinzip keine Erziehung in Freiheit, sondern zur Freiheit; sie steigert das Maß der Freiheit parallel mit dem Maß der von den Schülern gewonnenen Besonnenheit."[95]

Die **Tätigkeit des Erziehens** umfaßt

a) die Erfassung der Ausgangslage, des "Anfangszustandes" des Zöglings;
b) die Festlegung der Erziehungsziele, des "Zielzustandes" des Zöglings;
c) die "erziehliche Einwirkung"[96] als die "eigentliche Erziehungstätigkeit"[97].

---

90 H. Gaudig: Die Idee der Persönlichkeit und ihre Bedeutung für die Pädagogik, a.a.O., S. 66f.

91 H. Gaudig: Die Schule im Dienste der werdenden Persönlichkeit. Bd.2, a.a.O., S. 232.

92 Ebd., Bd.1, S. 230f.

93 Ebd., Bd.2, S. 230, 233; in den "Didaktischen Ketzereien" spricht Gaudig vom "Prinzip großer Synthese" zwischen "individualistischer und sozialer Pädagogik" (a.a.O., S. 134).

94 H. Gaudig: Die Schule im Dienste der werdenden Persönlichkeit. Bd.1, a.a.O., S. 65.

95 Ebd., S. 124; vgl. dazu auch H. Gaudig: Schule und Schulleben, a.a.O., S. 63 und ders.: Didaktische Ketzereien, 6. Aufl., a.a.O., S. 134f.

96 H. Gaudig: Die Schule im Dienste der werdenden Persönlichkeit. Bd.1, a.a.O., S. 398.

97 Ebd., S. 403.

GAUDIG stellt von vornherein klar und begründet, daß diese drei Grundtätigkeiten "naturgemäß nicht gegeneinander zu isolieren, sondern im Zusammenhang miteinander auszuüben" sind.[98]

Was die **Erfassung der Ausgangslage des Zöglings** betrifft (a), hat die Pädagogik das "Ermittlungsverfahren" zu normieren. Hinsichtlich des "Objekts der Untersuchung" heißt dies, daß nicht allein der "physio-psychologische" Gesamtzustand des Kindes "in seiner allgemeinen Lebenslage, in seinem Verhalten auf den verschiedenen Lebensgebieten" als solcher, "sondern auch die Entwicklungsfähigkeit dieses Zustandes zu beachten ist."[99] Hinsichtlich der Untersuchungstechnik geht es um die Normierung der "Ermittlungsarten": Beobachtung, Versuch, Experiment, biographische (vor allem das psychogrammatische) Verfahren und andere etwa in bezug zur Hypothesenbildung und -überprüfung.[100] Schließlich erkennt GAUDIG, daß die verschiedenen Persönlichkeitsverfassungen der Untersuchenden selbst in ihre Untersuchungsergebnisse einfließen und daher einer eingehenden Analyse bzw. Überprüfung bedürfen. Als Voraussetzungen nennt er "die volle Gunst einer guten wissenschaftlichen Vorbereitung" und eine "günstige Gesamtverfassung".[101] In diesem Aufgabenfeld kann die Pädagogik die "Methodenlehre der Psychologie" (Kinderpsychologie, Individualpsychologie, Völkerpsychologie) anwenden[102], ja GAUDIG fordert eine "Psychologie des Kindes, des Lehrers" und so weiter[103] wie eine "psychologisch begründete Pädagogik der Klasse"[104]. Dabei sieht er aber durchaus wissenschaftsimmanente Unterschiede zwischen Pädagogik und Psychologie, warnt daher vor einer allgemeinen Psychologisierung der Pädagogik.[105]

---

98  Ebd., S. 398.
99  Ebd., S. 399.
100 Ebd., S. 399f., 405.
101 Ebd., S. 400.
102 Ebd., S. 400.
103 Ebd., S. 4.
104 Ebd., S. 157; zum Begriff und zur Bedeutung der "Klasse" siehe auch ders.: Was mir der Tag brachte, a.a.O., S. 42f.
105 H. Gaudig: Die Schule im Dienste der werdenden Persönlichkeit. Bd. 1, a.a.O., S. 4f.; vgl. dazu K. Kesseler: Pädagogische Charakterköpfe, a.a.O., S. 145f. und 153f.), der meint, daß Gaudig eine "Strukturpsychologie" angebahnt habe, "wie sie von Spranger zur systematischen Ausgestaltung gebracht worden ist" (S. 154).

Die "Erziehungsziele" teilt er in "partiale", zum Beispiel dialektfreie Aussprache, und in "allgemeine", zum Beispiel Persönlichkeitsveränderung.[106] Was die **Normierung der Zielsetzungen** betrifft (b), nimmt GAUDIG eine Kompetenzenteilung vor: Sofern es um die "Normierung der idealen Lebensgestaltung"[107] geht, ist diese von der Lebens- und Weltanschauung abhängig, deren Gestaltung und Begründung aber Sache der Philosophie ist. Jedoch bemerkt er dazu einschränkend: "So autonom i.a. die Philosophie in den Bestimmungen der idealen Lebensgestaltung ist, sie wird doch, wenn sie nicht utopisch werden will, sich mit der Pädagogik zu verständigen haben, denn nur die Pädagogik kann ihr darüber Aufschluß geben, ob das von ihr entworfenen Lebensideal realisierbar ist. Die Philosophie des Lebens, die sich mit der Pädagogik über die Realisierbarkeit ihres Lebensideals verständigt, und die Pädagogik, der von der Philosophie das Leitbild geboten wird, das sie zu realisieren hat, müssen einander ergänzen."[108]

Sofern es um die Normierung der Teilziele geht, "die der auf das Endziel gerichteten Entwicklung zu setzen sind", ist die Pädagogik autonom: "Sie erfaßt einerseits durch ihr Ermittlungsverfahren den beim Beginn der pädagogischen Tätigkeit als festes Datum gegebenen Zustand, andererseits schaut sie vorwärts auf den idealen Lebenszustand, der ihr Leitbild ist, und dann gliedert sich ihr die Entwicklung durch Setzung der Teilziele in Phasen."[109]

Inhaltlich bestimmt GAUDIG als "Ziel", als "Leitbild" aller Erziehung den "mündigen Menschen", "der sein Leben, der sich selbst bestimmen kann und zwar in einer wertvollen Weise"[110], also die "Persönlichkeit" als "geistleibliche" Individualität.[111] Dieses Leitbild bzw. Leitziel normiert sowohl die außer- wie die innerinstitutionelle Erziehung, und zwar hinsichtlich der Teilziele, der Handlungsprinzipien und der Erziehungstätigkeiten.

---

106  H. Gaudig: Die Schule im Dienste der werdenden Persönlichkeit. Bd.1, a.a.O., S. 397f.
107  Ebd., S. 401.
108  Ebd., S. 401.
109  Ebd., S. 401.
110  Ebd., S. 400.
111  Z.B. ebd., S. 178, 402: "geistleibliches Wesen".

Aus der Festlegung der Erziehungsziele und -prinzipien erwächst der Pädagogik in diesem Bereich noch die Aufgabe, die "Subjekte der Zielsetzung" (Einzelpersonen oder Gemeinschaften) hinsichtlich der Voraussetzungen ihrer Zielsetzungen zu analysieren, was von Parteiprogrammen bis zur "intellektuellen Verfassung des Lehrers" reicht.[112]

Was die **"eigentliche Erziehungstätigkeit"** betrifft (c), geht es darum, diese auf der Grundlage pädagogisch argumentierbarer Prinzipien so zu normieren, "daß sich die Entwicklung von der als Ausgangszustand angenommenen Verfassung des Zöglings zu dem Zielzustand" vollziehen kann.[113] Dies erfordert "einen Erziehungsplan, das heißt die Überlegung der Mittel und Wege, durch die die Fortentwicklung erzielt werden kann."[114] Die Prinzipien beziehen sich einerseits auf die Auswahl des Bildungsgutes, andererseits auf die Gestaltung der Arbeitsvorgänge, wozu auch die Schulorganisation (z.B. Zahl, Dauer, Lage der Stunden) gehört. Selbstverständlich geht es hier auch um die Frage nach der Erzieherpersönlichkeit.

Die "'handelnden Mächte'"[115], zu denen im Sinne "miterziehender Mächte"[116] vor allem die Familie, freie Verbände, Gemeinden, die Gesellschaft, die Kirche und der Staat gehören, sind "als die einheitlichen Träger des dreieinheitlichen pädagogischen Tuns zu denken, und ihre Gesamtverfassung (ist) einheitlich zu normieren."[117]

Für GAUDIG hat die Pädagogik als Wissenschaft "nun die Aufgabe, das erzieherische Tun in seiner Dreieinheitlichkeit prinzipiengemäß zu normieren."[118] Sie "muß sich zu einem System von Prinzipien verpflichtet wissen", handelt also von den "Normen der Erziehung"[119], ist "eine **Normwissenschaft**, eine Wissenschaft des Seinsollens, nicht des Seins."[120]

---

112  Ebd., S. 402.
113  Ebd., S. 403.
114  Ebd., S. 398.
115  Ebd., S. 403.
116  Ebd., S. 48 - ebd. auch "wirksame Mächte"; S. 42: "wirkende Mächte"; S. 329: "erziehliche Mächte".
117  Ebd., S. 403f.
118  Ebd., S. 398.
119  Ebd., S. 397.
120  Ebd., S. 396.

Sie kann ihre Wahrheiten, vor allem "die Normen des erziehlichen Handelns", "nicht durch Abstraktion von pädagogischen Wirklichkeiten", nicht aus der pädagogischen Praxis gewinnen, sie "ist eben keine Erfahrungswissenschaft."[121]

GAUDIG analysiert auch die **Funktionen der Erziehungspraxis für die Erziehungstheorie** sehr genau[122]:
- die Praxis als grober Rahmen für das Aufgabenfeld der Theorie;
- die Praxis als Impuls für pädagogisches Denken, und zwar für "kritische" Zustimmung wie Ablehnung;
- die Praxis als Regulativ für die Durchführbarkeit pädagogischer Theorien, wobei GAUDIG scharf sieht: "Selbstverständlich ist die Durchführbarkeit eines Prinzips kein Beweis für seine Richtigkeit, aber jedenfalls ist die Undurchführbarkeit eines Prinzips der Beweis für seine Unbrauchbarkeit."[123]
- die Praxis als Feld der Aufdeckung von Defiziten pädagogischer Theorien;
- die Praxis als Feld der Veranschaulichung pädagogischer Theorien;
- die Praxis als Prüfstand für Langzeitwirkungen pädagogischer Theorien.

Die "Schule will durch ihre Organisation an der Entwicklung von Individuen zu Persönlichkeiten mithelfen"[124] und "entscheidend (...) an der Lebensgestaltung während der Schulzeit (mitwirken)"[125], wobei "die werdende Persönlichkeit 'Subjekt' des Schullebens ist"[126]. Indem sich für GAUDIG die Persönlichkeit durch selbsttätiges Handeln (Arbeiten) wie durch selbsttätiges Erleben entwickelt, hat eine "Schule der Zukunft" sowohl eine "Arbeitsschule" als auch eine "Schule des **Erlebens**", eine Erlebnisschule zu sein.[127]

---

121 Ebd., S. 404.
122 Ebd., S. 404ff.
123 Ebd., S. 405.
124 Ebd., S. 60.
125 H. Gaudig: Schulreform, a.a.O., S. 6.
126 H. Gaudig: Die Schule im Dienste der werdenden Persönlichkeit. Bd.1, a.a.O., S. 178.
127 Ebd., S. 186; H. Gaudig: Schulreform, a.a.O., S. 79; siehe auch ders.: Schule und Schulleben, a.a.O., S. 87ff., bes. S. 95. - Deshalb ist F. Karsens Äußerung, Gaudig wehre sich "mit aller Entschiedenheit gegen den Ausdruck - **erleben**", unverständlich (Deutsche Versuchsschulen der Gegenwart und ihre Probleme, a.a.O., S. 38).

*Lehrerpersönlichkeit und Schulorganisation im Dienste der "werdenden Persönlichkeit"*

Diese Aspektuierung des Erziehungsfeldes hat Folgen einerseits für das Verständnis der Erzieher- bzw. Lehrerpersönlichkeit, andererseits für die Gestaltung der Institution Schule im ganzen.

Was die **Lehrerpersönlichkeit** betrifft, ist sie für GAUDIG im Rahmen seiner Persönlichkeitspädagogik als Idee eine Norm[128] und damit geradezu eine "anthropologische Grundlage" (siehe 1.1.1.) für "Erziehung", denn: "Die Aufgabe der Erziehung der werdenden Persönlichkeit kann nur von Persönlichkeiten in ideengemäßer Weise gelöst werden."[129] Ist der Lehrer Persönlichkeit, so heißt das: "Sein Beruf, sein Amt ist ein Gebiet seines persönlichen Lebens (...) neben anderen; denn Lehrer, deren gesamtes Leben von ihrem Beruf aufgesogen wird, können nicht das Ideal einer Persönlichkeitspädogogik sein"[130]; das heißt weiters, daß er die Pflicht und das Recht hat, "seine Individualität auszuwirken", und zwar "innerhalb der gesamten Sphäre des Berufs, in allen Beziehungen (persönlichen und unpersönlichen), in die ihn sein Beruf stellt. So im Gebiet der Bildungsarbeit, im Verhältnis zu seinen Schülern, in seiner Stellung zu den Ordnungen der Schule; nicht weniger im Zusammenwirken und Zusammenleben mit seinen Kollegen und Berufsgenossen, und wenn wir die Lebenssphäre der Schule selbst verlassen: im Verkehr mit den Eltern, in seinem Verhältnis zu den Organen der Schulverwaltung; endlich in seiner Stellungnahme zu den freien Einflüssen, die von außen auf sein Amtswirken und seine

---

128  H. Gaudig: Die Schule im Dienste der werdenden Persönlichkeit. Bd.1, a.a.O., S. 236.

129  Ebd., S. 223. - Damit ist Karsens Kritik: "Wer in der Weise wie Gaudig den Lehrer ausschalten will, kann keine Persönlichkeiten erziehen, denn nur an dem Bild einer ringenden und sich zur Klarheit emporschwingenden Persönlichkeit können junge Menschen selber zu Persönlichkeiten heranreifen" (Deutsche Versuchsschulen der Gegenwart und ihre Probleme, a.a.O., S. 38) wohl grundsätzlich der Boden entzogen. Freilich formuliert Gaudig auch: "Die Tätigkeit des Lehrers ist im idealen Falle gleich Null" (ebd., S. 106), was Karsen im Vergleich zu seinen eigenen Unterrichtsbeobachtungen in der "GAUDIG-Schule" zu der kritischen Bemerkung veranlaßt, "daß der Lehrer durchaus nicht so stark zurücktrat, wie es in den theoretischen Darlegungen angekündigt war, sondern daß er an den entscheidenden Punkten immer eingriff und so die Stunde nach einem Plan gestaltete, der unzweifelhaft nicht erst aus der Gemeinschaftsarbeit der Klasse entsprang, sondern vorher bei ihm in den allgemeinen Formen zugrunde lag" (a.a.O., S. 32).

Berufsexistenz einwirken, so zu den Einflüssen seines Standes, der öffentlichen Meinung, der allgemeinen Kulturbewegung auf allen Lebensgebieten, nicht zuletzt dem religiösen Lebensgebiet."[131] Aber der Lehrer hat nicht das Recht, seine Individualität einfach "auszuleben", er hat sich vielmehr gemäß der Normen, die in der "idealen Natur" der Lebensgebiete liegen, "auf denen sich die Individualität auswirkt", selbst zu begrenzen, zu normieren, zu regulieren.[132]

Diese Selbstbeschränkung bedeutet zunächst, daß der Lehrer "das Recht der werdenden Persönlichkeit auf Selbstentfaltung in der Richtung des Ideals anerkennt."[133] Für GAUDIG hat der Lehrer der "Anwalt des Kindes" zu sein in einer Schule, deren Aufgabe er global als "Dienst an der werdenden Persönlichkeit" und zugleich als "Dienst an den Gemeinschaften" (Familie, Kirche) umschreibt, sowie die Schule und die Gemeinschaften "ein Recht zu diesem Dienst besitzen."[134]

In diesem Zusammenhang sind auch folgende Überlegungen GAUDIGs sehr aufschlußreich: "Der Name 'Lehrer' (...) führt zu der sehr gefährlichen Meinung, die funktionelle Bedeutung des Lehrers sei mit dem Lehren erschöpft. Der Lehrer lehrt, der Schüler lernt, das ist alles. (...) Die Schule, die nichts als Lehrschule ist, hat kein Daseinsrecht" und ebenso die, welche nur Lernschule ist.[135] Lehren und Unterrichten läßt GAUDIG nur soweit gelten als sie im Dienste der "Erziehung zur Selbsttätigkeit, zur freien Tätigkeit auf geistigem Gebiet wie auch auf den anderen Gebieten des Schullebens" stehen - der Lehrer hat also "gute Erzieherarbeit" zu leisten und "die rechte **Erziehergesinnung**" zu entwickeln.[136]

Für die Auswahl und Anordnung der Stoffe im Lehrgang bzw. Lehrplan und für die Methoden der Vermittlung bedeutet das, "eine Sphäre der Notwendigkeit und eine Sphäre der Freiheit"[137] je und je verantwortungsvoll

---

130  H. Gaudig: Die Schule im Dienste der werdenden Persönlichkeit. Bd.1, a.a.O., S. 223; siehe auch S. 228.

131  Ebd., S. 224.

132  Ebd., S. 229, siehe auch S.11.

133  Ebd., S. 230.

134  Ebd., S. 29.

135  H. Gaudig: Schule und Schulleben, a.a.O., S.95f.

136  Ebd., S. 97.

137  H. Gaudig: Die Schule im Dienste der werdenden Persönlichkeit. Bd.1, a.a.O., S. 232.

auszuloten. Mit Blick auf seine eigene Lehrtätigkeit bemerkt GAUDIG sehr ehrlich: "Der Nährboden des Freiheitsgefühls ist hauptsächlich Unkenntnis auf Grund schlechter Vorbereitung. Eine Vorbereitung, die das Erziehungsziel, die Lage des zu erziehenden Schülers, die Stoffe des Unterrichts gründlich überschauen läßt, endigt meist mit der Erkenntnis - dessen, was sein muß. Solange freilich die Theorie des Unterrichts ihren Mittelpunkt im Lehrer hat, statt ihn im Schüler zu nehmen, so lange kann der Schein der schrankenlosen Freiheit fortbestehen."[138] Sofern die äußere Lebensordnung der Schule "nur das Notwendige und nur das enthält, was für die Gestaltung des Lebens in der Schule wertvoll ist"[139], ist auch sie eine Schranke der Freiheit.

Selbstverständlich werden von der Lehrerpersönlichkeit auch die Gesinnung, die Kraft und die Technik gefordert, "die zur Gewährung der Selbstbestimmung und der Arbeit unter eigener Verantwortung"[140] und damit zur **Selbsttätigkeit** nötig sind. Dazu im einzelnen[141]:
- "**'Gesinnung'**: Die Gesinnung muß gleichmäßig und motivationskräftig sein; Amtsbewußtsein, Pflichtgefühl, Liebe zur Erzieherarbeit, herzliche Zuneigung zum Zögling und andere Gesinnungen müssen zu dieser einheitlichen Gesinnung zusammenfließen."
- "**'Kraft'**: Sorgfältige Diätetik des Körpers und des Geistes gewähren Sicherheit gegen Schädigung des Kräftehaushalts und gegen die 'Reizbarkeit', die oft eine Folge schlechter Kräfteökonomie ist. Fortgesetztes Studium sowohl auf dem Gebiete der Fachwissenschaften wie der Pädagogik führt immer wieder zu den Quellen der Kraft."
- "**'Technik'**: Die Kunst der Erziehung besteht in der Fähigkeit, die Bewegungen herbeizuführen, durch die der Zögling aus seiner gegenwärtigen - natürlich durchaus konkret aufzufassenden - Lage in eine höhere, wertvollere Lage gelangt (s.o.); alle Schablone ist dabei ausgeschlossen; diese Kunst aber ist 'lang'."

Dabei ist von besonderer Bedeutung, daß der Lehrer imstande ist, seine Energie überall dort zu hemmen, "wo sein Einwirken den Entwicklungs-

---

138 Ebd., S. 232.
139 Ebd., S. 233.
140 Ebd., S. 226.
141 Ebd., S. 226f.

prozeß des Werdens der Persönlichkeit schädigen würde"[142], seine Persönlichkeit zurückzuhalten, "namentlich wenn sie stark ist"[143].

Außerdem hält es GAUDIG für unbedingt erforderlich, daß die Schüler im Laufe ihrer Schulzeit mehrere Lehrerpersönlichkeiten kennenlernen, um sich "von vielerlei Menschen (...) anregen zu lassen"[144].

Was die **Institution Schule** betrifft, spricht GAUDIG davon, daß "die gesamte Schule zu einer Sphäre des **Lebens**, zu einem höchst lebendigen, reich gegliederten und einheitlich zusammengefaßten **Lebensganzen**"[145], "als eine organisierte Lebenssphäre"[146] gestaltet werden muß. Nur wenn "die Schulsphäre eine Sphäre persönlichen Lebens"[147], "ein Teil einer **Lebensphase** (...) des sich zu Persönlichkeit entwickelnden Individuums"[148] ist, kann über das Schulleben "Erziehung für das Leben"[149] ermöglicht werden. In solcher Schulsphäre wirken neben persönlichen Kräften auch unpersönliche, "vor allem die Lehrstoffe (das Bildungsgut), aber auch die Lehrgänge und der Lehrplan, ja alles, was in das Gebiet der Ordnung, der Sitte und Gebräuche gehört"[150].

Die "Organisation der Lebenssphäre der Schule selbst"[151] gliedert das "Schulleben" in verschiedene "Lebensgebiete":[152] in Arbeit ("Arbeitsleben") bzw. "Bildung", Spiel und Feier ("Spielleben"), Gemeinschaft ("Gemeinschaftsleben", "Klassenleben" als Verhältnis der Schüler untereinander und zwischen dem Lehrer und jedem einzelnen Schüler) und in "das Leben der Sitte und der Ordnung". Außerdem weist GAUDIG darauf hin, daß diese

---

142  Ebd., Bd.2, S. 234.

143  Ebd., Bd.1, S. 11.

144  Ebd., S. 237.

145  H. Gaudig: Freie geistige Schularbeit in Theorie und Praxis. Das Grundprinzip der freien geistigen Arbeit, a.a.O., S.34.

146  H. Gaudig: Die Schule im Dienste der werdenden Persönlichkeit. Bd.1, a.a.O., S. 237.

147  Ebd., Bd.2, S. 237; siehe auch Bd.1, S. 60.

148  Ebd., Bd.1, S. 177.

149  Ebd., S. 62.

150  Ebd., Bd.2, S. 236.

151  Ebd., Bd.1, S. 60; siehe auch ders.: Schule und Schulleben, a.a.O., S. 67.

152  H. Gaudig: Die Schule im Dienste der werdenden Persönlichkeit. Bd.1, a.a.O., S. 61f.; ders.: Freie geistige Schularbeit in Theorie und Praxis. Das Grundprinzip der freien geistigen Arbeit, a.a.O., S. 34f.

"'Lebensgebiete' der Schule (...) in enger Beziehung zu den Lebensgebieten der Persönlichkeit" (stehen)[153], was er allerdings nicht ganz klar ausführt. Nur in einer so organisierten bzw. gestalteten Schule gelangen wir vom Schulkind zum Kind[154] mit einer ausgeprägten "Schulgesinnung" als "jene(r) innere(n) Verfassung, jene(r) Disposition, die sich aus den Anschauungen der Schüler von dem Wert des Schullebens im allgemeinen sowie von den einzelnen Werten und aus den diese Anschauungen begleitenden Wertgefühlen entwickelt; charakteristisch für diese Gesinnung ist, daß in ihr Triebkräfte des Handelns enthalten sind."[155]

---

153 H. Gaudig: Die Schule im Dienste der werdenden Persönlichkeit. Bd.1, a.a.O., S. 61.
154 Ebd., S. 48.
155 H. Gaudig: Schule und Schulleben, a.a.O., S. 136; siehe auch S. 155ff.

## GAUDIGs pädagogisch-didaktische Denkstruktur in Stichworten

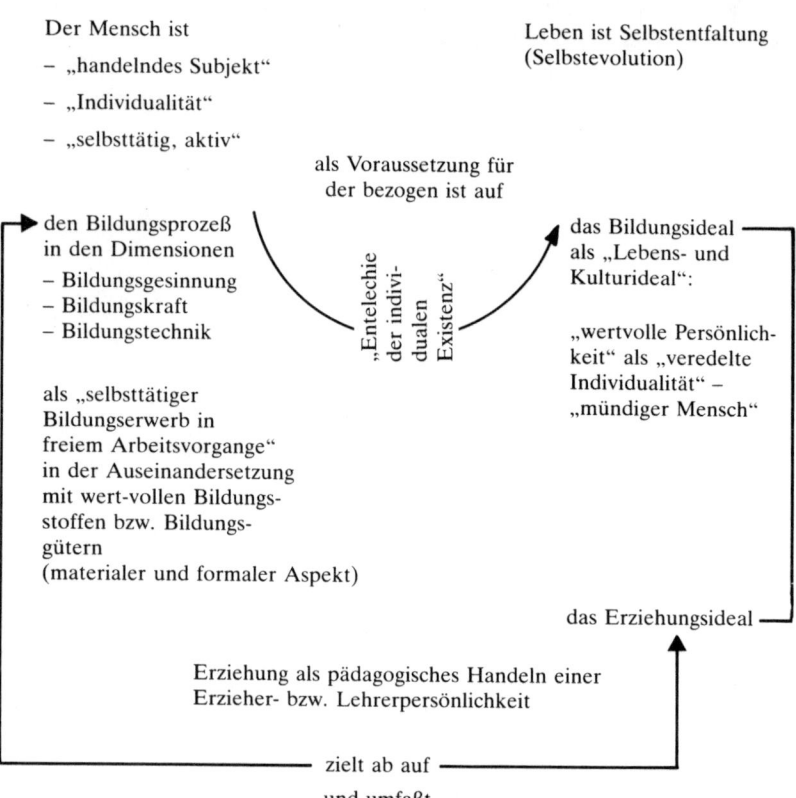

anthropologische „lebensphilosophische"

Grundannahmen/Grundtheoreme:

Der Mensch ist
– „handelndes Subjekt"
– „Individualität"
– „selbsttätig, aktiv"

Leben ist Selbstentfaltung
(Selbstevolution)

als Voraussetzung für
der bezogen ist auf

den Bildungsprozeß
in den Dimensionen
– Bildungsgesinnung
– Bildungskraft
– Bildungstechnik

als „selbsttätiger
Bildungserwerb in
freiem Arbeitsvorgange"
in der Auseinandersetzung
mit wert-vollen Bildungs-
stoffen bzw. Bildungs-
gütern
(materialer und formaler Aspekt)

„Entelechie
der indivi-
dualen
Existenz"

das Bildungsideal
als „Lebens- und
Kulturideal":

„wertvolle Persönlich-
keit" als „veredelte
Individualität" –
„mündiger Mensch"

das Erziehungsideal

Erziehung als pädagogisches Handeln einer
Erzieher- bzw. Lehrerpersönlichkeit

zielt ab auf

und umfaßt

– die Erfassung der Ausgangslage des Zu-Erziehenden
– die Festlegung von (partikularen) Erziehungszielen
– die „erziehliche Einwirkung" als „eigentliche Erziehungstätigkeit"

unter den Bedingungen pädagogischer Antinomien
und Prinzipien

Gestaltung einer „Arbeitsschule" mit verschiedenen
„Schulleben"-„Situationen" zur Ermöglichung „freier
geistiger Schularbeit"

## 3. Das pädagogische Handeln in GAUDIGs Konzept

Aus der Sicht seiner "Persönlichkeitspädagogik" und durchaus in der Tradition des HERBARTschen "erziehenden Unterrichts" hält GAUDIG die formelhafte Umschreibung der Aufgabe der Schule mit "Unterricht und Erziehung" für unhaltbar. Indem er "Unterrichten" als Aneignenlassen von "Kenntnissen" und "Wissen" auffaßt, "Erziehen" aber als Gewinnenlassen von "Gesinnung", "Kraft" und "Technik" für die geistige Arbeit und genau dies das deklarierte Ziel seiner "Arbeitsschule" ist, ist es verständlich, daß ihm der Begriff "Erziehung" als Überbegriff für die "einheitliche Tätigkeit" des Lehrers bzw. für die Aufgabe der Schule genügt[156], weshalb "erzieherisches" und "unterrichtliches" Handeln in der folgenden Analyse nicht getrennt werden. In diesem Zusammenhang fügt GAUDIG in Klammer etwas Bemerkenswertes hinzu: "Nebenbei sei aber einer Mißdeutung vorgebeugt, als ob die Arbeitsschule, weil sie so stark das geistige Arbeiten betont, gleichgültig gegen das Wissen sei; als **'arbeitendes'** Wissen ist ihr das Wissen Voraussetzung für die geistige Arbeit, und der durch die Arbeit gewonnene Zustand des Wissens wird von ihr nicht nur nach seiner formalen Seite hin gewertet, sondern auch daraufhin, ob das gewonnene Wissen nach seiner inhaltlichen Seite für die Lebensführung der Persönlichkeit wertvoll ist."[157]

Es hat seine guten Gründe, wenn GAUDIG die Aussageschwerpunkte auf die "externen Handlungsbedingungen" (1.1.)[158] und auf das Handlungsfeld insgesamt legt, will er doch gerade die dominante Stellung des Lehrers (in der Schule um die Jahrhundertwende) zurückdrängen, um dem Schüler größeren Entfaltungsspielraum zu gewähren. Im Mittelpunkt seiner Pädagogik und Didaktik steht dementsprechend die Schülerpersönlichkeit.

---

156  H. Gaudig: Die Schule im Dienste der werdenden Persönlichkeit. Bd.1, a.a.O., S. 38f.

157  Ebd., S. 39.

158  Die Dezimalgliederung in Klammern bezieht sich auf das Kohärenzstrukturdiagramm auf Seite 18.

Hinsichtlich der **"anthropologischen Grundlagen bzw. Merkmale von Erziehungs- und Unterrichtshandlungen"** (1.1.1.) ist für GAUDIG die Erziehungs- und Lernbedürftigkeit von Kindern und Jugendlichen konstitutiv, weil sie als **"werdende** Persönlichkeiten" angesehen werden.

Es wurde schon darauf hingewiesen, daß GAUDIG als das "Ziel aller Erziehung und aller Selbsterziehung (...) die wertvolle Persönlichkeit" ansieht[159], die "ja nichts als veredelte Individualität" ist[160]. Daraus folgt konsequenzlogisch: Nur wenn und weil der Erzieher selbst dieses Ideal, die "Idee der Persönlichkeit"[161] in möglichst hohem Maße realisiert, ist er befähigt bzw. berechtigt, dem Zögling dabei zu helfen, seine Individualität zur Persönlichkeit zu entwickeln, und zwar durch "selbsttätigen Bildungserwerb in freiem Arbeitsvorgange"[162]. Erziehung wird demnach als eine Folge bzw. Summe sozialer Handlungen einer erwachsenen Persönlichkeit an einem einzelnen oder an einer Gruppe von Heranwachsenden als selbsttätigen, individuellen Subjekten aufgefaßt.

Indem Erziehung auf die formale und materiale Bildung[163] in aktiver Auseinandersetzung mit der "Weltwirklichkeit"[164] ausgerichtet ist, erwartet der Erzieher Antworthandlungen des Zu-Erziehenden auf seine Tätigkeiten.

Die **räumlichen Vorstrukturierungen** im Rahmen der **"Organisation beim Erziehen und Unterrichten"** (1.1.2.) beginnen mit der Gestaltung des Schulhauses, an dessen Anlage und Ausstattung "die Gemeinden ihre 'Schulenergie' am eigenartigsten entfalten können"[165], und der Klassenräume: "Man statte die Schulräume so freundlich aus, wie es nur möglich ist, damit die Kinder des Volkes, die so oft kein Heim haben, in dem sie sich heimisch

---

159  H. Gaudig: Die Schule im Dienste der werdenden Persönlichkeit. Bd.1, a.a.O., S. XII.

160  Ebd., S. 53.

161  Ebd., S. XII, 24.

162  Ebd., S. 64.

163  Ebd., S. 65; ders.: Freie geistige Schularbeit in Theorie und Praxis. Das Grundprinzip der freien geistigen Arbeit, a.a.O., S. 34f.

164  H. Gaudig: Die Schule im Dienste der werdenden Persönlichkeit. Bd.1, a.a.O., S. 118.

165  Ebd., Bd.2, S. 86.

fühlen, sich an der Stätte ihrer Bildung heimisch fühlen. Man gebe in diesem Schulhause und seiner Umgebung den Kindern, denen der 'Spielraum' und der Raum für die 'häusliche Arbeit' und die stille Beschäftigung mit Lektüre fehlt, freundliche Unterkunft für ihre Arbeiten, ihre Spiele und ihre stille Beschäftigung."[166] GAUDIG sieht ganz klar, "daß das räumliche Zusammensein der Schüler im allgemeinen und die Art dieses räumlichen Zusammenseins im besonderen von Bedeutung für das innere Leben der Klasse und das innere Leben der einzelnen im Klassenverbande ist. Ich will hier nur an die Wirkung der engen räumlichen Zusammenfassung, an die Bedeutung des Raumbildes der Klasse und der in ihr sitzenden Schüler, an die Bedeutung der Sitzanordnung und der einzelnen Sitzplätze erinnern. Nebenher noch die Bemerkung, daß die gegenwärtige Sitzanordnung, bei der die Schüler zwar den Lehrer von Angesicht zu Angesicht, hingegen von ihren Mitschülern in der Hauptsache die Rückseite sehen, sich sehr wohl für die 'Lehrerschule' eignet, in der der Lehrer die Schüler unterrichtet, hingegen gar nicht für jede Schulform, die mit der Idee der arbeitenden Klasse ernst macht; diese Idee kann nur dann voll verwirklicht werden, wenn die Schüler einander ins Gesicht sehen oder doch sich einander zuneigen können. Man wird also wohl auf eine zyklische (kreisförmige) Anordnung hinauskommen müssen, die gegenüber der gegenwärtigen Anordnung wesentliche Vorteile bietet. Für einen Unterricht, bei dem sehr viel der Schüler zum Schüler in Beziehung tritt, und zwar ohne daß der Lehrer zwischen ihnen vermittelt, ist die gegenwärtige Anordnung unerträglich."[167]

Was die **zeitlichen Vorstrukturierungen** betrifft, fordert GAUDIG flexible Stundenpläne[168], und hinsichtlich der unterschiedlichen Arbeitstempi der Schüler meint er, das beste Zeitmaß sei nicht das "'natürliche' (...), in das der vorgeschulte junge Arbeiter von selbst fällt, sondern das Zeitmaß, zu dem er sich entwickeln kann, ohne aus den Schranken seiner Natur herauszutreten." Jede Individualität besitzt eine größere oder geringere Variationsbreite, innerhalb deren das allgemeine Zeitmaß ihres Arbeitens in der Richtung auf einen Höchstwert (Maximum) verschoben und gleich-

---

166  Ebd., S. 99.
167  Ebd., Bd.1, S. 134.
168  Ebd., S. 100.

sam festgelegt werden kann. Der Beweis für die richtige Lage des Zeitmaßes wird dann erbracht, wenn das Zeitmaß sich auf die Dauer fixieren läßt, wenn es der Regelung von außen nicht mehr bedarf und wenn die physische und psychische Gesundheit des jugendlichen Arbeiters bei diesem Zeitmaße bestehen kann. Die Wirkung der Gemeinschaft auf das Tempo ist also nur innerhalb gewisser Grenzen wertvoll, und jedenfalls muß das Zeitmaß nach und nach von der Gemeinschaft unabhängig werden. Wird nun bei der Gemeinschaftsarbeit der Akzent statt auf die Menge der Arbeit auf ihre Güte gelegt und scheidet der Zeitfaktor aus, indem man den Schülern innerhalb weitgezogener Grenzen Zeit läßt, so drückt die Gemeinsamkeit der Arbeit nicht mehr wie bisher auf das Zeitmaß; der Schüler wird nach seinem Zeitmaß arbeiten[169]. Damit werden individuelle Lernzeiten für die Kinder im Sinne "zielerreichenden Lernens" ("mastery learning") gefordert.[170]

Hinsichtlich der **Erziehungs- und Unterrichtsgehalte** wendet sich GAUDIG - hellsichtig - gegen eine Ideologie der Ganzheit und hält deshalb "die Einführung eines 'Gesamtunterrichts' unter Auflösung der Fächer für sehr bedenklich, weil er (soweit ich sehe) einem planmäßigen Aufbau der Selbsttätigkeit, auf die wir den größten Nachdruck legen müssen, hinderlich ist. Wird innerhalb der Fachgebiete gearbeitet, so können die Arbeitsstoffe so angeordnet werden, daß an ihnen die Selbständigkeit und Selbsttätigkeit stufenmäßig wächst."[171] Behutsam abwägend formuliert er: "Den Rahmen für die Arbeit bilden zunächst die **Fächer**, die Wissenschaft und Technik in langer Geschichte herausgestaltet haben, und innerhalb dieser Rahmen werden die Stoffe so gewählt und angeordnet, daß sich an immer schwereren Arbeitsanforderungen die freie Tätigkeit der Schüler entwickeln kann. Wo dies aber nur immer angängig ist, werden die Erscheinungen, die im Rahmen der Fächer behandelt werden, aus den Zusammenhängen mit Achtsamkeit herausgelöst. Und je mehr dann das fachmäßige Verständnis der einzelnen Erscheinungen steigt, um so mehr müssen komplexe Erschei-

---

169  Ebd., S. 160.

170  Vgl. z.B. B.S. Bloom: Mastery Learning. In: J.H. Bloch (Hg.): Mastery Learning: Theory and Practice. New York 1971, S. 47-63; ders.: Individuelle Unterschiede in der Schulleistung: ein überholtes Problem? (1971). In: W. Edelstein, D. Hopf (Hg.): Bedingungen des Bildungsprozesses. Psychologische und pädagogische Forschungen zum Lehren und Lernen in der Schule. Stuttgart 1973, S. 251-270; J.B. Carroll: Ein Modell schulischen Lernens (1963). In: ebd., S. 234-250.

171  H. Gaudig: Die Schule im Dienste der werdenden Persönlichkeit. Bd.1, a.a.O., S. 81.

nungen als Ganze nach ihren Zusammenhängen behandelt werden"[172] - eben diese Lebens-Zusammenhänge werden in "lebenskundlichen Einheiten"[173] hergestellt, wodurch auch dem fachübergreifenden Aspekt Rechnung getragen wird.

Der Elementarunterricht ist ihm aus dieser Perspektive "nichts anderes, als der Beginn der Einschulung in Arbeitsformen, die später geradlinig weiterentwickelt werden"[174]. Schon für ihn gilt daher: "Die einzelnen Fachgebiete sind gegeneinander selbständig zu stellen und zunächst ihrer Eigennatur gemäß, ohne Rücksicht auf andere Gebiete, zu gestalten. Erst wenn in Zielsetzung, Lehrgang und Methode das Fachgebiet als solches zu seinem Recht gekommen ist, darf von Verknüpfungen und Konzentration gesprochen werden. So ist die Verknüpfung von 'Sachunterricht', Schreib- und Leseunterricht zu vermeiden."[175] Auch Lesen und Schreiben sind "von jeder irgendwie künstlichen Verkopplung zu befreien. Mit Recht hat man darauf verwiesen, daß es sich um zwei Techniken handelt, die verschieden schwer sind und darum ein verschiedenes unterrichtliches Zeitmaß fordern, die auch einen verschiedenen Stufengang nötig machen."[176]

Was die **Erziehungs- und Unterrichtsnormen** betrifft, soll sich das konkrete Handeln zuerst und zuletzt am Bildungsideal orientieren, das von GAUDIG als "wertvolle Persönlichkeit" bestimmt wird. Auf dieser Grundnorm bauen die pädagogisch-didaktischen Grundsätze und Regeln auf, denen er für das Handeln in der Schule große Bedeutung schenkt, fordert er doch sogar ein "System von Prinzipien"[177].

Weil die **Selbsttätigkeit** ("Eigentätigkeit", "Freitätigkeit")[178] ein anthropologisches Konstituens und damit immer schon eine Voraussetzung für die Erziehung ist, wird sie für GAUDIG zugleich das zentrale Prinzip für die

---

172  Ebd., S. 81.

173  Ebd., S. 80.

174  Ebd., S. 112.

175  Ebd., S. 113.

176  Ebd., S. 115. - Vgl. dazu aus heutiger Sicht z.B. R. Rabenstein (Hg.): Erstunterricht. Bad Heilbrunn 1979, 2., überarb. Aufl.

177  H. Gaudig: Die Schule im Dienste der werdenden Persönlichkeit. Bd.1, a.a.O., S. 402.

178  H. Gaudig: Didaktische Ketzereien. 6. Aufl., a.a.O., S.135f.; ders.: Schule und Schulleben, a.a.O., S. 73ff.

Organisation der Schule und für das Handeln des Lehrers in allen Schularten, -stufen und -fächern bzw. Lernbereichen. Deshalb kann er formulieren: "von Selbsttätigkeit durch Selbsttätigkeit zu Selbsttätigkeit"[179] und die "selbständige Tätigkeit des Schülers" gilt "für alle Phasen der Arbeitsvorgänge; beim Zielsetzen, beim Ordnen des Arbeitsgangs, bei der Fortbewegung zum Ziel, bei den Entscheidungen an kritischen Punkten, bei der Kontrolle des Arbeitsganges und des Ergebnisses, bei der Korrektur, bei der Beurteilung"[180]. Die Regel für den Lehrer heißt demnach: den Schüler mit dem Ziel der Eroberung des Gegenstandes "planmäßig in einer sehr strengen Arbeit zur Selbsttätigkeit" erziehen[181] bzw. "die kindlichen Energien auszulösen und zu planmäßiger Arbeit einzuschulen"[182], wobei oft nur das Arbeitsverfahren, die Technik als solche eingeübt, nicht aber die Aufgabe selbst erledigt wird[183]. Im Sinne dieses Prinzips sind die Aktivitäten des Lehrers "von vornherein auf decrescendo und diminuendo eingestellt"[184], das heißt, er wird "nicht nur sparsam mit seiner Tätigkeit sein, sondern auch überlegen, wie er die Hilfe so gestaltet, daß sie nach und nach entbehrlich wird"[185].

Aus dem anthropologischen Merkmal der Individualität ergibt sich ein weiteres bedeutsames Prinzip: die **Individualisierung, Personalisierung bzw. Differenzierung**. GAUDIG denkt dabei sowohl an die Differenzierung nach der unterschiedlichen Leistungsfähigkeit der Kinder bzw. des Schwierigkeitsgrades der Aufgaben als auch an eine ökonomische Arbeitsteilung (vielleicht nach Interessen) mit nachfolgender Arbeitsvereinigung (Integrierung) wie auch an eine Kombination dieser beiden Formen.[186] Und weiterführend: "Die beiden großen Prinzipien der Organisation, das der **Differenzierung** ('Ein Leib und doch viele Glieder') und das der **Integrierung** ('viele Glieder und doch ein Leib') durchdringen einander."[187]

179  H. Gaudig: Die Schule im Dienste der werdenden Persönlichkeit. Bd.1, a.a.O., S. 9.

180  Ebd., S. 89.

181  Ebd., S. 9.

182  Ebd., S. 10.

183  Ebd., S. 100f.

184  Ebd., S. 108.

185  H. Gaudig: Didaktische Präludien, 2. Aufl., a.a.O., S. 236.

186  H. Gaudig: Die Schule im Dienste der werdenden Persönlichkeit. Bd.1, a.a.O., S. 99, 165; siehe auch ders.: Didaktische Präludien, 2. Aufl., a.a.O., S. 45f. ("Stufenfolge der Individualisierung").

187  H. Gaudig: Schule und Schulleben, a.a.O., S. 107.

Ein dritter bedeutsamer Grundsatz ist die "**Konzentration** der Bildungsarbeit"[188]: Im Sinne der **stofflich-inhaltlichen** Konzentration spricht GAUDIG von der Zusammenfassung der "Elemente der Bildung" bzw. von der Verknüpfung der Aspekte verschiedener Fächer bzw. Wissenschaften, Techniken und Künste unter dem Gesichtspunkt der "Gebiete des persönlichen Lebens" mit Hilfe "lebenskundlicher Einheiten".[189] Unter "**formaler** Konzentration" versteht er "die Verknüpfung nach der Art der Arbeit", "die berechtigte 'Manualisierung' der Arbeit in den naturwissenschaftlichen Fachgebieten und die 'Vergeistigung' alles manuellen Tuns" sowie "die Anpassung der Schulformen des Lernens an die Lernformen des Lebens oder die Lebensformen des Lernens und andererseits die Erziehung zur Anwendung der dem Leben angepaßten Schulformen auf das wirkliche Leben."[190] Konzentration meint aber auch, daß sich alle Bildungsarbeit an der "Totalität der werdenden Persönlichkeit" zu orientieren hat.[191] GAUDIG sieht sehr klar auch die Gefahren des "Gesamtunterrichts" hinsichtlich "gekünstelter"[192] bzw. "künstlicher"[193] Konzentration. - Zusammenfassend zu diesem Prinzip und zum Verhältnis von Fachunterricht und Gesamtunterricht überhaupt: "Nun ist die Kunst unserer Schulen, die Wirklichkeit im allgemeinen zu erfassen, schon an sich sehr gering. Wie viel mehr bei komplexen Erscheinungen, bei denen zu der Weltfremdheit hinzukommt, daß die Schülerinnen wohl gewöhnt sind, fachmäßig zu arbeiten, nicht aber, die Arbeit verschiedener Fächer zu verbinden und so komplexer Tatbestände mächtig zu werden. Es wird eine der Hauptaufgaben der Organisation des Lehrplans sein, daß durch planmäßiges Zusammenarbeiten verschiedener Fächer kulturell wichtige Wirklichkeitszusammenhänge erfaßt und durchgearbeitet werden. In dieser geistigen Bewältigung der Weltwirklichkeit wird unsere Jugend ihres fachmäßigen Wissens, dessen Wert sie so oft nicht anerkennt, froh werden. Durch die ganze Schule muß **dieser** Gesamtunterricht durchgeführt werden, aber nicht so, daß man den Fachunterricht verdrängt, ohne den ein heilloser Dilettantismus über die deutsche Schule hereinbricht, sondern so, daß man

---

188  H. Gaudig: Die Schule im Dienste der werdenden Persönlichkeit. Bd.1, a.a.O., S. 81.

189  Ebd., S. 82.

190  Ebd., S. 83.

191  Ebd., S. 83, siehe auch S. 47f.; und 10, S. 101f.

192  Ebd., S. 113.

193  Ebd., S. 115.

das Prinzip des konzentrierenden Unterrichts mit dem des Fachunterrichts zu planmäßiger Architektur verbindet."[194]

Der Grundsatz der **"Entwicklungsmäßigkeit"** bzw. **Entwicklungsgemäßheit** bedeutet die Berücksichtigung der von der Psychologie erkannten Entwicklungsphasen, Lebensbeziehungen und Lebensäußerungen.[195]

Für GAUDIG ist es auch sehr bedeutsam, daß Schule und Unterricht mit dem sonstigen Leben verbunden werden, und zwar nicht nur hinsichtlich der Unterrichtsstoffe und -methoden, sondern auch hinsichtlich der Lebensgebiete (Lebensfelder), wie etwa des Gemeinschaftslebens, des Gefühls- und Willenslebens, des Gemüts- und Geistlebens (des intellektuellen Lebens). Die Schule hat also selbst Lebenssituationen aufzusuchen, aufzugreifen, an ihnen anzuknüpfen, sie zu gestalten. Sie knüpft an den Alltag der Schüler an, an die Formen seiner vielfältigen Tätigkeiten, "nimmt, soweit das irgend möglich, diese Formen auf und veredelt sie - nicht aber etwa zu künstlichen Formen, aus denen das Leben gewichen ist, sondern so, daß sie auch in ihrer veredelten Gestalt dem Kinde Natur sein können". Persönlichkeitserziehung zieht also "das Leben in die Schule hinein und die Schule in das Leben" hinaus[196], womit das Prinzip der **'"Lebensnähe"'**[197] bzw. **Lebensbezogenheit** wirklich umfassend bestimmt wird.

Auch was das Prinzip der **Anschaulichkeit** betrifft, hat GAUDIG wesentliche Einsichten: "Anschauen" ist kein passives Geschehen, keine "Bildbetrachtung", bei der sich das Bild zwischen Kind und Wirklichkeit schiebt, sondern, richtig verstanden, ein "Arbeitsvorgang", bei dem "das Kind am Anschaubaren **arbeitet**, wenn es sich innerhalb des Ruhenden bewegt, wenn sein Auge von Teil zu Teil wandert, die Teile zu Gruppen und die Gruppen zum Ganzen zusammenfaßt, wenn es denkend Beziehungen innerhalb des Ganzen, zu anderen Dingen, zu sich erkennt, wenn es in das

---

194 H. Gaudig: Freie geistige Schularbeit in Theorie und Praxis. Konzentration der Fächer zur Erfassung eines zusammengesetzten Kulturzustandes, a.a.O., S. 131. - Aus diesem Zitat zu schließen, daß Gaudig den Gesamtunterricht ablehne, wie dies E. Saupe tut (Deutsche Pädagogen der Neuzeit, a.a.O., S. 111), ist wohl nicht möglich.

195 H. Gaudig: Die Schule im Dienste der werdenden Persönlichkeit. Bd.1, a.a.O., S. 402.

196 Ebd., S. 49.

197 Ebd., S. 402; vgl. das "Lebensprinzip" und das "Prinzip des Lebenszusammenhangs" in H. Gaudig: Didaktische Ketzereien, 6. Aufl., a.a.O., S. 130f.

von ihm geschaute Stück Wirklichkeit hineinfragt und sich aus ihm oder sonstwoher Antwort sucht und so weiter."[198] "So paradox es klingt: anschauen mit allen fünf Sinnen!"[199] Dieser Ruf nach Vielsinnigkeit wird ergänzt durch die Forderung, die Sinnesorgane mit Hilfsmitteln zu schärfen bzw. zu verstärken (z.b. mit Lupe, Mikroskop, Fernrohr, Pinzette, Messer) und Schülerexperimente durchzuführen. GAUDIG formuliert dieses Prinzip demnach als das der "Herstellung des unmittelbaren Verkehrs zwischen Kind und Weltwirklichkeit."[200]

Mit dem Prinzip der **Kontinuität** (der "Zusammenhängigkeit"[201], der "Folgerichtigkeit"[202]) meint GAUDIG, daß Erziehung stetig, kontinuierlich und bruchlos von den elementaren Lernprozessen ausgehend zu immer komplexerem Lernen weiterführen muß; daß das Schulleben "grundsätzlich in den Gesamtverlauf des Lebens eingegliedert werden (muß), einesteils durch Anknüpfung an das 'Vorleben' der Schüler, ihr Leben vor der Schulzeit, anderseits durch Vorbeziehung auf das Leben nach der Schule, das eigentliche 'Leben'. Diese Vorbeziehung auf das künftige Leben soll aber nicht dazu führen, das Schulleben gleichsam nur als 'Mittel' anzusehn; (...) Prinzip des **'Eigenwerts'**, des **Selbstwerts** des Schullebens".[203]

Die Stoffauswahl schließlich soll vor allem unter den Prinzipien der Ermöglichung von "Kraftbildung" und der Auseinandersetzung mit dem "Lebensnotwendigen" erfolgen.[204]

Indem der Lehrer sein Handeln am Prinzip der Selbsttätigkeit orientiert, zielt er beim Kind auf bleibende Handlungsdispositionen, "die sich als die Gesinnung, Kraft und Technik der Selbstbetätigung" offenbaren.[205] Denn: "Nicht der die Klasse leitende Lehrer, sondern die **sich selbst leitende Klasse** ist Leitbild für die zukünftige Entwicklung der deutschen Schu-

---

198 H. Gaudig: Die Schule im Dienste der werdenden Persönlichkeit. Bd.1, a.a.O., S. 118f.

199 Ebd., S. 126.

200 Ebd., S. 118.

201 Ebd., S. 177.

202 H. Gaudig: Didaktische Ketzereien, 6. Aufl., a.a.O., S. 131.

203 H. Gaudig: Die Schule im Dienste der werdenden Persönlichkeit. Bd.1, a.a.O., S. 177.

204 Ebd., S. 65.

205 Ebd., S. 84.

le"[206]; "nicht die in gemeinsamer Arbeit ein Bild betrachtende, ein Gedicht lesende, einen mathematischen Satz entwickelnde Klasse ist hier das eigentliche Ziel, sondern die Gesamtheit der für sich allein arbeitenden einzelnen Schüler."[207] Dazu einige **Zielvorstellungen** im einzelnen[208]:

- Steigerung in der Selbständigkeit der Aufgabenstellung;
- Steigerung der Zielstrebigkeit im Fortschreiten von einer Frage zur Erkenntnis und von einer Erkenntnis zur Frage;
- Steigerung der Fähigkeit, die Schwierigkeiten und den Entwurf des Arbeitsplans richtig abzuschätzen;
- Steigerung der Fähigkeit, die Arbeitsweise an die Art der Arbeit anzupassen;
- Steigerung der Fähigkeit, intellektuelle Tätigkeiten flexibel zu wechseln;
- "Mechanisierung immer größerer Strecken der Arbeitsverläufe im Interesse der Energiesteigerung bei dem Neuen der Aufgaben" im Sinne des Entlastungslernens;
- "Steigerung der Fähigkeit, über den Arbeitsgang zu reflektieren und die Arbeitsergebnisse einer immer schärferen Beurteilung auf ihren Wahrheitswert hin zu unterziehen."
- Steigerung der "Fern- und Fortwirkung der Willensimpulse";
- "Steigerung der Arbeitsenergie im allgemeinen, leichtes Ansprechen der Kraft, gesunder Ablauf des Kraftaufwands, Sparsamkeit im geistigen Haushalt, gute Erholungsfähigkeit";
- Fähigkeit der Anwendung und der Übertragung des Gelernten.[209]

Insgesamt geht es also um "die Fähigkeit zu selbsttätigem Bildungserwerb in freiem Arbeitsvorgange"[210], um "freitätige Arbeit"[211] bzw. "freies Arbeiten"[212], um "selbständige Tätigkeit"[213], um "freies und selbstverantwortliches Handeln"[214], um die Entwicklung einer "neuen Geistigkeit"[215], mit der das

206  H. Gaudig: Was mir der Tag brachte, a.a.O., S.54.
207  H. Gaudig: Die Schule im Dienste der werdenden Persönlichkeit. Bd.1, a.a.O., S. 163.
208  Ebd., S. 124f.
209  H. Gaudig: Schulreform, a.a.O., S. 8.
210  H. Gaudig: Die Schule im Dienste der werdenden Persönlichkeit. Bd.1, a.a.O., S. 64.
211  Ebd., S. 161.
212  Ebd., S. 90f., 96.
213  Ebd., S. 89ff.
214  Ebd., S. 152.
215  H. Gaudig: Didaktische Ketzereien, 6. Aufl., S. 132f.

Wissen zu einer "persönlichen Verfassung", zu einer "Spannkraft des Wissenden"[216] und damit "vergeistigtes Darstellen"[217] möglich geworden ist. In jedem Schüler sollen sich "auch - und zwar um seiner persönlichen Entwicklung willen - bleibende **soziale** Eigenschaften entwickeln, und zwar intellektuelle und moralische Eigenschaften; denn zu den Dispositionen der Persönlichkeit gehört auch die intellektuelle und die moralische Fähigkeit zum **gemeinsamen** Denken."[218] Zugleich und im ganzen geht es um "die **Ethisierung** und (...) die **Personalisierung** des gesamten Arbeitslebens"[219], um die Erziehung des Schülers "zur Freitätigkeit in der Gestaltung seines Wesens" ("Wesensgestaltung" der Persönlichkeit) und "in der Gestaltung seines Lebens" ("Lebensgestaltung")[220], zur "Ehrfurcht vor der Natur"[221] und zur "rechten Stellung zur Wirklichkeit" überhaupt, jenseits von "weltscheuer Innerlichkeit" und "weltverlorener Äußerlichkeit"[222], in deren Rahmen folgende **Einzelziele** angestrebt werden[223]:

– Steigerung des "Klarheitsbedürfnisses" und des "Wahrheitsverlangens";
– Sensibilisierung des "Wahrheitssinns";
– ethisch geschärfte Urteilsfähigkeit über die eigene Leistung;
– Fähigkeit, fremde Leistungen angemessen und fördernd zu beurteilen;
– "Hilfsbereitschaft dem Mitarbeiter gegenüber";
– "Achtung vor dem Erzieher zur Arbeit".

Darüber hinaus geht es um

– Selbsterkenntnis, Selbstbestimmung, Selbstregierung, Selbstbeurteilung ("Erziehung zum Eigenurteil"[224]) und Selbstverantwortung;
– "Selbstbestimmung und Selbstregierung der Klasse"[225];
– Aus dem naiven Klassenbewußtsein soll über ein reflektiertes Klassenbewußtsein die Übernahme von Verantwortung für die Klasse erfol-

216  Ebd., S. 131.
217  Ebd., S. 133f.
218  H. Gaudig: Die Schule im Dienste der werdenden Persönlichkeit. Bd.1, a.a.O., S. 163.
219  Ebd., S. 125.
220  H. Gaudig: Schulreform, a.a.O., S. 40.
221  H. Gaudig: Didaktische Ketzereien, 6. Aufl., a.a.O., S. 131f.
222  Ebd., S. 136.
223  H. Gaudig: Die Schule im Dienste der werdenden Persönlichkeit. Bd.1, a.a.O., S. 125.
224  Ebd., S. 151.
225  Ebd., S. 157.

gen[226]: Bildung von Klassen(ehr)gefühl[227], von Klassengesinnung[228] -
Leistung "sozialer Intellektualarbeit"[229];

- "Emanzipation der einzelnen Schüler von der Klasse"[230];
- "selbsttätig und planmäßig **arbeitende(r) Einzelne(r)**"[231] sowie "planmäßig arbeitende Klassen"[232];
- Freude, zum Beispiel am Schreiben von Stichworten oder Notizen[233] - "Bildungsfreude", "Bildungsgesinnung", Arbeitsmotivation[234]; "Lust an der Arbeit" ("Arbeits-'eudämonie'")[235];
- zur Wertsichtigkeit verhelfen (nicht Werte vermitteln)[236]; Entwicklung des Verständnisses und des Gefühls für Werte[237]: "Erkenntnis der Werte, Freude an den Werten, der Wille, diese Werte sich immer mehr anzueignen, die Entwicklung konstanter Neigungen und Triebe und fester, sicher wirkender Maximen"[238];
- Teilnahme an der Kulturwirklichkeit, am Kulturleben und -schaffen durch "die geistige Fähigkeit zu rechtem **Werturteil**"[239];
- Gewinnung von Beurteilungsmaßstäben zur Überwindung "unreifer Meinungen und Urteile"[240];
- "Liebe, und zwar nicht nur die rechte Liebe zum Lehrer, vor allem vielmehr die Liebe zur Arbeit und den 'Stoffen' der Arbeit"[241];
- Entwicklung der Arbeitsgesinnung[242];
- Redlichkeit im Denken[243];

226  Ebd., S. 144f., 176.
227  Ebd., S. 156.
228  Ebd., S. 151.
229  Ebd., S. 165.
230  Ebd., S. 158.
231  Ebd., S. 119.
232  Ebd., S. 105.
233  Ebd., S. 97.
234  Ebd., S. 85.
235  H. Gaudig: Schule und Schulleben, a.a.O., S. 80.
236  H. Gaudig: Die Schule im Dienste der werdenden Persönlichkeit. Bd.1, a.a.O., S. 43f.
237  Ebd., S. 190.
238  Ebd., S. 86.
239  H. Gaudig: Schulreform, a.a.O., S. 9.
240  H. Gaudig: Die Schule im Dienste der werdenden Persönlichkeit. Bd.1, a.a.O., S. 167.
241  Ebd., S. 191.
242  Ebd., S. 190.
243  Ebd., S. 163.

- "der Schüler muß Methode haben"[244];
- Entwicklung des "Gefühl(s) der **Pflicht**" und der "Achtungsgefühle";
- Entwicklung des Gewissens[245].

Welche **Methoden** erscheinen GAUDIG nun geeignet, diese Ziele zu erreichen? Auch in diesem Bereich zeigt sich sein großes didaktisches Verständnis: Er setzt nicht auf ein Allheilmittel, auf eine Universalmethode, sondern weiß, daß nur verschiedene Arbeitsverfahren und Sozialformen zielführend sein können.

Zuerst zu den vorgesehenen **"Arbeitsvorgängen"**[246]: Im Rahmen des **"Anschauungsunterrichts"**[247] werden die Kinder durch das Anschauen von Sachverhalten und "Tatbeständen", durch das Beobachten von Arbeitsvorgängen und ähnlichem zu "Wirklichkeitsforschern"[248]. Die "**Arbeit der Auslegung** (des Textverstehens)" umfaßt verschiedene Formen der Arbeit mit dem Buch, dessen Funktion vom Veranschaulichen über das Informieren bis zum Erlebenlassen der Dichterlektüre reicht[249]. Beim **entwickelnden Arbeitsverfahren** erarbeitet sich der Schüler selbsttätig eine Erkenntnis oder Einsicht, indem er Begriffe bestimmt, etwas sammelt, ordnet, herausarbeitet, klassifiziert, Probleme löst, etwas beweist, folgert und so weiter.[250] Wieder andere Aktivitäten werden im **darstellenden Arbeitsverfahren** ausgelöst: "Lesen, Rezitieren, Sprechen, Vortragen; die schriftliche Darstellung, Zeichnen und plastisches Formen" (Modellieren) dienen der geistigen oder manuellen (Re-)Präsentation eines Stücks "Welt" bzw. der (Um-) Gestaltung von "Welt".[251] Mit dem **dialogischen oder dialektischen Arbeitsverfahren** ist ein Abklären verschiedener Meinungen in einer "gesprächsartigen Unterredung" oder in einem "Streitgespräch" zwischen einzelnen Schülern oder Schülergruppen gemeint - jenseits jeder "öden Disputiersucht". Dieses Verfahren gipfelt im "freien Gespräch" als

---

244 Ebd., S. 90.
245 Ebd., S. 191.
246 Ebd., S. 125.
247 Ebd., S. 125ff., 118ff.
248 Ebd., S. 119.
249 Ebd., S. 128ff.
250 Ebd., S. 130f.
251 Ebd., S. 131f., 120.

Polylog und Dialog[252]. Dabei ist es durchaus möglich, daß Meinungsverschiedenheiten im Sinne "subjektiver Meinungen auf Zeit" bestehen bleiben; "wenn nur ein fester Grundstock gleicher Anschauungen vorhanden ist, der im allgemeinen das Denken der Klasse bestimmt und der für die neuen Anschauungen den Kristallisationspunkt bildet", können diese unterschiedlichen Auffassungen auch produktiv ausgehalten werden. Die Zielvorstellung ist es, daß "unreife Meinungen und Urteile" allmählich überwunden und "im Gebiet der Werturteile sichere Maßstäbe gewonnen werden."[253]

Im Zusammenhang dieses Arbeitsvorgangs preist GAUDIG in dem Maße die Schülerfrage als persönlichkeitsbildend, in dem er die Lehrerfrage als "das fragwürdigste Mittel der Geistbildung"[254] und damit auch das "Frage- und Antwortspiel"[255] verwirft. Indem die Schule "die Lehrerfrage in die Alleinherrschaft einsetzte und so die Kinderfrage abtötete" machte sie "aus dem Kinde, das wissen wollte, (...) das Kind, das wissen sollte". Hingegen wäre es eine vorrangige Aufgabe des Lehrers, den natürlichen "Fragetrieb" des Kindes zum "Fragewillen" und zur "Fragekunst" von der Einzelfrage zur Fragereihe zu "veredeln".[256] Dabei hat die Frage nicht nur die größte Bedeutung für die Entfaltung des kindlichen Innenlebens (Gefühls- und Willenslebens), sondern auch für seine Intellektualität, indem sie "die Formulierung einer Denkaufgabe ist" und sich an den Fragenden selbst, an die Mitschüler oder - zuletzt - an den Lehrer richtet.[257]

Zur Realisierung dieser Arbeitsverfahren bieten sich verschiedene **Sozialformen** an: Alle Schüler einer Klasse können gemeinsam arbeiten oder in Kleingruppen oder allein. Zielbild ist dabei nicht die "geschäftige", sondern die "arbeitende Klasse"[258], wobei immer größere Arbeitsabschnitte vom "Klassenunterricht", von der "Klassenarbeit" in die "stille Einzelarbeit" verlegt werden, deren Ergebnisse "der Klasse zusammenhängend darzustellen" sind; sie möge dadurch "Arbeitsanstöße (...) zur Arbeit an der

---

252  Ebd., S. 106f.

253  Ebd., S. 167f.

254  H. Gaudig: Didaktische Präludien, 2. Aufl., a.a.O., S. 13.

255  H. Gaudig: Die Schule im Dienste der werdenden Persönlichkeit. Bd.1, a.a.O., S. 132.

256  Ebd., S. 110.

257  Ebd., S. 111f.

258  Ebd., S. 101.

Arbeit des Mitschülers" empfangen: "Wiederholung, vielleicht mit Herausstellung des Wesentlichen, Ermittlung der Anordnung, Darstellung des Arbeitsgangs, Beurteilung, Hinzufügung eigener Gedanken und so weiter und so weiter."[259] Auf diese Weise möchte GAUDIG dem bekannten Phänomen im lehrerzentrierten Frageunterricht begegnen, "daß die Schüler vielfach die Antwort ihrer Mitschüler nicht scharf auffassen, sondern über die Antwort des Mitschülers weg die Aufmerksamkeit der neuen Frage" **des Lehrers** zuwenden.[260]

Nur diese Vielfalt an "Unterrichtsformen" gibt die Gewähr dafür, daß die Kinder zu möglichst vielseitigen Aktivitäten angeregt werden: zum Erleben, Auffassen, Darstellen, Entwickeln; daß die Kinder sich das Arbeitsziel selbst stecken, den Arbeitsplan aufstellen, den Arbeitsprozeß beginnen und durchführen, das Arbeitsergebnis prüfen[261]; daß die Lehrerhilfe zurücktritt[262]; daß durch Arbeitsteilung mit folgender Arbeitsvereinigung Differenzierung und Integration gesteigert werden[263]. Dabei soll die Arbeitsteilung nicht so erfolgen, daß "die befähigten Schüler die wesentlichen, daher schwierigen Arbeitsschritte tun und die andern ihnen folgen und daher nur die Zwischenarbeit leisten, bei der etwa ein völlig mechanisiertes Verfahren zur Anwendung kommt"[264]. Grundsätzlich richtet sich die Forderung nach selbsttätiger und selbständiger Arbeit an alle bzw. an jeden einzelnen Schüler - allerdings nach ihren Kräften. "Die Persönlichkeitserziehung kann nicht daran denken, die Unterschiede der Begabung entweder so stark ignorieren oder so stark ausgleichen zu wollen, daß sie alle Schüler zu gleichmäßiger Leistung bei den differenten Arbeitsanforderungen befähigt. (...) Jedenfalls wird sie (soweit es nur irgend möglich ist) durch alle Mittel pädagogischer Einwirkung die Schwächeren dafür gewinnen, daß sie sich nicht in die Rolle der Geführten hineinfinden, wo sie es nicht unbedingt müssen, und man wird die starken Geister so beeinflussen, daß sie ihre

259  Ebd., S. 102.
260  Ebd., S. 106; vgl. H. Gaudig: Didaktische Ketzereien, 6. Aufl., a.a.O., S. 4: "Der Lehrer als Zuhörer".
261  H. Gaudig: Die Schule im Dienste der werdenden Persönlichkeit. Bd.1, a.a.O., S. 161, 89f.; siehe auch Gaudig in G. Kerschensteiner: Texte zum pädagogischen Begriff der Arbeit und zur Arbeitsschule, a.a.O., S. 159.
262  H. Gaudig: Die Schule im Dienste der werdenden Persönlichkeit. Bd.1, a.a.O., S. 101.
263  Ebd., S. 99, 165; H. Gaudig: Didaktische Präludien, 2. Aufl., a.a.O., S. 119.
264  H. Gaudig: Die Schule im Dienste der werdenden Persönlichkeit. Bd.1, a.a.O., S. 161.

minderbegabten Mitschüler nicht nieder- und zurückdrücken wollen."[265] Daraus ergibt sich, daß GAUDIG dem Wettbewerb, dem konkurrierenden Arbeiten in der Schule zur Steigerung der Leistungsqualität keinen hohen Stellenwert beimißt, "und zwar nicht allein um der moralischen Gefahren willen, die dabei eintreten können, sondern auch, weil man darauf bedacht sein muß, in der Kindesseele wertvollere Motive ins Spiel zu setzen"[266]. Was die **Hausaufgabe** betrifft, erscheint sie GAUDIG "für die Kultur der Selbsttätigkeit" dann eine "äußerst wichtige Arbeitsform", wenn sie als "freie häusliche Arbeit" gegeben wird.[267] Würde sie außerdem "mehr in die Schule und die Schularbeit mehr in das Haus hineingenommen werden"[268], dann würden sie wohl auch die Eltern nicht mehr "als einen 'Hausfriedens- bruch' betrachten, den die Schule sich zuschulden kommen läßt", sondern als ein "für die Persönlichkeitserziehung (...) unersetzliches Erziehungs- mittel"[269]. Die Hausarbeit eröffnet nämlich die Möglichkeiten für zahlrei- che "Übungen in der Selbstkorrektur", und "mit der Fähigkeit des selbsttä- tigen Arbeitens wächst auch die Neigung zu Nebenarbeiten, die die Schule nicht aufgibt, die aber in der Richtung der Schularbeit liegen".[270]

GAUDIG erkennt, daß es zur optimalen Ermöglichung der Erarbeitung bzw. Verarbeitung eines Stoffes nötig ist, die Schüler mittels eines "Leitfadens" entweder als einer "erste(n) 'Totalauffassung'" am Beginn oder während oder am Ende einer Arbeit zu orientieren[271] - ganz im Sinne von "advanced organizers", wie sie die heutige Unterrichtswissenschaft bzw. Lehr-/Lernforschung empfiehlt.[272]

Was die Freiheit in der Wahl der Methode anlangt, so stößt diese genauso an Grenzen wie die Auswahl und der Aufbau bzw. die Anordnung der

---

265  Ebd., S. 162.

266  Ebd., S. 160.

267  Ebd., S. 95.

268  H. Gaudig: Didaktische Ketzereien, 6. Aufl., a.a.O., S. 54.

269  H. Gaudig: Die Schule im Dienste der werdenden Persönlichkeit. Bd.1, a.a.O., S. 93.

270  H. Gaudig: Didaktische Ketzereien, 1. Aufl., a.a.O., S. 78f.

271  H. Gaudig: Didaktische Präludien, 2. Aufl., a.a.O., S. 118.

272  Siehe z.B. N. Groeben: Die Verständlichkeit von Unterrichtstexten. Dimensionen und Kritiken rezeptiver Lernstadien. Münster 1972, S. 32ff.

Unterrichtsstoffe in einem Lehrgang[273]. Kriterium ist hier die optimale Vermittlung hinsichtlich eines angestrebten Ziels: "Die Freiheit des Lehrers ist eingeengt 1. durch das Erziehungsziel, das allgemeine, höchste der gesamten Erziehung, das Erziehungsziel in den einzelnen Fächern, das Erziehungsziel im einzelnen Jahrespensum, 2. durch die als eine feste Tatsache gegebene Gesamt- und Spezialverfassung der Zöglinge. Freiheiten auf Kosten der Zielstrebigkeit oder infolge der Ignorierung der Lage der Zöglinge kann der gewissenhafte Lehrer für sich nicht in Anspruch nehmen."[274]

Was die **Unterrichtsmedien** betrifft, finden sich Hinweise auf die Bedeutung von "Bildern" aller Art - wobei GAUDIG "Bilderkultus" wie "Bilderstürmerei" gleichermaßen ablehnt[275] - sowie von Hilfsmitteln wie Lupe, Mikroskop, Fernrohr, Pinzette, Messer und so weiter, vor allem im Rahmen des "Anschauungsunterrichts". Ebenso didaktisch ausgewogen ist seine Einschätzung des Werts des Buches als eines "Bildungs- und Kulturmittels ersten Ranges".[276]

Hinsichtlich der **Sozialstruktur** der Klasse sieht GAUDIG sehr deutlich die Dialektik zwischen dem Klassenkollektiv und den Schülerindividualitäten. Weil er diese als fundamentale Bedingung für die Erziehung ansieht, werden hier auch die Sozialbeziehungen innerhalb der Klasse bzw. zwischen den Schülern den folgenden Ausführungen über die **Handlungsgemeinde** (1.1.3.) zugeordnet. Da es in GAUDIGs Werk um die Erziehungssituation in der Schule geht, sind die "Erzieher" die "Lehrer" und die Zu-Erziehenden die "Schüler" einer "Klasse" im Rahmen der Institution Schule. Das Ziel der Persönlichkeitsbildung steht also von vornherein unter den Bedingungen der Sozialverbände Klassen- und Schulgemeinschaft. Damit wird die Dialektik zwischen dem Widerstand (der "Isolation") gegen den Klassenverband und dem Dienst am Klassenverband, an der "Gesamtheit"[277], für Erziehung und Bildung in der Schule konstitutiv. GAUDIG bemerkt einen wichtigen "Sprachverhalt": "'Klasse' bezeichnet metonymisch

---

273 H. Gaudig: Die Schule im Dienste der werdenden Persönlichkeit. Bd.1, a.a.O., S. 230f.

274 Ebd., S. 232; vgl. H. Gaudig: Didaktische Präludien, 2. Aufl., a.a.O., S. 182.

275 H. Gaudig: Die Schule im Dienste der werdenden Persönlichkeit. Bd.1, a.a.O., S. 119.

276 Ebd., S. 128.

277 Ebd., S. 133.

nicht nur eine Abteilung von Schülern, sondern auch den Raum, in dem diese Abteilung arbeitet."[278] Das Gemeinschaftsleben bzw. das Gemeinschaftserleben bilden die Grundlage für die Entwicklung einer Gemeinschaftsgesinnung und eines Gemeinschaftshandelns.[279] Diese sozial-strukturellen Bedingungen eröffnen dem Lehrer allererst Möglichkeiten für sozial- und individualerzieherisches Handeln und geben dem Schüler zugleich die Chance, sein Ich-Bewußtsein durch ein Wir-Bewußtsein als "Klassenbewußtsein" zu entwickeln und zu erweitern. "Begünstigt wird dieses Klassenbewußtsein bereits im frühen Stadium der Klassenentwicklung durch die räumliche Zusammenfassung der Klasse, durch äußere Abzeichen, durch die Zusammengehörigkeit mit einem Lehrer, durch die zusammenfassende Anrede des Lehrers ('Ihr'), durch die der gesamten Klasse geltende Aufgabenstellung, durch das Nebeneinander verschiedener Klassen und so weiter. Ferner entwickelt sich das Klassenbewußtsein infolge der zum Teil bereits in die Klasse mitgebrachten, vor allem aber infolge der in der Klasse erst sich entwickelnden Gleichheit des geistigen, aber auch des physischen Lebens. Diese Gleichheit ermöglicht Kollektivaktionen: Alle Schüler (als eine Gesamtheit, innerhalb deren keine einzelnen Individuen hervortreten) machen sich an die ihnen gestellten Aufgaben; alle möchten die Antwort geben; alle stimmen in ihren Leistungen so überein, daß nicht einzelne hervortreten und den Eindruck der Kollektivaktion stören; alle (oder doch so viele, daß einzelne Fehlende nicht auffallen) brechen in den gleichen Laut des Gefallens oder Mißfallens aus und so weiter."[280]

GAUDIG unterscheidet sehr genau "zwischen solchen Erscheinungsformen, bei denen das Leben und Wirken des einzelnen in der Gemeinschaft nur Mittel zum Zweck ist, und solchen, bei denen es sich eigens um das Gemeinschaftsleben des einzelnen als solches handelt"[281], also zwischen dem Lernen innerhalb des Kollektivs, der Gruppe, des Klassenverbands und dem sozialen Lernen: Die Sache stellt sich anders, "wenn das letzte Ziel nicht ohne eine Emanzipation des einzelnen von der Gemeinschaft zu denken ist, anders, wenn es sich direkt um den Erwerb sozialer Qualitäten handelt"[282].

---

278  Ebd., S. 134.
279  Ebd., S. 133f.
280  Ebd., S. 137.
281  Ebd., S. 157.
282  Ebd., S. 158.

Leben und Lernen im Klassenverband bringt auch zahlreiche Probleme bzw. Gefahren mit sich: einen kollektivegoistisch übersteigerten "Klassengeist", der die Individualität zugunsten des "'Wir'-Menschen", des "Klassen- bzw. Massenmenschen" verschlingt[283], verschiedene Vorurteile gegenüber und Verurteilungen von Mitschülern und ähnliches mehr. Hier wird eine zweite Dialektik deutlich: das Verhältnis zwischen Schülerindividuum und Schülergruppe.[284] Der einzelne muß erfahren, erkennen und einsehen, daß er in der Klasse Rechte und Pflichten hat, vor allem Verpflichtungen gegenüber seinen Mitschülern; da etwa die Faulheit des einzelnen ihn selbst und die Klasse schädigt, ist seine Mitarbeit Recht und Verpflichtung.[285] Jeder einzelne bekommt damit die Aufgabe, seine Stellung in der Klasse über die Urteile des Lehrers und der Mitschüler zu erfassen und sich willentlich in ihr eine Stellung zu geben.[286] Grundsätzlich gilt: Die "sozialen Unterschiede der Eltern der Klassengenossen sollen für das Klassenleben ohne Bedeutung sein" und das "**Verhältnis der Klasse zum Lehrer** soll sich durch Aufrichtigkeit und Wahrhaftigkeit kennzeichnen."[287] Schließlich liegt das Erziehungsziel "in der Erziehung des einzelnen Schülers zu freiem und selbstverantwortlichem Handeln auf diesem für die Entfaltung des sozialen Charakters der werdenden Persönlichkeit so entscheidenden Gebiete"[288].

Mit dieser Darstellung der organisatorischen Vorstrukturierungen und der Handlungsgemeinde ist zugleich ein Bild des **Schul- und Klassenlebens** gezeichnet, wie es GAUDIG idealiter entwirft: Die Klasse als Arbeits-[289] und Erlebnisgemeinschaft[290], als Gesinnungs-[291] und Gesprächsgemeinschaft, als Spiel- und Feiergemeinschaft; als Feld wechselnder **"Lebenslagen"**[292], **"Lebenssituationen** der geistigen Tätigkeit"[293] bzw. Bildungssituationen[294];

283  Ebd., S. 143.
284  Ebd., S. 152.
285  Ebd., S. 164.
286  Ebd., S. 150f.
287  Ebd., S. 189. - Zur "'übersozialen' Natur" der Klassen siehe auch H. Gaudig: Schule und Schulleben, a.a.O., S. 125.
288  H. Gaudig: Die Schule im Dienste der werdenden Persönlichkeit. Bd.1, a.a.O., S. 151f.
289  Ebd., S. 189.
290  Ebd., S. 182f.
291  Ebd., S. 190.
292  Ebd., S. 186.
293  Ebd., S. 49.
294  Ebd., S. 187.

als Ort der Entwicklung von heranwachsenden Individuen zu wertvollen Persönlichkeiten, indem sich diese einzeln und gemeinsam mit wertvollen Stoffen und mit Lehrern als wertvollen Persönlichkeiten auseinandersetzen - wobei "die Grundstimmung der Bildungsarbeit Freude ist"[295]. Die Schule soll über das Schul- und Klassenleben zu einer "Stätte des **Lebens**"[296] wie zu einer "Stätte ernster Arbeit vom ersten Tage an (allerdings einer ernsten Arbeit mit aller Fröhlichkeit)"[297], zu einer "Lebenssphäre"[298] mit "Lebensgebieten"[299] werden, in der "die Erziehung für das Leben"[300] durch das Leben ermöglicht wird. Nicht "die Klasse als arbeitendes Subjekt" ist das pädagogische Ziel, sondern die "freitätige Arbeit des einzelnen Schülers"[301], "die Persönlichkeit des Schülers als das handelnde Subjekt"[302], als "'der Täter seiner Taten'"[303], und das "Schulleben ist Leben der werdenden Persönlichkeit, also ein auf ein ideales Ziel hin gerichtetes Leben. So hat das Schulleben einerseits einen Zweckcharakter (es ist durchaus **teleologisch** bestimmt); andererseits ist es **idealbestimmt**; es besitzt den Charakter der **Spannung in die Zukunft,** und zwar der Spannung auf ein Ideal hin."[304] "Weil die werdende Persönlichkeit 'Subjekt' des Schullebens ist, muß prinzipiell alle Einseitigkeit, so die Einseitigkeit des Intellektualismus, der 'Manualität', des Ästhetizismus ausgeschlossen sein; die Gesamtheit (die **'Totalität'**) des geistleiblichen Wesens ist in Anspruch zu nehmen. Innerhalb dieser Gesamtheit ist die Totalität des Seelenlebens wieder eine Gesamtheit für sich. Das Prinzip der Totalität wird auch in der Weise wirksam, daß bei der Pflege der geistigen Gesamtverfassung alle die seelischen Dispositionen und Eigenschaften gepflegt und entwickelt werden, die das Leben von der Seele fordert. Leben ist **Selbstentfaltung** (Selbstevolution). Dieser Grundanschauung wird im Schulleben um so mehr Rechnung getragen, je mehr die Eigenkräfte des Individuums in freier Tätigkeit entfaltet werden, je mehr die gesamte Organisation des Schullebens,

---

295  Ebd., S. 184.
296  Ebd., S. 59.
297  Ebd., S. 10.
298  Ebd., S. 59.
299  Ebd., S. 61.
300  Ebd., S. 62.
301  Ebd., S. 101.
302  H. Gaudig: Didaktische Präludien, 2. Aufl., a.a.O., S. 192.
303  H. Gaudig: Die Schule im Dienste der werdenden Persönlichkeit. Bd.1, a.a.O., S. 90.
304  Ebd., S. 178.

vor allem die Organisation der Lehrertätigkeit darauf hinausgeht, **Eigentätigkeit**, vielmehr: Eigen**leben** in den Zöglingen zu entfalten. Aber die Selbstentfaltung ist nur möglich, wenn die Schule den Zöglingen für ihr Leben günstige **Assimilations- und Entwicklungsbedingungen** durch die Gestaltung ihres Lebenskreises bietet."[305]

Wenn GAUDIG auch Idee und Praxis des amerikanischen "Self-government"[306] als eine ungerechtfertigte Übernahme bzw. Übertragung aus dem staatlich-politischen Leben als einem außerpädagogischen Handlungsfeld auf die Schulgemeinde bzw. Schulgemeinschaft mit dem Hinweis einer "schiefe(n) Analogie" scharf ablehnt, so tritt er doch entschieden für die Idee der "Selbstregulierung" im Sinne "der sich selbst bestimmenden Klasse"[307] ein. Die Selbstbestimmung bezieht sich auf die intellektuelle und technische Arbeit und auf das Spiel, auf Klassenveranstaltungen wie auf Ausflüge, auf Feste und Feiern wie auf "das Gebiet der bleibenden Gesetze und Ordnungen"[308]. Grundsatz möge dabei sein: "nur so viel an Gesetz und Ordnung, als im Interesse des Lebensprozesses der Schule unbedingt erforderlich ist. Alle die Hemmungen der Lebensfreude und der Lebensenergie durch entbehrliche Ordnungen müssen unbedingt verpönt sein. Dafür soviel als möglich Selbstbestimmung der Klassen und der einzelnen Schüler von innen heraus, aus guter Gesinnung und aus feinem Taktgefühl! Statt der Gesetze, die von außen her kommen, Entfaltung der inneren Hemmungsenergie! Statt der Regierung der Schule durch den Lehrer, als den Hüter der Gesetze, Selbstregierung der Klassen und der einzelnen."[309] "Die Selbstregierung schließt eine Menge von Tätigkeiten ein; die Klasse muß sich Ziele stecken, muß den Plan des Handelns entwerfen, muß sich selbst zum Handeln die Antriebe geben, muß die zum Handeln nötige Energie entfalten, muß sich entscheiden, ihr eigenes Tun überwachen, das Ergebnis prüfen. (...) Die Klasse kommt aber auch in die Lage, sich gewisse Grundsätze (Maximen) ihres Handelns zu geben; zu diesen Maximen zählen auch die Grundsätze des Urteilens. (...) Vor allem

305 Ebd., S. 178f.
306 Ebd., S. 170.
307 Ebd., S. 171.
308 Ebd., S. 173.
309 Ebd., S. 173.

ist eins zu beachten: Die Klasse als ganzes muß die Verantwortung für sich übernehmen; es darf keine Einrichtung geschaffen werden, die den Grundsatz der Gesamtverantwortlichkeit verletzt."[310] Umgekehrt ist darauf zu sehen, "daß der einzelne Schüler sich der Klasse gegenüber verantwortlich weiß und fühlt"[311]. Aus diesem Geist kommt es zur "Beauftragung", das heißt, einzelnen Schülern oder Schülergruppen werden auf Zeit "einzelne Arbeiten und Geschäfte" übertragen (Klassenämter).[312] GAUDIG erkennt also klar die disziplinierende Wirkung des "Gefühls der Verantwortlichkeit"[313].

Als pädagogischer Realist sieht GAUDIG aber durchaus auch die Grenzen der Selbstbestimmung: "Das Gesetz der Schule und der Wille des Lehrers sind die Schranken des Willens der Klasse bei der geistigen Arbeit. Man denke namentlich an die Stoffauswahl, bei der die Grenzen der Selbstbestimmung der Klasse eng gezogen sind. Der Wille des Lehrers allerdings beschränke nur soweit, als die Selbstdetermination der Klasse die Erreichung der Ziele, die der geistigen Entwicklung der Klasse gesetzt sind, schädigt."[314]

310 Ebd., S. 175.
311 Ebd., S. 176.
312 Ebd., S. 176.
313 Ebd., S. 173.
314 Ebd., S. 172.

Im Sinne der **"metapsychischen Handlungs(dispositions)komponente"** sollte der Lehrer Erziehung als eine Tätigkeit, als ein Handeln begreifen, das dem Kind und Jugendlichen als Individualität hilft, sich im selbsttätigen Bildungserwerb zu einer Persönlichkeit zu entwickeln. In seinem lesenswerten Lebensrückblick "Was mir der Tag brachte" formuliert GAUDIG den Sinn der Erziehung im Kontext von Ausführungen über die anthropologische Bedeutung des Spiels schlicht und einfach so: "Erziehen heißt zur Gestaltung des eigenen Lebens ertüchtigen".[315] Diese Auffassung von Erziehung fordert vom Lehrer im Sinne der **"psychischen Handlungs(dispositions)komponente"** "Achtung" vor der werdenden Persönlichkeit[316], "die Energie der Zurückhaltung" und Entsagung sowie Bescheidenheit und Askese: "Je stärker der Lehrer wirkt, um so mehr muß er die Askese des Verzichts auf starke Wirkungen üben. Die Persönlichkeit hat ihre Grenze an der fremden Persönlichkeit. Dem Grundrecht auf Persönlichkeit, das eine Person für sich in Anspruch nimmt, entspricht das Grundrecht auf Persönlichkeit, das sie den andern zuerkennt", "sich entbehrlich, sich überflüssig zu machen, muß das ernsteste Ziel des Lehrers sein, der selbsttätige Köpfe bilden will."[317] Folgerichtig wird dem Lehrer die Aufgabe des "Mittlers" "zwischen dem Schülergeist und den Unterrichtsstoffen, in denen die Kräfte des Geistes latent sind und der Auslösung harren", zugewiesen.[318] Er "beherrscht die Unterrichtsstoffe mit wissenschaftlicher Gründlichkeit und kennt die in den Stoffen enthaltenen Bildungskräfte. Er ist im Sprechen und Lesen, im Erzählen und Beschreiben, im Erläutern und Übersetzen, im Experimentieren und im Entwickeln ein Künstler."[319] Dabei ist es sein Ziel, "die Schüler durch sein Beispiel und die anderen Hilfsmittel der Kunstübertragung zu einer möglichst hohen Stufe jener Kunstübungen zu entwickeln. Und über diese einzelnen Tätigkeiten hinaus schafft er nach einem Leitbild an der individuellen Gestaltung des gesamten Geisteslebens seiner Schüler."[320] Dazu gehört auch, daß dem Fachlehrer zwar das Ziel des

---

315 H. Gaudig: Was mir der Tag brachte, a.a.O., S. 70.
316 H. Gaudig: Die Schule im Dienste der werdenden Persönlichkeit. Bd.1, a.a.O., S. 167.
317 H. Gaudig: Didaktische Präludien, 2. Aufl., a.a.O., S. 174f.
318 Ebd., S. 174.
319 Ebd., S. 177.
320 Ebd., S. 177.

eigenen Fachs oder der Fachgruppe "natürlich in besonderer Klarheit und Bestimmtheit" vor Augen steht, "aber immer so, daß ihm die Leistung des eigenen Fachs eben nur ein Beitrag zur Gesamtleistung der Schule ist."[321] Deshalb wird er besonders "den Wechselbeziehungen seines Fachs und anderer Fächer im Sinne der Konzentrationsidee nachgehn"[322], soll er doch "den Schüler beständig 'aus einer Szienz in die andere' (GOTTHOLD EPHRAIM LESSING; Ergänzung des Autors) hinübersehen lassen."[323] Dieses Idealbild vom Lehrer ist auf das vom Schüler bezogen: ein junger Mensch, "bei dem aus freiem Antrieb die durch die Arbeit geforderten geistigen Funktionen und Dispositionen in Wirksamkeit treten"[324].

Diesen Tugenden und Fähigkeiten soll eine grundlegend positive "Schulstimmung" des Lehrers[325] entsprechen, zu der seine "Eudämonie" bzw. "'Glückseligkeit'" im Sinne von "Lehrerfreuden neuen Stils"[326] wesentlich beitragen kann: Dies "sind nicht die Freuden des schneidigen Lehrers, der ein gut 'klappendes' Frage- und Antwortspiel inszeniert; nicht die Freuden des 'bedeutenden' Lehrers, von dem 'hingegeben warme' Schüler Fülle um Fülle ehrfürchtig hinnehmen; nicht die Freuden der imponierenden Lehrerpersönlichkeit, die das höchste Glück der Erdenkinder durch starke Einwirkungen genießt; nicht die Freuden des aktiven Lehrerkünstlers, der mit feinem Sinn für Gedankenarchitekturen staunenswerte Kunstgebilde von Lektionen aufbaut"[327], sondern "Freude an der Entwicklung des Schülers; Freude an seiner geist-leiblichen Entwicklung, Freude am Wachstum seines Intellekt-, Gefühls- und Willenslebens und darüber hinaus Freude an seinem Personwerden"[328], die "mehrgestaltige Freude" "über seine **Mitwirkung** an der Entwicklung seiner Schüler"[329].

321 Ebd., S. 231.

322 Ebd., S. 231.

323 H. Gaudig: Didaktische Ketzereien, 1. Aufl., a.a.O., S. 18.

324 H. Gaudig: Didaktische Präludien, 2. Aufl., a.a.O., S. 178.

325 H. Gaudig: Schule und Schulleben, a.a.O., S. 144ff., bes. 148.

326 Ebd., S. 197.

327 Ebd., S. 200.

328 Ebd., S. 201; zum Begriff "Personwerden" siehe ders.: Deutsches Volk - Deutsche Schule, a.a.O., S. 108.

329 H. Gaudig: Schule und Schulleben, a.a.O., S. 202.

Ein solches Erziehungs- und Selbstverständnis weist den Lehrer als eine **Lehrerpersönlichkeit** aus. Nur wer an sich selbst das Ringen, die Mühen um das Werden der Persönlichkeit - strebend nach dem "'Ich der Sehnsucht'"[330] - erfahren hat, "besitzt das Wertgefühl und das Wertbewußtsein für die werdende Persönlichkeit"[331]. Lehrerpersönlichkeit wird nur der sein können, der sich fachlich und allgemein weiterbildet, bei dem keines der großen Lebensgebiete ganz ausfällt oder stark verkümmert ist: Staat und Politik, Religion und Kultur, Wissenschaft und Kunst.[332]

*Vorbereitung der Erziehungs- und Unterrichtshandlung (2.)*

Konsequenzlogisch ergibt sich als **"Schwerpunkt der Arbeit des Lehrers"**: Je mehr das Ziel des Unterrichts die Erweckung der Eigentätigkeit des Schülers ist, um so mehr verlegt sich der Schwerpunkt der Tätigkeit des Lehrers aus der Arbeit in der Klasse heraus. Dafür verlangt die **Vorbereitung** ungleich mehr Zeit als bisher."[333] Ihr zentraler Sinn liegt darin, daß der Lehrer "nichts als das **eine** erwägt, wie der Schüler in Tätigkeit gesetzt werden kann"[334]. Dazu möge er sich zwei Fragen stellen:
- "Welche Bildungswerte kann und soll der Schüler durch die von ihm zu fordernde Arbeit gewinnen?"
- "Welche Arbeitsweise des Schülers ist zu diesem Gewinn nötig?"[335]

Diesen beiden Fragerichtungen weitgehend folgend bezieht sich die Vorbereitung des Lehrers vor allem auf
– mustergültiges Einüben der "Kunsttätigkeiten" wie Sprechen, Erzäh-

---

330  H. Gaudig: Die Schule der Selbsttätigkeit, a.a.O., S. 40 (Aphorismen zum Lebensbegriff der Zukunft, 1923); ders.: Didaktische Präludien, 2. Aufl., a.a.O., S. 181; ders.: Die Schule im Dienste der werdenden Persönlichkeit. Bd.1, a.a.O., S. 228.
331  H. Gaudig: Didaktische Präludien, 2. Aufl., a.a.O., S. 181.
332  Ebd., S. 183.
333  Ebd., S. 180.
334  Ebd., S. 190.
335  Ebd., S. 190.

len, Übersetzen, Entwickeln und so weiter, um sie - im Sinne des Modellehrens - den Schülern "vorbildlich 'vormachen'" zu können[336];

- eine "gründliche Kenntnis der psychologischen Eigenart seiner Schüler"[337], also ihrer Lernvoraussetzungen hinsichtlich des Unterrichtsstoffes und der Unterrichtsziele;
- eine sorgfältige Analyse der möglichen "Eigenbewegung der Schülergeister zu den Zielen"[338];
- das Analysieren des Unterrichtsstoffes daraufhin, "welche psychischen Tätigkeiten seine Bewältigung erfordert"[339];
- die Entscheidung über die Wahl der Arbeitsweise bzw. der Methode aufgrund der genauen Kenntnis der Schüler und des Unterrichtsstoffes[340];
- eine sorgfältige Stoffauswahl "mit genauer Rücksicht auf die Entfaltung der geistigen Energie" und auf die individuellen Differenzen der Schüler"[341];
- die Schaffung von unterschiedlichen Lernsituationen, vor allem von **"fruchtbaren Situationen"**[342].

336 Ebd., S. 180.
337 Ebd., S. 236.
338 Ebd., S. 181; siehe auch S. 191.
339 Ebd., S. 236.
340 Ebd., S. 191.
341 Ebd., S. 181.
342 Ebd., S. 186.

*Durchführung (3.) und Reflexion (5.) der Erziehungs- und Unterrichts-handlung*

Was die **"Orientierungen beim Erziehen und Unterrichten"** (3.2.) betrifft, sind für GAUDIG vor allem die Gegenwart und die Zukunft des Zu-Erziehenden sowie die Sach- bzw. Gegenstandsstrukturen des Unterrichtsstoffes von Bedeutung.[343]

Grundsätzlich unterscheidet GAUDIG zwischen indirekter und direkter Einwirkung auf den Zögling: Die "indirekte Einwirkung" geschieht "durch Hervorrufen der die Kräfte auslösenden Reize; oft wird die Beschaffung von Gelegenheit zur Betätigung genügen, meist werden die in den 'Stoffen', den materiellen und den geistigen, sowie die in der Tätigkeit selbst liegenden Reize genügen, die Kräfte auszulösen."[344] Die "direkten Einwirkungen" im Sinne der eigentlichen **"Erziehungs- und Unterrichtstätigkeiten"** (3.4.) umfassen:

- kontinuierliches Feststellen bzw. Überprüfen des sach-strukturellen Lernprozesses und Lernstandes ("Wissensstandes") jedes Kindes[345]. - Das tägliche Beobachten zeigt dem Lehrer, "wo die Klasse und in ihr die einzelnen Schüler stehen; zwischen dem, was die Klasse und die einzelnen sind, und dem, was sie werden sollen, muß der Blick hin und her gehn, damit die geistige Bewegung, die der Lehrer zu organisieren hat, zielstrebig wird"[346].
- Beherrschen der "Kunst des psychologischen Sehens": "videre, cernere (discernere), spectare (contemplari)" - wahrnehmen, dann analysierend betrachten und zuletzt integrierend, synthetisierend zusammenschauen[347];
- Impulse dazu geben, Meinungs- bzw. Auffassungsgegensätze in Eigentätigkeit zu überwinden oder, wenn die Gegensätze unausgleichbar sind, diesen ihre Schärfe nehmen[348];
- Erinnern an eine frühere "unreife Meinung"[349];

---

343 H. Gaudig: Die Schule im Dienste der werdenden Persönlichkeit. Bd.1, a.a.O., S. 41.

344 Ebd., S. 222.

345 H. Gaudig: Didaktische Präludien, 2. Aufl., a.a.O., S. 193.

346 Ebd., S. 231f.

347 Ebd., S. 184.

348 H. Gaudig: Die Schule im Dienste der werdenden Persönlichkeit. Bd.1, a.a.O., S. 166.

349 Ebd., S. 167.

- Aufgaben stellen, ihre Durchführung kontrollieren[350];
- Korrigieren[351];
- Beurteilen[352];
- auf eine Frage antworten oder die Antwort verweigern; den Fragenden an sich selbst oder an andere verweisen[353];
- etwas (beispielhaft) vormachen, vorzeigen[354] (z.B. auch im Gelände etwas "vorarbeiten"[355]);
- etwas anordnen, erzwingen, ahnden; bestrafen; appellieren; beaufsichtigen[356]; auffordern[357];
- sprechen, lesen, rezitieren, erzählen, beschreiben, schildern, erläutern, übersetzen, entwickeln, experimentieren;
- dem Schüler diese Tätigkeiten im Sinne einer "ars discendi" vermitteln, das heißt vor allem auch, ihn das Lernen zu lehren[358];
- nur das Arbeitsverfahren, die Technik des Arbeitens vermitteln;
- stummer Wink, kurze schriftliche Notiz, leise gesprochenes Wort;
- "sich sobald als möglich ausschalten"[359];
- Verknüpfen von Inhalten verschiedener Fächer (im Sinne der Konzentration)[360];
- Zuhören[361].

Was die **"Reflexion der Erziehungs- und Unterrichtshandlung"** betrifft (5.), formuliert GAUDIG: "Eine sorgfältige **'Nachbereitung'**, das heißt das Nachdenken über die abgelaufene Stunde, wird zur Erlangung zuverlässiger und eingehender Urteile unentbehrlich sein."[362]

---

350  Ebd., S. 98.

351  Ebd., S. 108.

352  Ebd., S. 152f.

353  Ebd., S. 112.

354  Ebd., S. 90; ders.: Didaktische Präludien, 2. Aufl., a.a.O., S. 180f.

355  H. Gaudig: Die Schule im Dienste der werdenden Persönlichkeit. Bd.1, a.a.O., S. 119.

356  Ebd., S. 174.

357  Ebd., S. 106.

358  H. Gaudig: Didaktische Präludien, 2. Aufl., a.a.O., S. 234.

359  H. Gaudig: Die Schule im Dienste der werdenden Persönlichkeit. Bd.1, a.a.O., S. 100.

360  Ebd., S. 82f.

361  H. Gaudig: Didaktische Ketzereien, 6. Aufl., a.a.O., S. 4.

362  H. Gaudig: Didaktische Präludien, 2. Aufl., a.a.O., S. 196 (Hervorhebung vom Autor).

## 4. Hermeneutisch-kritische Auseinandersetzung mit dem Verständnis von pädagogischem Handeln im Konzept GAUDIGs

GAUDIG entwickelt seine **Persönlichkeitspädagogik** in kritischer Auseinandersetzung sowohl mit der überkommenen Schule des 19. Jahrhunderts als auch mit der Schulreform seiner Zeit.[363] Der "Passivitätspädagogik"[364] der Buch-, Lern- und Drillschule setzt er eine "Aktivitätspädagogik"[365] und eine "Aktivitäts- bzw. Selbsttätigkeitsdidaktik"[366] entgegen. Doch es wird zu zeigen sein, daß und warum seine Aussagen zu Bildung und Erziehung, zu Unterricht und Schule - denen unverkennbar seine intensive Tätigkeit als Lehrer Pate steht - keine systematische Theorie der Bildung oder des pädagogischen Handelns ergeben. Um es gleich auf den Punkt zu bringen: Das hängt wesentlich mit der durchaus ungenügenden "begrifflichen Klärung der Idee der Persönlichkeit" - wie man gegen CORNELIUS MARX festhalten muß -, aber auch mit dem Mangel an einer "eingehenden Begründung für die Aufstellung dieses Zieles" - wie MARX ganz richtig erkennt[367] - zusammen. So sind etwa GAUDIGs Behauptung, "daß das Ringen nach Persönlichkeit das Wesensmerkmal des Stils der deutschen Daseinsweise wird"[368] und seine Hoffnung, "daß deutsche Art sich in der Grundform des eigenwesentlichen Daseins, die man Persönlichkeit nennt, darstelle", weil der Deutsche "für diese höchste Form menschlichen Daseins, in der sich individuelles und soziales Sein zu höherer Einheit verbinden", "vorausbestimmt ist"[369], also seine Vorstellung, daß die Idee der Persönlichkeit in einer exklusiven Beziehung zum Deutschtum stehe, wie sie sich bei anderen Völkern eben nicht finde, nur aus dem übertriebenen, überhitzten Nationalismus um die Jahrhundertwende und danach zu verstehen und durch nichts zu begründen. Solche Gedankengänge tragen natürlich auch den Keim des Rassismus in sich, der als Saat bald in so furchtbarer Weise aufgehen sollte.

---

363 Siehe dazu Gaudigs reformkritisches Buch: Schulreform, a.a.O.

364 Th. Schwerdt: Kritische Didaktik in Unterrichtsbeispielen, a.a.O., S. 111 u. 128.

365 Ebd., S. 109 u. 112.

366 Ebd., S. 131.

367 C. Marx: Die Persönlichkeitspädagogik Hugo Gaudigs, a.a.O., S. 80.

368 H. Gaudig: Deutsches Volk - Deutsche Schule, a.a.O., S. 179.

369 Ebd., S. VIII.

Sieht man von dieser völlig irrationalistischen Komponente einmal ab, ist folgendes festzuhalten: Trotz GAUDIGs Beteuerungen, daß die Individualität und die überindividuellen Kulturwerte für die Persönlichkeitsbildung gleich bedeutsam seien und daß "der Gegensatz zwischen Individual- und Sozialpädagogik" in der Persönlichkeitspädagogik "aufgehoben" sei[370], "kann man sich des Eindrucks nicht erwehren, daß in Wirklichkeit immer der Faktor der Individualität übergeordnet wird"[371], der noch dazu schon beim heranwachsenden Menschen (zu) weitgehend bereits als "Persönlichkeit" interpretiert wird. **Selbsttätigkeit**[372], **Selbständigkeit und Selbstbestimmung** werden von GAUDIG zu den zentralen persönlichkeitsbestimmenden Momenten hochstilisiert. "Gewiß betont GAUDIG immer, daß die Persönlichkeit sich nur durch Hingabe an die Gemeinschaften und an die objektiven Kulturgüter entwickeln könne; aber wir vermissen doch bei ihm pädagogische Maßnahmen von gleich hoher Ausbildung, wie es diejenigen sind, die er zur Entfaltung der Selbständigkeit angibt."[373] Und er behauptet auch, "daß das ideale Ich sich nur entwickeln könne, indem die objektiven Werte in dem jeweiligen Individuum lebendig werden; aber einen Beweis dafür tritt er eigentlich an keiner Stelle an. Es ist doch wohl nicht ohne weiteres klar, daß die naturgegebene Individualität - die es in unendlicher Verschiedenheit gibt - und die objektiven Werte so aufeinander abgestimmt sind, daß jedes Ich nur in Hingabe an diese Werte zum idealen Ich kommt. Daß das methodische Prinzip der Selbsttätigkeit zu dem nach Gaudig der Persönlichkeit immanenten Faktor der Selbstbestimmung hinführt, leuchtet ein; es bedarf aber doch wohl noch für alle Erziehung ein gleichwertiges Prinzip, das die Individualität zu solcher Hingabe an die objektiven Werte, zur Aufnahme der Gemeinschaftsforderungen leitet. Achtet man auf diese Aufgabe der Erziehung, so wird es zum mindesten fraglich erscheinen, ob man bei der Erziehung allein mit dem Prinzip der Selbsttätigkeit wird auskommen können. Ein ergänzendes Prinzip dürfte um so mehr notwendig sein, als alle Jugend nicht durch eine zu große Fähigkeit, die Dinge objektiv zu nehmen, ausgezeichnet ist."[374] Die einsei-

---

370  H. Gaudig: Die Schule im Dienste der werdenden Persönlichkeit. Bd.1, a.a.O., S. 31.
371  C. Marx: Die Persönlichkeitspädagogik Hugo Gaudigs, a.a.O., S. 81.
372  Zu diesem zentralen Begriff siehe S. 33.
373  C. Marx: Die Persönlichkeitspädagogik Hugo Gaudigs, a.a.O., S. 83.
374  Ebd., S. 84.

tig formale Bestimmung der Persönlichkeit durch Selbsttätigkeit beschreibt THEODOR SCHWERDT so: "Das 'Ich-Moment' im Handeln" wird höher gewertet "als das 'Was' der Handlung."[375] Zurecht bemerkt er auch, daß überhaupt "Tätigkeit nur **ein** Weg, nicht **der** Weg"[376] schlechthin für Bildung sein kann, daß auch schlichtes, aufnehmendes, rezeptives Lernen[377], Stille und Schweigen, "kontemplative Haltung"[378] und "schauende Hingabe"[379] not tun. Jedenfalls ist es aus dieser Perspektive durchaus schlüssig, wenn GAUDIG die Persönlichkeitsbildung auf formale Denkschulung verkürzt.

Indem die freie geistige Tätigkeit für GAUDIG "Tätigkeit der **werdenden Persönlichkeit** (ist), eine Tätigkeit, in der sich das geistige Eigenwesen der Zöglinge auf das Leitbild dieses Eigenwesens hin emporbildet"[380], ist es für ihn gleichsam ein "'Naturprinzip'"[381]. Die Persönlichkeit als "das Ideal der Individualität" begründet er mit der These, daß dieses Ideal "mit der **Entelechie** der individualen Existenz gegeben (ist). In dem Leben des Zöglings wird das Wertvolle seiner Individualität entfaltet, werden die guten Kräfte entwickelt".[382] Diese (formale) Bestimmung des Menschen, wertvolle Persönlichkeit, mündiger Mensch zu werden, ist für GAUDIG evident und bedarf deshalb keiner weiteren Begründung. Die zweite Grundthese ist lebensphilosophischer Art und lautet: "Leben ist **Selbstentfaltung** (Selbstevolution)"[383] und hat im Falle des Menschen das Ziel der Erreichung des umschriebenen Ideals. Dieser These liegt ein gewisser pädagogischer Optimismus zugrunde, wonach sich "die Eigenkräfte des Individuums in freier Tätigkeit" in die gewünschte Richtung entfalten würden, wenn man nur ausreichend die Gelegenheit dazu böte.[384] Mit dieser Kritik wird auch deutlich, daß die Problematik nicht unbedingt darin

---

375  Th. Schwerdt: Kritische Didaktik in Unterrichtsbeispielen, a.a.O., S. 123.

376  Ebd., S. 111.

377  Ebd., S. 128.

378  Ebd., S. 127.

379  Ebd., S. 129.

380  H. Gaudig: Freie geistige Schularbeit in Theorie und Praxis. Das Grundprinzip der freien geistigen Arbeit, a.a.O., S. 33

381  Th. Schwerdt: Kritische Didaktik in Unterrichtsbeispielen, a.a.O., S. 121.

382  H. Gaudig: Die Schule im Dienste der werdenden Persönlichkeit. Bd.1, a.a.O., S. 178.

383  Ebd., S. 178.

384  Ebd., S. 178.

besteht, daß GAUDIG das Ziel der Persönlichkeitsentfaltung als **die** Aufgabe der Schule bestimmt, "neben der es keine andere geben kann" - wogegen sich MARX ebenfalls wendet[385] -, sondern darin, daß der Begriff der Persönlichkeit argumentativ nicht zureichend entfaltet wird.

Solche begriffliche Unschärfe findet sich auch bei den pädagogisch zentralen Kategorien "Bildung" und "Erziehung". Unter **"Bildung"** versteht GAUDIG nämlich - wie wir bereits gesehen haben - einerseits ein "Kulturgebiet" des (nationalen) "Kulturlebens" bzw. ein "Lebensgebiet" des "Schullebens" und andererseits das "geistige **(intellektuelle)** Leben"[386], die "freie geistige Arbeit", um "aus der selbstverschuldeten geistigen Unmündigkeit hervorzugehen"[387], eine Formulierung, die offensichtlich an KANT orientiert ist. Dabei versteht GAUDIG unter dem "Gebiet der Arbeit" wohl die Arbeit und Mühe der Selbstbildung auf den Gebieten der "intellektuellen Allgemeinbildung", der "technischen (geistleiblichen) Bildung", der "ästhetischen Bildung" und des Berufs. Und wenn er dann noch meint, daß diese "'Lebensgebiete' der Schule (...) in enger Beziehung zu den Lebensgebieten der Persönlichkeit (stehen)", wird außerdem deutlich, daß er den Bildungsbegriff folgerichtig auf bestimmte personale Bereiche beschränkt, nämlich auf die "intellektuelle, ästhetische (und) technische Allgemeinbildung"[388]; die Bereiche des Emotionalen, Sozialen, Ethischen und Religiösen stellt er nicht in den Bildungszusammenhang. Eine weitere Einschränkung des Bildungsbegriffs ergibt sich durch die Überbetonung des Nationalen und des Völkischen in den Bereichen des Kulturlebens und der Bildungsgüter.[389] Obwohl GAUDIG durchaus sieht, daß für den "Bildungsvorgang" sowohl der formale Aspekt der Entfaltung der geistigen Kräfte, der "Kraft der Selbstbildung"[390], "gewisser formaler Vermögen" also, als auch der materiale Aspekt von "Umfang und Inhalt der Bildungsstoffe, des Bildungsgutes" von unverzichtbarer Bedeutung sind, scheint er dennoch - möglicherweise als Gegengewicht zum damals vor-

---

385 C. Marx: Die Persönlichkeitspädagogik Hugo Gaudigs, a.a.O., S. 83.

386 H. Gaudig: Schulreform, a.a.O., S. 40f. - Siehe S. 32.

387 H. Gaudig: Freie geistige Schularbeit in Theorie und Praxis. Das Grundprinzip der freien geistigen Arbeit, a.a.O., S. 34.

388 H. Gaudig: Die Schule im Dienste der werdenden Persönlichkeit. Bd.1, a.a.O., S. 61.

389 Siehe z.B. ebd., S. 66.

390 Ebd., S. 64.

herrschenden "pädagogisch-didaktischen Materialismus" - den "pädagogisch-didaktischen Formalismus", also bloß das formale "Prinzip der Kraftbildung" überbetont zu haben.[391] Dieser Einseitigkeit liegt, wie wir bereits gesehen haben, die Überbetonung des Subjekts als des Trägers des "Bildungsgeschehens" gegenüber der Objekthaftigkeit bzw. der Objektivität der Bildungswerte und -güter zugrunde.

Was den **Erziehungsbegriff** betrifft, so steht er in einer eigentümlichen Spannung zur Vorstellung vom "freien geistigen Bildungserwerb" und zum hohen Stellenwert der "Eigen- bzw. Selbsttätigkeit": Denn da ist von "direkter und indirekter Einwirkung des Lehrers auf den Zögling" die Rede, von dessen "Fortentwicklung von einem gegebenen Zustand (...) zu einem anderen, und zwar höheren Zustande"[392], vom "Herbeiführen" bestimmter als erwünscht angesehener Zustände durch Erziehung[393] u.ä. - was doch recht stark auf eine mechanistisch-handwerkliche Vorstellung der "eigentlichen Erziehungstätigkeit"[394] verweist, auf ein Absicht-Wirkung-Modell pädagogischen Handelns. Dieses Konzept steht auch in einem gewissen Widerspruch zur Rede vom Prinzip der Selbstentfaltung des Menschen auf ein entelechetisch vorbestimmtes Ideal bzw. Zielbild hin und läßt den angesprochenen pädagogischen Optimismus GAUDIGs kaum zur Geltung kommen. Hinter diesem Widerspruch werden die Spannungsgefüge zwischen der Selbsttätigkeitsforderung gegenüber dem Zögling und der Einwirkungsmethode des Erziehers sowie zwischen der Forderung nach totalem Lehrerrückzug aus dem Unterricht und der Einsicht in die große Bedeutung der pädagogisch handelnden Lehrerpersönlichkeit sichtbar. Einerseits liest man: "Kein höheres Ziel aber ist dem Lehrer gesteckt, als daß er dem Schüler zum Arbeitenkönnen verhilft. - Nicht das Zusammenwirken von Lehrer und Schüler ist Endziel, sondern das Alleinwirken des Schülers. 'Das Geheimnis der Kraft' des Lehrers ist nicht das Wirken durch den Schüler, auf den Schüler, mit dem Schüler, sondern das Wirken-lassen und Wirkenmachen des Schülers. Sich selbst ins Passivum und den Schüler ins Aktivum setzen, das ist die Forderung. - Der Lehrer muß immer wieder die tiefe Sittlichkeit des Wortes 'Er muß wachsen, ich aber muß abnehmen'

---

391  Ebd., S. 65.
392  Ebd., S. 397, siehe auch S. 398. - (Siehe S. 35 u. 39.)
393  Ebd., S. 226f.
394  Ebd., S. 403.

erproben."[395] "Man hat gemeint, ich dränge die **Lehrerpersönlichkeit** zu stark zurück. Allerdings halte ich es für eine der höchsten Pflichten des Lehrers, daß er das Personwerden der Schüler nicht durch das Wirken seiner Persönlichkeit hindert, daß er sich nicht zwischen den Schüler und die Dinge, Menschen, Ideen stellt, zu denen der Schüler ein unmittelbares Verhältnis gewinnen soll. Seine 'Größe' wird der Lehrer nicht darin suchen dürfen, daß er die Schüler an seine Person fesselt, sondern darin, daß er den werdenden Persönlichkeiten als Helfer zur Personwerdung dient."[396] "Das Absehen des Lehrers geht also dahin, sich sobald als möglich auszuschalten."[397] Und: "Die Tätigkeit des Lehrers ist im idealen Falle gleich Null."[398] "Der sich heliozentrisch fühlende Lehrer fällt ganz aus dem System heraus, das auf Persönlichkeit des Zöglings abzweckt. Für uns ist der Lehrer die Potenz, deren höchste Aufgabe nicht ein Auswirken der eigenen Persönlichkeit, sondern ein Wirksammachen der persönlichen Kräfte der Zöglinge ist."[399] Andererseits schreibt GAUDIG auch: "Indes das sei doch nun mit allem Nachdruck gesagt: In unserem gesamten ausschließlich von der Idee der Persönlichkeit bestimmten Anschauungskreise ist der Lehrer doch - Persönlichkeit und nichts als Persönlichkeit. Die Aufgabe der Erziehung der werdenden Persönlichkeit kann nur von Persönlichkeiten in ideengemäßer Weise gelöst werden."[400] Und: Als Persönlichkeit hat nun der Lehrer Pflicht und Recht, seine Individualität auszuwirken."[401]

GAUDIG hält auch die eigene Bestimmung des pädagogischen Handelns als die "eigentliche Erziehungstätigkeit" eines "Erziehers" nicht durch. Für ihn sind weder die pädagogischen Handlungsträger noch die Handlungsadressaten ausschließlich Einzelpersonen. Da ist die Rede vom "erziehlichen Faktor" Schule neben einer Fülle anderer "wirksamer Mächte", die "absichtlich und ohne Absicht (miterziehen)"[402], bzw. von "handelnden Mäch-

---

395  Aus dem Resümee über einen Vortrag Gaudigs, zit. in G. Kerschensteiner: Texte zum pädagogischen Begriff der Arbeit und zur Arbeitsschule, a.a.O., S. 159 (mit Bezug auf das Johannesevangelium 3, 30); vgl. H. Gaudig: Was mir der Tag brachte, a.a.O., S. 54 u. 83.
396  Aus dem Schlußwort des Hauptreferenten Gaudig, zit. in G. Kerschensteiner: Texte zum pädagogischen Begriff der Arbeit und zur Arbeitsschule, a.a.O., S. 162.
397  H. Gaudig: Die Schule im Dienste der werdenden Persönlichkeit. Bd.1, a.a.O., S. 100.
398  Ebd., S. 106; Schwerdt erscheint diese Auffassung überhaupt "irrig" (Kritische Didaktik in Unterrichtsbeispielen, a.a.O., S. 126f.).
399  H. Gaudig: Die Schule im Dienste der werdenden Persönlichkeit. Bd.1, a.a.O., S. 223.
400  Ebd., S. 223.
401  Ebd., S. 224.
402  Ebd., S. 48.

ten"[403], womit die verschiedensten Gemeinschaften und Institutionen gemeint sind, vom Elternhaus bis zum Staat, welche für den Zögling von
beeinflussender Bedeutung sind, aber auch von der "Selbsterziehung"[404],
die im Sinne von "Selbstbildung" zu verstehen ist. Auch der Begriff
"Zögling" wird - ebenfalls wider Erwarten - keineswegs auf einzelne
unmündige Person-Subjekte beschränkt, sondern auch auf Kollektiv-Subjekte
ausgedehnt, die entweder "künstlich", also "eigens im Interesse erziehlicher
Einwirkung geschaffen" sind, "wie etwa eine Schulklasse", oder als
"natürliche Mehrheit, wie etwa eine Nation, oder zuhöchst die Menschheit"
vorhanden sind.[405] (Es sei nur angemerkt, daß es durchaus überlegenswert
wäre, ob und wieweit im Falle der "Nation" das Attribut "natürlich"
überhaupt gerechtfertigt ist.) Dieser Vorstellung, daß "Erziehung" auch auf
die Veränderung eines Kollektivs ausgerichtet werden kann, widerspricht
GAUDIG eigentlich selbst, weil es ihm im Kern ja um die Transformation
von Individualitäten zu Persönlichkeiten geht: "Die landläufige Methodik,
soweit ihr überhaupt das Problem aufgegangen ist, betont bei der Erziehung
der Klasse zur Arbeit einseitig die Klasse als arbeitendes Subjekt. Für uns
ist in dem Zusammenhange, in dem wir stehen, die Klasse nur das Mittel,
um zur freien Arbeit des einzelnen Schülers zu gelangen. Nach dieser
Zwecksetzung gestaltet sich auch die Arbeit der Klasse."[406]

Für GAUDIG hat sich das pädagogische Handeln zuallererst am "Ideal der
wertvollen Persönlichkeit" und am "Prinzip der Selbstentfaltung"[407] des
Zöglings zu orientieren. Angesichts dieses zielsetzenden Bildungsideals ist
die scharfe Abgrenzung seiner "Personalitätspädagogik" von der
"Humanitätspädagogik" wohl nicht haltbar, denn gerade auch die
Zielvorstellung von der "wertvollen Persönlichkeit" und dem "mündigen
Menschen" zeichnen sich durch jene "abstrakte Allgemeinheit" aus, welche
er kritisiert[408]. Außerdem sind "Personalität" und "Humanität" aufeinander
verwiesen, stehen in einem prinzipiell unaufhebbaren wechselseitigen
Bedingungszusammenhang.

---

403  Ebd., S. 403.
404  Ebd., S. 398.
405  Ebd., S. 397.
406  Ebd., S. 101.
407  Siehe S. 51ff.
408  H. Gaudig: Die Schule im Dienste der werdenden Persönlichkeit. Bd. 1, a.a.O., S. 41.

GAUDIG sieht ganz richtig, daß das pädagogische Handeln an Normen, an Prinzipien, ja an einem "System von Prinzipien"[409] zu orientieren ist und daß diese nicht durch bloße Abstraktion von praktischen Erfahrungen zu gewinnen sind. Und er spricht auch das für pädagogisches Denken zentrale Grundverhältnis von "Tatsache und Prinzip"[410] an: "Selbstverständlich bedarf die Pädagogik (...) in ihrem wissenschaftlichen Haushalt sehr viel der Feststellung des Tatsächlichen; aber diese Arbeit am Tatsächlichen hat nur **subsidiären** Charakter."[411] Doch bei der Frage der wissenschaftlichen Begründbarkeit von praxisleitenden Normen bzw. Prinzipien wird er seiner eigenen These, daß die Pädagogik "keine Erfahrungswissenschaft", sondern "ihrer inneren Struktur nach (eine) Normwissenschaft" sei[412], nicht gerecht. Denn in seinem Bemühen um eine Klärung des Verhältnisses zwischen Theorie und Praxis verwickelt er sich in folgenden Widerspruch: Einerseits behauptet er, daß "die Durchführbarkeit eines Prinzips kein Beweis für seine Richtigkeit" sei, andererseits will er die von der "pädagogischen Forschung", vom "pädagogischen Denken" entwickelten "Prinzipien nur hypothetisch aufstellen, bis die Verifikation durch die Erfahrung geglückt ist." Und er setzt fort: "Die 'Bewahrheitung' wird natürlich um so wertvoller sein, je exakter das Ermittlungsverfahren ist. Die moderne Pädagogik wird sich naturgemäß, wo es möglich ist, aller der Vorteile bedienen, die das Experiment für die Bewahrheitung von hypothetisch aufgestellten Prinzipien gewährt."[413]

Ein wesentlicher Grund für diesen Widerspruch liegt sicher in der durchaus ungenügenden und unklaren Bestimmung dessen, was im pädagogischen Kontext unter **"Norm" und "Prinzip"**, unter den "leitenden Grundsätzen"[414] verstanden werden soll. Allein dadurch, daß er "die Arbeit der wissenschaftlichen Normierung des pädagogischen Tuns"[415] auf so unterschiedliche Handlungsbereiche wie auf die Untersuchungsmethoden zur

---

409  Ebd., S. 397 u. 402.
410  Vgl. A. Petzelt: Tatsache und Prinzip. Philosophie und Psychologie (hrsg. v. J. RUHLOFF). Frankfurt 1982.
411  H. Gaudig: Die Schule im Dienste der werdenden Persönlichkeit. Bd.1, a.a.O., S. 396.
412  Ebd., S. 404.
413  Ebd., S. 405.
414  Ebd., S. 397.
415  Ebd., S. 396.

Erfassung der Ausgangslage des Zöglings, auf die Zielsetzungen für Erziehung und Unterricht und auf die "Mittel und Wege" zu deren Erreichung bezieht, werden höchst disparate Dimensionen angesprochen. Hinzu kommt noch folgendes: Wenn GAUDIG von "gestaltenden Prinzipien des Schullebens"[416], von **"Prinzipien** für die Gestaltung des Verhältnisses zwischen Schüler und Lehrer"[417] oder vom "Grundprinzip der Schule der Zukunft"[418] spricht, so meint er damit nicht ausschließlich pädagogische und didaktische Handlungsprinzipien, sondern formuliert darunter durchaus auch verschiedene Zielvorstellungen, Elemente bzw. Momente des Schullebens, Persönlichkeitsmerkmale oder ähnliches. Schon ein erstes Abtasten der Begriffe "Norm" und "Prinzip" macht es fraglich, ob ihre synonyme Verwendung überhaupt sinnvoll ist: Denn während unter **"Norm"** ganz allgemein "eine Vorschrift oder ein Maßstab für wertende Beurteilung" verstanden wird, die bzw. der angibt, "wie ein theoretischer oder praktischer Sachverhalt, ein Ding oder ein Verhalten beschaffen sein müssen, um bestimmten Ansprüchen zu genügen"[419], ist mit **"Prinzip"** allgemein "der Anfang, der alles aus ihm Folgende bestimmt, der Ursprung, der Grundsatz"[420] gemeint. Außerdem müßte wegen ihrer vielfältigen Verwendungsweise viel deutlicher herausgearbeitet und angegeben werden, worauf diese Begriffe jeweils bezogen sind.

Die Überbetonung der "Erziehung zu methodischem Bewußtsein"[421], zu "arbeitendem Wissen"[422] anstelle des Vermittelns von fertigen Lösungen und des Anhäufens von "positivem Wissen" ist nur aus der radikalen Abkehr von der Schultradition des 19. Jahrhunderts verständlich, die sich besonders deutlich hinsichtlich der Artikulation des Unterrichts (Unterrichtsstufung bzw. Unterrichtsgliederung), der Lehrerrolle und der Bedeutung der Frage im Unterricht zeigt:

---

416  H. Gaudig: Schule und Schulleben, a.a.O., S. 73ff.

417  Ebd., S. 100ff.

418  H. Gaudig: Didaktische Ketzereien, 6. Aufl., a.a.O., S. 128.

419  Brockhaus Enzyklopädie in zwanzig Bänden. 13. Band. Wiesbaden 1971, 17., völlig neubearb. Aufl. des Großen Brockhaus, S. 550f.

420  Brockhaus Enzyklopädie in zwanzig Bänden. 15. Band. Wiesbaden 1972, 17., völlig neubearb. Aufl. des Großen Brockhaus, S. 145.

421  H. Röhrs: Die Reformpädagogik, a.a.O., S. 197; siehe auch A. Reble: Geschichte der Pädagogik, a.a.O., S. 299.

422  H. Gaudig: Die Schule im Dienste der werdenden Persönlichkeit. Bd.1, a.a.O., S. 39.

- in der Wendung von den Lehrstufen ("Formalstufen") HERBARTs und der Herbartianer zu den Lernstufen der Schüler:[423]
1. Zielsetzen
2. Ordnen des Arbeitsganges
3. Fortbewegung zum Ziel
4. Entscheidungen an kritischen Punkten
5. Kontrolle des Arbeitsganges und des Ergebnisses
6. Korrektur
7. Beurteilung
- in der Wandlung des Lehrer-Selbstverständnisses als eines Stoffdozenten zum "Organisator freien kindlichen Schaffens";
- in der radikalen Abwendung von der Lehrerfrage und in der sozusagen komplementär geforderten Hinwendung zur Schülerfrage.[424]

Nachdem ein wesentliches Element der Methode der freien geistigen Arbeit darin besteht, daß die Schüler den Gegenstand von verschiedenen Seiten her befragen, ist es nur folgerichtig, daß sich GAUDIG immer wieder vehement gegen die **"Lehrerfrage"** ausspricht, welche damals den Unterricht neben dem Lehrervortrag in Form der fragend-entwickelnden Lehrmethode zweifellos dominierte. In seinem engagierten Eintreten für eine neue Schule entdeckt er zwar viele Mißstände ganz richtig, entwickelt aber auch einen Übereifer, der ihn etwa im Fall der Lehrerfrage blind macht für die gebotene differenzierte Betrachtung und für die dementsprechenden Unterscheidungen: Zunächst einmal ist klar zu sehen, daß auch die Frage des Lehrers, wie immer sie gestellt sein mag, jedenfalls eine Form aus dem breiten Repertoire von Impulsen zur Auslösung einer mehr oder minder umfangreichen Reaktion bzw. Aktion eines oder mehrerer Schüler ist. Und wie alle anderen Impulse auch können Fragen sehr verschiedene Intentionen bzw. Funktionen haben, so etwa folgende:

---

423 H. Gaudig: Die Schule der Selbsttätigkeit, a.a.O., S. 11 (Der Begriff der Arbeitsschule, 1911); aus dem Resümee über einen Vortrag Gaudigs, zit. in G. Kerschensteiner: Texte zum pädagogischen Begriff der Arbeit und zur Arbeitsschule, a.a.O., S. 159; H. Gaudig: Die Schule im Dienste der werdenden Persönlichkeit. Bd.1, a.a.O., S. 89f. u. 161.
424 A. Reble: Geschichte der Pädagogik, a.a.O., S. 299; siehe W. Scheibe: Die reformpädagogische Bewegung 1900-1932, a.a.O., S. 193f.

- Der Lehrer kann etwas wissen wollen, was er selbst nicht weiß.
- Er kann die Aufmerksamkeit der Schüler auf einen ganz bestimmten Aspekt eines Gegenstandes bzw. Stoffes richten, lenken wollen.
- Er kann wissen wollen, ob ein bestimmter Sachverhalt tatsächlich in dem von ihm intendierten Sinn verstanden wurde.
- Er kann Art und Grad der Beherrschung einfachen Daten- und Faktenwissens überprüfen wollen.
- Er kann eine Denkbewegung initiieren wollen.
- Er kann Nachdenklichkeit auslösen wollen.

Diesen Intentionen gemäß weisen die Fragestellungen durchaus verschiedene "Reichweiten" auf, worauf die Unterscheidung von "weiten" bzw. "offenen" und "engen" bzw. "geschlossenen" Fragen mit allen kontinuierlich verlaufenden Zwischenformen abzielt. Dies gilt natürlich nicht nur für Impulse in Frageform.

Ob eine Lehrerfrage pädagogisch und didaktisch legitimierbar ist, kann nur aufgrund einer sorgfältigen Analyse der verschiedenen Unterrichtsmomente des Unterrichtsgeschehens und ihres Zusammenhangs entschieden werden. Und damit wird deutlich: Nur soweit sich GAUDIG dagegen ausspricht, daß **jede** Unterrichtssequenz, ohne Rücksicht auf die Strukturen des Stoffes und des Lernens, weitgehend über ganz enge und schier endlose Frageketten des Lehrers und dementsprechend kurzatmige und enge Schülerreaktionen, also über ein "Frage- und Antwortspiel"[425] gesteuert wird, ist seine Kritik an der "Lehrerfrage" berechtigt. GAUDIGs Alternative, der Schüler möge die Fragen stellen und der Lehrer antworten, erweist sich nur als eine - das Denken allerdings sehr aktivierende und damit pädagogisch sehr hochwertige - methodische Möglichkeit unter anderen, an einen Stoff heranzugehen, wozu aber mit HANS AEBLI ganz richtig anzumerken ist, daß im allgemeinen um so mehr Fragen gestellt werden, je vorinformierter die Lernenden bereits sind[426]. Nur am Rande sei hier bemerkt, daß die Feststellung AEBLIs, "daß GAUDIGs Trugschluß auf einer Unterschiebung beruht", selbst eine Unterstellung sein dürfte. Es läßt sich jedenfalls nicht belegen,

---

425  H. Gaudig: Didaktische Präludien, 1. Aufl., a.a.O., S. 13.
426  H. Aebli: Grundformen des Lehrens. Eine Allgemeine Didaktik auf kognitionspsychologischer Grundlage. Stuttgart 1976, 9., stark erw. u. umgearb. Aufl., S. 219.

daß GAUDIG "von der stillschweigenden Voraussetzung (ausgeht), daß jede Frage der Erkundigung diene, daß sie einen Wissenden ersuche, einem Unwissenden Auskunft zu geben."[427] GAUDIG argumentiert vielmehr aufgrund einer ganz bestimmten Auffassung von Selbsttätigkeit des Schülers, die über das fragend-entwickelnde Unterrichtsverfahren nicht nur in keiner Weise gefördert, sondern dadurch geradezu gehemmt würde, und deren überaus hohen Ansprüche so jedenfalls nicht eingelöst werden können.

Was die **Institution Schule** im ganzen betrifft, ist GAUDIG die inzwischen aus verschiedenen Perspektiven geäußerte und unterschiedliche Aspekte betreffende grundsätzliche Kritik an ihr völlig fremd. Er zweifelt keinen Augenblick daran, daß die Schule ihren pädagogischen Auftrag, nämlich wertvolle Persönlichkeiten, mündige Menschen zu erziehen, erfüllen kann, wenn sie nur als eine Arbeitsschule konzipiert ist, die in einem Lebens- und Kulturkreis eingebettet ist und in der wahre Lehrerpersönlichkeiten die selbsttätige Arbeit der Schüler ermöglichen und gemeinsam mit ihnen ein Schulleben entfalten. Seine Schulkritik ist demnach eine ausschließlich immanente, die eine bestimmte historisch-gesellschaftlich gewordene Form von Schule in Frage stellt, nicht aber die Möglichkeit institutionalisierter Erziehung und Unterrichtung überhaupt. Mir will scheinen, daß manch späterer Schulreformer von GAUDIG zu wenig gelernt hat, daß sich eine seriöse Schulkritik niemals ausschließlich auf eine Kritik der Organisationsstrukturen und der angebotenen Bildungsstoffe richten darf, sondern stets auch auf die in der Schule tätigen Lehrerpersönlichkeiten, auf ihr pädagogisches Selbstverständnis, ihre Motivationen und Kompetenzen. Ja der Grad bzw. das Niveau der Realisierung der von GAUDIG geforderten Arbeitsschule ist geradezu eine Funktion der Qualität des pädagogischen Handelns des sie tragenden Lehrpersonals.

Die hermeneutisch-kritische Analyse von GAUDIGs Werk hinsichtlich des pädagogischen Handelns ergibt also folgendes:

1. Pädagogisches Handeln wird
   - zu einseitig am entelechetisch-teleologisch gedachten Prozeß der Selbstentfaltung des Individuums zur Persönlichkeit überhaupt und

---

427 Ebd.

– zu ausschließlich an einem einzigen Aspekt dieser werdenden Persönlichkeit orientiert, nämlich an seiner "Selbsttätigkeit".

Darin manifestiert sich ein pädagogischer Optimismus - durchaus im Sinne des Schlagworts "vom Kinde aus".

Die Analyse zeigt, daß es der Pädagogik darauf ankommen muß, die Begriffe "Selbsttätigkeit", "Individuum" und "Persönlichkeit" vor allem auch in kultur- und sozialanthropologischer Hinsicht zu fundieren und jede einseitig individual- bzw. persönlichkeitspsychologische sowie vermögenspsychologische Grundlegung zu überwinden.

2. Pädagogisches Handeln ist bei GAUDIG zwangsläufig zu sehr in individualistischer und intellektualistischer Weise auf die "geistige Mündigkeit" im Bereich des formal-logischen Denkens und zu wenig auf die "Kulturmündigkeit"[428] und auf die "soziale Mündigkeit" hin ausgerichtet.

3. Gleichzeitig und durchaus im Widerspruch zu dieser Orientierung an der sich durch Selbsttätigkeit entwickelnden werdenden Persönlichkeit steht dem pädagogischen Handeln auch die Vorstellung vom mechanistisch-handwerklichen Machen und damit das Intention-Effekt-Modell Pate.

4. Die Qualität des pädagogischen Handelns von Lehrern in der Institution Schule wird zu einseitig in Abhängigkeit von der Qualität ihrer Persönlichkeit gesehen; die Bedeutung der Qualität der Institutionsstrukturen als ein wesentliches Bedingungsgefüge für pädagogisches Handeln kommt kaum in den Blick.

5. Der Begründungszusammenhang für die Normen, an denen sich das pädagogische Handeln zu orientieren habe, ist nicht schlüssig. Die Ursache dafür dürfte darin zu sehen sein, daß die Fragen nach pädagogischen Erfahrungen und Tatsachen, Normen und Prinzipien nur in einem solchen philosophischen Kontext adäquat aufgearbeitet werden können, der "radikal" nach den "Bedingungen ihrer Möglichkeit" fragt.

---

428 Diesen Begriff hat jüngst D.-J. Löwisch in seinem Buch "Kultur und Pädagogik", Darmstadt 1989, ausführlich dargelegt (siehe v.a. S. 51ff.).

## II.  Pädagogisches Handeln bei
## MARIA MONTESSORI

### 1. Biographische und rezeptionshistorische Marginalien zum Verständnis von MONTESSORIs Werk

Die sachlich wahrscheinlich gerechtfertigtste **kulturhistorische Einordnung der Pädagogik MONTESSORIs** haben THEODOR BALLAUFF und KLAUS SCHALLER vorgenommen, indem sie das OEuvre der "Dottoressa" im geistigen Zusammenhang mit dem von MAX FRISCHEISEN-KÖHLER, EDUARD SPRANGER, HERMAN NOHL, THEODOR LITT, GEORG KERSCHENSTEINER, HUGO GAUDIG und RICHARD MEISTER als Vertreter der geisteswissenschaftlichen Pädagogik und PAUL NATORP, RICHARD HOENIGSWALD, JONAS COHN und ALFRED PETZELT als Vertreter der Pädagogik des Neukantianismus zu den "großen bildungstheoretischen Konzeptionen zu Beginn des 20. Jahrhunderts"[1] fügen, und zwar unter dem speziellen Gedanken einer "Pädagogik der Kindgemäßheit"[2].

Wer sich auf MONTESSORIs Gesamtwerk einläßt, macht recht verschiedene Erfahrungen. Man stößt zunächst auf eine sehr komplizierte, verworren-unübersichtliche **Quellenlage**[3]: Weil "die vielen Bücher und zahllosen Artikel Montessoris auf ganz verschiedene und manchmal ausgesprochen ungewöhnliche Weise entstanden sind"[4], weisen die Texte durchaus unterschiedliche Grade der Authentizität auf[5]. Außerdem liegen sie weltweit verstreut und sind über einen großen Zeitraum hin in verschiedenen Sprachen verfaßt, später übersetzt bzw. rückübersetzt und teilweise über-

---

1   Th. Ballauff, K. Schaller: Pädagogik. Eine Geschichte der Bildung und Erziehung. Band III: 19./20. Jahrhundert. Freiburg - München 1973, S. 659ff.

2   Ebd., S. 694ff.

3   Siehe G. Schulz-Benesch: Über Reden und Schriften Montessoris (Zur Problematik der deutschen Editionen und Schriften Montessoris). In: P. Scheid, H. Weidlich (Hg.): Beiträge zur Montessori-Pädagogik 1977. Stuttgart 1977, S. 139-158; ders.: Montessori. Darmstadt 1980, S. 49-59.

4   G. Schulz-Benesch: Montessori. Darmstadt 1980, S. 49.

5   Ebd., S. 50.

arbeitet und dabei immer wieder verändert und ergänzt worden. Hinzu kommen die Erfahrungen zahlreicher "Schwächen der Schriften Montessoris"[6]: ein teilweise drastisch-bildhafter Ausdruck, mißverständliche Gleichnisse, positivistisch-naturwissenschaftliche Einkleidung pädagogischer Aussagen, "dogmatische Übertreibungen"[7], Enthusiasmen, Einseitigkeiten, (sprachliche) Ungenauigkeiten, Unklarheiten, Unvollständigkeiten, "glückliche Inkonsequenzen"[8], theoretische Inkonsistenzen, mangelnde gedankliche Stringenz, widersprüchliche Aussagen bzw. Formulierungen, theoretische Schwäche in philosophisch-spekulativer Hinsicht und so weiter, wobei GÜNTER SCHULZ-BENESCH bemerkt, daß sich MONTESSORI "doch ihrer Schwäche hinsichtlich der Theorie bewußt gewesen zu sein" scheint[9]. HILDEGARD HOLTSTIEGE folgert aus dieser Quellenlage völlig zurecht, daß es für ein Studium der Literatur MONTESSORIs, das der hermeneutischen Methodologie gerecht werden will, unbedingt erforderlich ist, "sehr differenziert zu lesen, das heißt zu unterscheiden zwischen den exakten Beobachtungen und den symbolischen Deutungen mit ihren Überschwenglichkeiten"[10], und konstruktiv zu interpretieren[11].

So ist es eigentlich gar nicht verwunderlich, daß die verschiedenen Rezipienten schon aufgrund ihrer unterschiedlichen Quellenkenntnisse zu sehr verschiedenen, ja oft konträren Aussagen, Erkenntnissen, Stellungnahmen und Fragestellungen kommen mußten[12]: Der **"Streit um Montessori"** gibt aus dieser Sicht in Ablehnung wie in Zustimmung Zeugnis für die

---

6  G. Schulz-Benesch: Die Gründe der Mißverständnisse der Montessori-Pädagogik in Deutschland. In: Ders. (Hg.): Montessori. Darmstadt 1970, S. 371ff.

7  J.H. Gunning: Dr. Montessori - de Italiaansche onderwijshervormster. Amsterdam o.J. (1915), S. 40, zit. u. übers. nach: ebd., S. 376.

8  M.J. Langeveld: Studien zur Anthropologie des Kindes. Tübingen 1968, 3., durchges. u. erg. Aufl. (1956), S. 154.

9  G. Schulz-Benesch: Die Gründe der Mißverständnisse der Montessori-Pädagogik in Deutschland, a.a.O., S. 380.

10  H. Holtstiege: Modell Montessori. Grundsätze und aktuelle Geltung der Montessori-Pädagogik. Freiburg 1986, 4. Aufl. (1977), S. 11.

11  Ebd., S. 74.

12  Siehe G. Schulz-Benesch: Montessori, a.a.O., S. 3ff.

kraftvollen Impulse ihres Werkes.[13] Zwei der vielleicht interessantesten Interpretationsstreitpunkte sind folgende: Erstens die Frage, ob MONTES-SORI tatsächlich von der erzieherischen Praxis zu ihrer "Theorie" gelangt ist, wie sie selbst wiederholt beteuert[14], oder ob sie ihre Theorie entgegen ihren Behauptungen eigentlich praxisvorgängig entwickelt hat und sie später an der Praxis "bloß" empirisch zu bestätigen versuchte, wie dies WINFRIED BÖHM vermutet[15]. Soweit es sich um Phänomene wie Konzentration, Polarisation, Meditation, Aktivität und ähnliches handelt, ist diese Fragestellung eigentlich müßig, weil diese Phänomene jedenfalls in der Praxis "beobachtbar" sein müssen - sei es jetzt theorievorgängig (vor der "Theorie") oder theorienachgängig (nach der "Theorie"). Und zweitens die Frage, ob MONTESSORI den Menschen - in der Sprache PESTALOZZIs - ausschließlich als ein "Werk der Natur" (wie BÖHM interpretiert[16]) oder primär als ein "Werk seiner selbst" (wie SCHULZ-BENESCH und HOLTSTIEGE meinen[17]) betrachtet; und damit in unmittelbarem Zusammenhang stehend, ob sie den Menschen als "von Natur gut" ansieht und daher eine "Pädagogik vom Kinde aus" vertritt[18]. SCHULZ-BENESCH bemerkt aus der Einsicht in ihre philosophische Schwäche[19], ja geradezu

---

13 Vgl. G. Schulz-Benesch: Der Streit um Montessori. Kritische Nachforschungen zum Werk einer katholischen Pädagogin von Weltruf mit einer internationalen Montessori-Bibliographie. Freiburg 1962, 2. Aufl.; W. Böhm: Maria Montessori. Hintergrund und Prinzipien ihres pädagogischen Denkens. Bad Heilbrunn 1969, S. 15ff.; P. Oswald: Der nicht-endende Streit um Montessori. In: Welt des Kindes, 49. Jg. (1971), S. 85-94. - Vgl. auch die Bezugnahme von Th. Ballauff, K. Schaller: Pädagogik, a.a.O., S. 698ff.

14 Siehe die zahlreichen Hinweise darauf in G. Schulz-Benesch: Die Gründe der Mißverständnisse der Montessori-Pädagogik in Deutschland, a.a.O., S. 381-384, wo u.a. auf M. Montessori: Das Kind in der Familie. Stuttgart 1954 (Wien 1923), S. 71 Bezug genommen wird; G. Schulz-Benesch: Montessori, a.a.O., S. 16f. u. 29; M. Montessori: Maria Montessori. Texte und Gegenwartsdiskussion (hrsg.v. W. Böhm). Bad Heilbrunn 1985, 3., neu bearb. Aufl. (1971), S. 25f. (Die Erneuerung der Erziehung, 1942); M. Montessori: Kinder sind anders. Frankfurt - Berlin - Wien 1981 (Stuttgart 1952), S. 287.

15 W. Böhm: Maria Montessori, a.a.O., S. 192.

16 W. Böhm: Erziehung als Normalisation. In: M. Montessori: Maria Montessori, a.a.O., S. 113.

17 G. Schulz-Benesch: Über Reden und Schriften Maria Montessoris, a.a.O., S. 146; H. Holtstiege: Maria Montessori und die "reformpädagogische Bewegung". Freiburg 1986, S. 91ff. - Vgl. auch Th. Ballauff, K. Schaller: Pädagogik, a.a.O., S. 696ff.

18 W. Böhm: Erziehung als Normalisation. In: M. Montessori: Maria Montessori, a.a.O., S. 112f.

19 G. Schulz-Benesch: Die Gründe der Mißverständnisse der Montessori-Pädagogik in Deutschland, a.a.O., S. 377.

Ablehnung der Philosophie[20], dazu, daß sich MONTESSORI wiederholt bemühte, "der philosophisch-theologischen Frage nach der Natur des Menschen aus dem Wege zu gehen und ihre 'positive' Arbeit, ihren 'Beitrag' etwa 'zum Gutsein', zu betonen"[21]. Während die Beantwortung des ersten Streitpunktes vollständig außerhalb der Möglichkeiten und Intentionen dieser Studie liegt, finden sich Antworten zur zweiten Streitfrage durchaus im Umfeld der bildungstheoretischen Analyse und ihrer Ergebnisse, wie sie in den beiden folgenden Abschnitten dargelegt werden.

Mit dem zweiten Streitpunkt hängen etwa auch die unterschiedlichen Auffassungen über die Stellung des Lehrers in der Pädagogik MONTESSORIs zusammen. Die Interpreten sind sich durchaus nicht einig darin, ob der Lehrer "als passiver Beobachter der kindlichen Entwicklung" zu sehen ist, "dessen Aufgabe im wesentlichen darin besteht, die Hemmnisse dieser Entwicklung beiseite zu räumen und dem Kinde die nötigen Hilfsmittel zur Verfügung zu stellen, im übrigen aber als wissenschaftlicher Beobachter untätig zu werden und geduldig und vertrauensvoll auf die Manifestation der natürlichen Phänomene im Kinde zu warten"[22], oder "als (nicht meßbarer) Teil der Umgebung des Kindes", "als Bindeglied zwischen Kind und Material" und "als 'Gegenstand' der Nachahmung des Kindes" oder ob "die Teilhabe des Montessori-Lehrers an der Entwicklung der Zöglinge als 'ein echter Ich-Du-Bezug im Sinne Bubers' verstanden werden muß."[23] Die vorliegende Untersuchung darf hoffen, gerade zu diesen unterschiedlichen Auffassungen eine Klärung herbeiführen zu können.

Jedenfalls ist deutlich zu unterscheiden zwischen der Pädagogik MARIA MONTESSORIs, wie sie sich in ihren Schriften einschließlich der Beschreibung ihrer praktischen Erfahrungen und Versuche darstellt (wobei sich hier vor allem das oben angeführte Problem der schwierigen Quellenlage stellt), und der Montessori-Pädagogik, der "Montessori-Bewegung"[24], die als Interpretation bzw. Deutung der Pädagogik MONTESSORIs aufzufas-

---

20 Ebd., S. 385.
21 Ebd., S. 380.
22 W. Böhm: Maria Montessori, a.a.O., S. 24.
23 Ebd., S. 25.
24 Siehe K. Erlinghagen: Maria Montessori. In: H. Scheuerl (Hg.): Klassiker der Pädagogik. 2. Band: Von Karl Marx bis Jean Piaget. München 1979, S. 151.

sen ist, und zwar einerseits theoretisch als sekundärliterarische Aufarbeitung und Weiterführung, andererseits praktisch als Umsetzung der Ideen bzw. Gedanken, Erkenntnisse und Einsichten in pädagogisch-didaktisches und erziehungsrelevantes Gestalten eben von Praxis. Parallel dazu verläuft die wissenschaftskritische Auseinandersetzung mit Theorie und Praxis der Pädagogik MONTESSORIs und der Montessori-Pädagogik. Auch wenn sich diese Studie ausschließlich der Analyse eines Aspekts der "Pädagogik MARIA MONTESSORIs" widmet, bleibt unbestritten, daß "die durchschlagende Wirkung der Montessori-Pädagogik ohne die Praxis und die in ihr realisierte pädagogische Grundhaltung nicht verständlich" ist.[25] Die unverzichtbare Unterscheidung zwischen (den) theoretischen Ausführungen (MONTESSORIs) und der Praxis (der Montessori-Pädagogik) - sie bleibt eigentlich auch von SCHULZ-BENESCH unwidersprochen - teile ich mit BÖHM: "Daß die Montessori-**Pädagogik** durch die Montessori-**Erziehung** korrigierbar und korrigierungsbedürftig ist, erwiese sich dann vermutlich nicht als Stärke, sondern eher als Schwäche dieser Theorie."[26] Aber es ist natürlich eine ganz andere Frage, ob, in welcher Hinsicht und in welchem Grad diese Korrektur nötig ist.

Mögen die meisten Aufzeichnungen von kleinen Szenen aus der Kindheit und Jugend MONTESSORIs durch ANNA MACCHERONI[27] und EDWARD MORTIMER STANDING[28] auch anekdotischer bzw. legendenhafter Art sein: "Dennoch entsteht ein Portrait - eine Skizze, keine Fotographie, aber doch ein Individuum, das man wiedererkennen kann."[29] Und dabei bildet sich nicht nur eine Vorstellung von der Entwicklung der Charakterzüge, sondern es werden recht gut auch die **Zusammenhänge zwischen dem Leben und dem Werk MONTESSORIs,** der lebensweltliche Wurzelgrund ihres "Lebens-Werkes" sozusagen, deutlich.[30] Man kann den Aufbau und die Entwicklung dieses Werkes im wesentlichen von **fünf lebensgeschichtlichen Quellen** gespeist sehen:

25 M. Montessori: "Kosmische Erziehung" (hrsg. u. eingel. v. P. Oswald u. G. Schulz-Benesch). Freiburg 1988, S. 34 (Einleitung der Herausgeber).

26 W. Böhm: Erziehung als Normalisation, a.a.O., S. 114.

27 A.M. Maccheroni: A True Romance. Edinburgh o.J. (1947); dies.: Come conobbi Maria Montessori. Roma 1956.

28 E.M. Standing: Maria Montessori. Leben und Werk. Oberursel/Ts. o.J.

29 R. Kramer: Maria Montessori. Leben und Werk einer großen Frau. Frankfurt 1983.

30 Siehe z.B. E.M. Standing: Maria Montessori, a.a.O., S. 9ff.; R. Kramer: Maria Montessori, a.a.O., S. 29; W. Böhm: Maria Montessori, a.a.O., S. 41ff.

1. in persönlichkeitspsychologischer bzw. -struktureller Betrachtung von einem starken Selbstbewußtsein, Selbstbehauptungswillen und Durchsetzungsvermögen, ja geradezu von einem Sendungs- bzw. Missionsbewußtsein[31];

2. von einem tiefwurzelnden religiösen Grundmotiv, einer religiösen Grundhaltung[32];

3. von ihrem persönlichen sozialen Engagement, von einem starken sozialen Impetus: MONTESSORI reibt sich, nimmt Anstoß an den medizinisch-hygienischen und sozialen Mißständen ihrer Zeit[33];

4. vom Engagement am Kind, von einem starken pädagogischen Impetus also: Sie kritisiert den Umgang ihrer zeitgenössischen Erwachsenen mit den Kindern im allgemeinen und die Mißstände in der damaligen Schule im besonderen - den Drill, den Memorierungs- und Sitzzwang, die Lehr- und Disziplinierungsmethoden, die "Unnatürlichkeit" jener Lebenswelt und

5. von einem naturwissenschaftlichen Erkenntnisinteresse, das seinen Ausgang wohl von der Medizin nahm und später über die Anthropologie bis zur Pädagogik und Didaktik hin ausstrahlte[34].

GIOVANNI MARIA BERTIN urteilt 1956 zusammenfassend so über MONTESSORI: "La M. (Montessori) è un'educatrice, non è uno psicologo"[35], allerdings nach LUIGI VOLPICELLI eine "educatrice impareggiabile"[36], "keine Theoretikerin der Erziehung (...), jedoch eine unvergleichliche Erzieherin. Dies so sehr, daß sie aus der realen Übung erzieherischer Meisterschaft nach und nach die wirksamen Elemente zur Läuterung der positivistischen und naturalistischen Vorgaben ihrer Ausbildung zog, um so ... durch Beobachten und Erfahren der Kinder die Grundlagen ihres Handelns zu gewinnen."[37] Zum Begriff "Theoretikerin" merkt SCHULZ-BENESCH ganz richtig an, daß "keine theoretische **Systematikerin**"

---

31 Siehe W. Böhm: Maria Montessori, a.a.O., S. 42, 59.

32 Siehe ebd., S. 16.

33 Siehe ebd., S. 60f.

34 Siehe ebd., S. 38ff., 61.

35 Zit. nach G. Schulz-Benesch: Die Gründe der Mißverständnisse der Montessori-Pädagogik in Deutschland, a.a.O., S. 385.

36 Zit. nach ebd., S. 378.

37 Zit. nach G. Schulz-Benesch in: M. Montessori: Spannungsfeld Kind - Gesellschaft - Welt. Auf dem Wege zu einer "Kosmischen Erziehung" (aus nachgelassenen Texten hrsg., eingel. u. übers. v. P. Oswald u. G. Schulz-Benesch). Freiburg 1979, S. 67.

präziser wäre, "denn Montessoris Gesamtwerk enthält natürlich in eminenter Weise Theorie; nur steht die Theorie in einem Montessori ganz eigentümlichen Erfahrungs- und Praxisbezug, den Volpicelli m.E. sehr richtig darstellt."[38] BÖHM hingegen hält fest, "daß Montessori zeit ihres Lebens weder als Erzieherin in einem Kindergarten noch erst recht nicht als Lehrerin in einer Schule kontinuierlich tätig war; damit fehlte ihr überhaupt jenes breite erzieherische Erfahrungsfeld, in dem sie über lange Jahre hinweg in mühsamer Kleinarbeit ihre Methode hätte erarbeiten und erproben können. Den das pädagogische Nachdenken leicht einschläfernden Gedanken, hier habe man eine Pädagogin vor sich, deren pädagogische Theorie ganz aus der erzieherischen Praxis und aus dem unermüdlich tätigen Umgang mit dem Kind hervorgegangen und erwachsen wäre, diesen Gedanken muß man bei Montessori wohl oder übel fallenlassen."[39] In Weiterführung dieser Charakterisierungen könnte man MONTESSORI vielleicht recht treffend als eine "Grenzgängerin" zwischen intuitivem Ahnen und Denken, phänomenologisch sorgfältigem und genauem Beobachten und pädagogisch-kreativem Handeln und pädagogischem Wollen beschreiben. Sie war weder "nur praktische Erzieherin", noch "nur Erziehungstheoretikerin". Eine Art "visionärer Hellsichtigkeit" gewährte ihr Einblicke in das kindliche Entwicklungs- und Bildungsgeschehen und ermöglichte ihr, daraus Einsichten und Erkenntnisse zu folgern, die oft erst viele Jahre später von der empirischen Forschung bestätigt werden sollten[40]. Wer sich auf MONTESSORIs Gesamtwerk vorurteilslos einläßt, macht eben nicht nur die oben dargestellten Erfahrungen von Rezeptions- und Interpretationsschwierigkeiten, sondern auch die Erfahrung, daß hier ein Mensch, begabt mit der Fähigkeit zu großer Einfühlsamkeit in die Seele des Kindes, unaufgebbare und unverzichtbare Einblicke in dessen Innenleben, seine Entstehung und Entfaltung, gewährt und daraus Einsichten für seine pädagogische Begleitung erschließt.

---

38 Ebd.; vgl. auch I. Jones: Möglichkeiten und Grenzen der Montessori-Pädagogik. Das Jugenderziehungskonzept der Maria Montessori in der Sekundarstufe I. Frankfurt 1987, S. 29.

39 W. Böhm: Was ist "aktuell" an Montessori? In: B. Fuchs, W. Harth-Peter (Hg.): Montessori-Pädagogik und die Erziehungsprobleme der Gegenwart. Würzburg 1989, S. 14.

40 G. Schulz-Benesch: Montessori, a.a.O., S. 27f. verweist z.B. auf N. Tinbergens Würdigung von Montessoris Beitrag zur Human-Ethologie und auf R. Lassahn: Montessori-Pädagogik im Lichte neuer Forschung. In: Pädagogische Rundschau, 32. Jg. (1978), S. 480-491. - W. Böhm: Maria Montessori, a.a.O., S. 35 verweist z.B. auf H. Hetzers Würdigung von Montessori im Zusammenhang mit der Frühlesebewegung.

## 2. Die Pädagogik MONTESSORIs in bildungstheoretischer Analyse

Wenn man das Gesamtwerk MONTESSORIs im Horizont der begriffslogisch konsequenten Unterscheidung zwischen "Erziehung", "Unterricht" und "Bildung" betrachtet, wie sie in dieser Studie vorgenommen wird, zeigt sich, daß ihre Überlegungen schwerpunktmäßig nicht auf "Erziehung" und "Unterricht", sondern auf "Bildung" abzielen. In diesem Sinne formuliert sie geradezu programmatisch: "Die menschliche Personalität muß in den Blick genommen werden und nicht eine Erziehungsmethode."[41] Deshalb sollen hier zuerst die doch einigermaßen verstreuten bildungsrelevanten Aussagen in MONTESSORIs Pädagogik gesammelt, analysiert und dann modellhaft rekonstruiert sowie aus heutiger Sicht bewertet werden.

Unter Rekurs auf den heutigen Stand bildungstheoretischer Überlegungen werden **MONTESSORIs Vorstellungen von der Bildung des Menschen nun unter folgenden Aspekten analysiert**:
– der intrapersonale Aufbau des Menschen;
– der Bezug zwischen dem Menschen und der Welt;
– die Beziehung zwischen dem "Bildungsprozeß" und dem "Bildungs-produkt";
– die Voraussetzungen bzw. Bedingungen für Bildung - die Frage nach der Bildsamkeit des Menschen;
– die Beziehungen zwischen den "Bildungszielen" und den "Bildungs-wegen";
– die Bildungsinhalte und die Bildungsgehalte und
– die Antinomien im Bildungsprozeß.

Dabei ist es selbstverständlich, daß eine solche Trennung der Aspekte des Bildungsbegriffs immer nur schwerpunktmäßig möglich ist, weil die Gesichtspunkte ineinandergreifen und stets zur sachstrukturell bedingten Einheit des mit "Bildung" Gemeinten drängen.

---

41 M. Montessori: Über die Bildung des Menschen (hrsg. u. eingel. v. P. Oswald u. G. Schulz-Benesch). Freiburg 1966, S. 16.

*Der Aspekt des intrapersonalen Aufbaus*

Indem MONTESSORI den Strukturzusammenhang psycho-physischer bzw. geistig-leiblicher Dispositionen und Potentialitäten erkennt und in seiner überaus komplexen Entwicklung als "Organisation der Personalität"[42] zu einer "funktionellen Einheit"[43], zu einer Synthese von Geist bzw. schöpferischer Intelligenz und Bewegung (Motorik), zu einer "Synthese der Persönlichkeit"[44] beschreibt, hebt sie den Menschen als "einen neuen Entwurf" mit "einer neuen Bestimmung"[45], eben als Person, von allen übrigen Lebewesen ab.[46] Die Begriffe "Personalität", "Persönlichkeit" und "Person" werden von MONTESSORI wie auch von manchen heutigen Autoren synonym verwendet.[47]

Unter **Zugrundelegung des Schichtenmodells** wird die menschliche Person als grundsätzlich in **zwei Schichten** aufgebaut gedacht: in ein "Zentrum" und in eine "Peripherie"[48], die beide gleichermaßen auf der Horme (dem vitalen Antrieb, nach dem englischen Psychologen und Erziehungswissenschaftler PERCY NUNN) als dynamisch-energetischer Antriebs- bzw. Strebestruktur aufruhen[49]. Diesem Modell lassen sich sowohl MONTESSORIs Vorstellungen von den beiden Sensibilitäts- (bzw. Sensitivitäts-) bereichen (äußere Sinne und "moralische Sensibilität"[50] als "Sensibilität des Gewissens"[51]) als auch von den menschlichen Potentialitäten[52] eingliedern. Die verschiedenen schöpferischen Potentialitäten des Kindes sind die energetischen Bedingungen für die Möglichkeit, seine Umwelt durch

---

42  M. Montessori: Das kreative Kind. Der absorbierende Geist (hrsg. u. eingel. v. P. Oswald u. G. Schulz-Benesch). Freiburg 1984, 5. Aufl. (1972), S. 182.

43  M. Montessori: Frieden und Erziehung. Die Bedeutung der Erziehung für die Verwirklichung des Friedens (hrsg. u. eingel. v. P. Oswald u. G. Schulz-Benesch). Freiburg 1973, S. 124.

44  M. Montessori: Maria Montessori, a.a.O., S. 79 (Der Aufbau der Person durch die Organisation der Bewegungen, 1932).

45  M. Montessori: Das kreative Kind, a.a.O., S. 56.

46  M. Montessori: Über die Bildung des Menschen, a.a.O., S. 74f.

47  Vgl. H. Holtstiege: Modell Montessori, a.a.O., S. 17.

48  M. Montessori: Maria Montessori, a.a.O., S. 41ff. (Das Zentrum und die Peripherie, 1932).

49  M. Montessori: Das kreative Kind, a.a.O., S. 77.

50  M. Montessori: Schule des Kindes. Montessori-Erziehung in der Grundschule (hrsg. u. eingel. v. P. Oswald u. G. Schulz-Benesch). Freiburg 1976, S. 321.

51  Ebd., S. 318.

52  Ebd., S. 21.

"unbewußte Aktivität" zu "absorbieren".[53] Sie vergleicht MONTESSORI mit den Sternnebeln, "aus denen sich durch sukzessive Vorgänge die Himmelskörper gebildet haben"[54], und nennt sie dementsprechend "Nebule". Diese sind "die differenzierten und spezialisierten Arten oder Grade" der Grundenergie (horme).[55] Zum "Zentrum" als dem prinzipiell unzugänglichen und unverfügbaren Kernbereich des Menschen (Personkern)[56] gehört das Gefühl (das Fühlen) "als sensitive Basis für die Entwicklung des moralischen Bewußtseins"[57], für Gemüt (sentimento) und Gewissen als "Ort" der menschlichen Beziehungen und der Bindungen[58]. Zur personalen "Peripherie" gehören demnach die "äußeren Sinne als sensitive Basis für die Intelligenzentwicklung"[59], für die Entwicklung des Denkens, des Wollens und des freien Handelns. Nur über diese "Peripherie" wird das "Zentrum" erahnbar bzw. erfahrbar. "Wie die intellektuelle Erziehung muß auch die moralische eine sensitive Basis haben, auf der sie aufbaut, um das Kind nicht zur Illusion, zur Verfälschung und Verdunklung zu führen. Die Erziehung der Sinne und die Freiheit, die Intelligenz nach den eigenen Gesetzen aufzubauen, auf der einen Seite; die Erziehung des Gefühls und der geistigen Freiheit, sich zu erheben, auf der anderen Seite, das sind zwei analoge Begriffe und zwei parallele Wege."[60]

---

53 M. Montessori: Das kreative Kind, a.a.O., S. 73.

54 Ebd., S. 73.

55 Ebd., S. 74.

56 M. Montessori: Maria Montessori, a.a.O., S. 42 (Das Zentrum und die Peripherie, 1932).

57 H. Holtstiege: Maria Montessori und die "reformpädagogische Bewegung", a.a.O., S. 64.

58 Ebd., S. 109ff. und H. Holtstiege: Modell Montessori, a.a.O., S. 32.

59 H. Holtstiege: Maria Montessori und die "reformpädagogische Bewegung", a.a.O., S. 64.

60 M. Montessori: Schule des Kindes, a.a.O., S. 310.

# MONTESSORIs Zweischichtenmodell
## zum intrapersonalen Aufbau der Person

**Außenwelt**

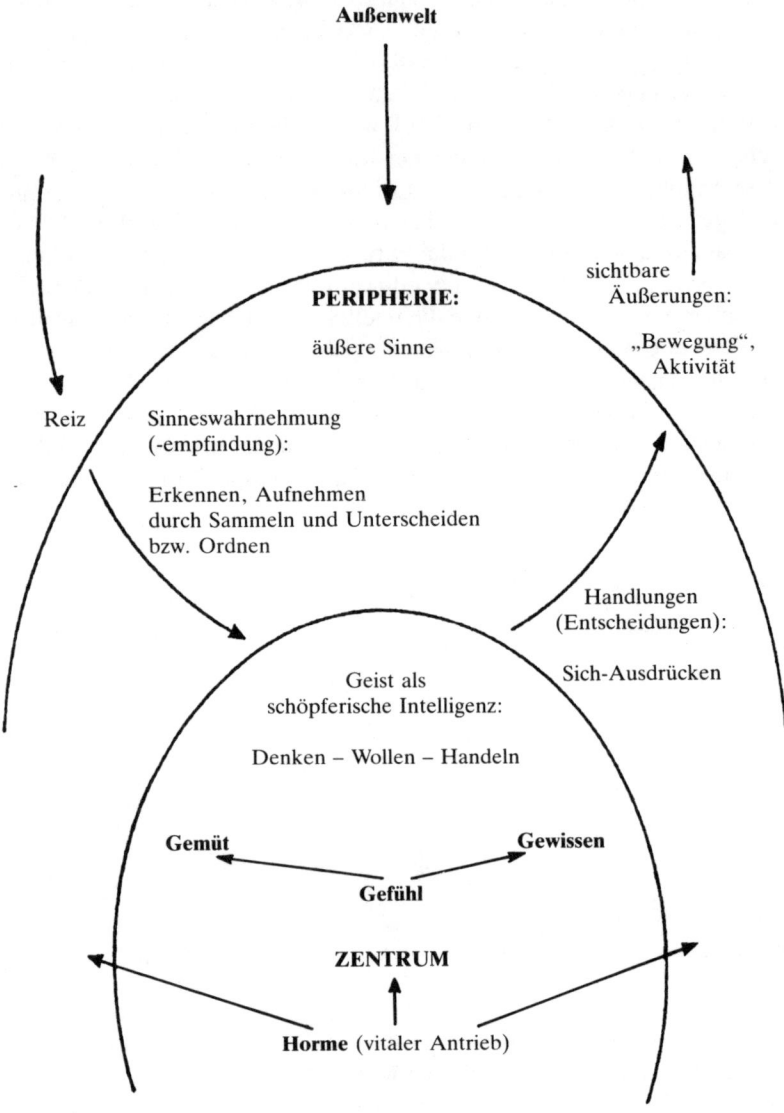

**PERIPHERIE:**

äußere Sinne

sichtbare Äußerungen:

„Bewegung", Aktivität

Reiz

Sinneswahrnehmung (-empfindung):

Erkennen, Aufnehmen durch Sammeln und Unterscheiden bzw. Ordnen

Handlungen (Entscheidungen):

Sich-Ausdrücken

Geist als schöpferische Intelligenz:

Denken – Wollen – Handeln

**Gemüt**          **Gewissen**

**Gefühl**

**ZENTRUM**

**Horme** (vitaler Antrieb)

**Innenwelt**

Der Mensch wird demnach als eine komplex-ganzheitliche Körper-(Leib)Geist-Seele-Einheit aufgefaßt, wobei es seine Geistigkeit ist, die ihn von allen anderen Lebewesen als Person unterscheidbar macht und auszeichnet. In dieser Geistigkeit wurzelt die Freiheit des Menschen, die ihrerseits sowohl die "innere Aktivität"[61] und die "Spontaneität[62] und damit die Möglichkeit der Selbsttätigkeit als auch die Fähigkeit zur Sachlichkeit bzw. zur Gegenstandsorientierung[63] begründet. Der Geist im Sinne "schöpferischer Intelligenz"[64] wird als zentrierende und strukturierende, als organisierende Instanz aller menschlichen Funktionsbereiche - Bewegung, Fühlen, Wollen, Denken, Handeln - zur Erlangung der "Einheit der eigenen Persönlichkeit"[65] aufgefaßt. Aufgrund der in dieser Geist-Seele-Körper-Struktur angelegten Dispositionen und Potentialitäten erscheint der Mensch als eine **"aktive**, denkende und Gedanken verbindende Persönlichkeit"[66] (personalità attiva - riflessa e associativa -). MONTESSORI sieht die so bestimmte Persönlichkeit zugleich als Bedingung bzw. Ausgangspunkt **und** als Ziel menschlicher Bildung, das heißt nichts anderes, als daß sich der Mensch als Person im Bildungsprozeß realisiert.

---

61  Ebd., S. 217.

62  Ebd., S. 86f., 236, 238; dies.: Das kreative Kind, a.a.O., S. 153ff.

63  M. Montessori: Schule des Kindes, a.a.O., S. 276ff., 310ff. - Siehe K. Lewin: Sachlichkeit und Zwang in der Erziehung zur Realität (1931). In: G. Schulz-Benesch (Hg.): Montessori, a.a.O., S. 251f.

64  M. Montessori: Das kreative Kind, a.a.O., S. 56.

65  M. Montessori: Maria Montessori, a.a.O., S. 80 (Der Aufbau der Person durch die Organisation der Bewegungen, 1932).

66  M. Montessori: Schule des Kindes, a.a.O., S. 75.

Für MONTESSORI konstituiert sich der Mensch qua Persönlichkeit wesentlich im lebenslangen Wechselbezug mit der Welt bzw. Umwelt als naturhaftem Bestand bzw. gleichsam als Material für die menschliche Entfaltung. **Die Umwelt ist eine unverzichtbare und nicht substituierbare Entwicklungsbedingung für den Menschen** als Leib-Seele-Geist-Einheit: "Das menschliche Individuum ist eine Einheit. Diese Einheit muß durch von der Natur angeregte aktive Erfahrungen in der Umwelt aufgebaut und gefestigt werden."[67] MONTESSORI sieht den engen Zusammenhang zwischen der Entwicklung der verschiedenen menschlichen Organe und den Erfahrungen: "Wenn die Erfahrungen nicht erfolgen, entwickelt sich das Organ nicht normal; denn das vorerst unvollständige Organ muß sich im Gebrauch vervollständigen. Das Kind kann sich also nur durch Erfahrungen in der Umwelt entwickeln: Dieses Experimentieren bezeichnen wir als 'Arbeit'."[68] Über die Arbeit als inkarnierende bzw. absorbierende Tätigkeit (des Geistes) werden gleichzeitig Sachlichkeit und Gegenstandsorientierung ausgebildet. "Es bestehen (...) grundlegende Beziehungen zwischen Individuum und Umwelt, und das sind die ersten Beziehungen überhaupt: Der Mensch wächst psychisch mit Hilfe seiner aktiven Beziehungen zur äußeren Umwelt. Das Individuum dringt in diese Umwelt ein, sucht nach Erkenntnis, die ihrerseits den Wunsch erzeugt, noch tiefer vorzudringen, und läßt, fast wie ein sich entwickelnder Organismus, immer weiter entfaltete Eigenschaften entstehen."[69] "Der Mensch nimmt den äußeren Dingen gegenüber eine bestimmte Haltung ein, die zu seiner Natur gehört und die seinen Charakter bestimmt. Die innere Aktivität wirkt als Ursache, sie reagiert und besteht nicht als **Wirkung** äußerer Faktoren. Unsere Aufmerksamkeit wendet sich nicht indifferent **allen Dingen** zu, sondern denen, die mit unserem Geschmack 'sympathisieren'. Die Dinge erwecken unser **Interesse**, die in unserem inneren Leben nützlich sind. Unsere innere Welt wird durch eine Auswahl aus der äußeren Welt geschaffen."[70] Die "psychi-

---

67 M. Montessori: Das kreative Kind, a.a.O., S. 181.

68 Ebd., S. 82.

69 M. Montessori: Maria Montessori, a.a.O., S. 37f. (Deviation und Normalisation, 1934).

70 M. Montessori: Schule des Kindes, a.a.O., S. 152.

schen Organe" bilden sich in "schöpferischer Anpassung"[71] an die kulturellen Verhaltensweisen der das Kind umgebenden Personen heraus, das heißt über Vorbild-, Modell- und Nachahmungslernen. Und überhaupt: "Menschliche Selbstverwirklichung geschieht nach Montessoris Überzeugung nicht als naturhafter Entwicklungsvorgang, sondern ist die Frucht der Begegnung und Auseinandersetzung mit den Personen und Sachen eines kulturellen Lebensraumes."[72] Die innere, spontane Aktivität wie die Selbst-Bildungs-Arbeit des Menschen sind Ausdruck seines potentiellen und dispositionellen Freiheitsvermögens bzw. Freiseins und zugleich seines Freiheitsstrebens, -willens, -bedürfnisses bzw. seines Freiwerdens.

---

71 M. Montessori: Aan de Basis van het Leven. Amsterdam 1951, zit. nach: P. Oswald: Die Pädagogik Maria Montessoris und Rudolf Steiners. In: Zeitschrift für Pädagogik, Heft 3/ 1985, S. 389.

72 P. Oswald: "Montessori- bzw. Waldorfpädagogik"? In: Vierteljahresschrift für wissenschaftliche Pädagogik, Heft 1/1985, S. 148.

# Der Mensch-Welt-Bezug bei MONTESSORI

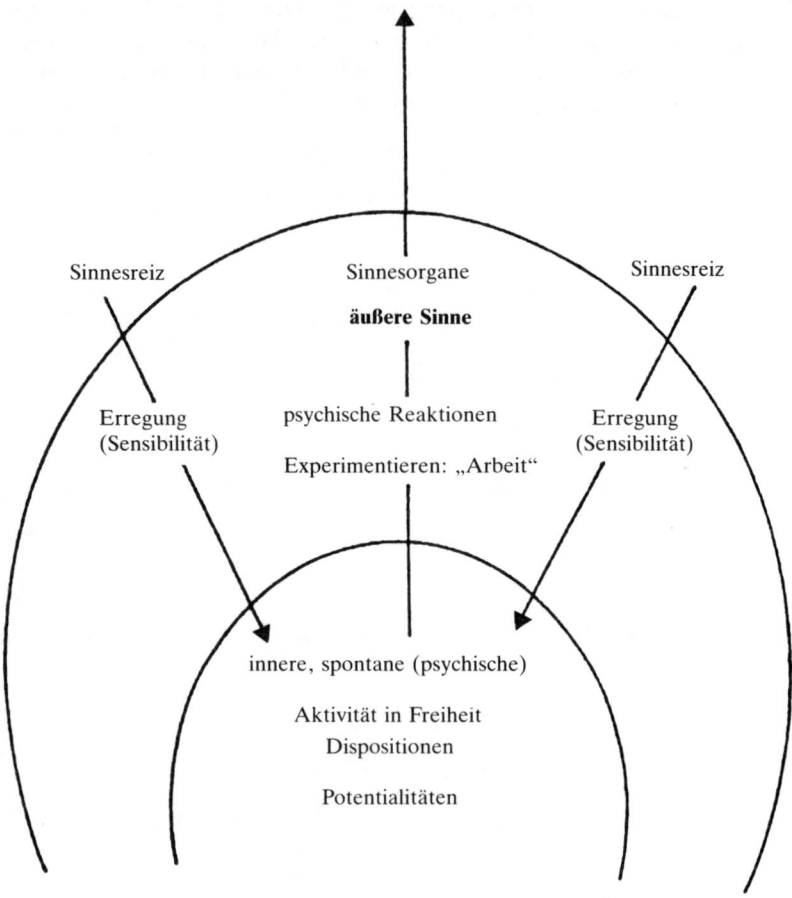

**(UM)WELT**
als kulturhafte und naturhafte Bestände –
Sachlichkeit, Gegenstandsorientierung

Sinnesreiz

Sinnesorgane

**äußere Sinne**

Sinnesreiz

Erregung
(Sensibilität)

psychische Reaktionen

Experimentieren: „Arbeit"

Erregung
(Sensibilität)

innere, spontane (psychische)

Aktivität in Freiheit
Dispositionen

Potentialitäten

**MENSCH**

als komplexe Körper-Seele-Geist-Einheit

Dieser Aspekt des Mensch-Welt-Bezugs kann auch im Zusammenhang mit MONTESSORIs **"kosmischer Erziehung"** gesehen werden, die von PAUL OSWALD in feinsinniger Analyse nach "drei Schwerpunkten" interpretiert wird, "die sich ergänzen, überlagern und zum Teil auch in zeitlichen Stufen folgen": als "Gegenstandsorientiertheit", als "Ganzheitsorientiertheit" und als "sittlicher Weltauftrag".[73] Hinsichtlich der **Gegenstandsorientiertheit** geht MONTESSORI von der Einsicht aus: "Nirgends, selbst nicht im Bereich des Vegetativen, gibt es Leben, das sich nicht auf Kosten der Umwelt entwickelte."[74] Diesem allgemeinen Lebensgesetz folgend fordert sie: "Das Kind braucht Gegenstände zum Handeln, und diese Gegenstände sind wie eine Nahrung für seinen Geist."[75] Und: "Wenn das Kind von Geburt an sein Schöpfungswerk auf Kosten der Umgebung verrichten soll, muß es mit der **Welt** in Kontakt gebracht werden".[76] Was die **Ganzheitsorientiertheit** betrifft, verweist sie auf einen "wesentlichen Erziehungsgrundsatz: Einzelheiten lehren, bedeutet Verwirrung stiften. Die Beziehung unter den Dingen herstellen, bedeutet Erkenntnisse vermitteln".[77] Das Verhältnis zwischen Ganzheit und Detail sieht sie so: "Man studiert die Wirklichkeit des Details, und dann stellt man sich das Ganze vor. Dieses Detail kann in der Vorstellungskraft wachsen und die Erkenntnis des Ganzen bewirken. So die Dinge zu studieren, ist gewissermaßen eine Meditation über das Detail."[78] Hinsichtlich des **sittlichen Weltauftrags** schließlich besteht die "kosmische Mission" des Menschen darin, "die Natur umzuwandeln"[79] in eine "Super-Welt" oder "Super-Natur"[80] bzw. "Supra-Natur"[81], "das heißt in die Kulturwelt als den Lebensraum des Menschen"[82] und den Schöpfungsauftrag Gottes "auch in der Menschenwelt: in seinem eigenen Inneren und im gesellschaftlichen Miteinander (zu) realisieren."[83]

---

73 P. Oswald: "Kosmische Erziehung" in der pädagogischen Theorie Maria Montessoris. In: P. Scheid, H. Weidlich (Hg.): Beiträge zur Montessori-Pädagogik 1977, a.a.O., S. 124.

74 M. Montessori: Kinder sind anders, a.a.O., S. 271.

75 M. Montessori: Frieden und Erziehung, a.a.O., S. 96.

76 M. Montessori: Über die Bildung des Menschen, a.a.O., S. 90.

77 M. Montessori: Von der Kindheit zur Jugend (hrsg. u. eingel. v. P. Oswald u. G. Schulz-Benesch). Freiburg 1966, S. 90.

78 Ebd., S. 45.

79 M. Montessori: Frieden und Erziehung, a.a.O., S. 96.

80 Ebd., S. 108, 46.

81 M. Montessori: "Kosmische Erziehung", a.a.O., S. 25.

82 P. Oswald: "Kosmische Erziehung" in der pädagogischen Theorie Maria Montessoris, a.a.O., S. 131.

83 Ebd., S. 132.

Unter diesem Aspekt sind MONTESSORIs Vorstellungen von der **Entwicklung des Menschen** zu thematisieren. Alle intrapersonalen Elemente werden von der Zeugung bzw. von der Geburt bis zum Tod in einem dynamischen Aufbauprozeß gesehen, den der Mensch, vor allem als Kind, auf der Basis seiner Potentialitäten und Dispositionen und in der lebenslangen Auseinandersetzung mit seiner Umwelt wesentlich selbst vollbringt. MONTESSORI schränkt ihre Betrachtungen allerdings weitgehend auf die Entwicklung des Kindes und Jugendlichen zum Erwachsenen ein. Sowohl der italienische Buchtitel "Il segreto dell'infanzia" als auch dessen deutsche Übersetzung "Kinder sind anders" deuten bereits programmatisch ihre scharfe Trennung zwischen Kindheit und Jugend einerseits und Erwachsenheit andererseits an. Im Gesamtwerk finden sich verstreut verschiedene Unterscheidungskriterien, von denen die Vorstellung von zwei grundsätzlich verschiedenen Geistesformen wohl ein zentrales ist: Während sich der kindliche Geist durch Unbewußtheit auszeichnet, ist das Hauptmerkmal des Geistes des Erwachsenen seine Bewußtheit.[84] In der Unbewußtheit des kindlichen Geistes liegt seine ungeheure und unauslotbare Potenz zur Absorbierung bzw. "Inkarnation"[85] der Umwelt, so daß die Kindheit als "physische und intellektuelle Kraft"[86], erwachsen zu werden, verstanden werden kann. Hinzu kommt ein mächtiger Selbstentfaltungsdrang des Kindes auf der Basis des Lebens als "'Selbstbewegung von innen'"[87], eine gesteigerte Sensibilität, die sich in den "sensiblen" bzw. "sensitiven" "Perioden" bzw. "Phasen"[88] eben im "sensiblen Alter"[89] der Kindheit und Jugend manifestieren, und die besondere Kreativität des Kindes.[90] Diese

---

84 M. Montessori: Das kreative Kind, a.a.O., S. 23f.; vgl. auch dies.: Schule des Kindes, a.a.O., S. 236ff.

85 M. Montessori: Maria Montessori, a.a.O., S. 25 (Die Erneuerung der Erziehung, 1942).

86 Ebd., S. 26.

87 P. Oswald: Menschenbildung als Anliegen Montessoris (1968). In: G. Schulz-Benesch (Hg.): Montessori, a.a.O., S. 395. - Siehe z.B. M. Montessori: Schule des Kindes, a.a.O., S. 144.

88 M. Montessori: Kinder sind anders, a.a.O., S. 60ff.; dies.: Das kreative Kind, a.a.O., S. 88f.; dies.: Maria Montessori, a.a.O., S. 44ff. (Sensitive Perioden bei Jugendlichen, 1930).

89 M. Montessori: Die Entdeckung des Kindes (hrsg. u. eingel. v. P. Oswald u. G. Schulz-Benesch). Freiburg 1984, 7. Aufl. (1969), S. 97f.; siehe auch S. 191.

90 M. Montessori: Das kreative Kind, a.a.O., S. 20ff.

"sensiblen Perioden" sind "Zuwendungsbereitschaften"[91], die gemäß "einem inneren Anstoß"[92] aufbrechen; eine "innere Motiviertheit" für "ganz bestimmte Inhaltlichkeiten"[93]. Gerade durch die Herausarbeitung der Verschiedenheiten wird deutlich, daß Kindheit und Jugend die "ontogenetische" Bedingung für die Möglichkeit der Erwachsenheit sind und daß erst beide Phasen zusammen das ganze Menschsein ausmachen; ihre Gleichwertigkeit liegt also gerade in ihrer Ungleichartigkeit, wobei die Personhaftigkeit die verbindende Gemeinsamkeit zwischen beiden Formen des Menschseins bildet.

Mit diesen Einsichten korrespondiert MONTESSORIs "Entdeckung" des "schöpferischen Selbstaufbaus"[94], der "inneren 'Selbst-Schöpfung'"[95] der Kind-Person zur Erwachsenen-Persönlichkeit über die "Polarisation der Aufmerksamkeit"[96]. Das Kind wird von MONTESSORI in einem viel ursprünglicheren Sinn als "kreativ" gesehen, als dies im heutigen pädagogisch-didaktischen Gespräch üblich ist: Indem sein Geist die Umwelt "absorbiert" (absorbent mind)[97], "inkarniert" er objektive Kulturbestände und baut diese in sich als subjektive "Kultur" auf.[98] Dieses schöpferische Tun des Kindes ist MONTESSORIs zentraler "Untersuchungsgegenstand". Aus dieser Sicht wird ihre paradoxe Formulierung verständlich: "Das Kind ist der Vater des Menschen".[99]

---

91 P. Oswald: Die Pädagogik Maria Montessoris und Rudolf Steiners, a.a.O., S. 391.

92 M. Montessori: Kinder sind anders, a.a.O., S. 63.

93 P. Oswald: Die Pädagogik Maria Montessoris und Rudolf Steiners, a.a.O., S. 391.

94 M. Montessori: Schule des Kindes, a.a.O., S. 69ff.

95 Ebd., S. 31.

96 Ebd., S. 70.

97 M. Montessori: Das kreative Kind, a.a.O., S. 14; dies.: Maria Montessori, a.a.O., S. 27 (Die Erneuerung der Erziehung, 1942).

98 M. Montessori: Das kreative Kind, a.a.O., S. 23; dies.: Über die Bildung des Menschen, a.a.O., S. 94.

99 M. Montessori: Kinder sind anders, a.a.O., S. 58.

Was die **Entwicklungsbedingungen für den Menschen** betrifft, legt MONTESSORI ihren Überlegungen die Embryonaltheorie GASPAR FRIEDRICH WOLFFs vom organisierten und strukturierten Keim zugrunde, der sich nach dem Prinzip der Epigenese (Postformationstheorie) entfaltet.[100] Dieses Prinzip faßt - der Präformationstheorie entgegengesetzt - "die embryonale Entwicklung als eine Kette von Neubildungen" auf.[101] In Abhebung vom Tier unterscheidet MONTESSORI beim Menschen "zwei embryonale Perioden"[102] mit zweierlei Embryonen: eine pränatale Periode, in der der Mensch als physischer bzw. biologischer Embryo zu seiner Entwicklung des biologischen Mutterschoßes bedarf; und eine postnatale, "formative" Periode, in der sich das Kind als psychisch-(seelisch-)geistiger Embryo in einem geistigen Mutterschoß selbst zu einer Persönlichkeit ordnet, aufbaut.[103] In Analogie zur epigenetischen Entwicklung des physischen Embryos im biologischen Mutterschoß bedeutet das für die Entfaltung des geistig-seelischen Embryos, daß seine keimhaft angelegten Potentialitäten bzw. Dispositionen der Wahrnehmung und Bewegung, des Denken, Wollens und Handelns sowie des Gefühls, des Gemüts und des Gewissens der intensiven, umsichtigen Pflege im geistigen Mutterschoß bedürfen, damit das Erwachen des geistigen Lebens[104] gefördert wird.

Wie jede Keimzelle des biologischen Embryos jeder Lebewesenart bereits den organischen Bauplan des ganzen Organismus in sich trägt, ist jedes neugeborene Menschenkind als "ein geistiger Embryo mit latenten seelischen Leitkräften" aufzufassen, der den "Plan seelischer Entwicklung" enthält.[105] Dieser "natürliche, einheitliche Bauplan"[106] wird uns nur dadurch zugänglich, daß der kindliche Geist seine Umwelt in aktiver Auseinandersetzung absorbiert und inkarniert und sich durch diese Anstrengung als

---

100  M. Montessori: Schule des Kindes, a.a.O., S. 217ff.

101  Stichwort "Epigenesis, Epigenese". In: Brockhaus Enzyklopädie in zwanzig Bänden. 5. Band. Wiesbaden 1968, S. 603.

102  M. Montessori: Das kreative Kind, a.a.O., S. 55.

103  M. Montessori: Schule des Kindes, a.a.O., S. 117f., 156.

104  M. Montessori: Die Entdeckung des Kindes, a.a.O., S. 10.

105  M. Montessori: Kinder sind anders, a.a.O., S. 31.

106  Ebd., S. 32; dies.: Das kreative Kind, a.a.O., S. 45.

Individuum allmählich selbst aufbaut[107] - "erst durch das Spiel, und dann durch die Arbeit."[108] Vom Anbeginn dieser Auseinandersetzung des Individuums mit der Umwelt entsteht die "erste Skizze des Menschen", welche auf die Verwirklichung der psychischen und physischen Entwürfe des Lebens hin angelegt ist bzw. drängt.[109] Diesem jedem Individuum immanenten Bauplan entspricht der "kosmische Plan" einer prästabilierten Harmonie der Welt, eine "kosmische Ordnung" in einer "kosmischen Schöpfung". Beide, die Weltordnung wie deren Entwicklungsgesetze, sind letztlich göttlichen Ursprungs - somit auch die jedem Individuum immanenten Entwicklungsgesetze.

Diese Konzeption zeigt auch, daß MONTESSORI die ontogenetische Entwicklung des Menschen als dreifach gesteuert denkt: erstens von physisch-biologischen wie von psychisch-geistigen Potentialitäten und Dispositionen; zweitens vom lebenslangen Bezug des Menschen zu seiner Umwelt (Kultur, Gesellschaft) und drittens von der inneren, spontanen Aktivität des menschlichen Selbst bzw. Ich in Freiheit. Damit wird der Bildungsprozeß von MONTESSORI weder einseitig nativistisch als allein endogen programmiert, noch als einseitig milieutheoretisch, also ausschließlich exogen gesteuert mißverstanden.[110]

---

107  M. Montessori: Maria Montessori, a.a.O., S. 38 (Deviation und Normalisation, 1934); dies.: Schule des Kindes, a.a.O., S. 102.

108  M. Montessori: Das kreative Kind, a.a.O., S. 24.

109  M. Montessori: Über die Bildung des Menschen, a.a.O., S. 51; dies.: Das kreative Kind, a.a.O., S. 66.

110  Vgl. M. Montessori: Maria Montessori, a.a.O., S. 35f. (Deviation und Normalisation, 1934).

Unter diesem Gesichtspunkt werden **MONTESSORIs pädagogische Zielvorstellungen und die Methoden zu ihrer Erreichung in ihrem Zusammenhang** thematisiert. Alle Intentionen orientieren sich natürlich an der Auffassung vom Menschen als "personalità attiva - riflessa e associativa -". Diese Personalität bildet die Ausgangslage für den schöpferischen Aufbau des Selbst (Selbst-Aufbau) zur innerlich geordneten, strukturierten Erwachsenen-Persönlichkeit im körperlichen und im seelisch-geistigen Bereich. Deshalb erweist sich die Selbst-Verwirklichung als Zielperspektive humaner Existenz doppelseitig bestimmt, wobei die Verwirklichung des Leibes im physischen und die des Geistes im psychischsozialen Mutterschoß beginnt.[111] Im einzelnen geht es um den Aufbau eines "geistigen Kosmos", um die "Liebe zur Umwelt"[112], um die "Hingabe an den Gegenstand", um die "Wahrheit der Dinge"[113] und um das Erringen der "inneren Freiheit"[114]; um die Herausbildung von "Qualitäten moralischer Ordnung" wie Ausgeglichenheit, innere Disziplin (Selbst-Disziplin), Selbstbeherrschung im Gehorsam und in den verschiedenen Aktivitäten, um Ausdauer, Beständigkeit und Beharrlichkeit in der Arbeit[115], um "die Klarheit der Gedanken, die Gewohnheit, bei Gewissenskämpfen die Motive gegeneinander abzuwägen bis in die geringsten Handlungen des Lebens, jeden Augenblick auch bei den kleinsten Dingen eine Entscheidung treffen, schrittweise Herr über die eigenen Handlungen werden, sich selbst in der stetig wachsenden und aufeinanderfolgenden Summe sich wiederholender Handlungen in der Gewalt zu haben"[116]; und damit geht es um "den beständigen, charakterstarken Menschen (...), der in sich alle jene menschlichen Werte hat, die in der grundlegenden einzigartigen Äußerung ihre Krönung finden: der Beständigkeit in der Arbeit. Es kommt nicht darauf an, welche Arbeit das Kind auswählt; wichtig ist, es widmet sich ihr mit Ausdauer. Denn der Wert liegt nicht in der Arbeit an sich, sondern in der

---

111  Vgl. P. Oswald: Menschenbild als Anliegen Montessoris (1968), a.a.O., S. 401.

112  M. Montessori: Maria Montessori, a.a.O., S. 38 (Deviation und Normalisation, 1934).

113  P. Oswald: "Kosmische Erziehung" in der pädagogischen Theorie Maria Montessoris, a.a.O., S. 126; vgl. M. Montessori: Schule des Kindes, a.a.O., S. 208. - In "Die Entdeckung des Kindes" (dies.: a.a.O., S. 95f.) spricht Montessori von der "Stimme der Dinge".

114  M. Montessori: Schule des Kindes, a.a.O., S. 112.

115  Ebd., S. 106f., 168ff.

116  Ebd., S. 174.

Arbeit als Mittel zum Aufbau des inneren Menschen."[117] MONTESSORI erarbeitet also eine "Physiognomie der Sittlichkeit", des "Gutseins" im Horizont von Liebe und Freiheit.[118] Ein Wort DANTE ALIGHIERIs aufgreifend spricht sie vom "intelletto d'amore", von der "Schaukraft", von der "Intelligenz der Liebe"[119] als welterschließender und selbstaufbauender Kraft des Kindes.

All dies umfaßt der Vorgang der "Normalisation" ("Normalisierung" bzw. "Normalität") des Kindes bzw. des Menschen[120], der über die "Polarisation der Aufmerksamkeit" in der ("methodischen") "Konzentration" auf eine Sache, auf einen Gegenstand, auf ein Stück Welt erreicht werden soll.[121] Mit diesem sogenannten "Montessori-Phänomen"[122] kommt die Dimension des Weges, der Methode in Sicht. Indem sich das Kind ganz auf eine Sache konzentriert, arbeitet es mit seinem "Zentrum" (Aktivitätszentrum, personaler Kern) an einem Stück der "Peripherie", wobei es über seine Sinne wahrnehmend aufnimmt und sich handelnd ausdrückt. Diese "Arbeit" kann eine manuelle und/oder eine geistige "Anstrengung" sein - in jedem Fall dient sie der Entwicklung des Geistes.[123] Eine Bedingung für das Erreichen von Sachlichkeit ist die Freiheit im Sinne der freien Wahl der Beschäftigung hinsichtlich des Inhalts, des Zeitpunktes und der Zeitdauer.[124] Zugleich ist die Freiheit durch Denken bzw. Intelligenz und durch Sachlichkeit zu begrenzen: "Wenn aber das Kind 'wie ein Mensch frei' gelassen und in das Spielfeld seiner Intelligenz gesetzt wird, ändert es vollständig sein Wesen. Über dieses 'Wesen' muß man sich eine neue Auffassung bilden und das Problem der 'Freiheit' diskutieren. Ich bin der Meinung, daß das

---

117 Ebd., S. 170.

118 H. Holtstiege: Modell Montessori, a.a.O., S. 31.

119 M. Montessori: Kinder sind anders, a.a.O., S. 144.

120 M. Montessori: Maria Montessori, a.a.O., S. 31ff. (Deviation und Normalisation, 1934).

121 M. Montessori: Schule des Kindes, a.a.O., S. 104.

122 G. Schulz-Benesch: Abenteuer eines Lebens für das Kind. In: P. Oswald, G. Schulz-Benesch (Hg.): Grundgedanken der Montessori-Pädagogik. Aus Maria Montessoris Schrifttum und Wirkkreis. Freiburg 1980, 6., erw. Aufl. (1967), S. 176.

123 Vgl. B. van Veen-Bosse: Konzentration und Geist. Die Anthropologie in der Pädagogik Maria Montessoris. In: Th. Hagenmaier u.a.: Neue Aspekte der Reformpädagogik. Studien zur Anthropologie und Pädagogik bei Kerschensteiner, Dewey und Montessori. Heidelberg 1964, S. 101-160.

124 Siehe K. Lewin: Sachlichkeit und Zwang in der Erziehung zur Realität (1931), a.a.O., S. 251f.

Problem der Intelligenz auch der Schlüssel der sozialen Freiheit des Menschen ist. In letzter Zeit wurde sehr oberflächlich über die 'Gedankenfreiheit' gesprochen. Mit dem gleichen Vorurteil, das gegenüber dem Kind besteht, hat man geglaubt, den Menschen 'zu befreien', indem man ihn seinen Gedanken 'überläßt'; aber war er fähig 'zu denken'?"[125] Hier liegt die Wurzel für die natürliche "innere Ordnung"[126], für die Selbst-Disziplin.

Im Geschehen der Polarisation der Aufmerksamkeit realisiert das Kind verschiedene Aktivitäten wie zum Beispiel etwas auswählen, vorziehen, abgeben, sich-bewegen, warten, verharren, Bewegungen zurückhalten und genau lenken, etwas vergleichen, unterscheiden und beurteilen, wobei jedesmal Willensakte (vor allem in Form von Entscheidungen) vollzogen werden, in denen das Kind die Charaktereigenschaft der Beständigkeit bzw. Beharrlichkeit beim Arbeiten einübt. Über solche Aktivitäten und deren ständige Übung bauen die Kinder demnach klare und geordnete Vorstellungen bzw. Gedanken, Kenntnisse und Gewohnheiten auf, die begründete Willensentscheidungen erst ermöglichen: Der Mensch kann seine Freiheit nur innerhalb von psycho-physischen Grenzen realisieren; seine Sinneswahrnehmungen, sein Denken, sein Sprechen und sein Handeln sind stets selektiv[127]; die Gemeinschaft bildet die Grenze für die persönliche Freiheit, die soziale Disziplin "als 'Respekt für die Arbeit und Rücksichtnahme auf das Recht anderer'".[128] Demnach bildet der individuelle und stetige Impuls zum Tätigsein, die Sachgesetzlichkeiten der "Welt" und die Ansprüche der Mitmenschen bzw. der Gesellschaft, auf die sich dieser Impuls richtet, das Bedingungsgefüge der Freiheit.[129]

Im Gegensatz zum Tier muß der Mensch **"alles aus sich selbst aufbauen: Er hat nicht Ziele, sondern er muß sie suchen.** (...) Der Mensch ist also der Urheber seiner eigenen Vervollkommnung."[130] Die physische wie die psychische Entwicklung basiert auf "latenten Potentialitäten, die in jedem Individuum verschieden sind"[131]. In der nachgeburtlichen Periode geht es

125  M. Montessori: Schule des Kindes, a.a.O., S. 185f.
126  M. Montessori: Grundlagen meiner Pädagogik und weitere Aufsätze zur Anthropologie und Didaktik (besorgt u. eingel. v. B. Michael). Heidelberg 1968, 5. Aufl. (1965), S. 14.
127  M. Montessori: Schule des Kindes, a.a.O., S. 200.
128  Ebd., S. 93.
129  Siehe P. Oswald: Der Freiheitsbegriff bei Maria Montessori. In: Montessori-Werkbrief, Heft 3/4-1983, S. 59ff.
130  M. Montessori: Das kreative Kind, a.a.O., S. 67f.
131  Ebd., S. 68.

nun darum, diesen Potentialitäten zur optimalen Entwicklung zu verhelfen, eben Lebens- oder Bildungshilfe zu leisten. Wegen der einheitlichen anthropologischen Bedingungen kann es "also nur ein einziges Mittel zur Behandlung oder Erziehung der Kinder zu Beginn ihres Lebens geben; und wenn die Erziehung bei der Geburt beginnen muß, kann das nur auf eine einzige Art und Weise geschehen. Man kann also nicht von besonderen Methoden beim Umgang mit indischen, chinesischen oder europäischen Kindern sprechen, noch bei Kindern unterschiedlicher sozialer Klassen, sondern von einer Methode, die 'der menschlichen Natur, die sich entwik-kelt', folgt. Denn alle haben die gleichen psychischen Bedürfnisse und folgen dem gleichen Verlauf zum Aufbau des Menschen hin: Alle müssen dieselben Wachstumsphasen durchlaufen."[132]

Es wird deutlich, daß auch die Polarisation der Aufmerksamkeit als "**Polarisierung** der inneren Persönlichkeit"[133] bzw. die Konzentration als anthropologisches Phänomen gleichzeitig Mittel und Ziel der "Bildung" des Menschen sind. An der Konzentration auf eine Arbeit, an der Selbst-Bildungsarbeit lassen sich zwei Momente unterscheiden, das aktive und das kontemplative, die beide in der Freiheit des Individuums wurzeln. Das aktive Moment meint das selbsttätige Aneignen von Kenntnissen und Erfahrungen im Entdecken und Erforschen, im Üben und Wiederholen. Das kontemplative Moment meint die Bedeutung von Schweigen und Stille im bzw. für den Lernprozeß. Demnach bestimmt MONTESSORI den Begriff "Freiheit" anthropologisch, und zwar in dreifacher Hinsicht: Erstens ist für sie Freiheit ein wesentlicher Teil der geistig-schöpferischen Grundverfaßtheit des Menschen; als solcher ist diese zweitens Bedingung für die Möglichkeit, sie selbst durch zielgerichtete und ständige Aktivitäten (Tätigkeit, Arbeit) zu vollziehen; und drittens ist sie Ziel dieses Sich-Erringens im menschli-chen Bildungsprozeß. "Wenn man in der Erziehung von der **Freiheit des Kindes** spricht, vergißt man oft, daß Freiheit nicht mit Sichüberlassensein gleichbedeutend ist. **Das Kind einfach freilassen, damit es tut, was es will, heißt nicht es frei machen. Die Freiheit ist immer eine große positive Errungenschaft; man kann sie nicht leicht erlangen. Man gewinnt sie nicht einfach dadurch, daß man Tyrannei beseitigt, Ketten zerbricht.**

132  Ebd., S. 69.
133  M. Montessori: Schule des Kindes, a.a.O., S. 116.
134  M. Montessori u.a.: Die Selbsterziehung des Kindes. Berlin 1923, S. 9 (Grundlinien meiner Erziehungsmethode, 1922).

**Freiheit ist Aufbau; man muß sie aufrichten sowohl in der Umwelt wie in sich selbst.** Hierin besteht unsere eigentliche Aufgabe, die einzige Hilfe, die wir dem Kinde reichen können."[134]

MONTESSORI entdeckt und beschreibt **drei Phasen im Ablauf der Polarisation der Aufmerksamkeit**:

1. "Phase der Einübung"[135], "in der das Kind mit der Auswahl eines Gegenstandes beschäftigt ist"[136];

2. "Phase der großen Arbeit"[137], "in der die Bindung der kindlichen Aufmerksamkeit an einen Gegenstand eingetreten ist, mit dem es in tiefer Sammlung und Hingabe handelnd umgeht"[138];

3. Abschlußphase als **"gedankenvolle Pause"**, als "kontemplative Periode", als "Periode der Entdeckungen"[139], in der sich das Kind selbst in seinen eigenen Werken studiert und mit seinen Gefährten und der Umwelt in Beziehung setzt[140].

Als "Begleit-Phänomene" zeigen sich Geduld und Ausdauer und gleichzeitig Lebhaftigkeit, Aktivität und Freude, "die für den Geist charakteristisch sind, dessen innere Energien ihre Tastatur, ihr Spielfeld gefunden haben, auf dem sie sich angemessen und in Ruhe üben können. Der sich auf diese Weise organisierende Geist, geleitet von einer Ordnung, die seiner natürlichen Ordnung entspricht, **stärkt sich, blüht auf** und offenbart sich in der **Ausgeglichenheit**, der **Heiterkeit** und in der **Ruhe**, die die wunderbare, für das Verhalten der Kinder charakteristische **Disziplin** ergeben."[141] Es kommt damit zur personalen Reorganisation bzw. Rekonstruktion als Basis für die Persönlichkeitssynthese bzw. -erweiterung, eben zu dem, was MONTESSORI im Begriff der "Normalisierung" bündelt.

Im Rahmen des Aktivitätszyklus bzw. -rhythmus spricht sie von der "methodischen 'Meditation' (...), ohne die der **innere Mensch** zersplittert und unausgeglichen ist, nicht Herr seiner selbst sein und nicht für edle Zwecke über sich selbst verfügen kann"[142]. Die "**große Arbeit** endet in der

---

135  M. Montessori: Schule des Kindes, a.a.O., S. 102.
136  H. Holtstiege: Maria Montessori und die "reformpädagogische Bewegung", a.a.O., S. 117.
137  M. Montessori: Schule des Kindes, a.a.O., S. 102.
138  H. Holtstiege: Maria Montessori und die "reformpädagogische Bewegung", a.a.O., S. 117.
139  M. Montessori: Schule des Kindes, a.a.O., S. 102.
140  Ebd., S. 103.
141  Ebd., S. 83f.
142  Ebd., S. 104.

Kontemplation: Stadium der Entdeckungen, der verallgemeinerten Beobachtungen, des Gehorsams"[143]. Die Aktivität begründet MONTESSORI mit dem Aufweis von Aktivitätspunkten bzw. -zentren physiologisch: "Die einzelnen Organe entwickeln sich getrennt um Aktivitätspunkte, die nur kurze Zeit wirken, bis sich die Organe gebildet haben, und dann verschwinden. Diese Aktivitätspunkte oder -zentren haben die schöpferische Aufgabe, die Bildung eines Organes zu bestimmen."[144]

MONTESSORI veranschaulicht solche **Phasenabläufe** so:[145]

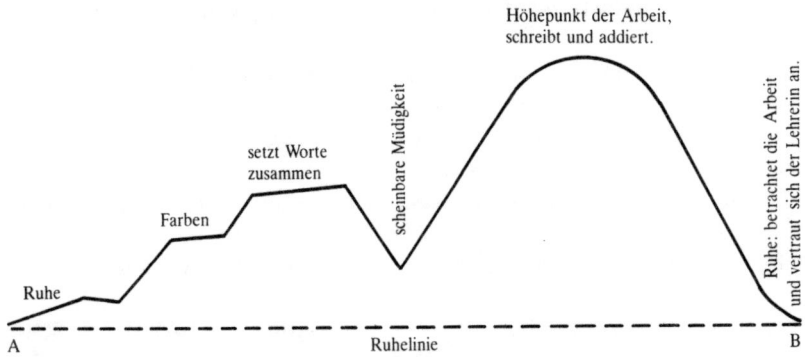

"Einfache Kurve der geordneten Arbeit" eines einzelnen Kindes."

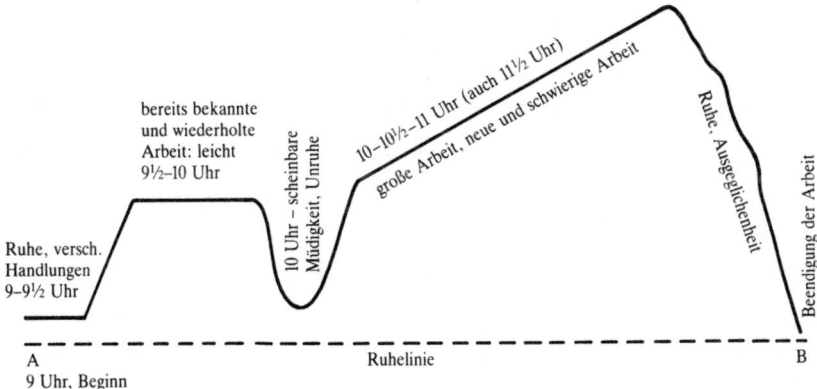

"Die ganze Klasse bei der Arbeit."

---

143  Ebd., S. 105.
144  M. Montessori: Das kreative Kind, a.a.O., S. 87f.
145  M. Montessori: Schule des Kindes, a.a.O., S. 96f.

*Der Aspekt der Bildungsinhalte und der Bildungsgehalte*

Indem MONTESSORI ihr "Erziehungs"konzept radikal von der "Bildung" des Menschen, von seiner Entfaltung her entwickelt, sieht sie die "äußeren Entwicklungsmittel" als einen "'materielle(n) Abdruck' der inneren Entwicklung"[146]. So wird die "gewagte Behauptung" verständlich: "Wir müssen dem Kind die Philosophie der Dinge geben", das heißt die von den Dingen abstrahierbaren Eigenschaften wie Farbe, Dimension, Form, Duft, Geräusch und Gewicht müssen dem Kind als **"materialisierte Abstraktion"** "in Form **betastbarer Gegenstände**" zur konzentrierten Auseinandersetzung angeboten werden. Diese Absicht, "die abstrakte Idee zu 'materialisieren'"[147], ist die Grundlage für die Entwicklung des "Sinnesmaterials", das auch als "Entwicklungs- und Bildungsmaterial" wie als "Entwicklungs-(hilfs)mittel" bezeichnet wird. Das gesamte Material (Glocken, Täfelchen, Körper usw.) ist in verschiedene Serien bzw. Gruppen gegliedert, von denen jede nur eine einzige Materialeigenschaft variiert, während die anderen Eigenschaften konstant gehalten werden. Damit wird es möglich, die Sinne einzeln zu schulen, indem die Sinnestätigkeiten isoliert werden.[148]

Damit die Dinge die Kinder auch wirklich "ansprechen" - MONTESSORI spricht von der "Stimme der Dinge"[149] –, müssen sie einige Kriterien erfüllen:
– Eignung zur Selbstkorrektur von Fehlern ("sachliche Fehlerkontrolle"[150]);
– "Ästhetik" bzw. "Anziehungskraft"[151];
– "Eignung für die Tätigkeit des Kindes"[152];
– mengenmäßige Begrenzung des Materials[153].
Dies sind natürlich zugleich generelle Gesichtspunkte für die "Vorbereitung der Umgebung", für eine "vorbereitete Umwelt"[154]. Die Umgebung

---

146  Ebd., S. 82.
147  M. Montessori: Die Entdeckung des Kindes, a.a.O., S. 197.
148  Ebd., S. 115f.
149  Ebd., S. 95f.
150  Ebd., S. 116.
151  Ebd., S. 117.
152  Ebd., S. 118.
153  Ebd., S. 119.
154  Siehe z.B. M. Montessori: Grundlagen meiner Pädagogik, a.a.O., S. 31, 21, 39ff.;dies.: Schule des Kindes, a.a.O., S. 135-144, 73f.; dies.: Spannungsfeld Kind - Gesellschaft - Welt, a.a.O., S. 72.

soll so gestaltet werden, daß sie optimale Bedingungen eben für die Bildung der Sinne, aber auch für die manuellen Tätigkeiten des alltäglichen Lebens und für die Kultivierung des Geistes schafft - gemäß der Einsicht: "Die Entwicklung der Fähigkeit der Hand vollzieht sich im gleichen Schritt mit der Entwicklung der Intelligenz."[155], denn: "Die Hand ist das Organ des Geistes!"[156] Das Bereitstellen und Anbieten von "Kulturinhalten"[157], welche den Lernbereitschaften und dem Tätigkeitsdrang des Kindes entgegenkommen, entspricht der Zubereitung von "Nahrung für seinen Geist"[158].

Zu den Übungen "in alltäglichen Verrichtungen" bzw. "des praktischen Lebens"[159] gehören zum Beispiel einen Teppich auslegen und wieder aufrollen, ein "Tischtuch auflegen, um den Tisch auch wirklich zum Essen zu decken, es nach dem Essen wieder zusammenfalten und sorgfältig an seinen Platz legen, oder den Tisch sogar vollständig decken, anständig essen und dann abräumen, das Geschirr spülen und jedes einzelne Stück wieder an seinen Platz im Schrank stellen"[160], "ein paar Schuhe bürsten, ein Becken oder einen Fußboden putzen, (...) Schubladen und Klappen, Türen und Fenster auf- und zumachen, ein Zimmer aufräumen, einen Stuhl ordentlich hinstellen, einen Vorhang zuziehen, ein Möbelstück umstellen"[161] sowie "die Pflege der Beete, das Säubern der Pflanzen oder die Ernte der dort reifenden Früchte und so weiter"[162]. Diese "Arbeiten, die keine Gegenstände **produzieren**, sondern man könnte sagen, Gegenstände **bewahrende** Arbeiten sind", haben einerseits in der "Koordinierung des psychomotorischen Organismus"[163] eine gymnastische Funktion[164], andererseits einen "sittlichen Zweck", indem sie "die Liebe der Kinder zu ihrer Umgebung" und ein "wirkliches 'Sozialgefühl'" entwickeln wollen.[165]

---

155  M. Montessori: Das kreative Kind, a.a.O., S. 135.

156  M. Montessori: Maria Montessori, a.a.O., S. 36 (Deviation und Normalisation, 1934).

157  M. Montessori: Schule des Kindes, a.a.O., S. 86.

158  M. Montessori: Frieden und Erziehung, a.a.O., S. 96.

159  M. Montessori: Schule des Kindes, a.a.O., S. 143; dies.: Maria Montessori, a.a.O., S. 55, 57 (Das Kind, 1941).

160  M. Montessori: Die Entdeckung des Kindes, a.a.O., S. 71.

161  Ebd., S. 93.

162  Ebd., S. 94.

163  M. Montessori: Schule des Kindes, a.a.O., S. 143.

164  M. Montessori: Die Entdeckung des Kindes, a.a.O., S. 93f., 108f.

165  M. Montessori: Die Entdeckung des Kindes, a.a.O., S. 109.

Die Voraussetzung für die Kultivierung des Geistes durch Auseinandersetzung mit "Kulturinhalten", mit "Materialsysteme(n) zur Ausbildung der Sinne, zur Erlernung des Alphabetes, der Zahlen, des Schreibens, Lesens und Rechnens"[166] ist für MONTESSORI auch dadurch gegeben, "daß alle Kinder ohne Unterschied die Fähigkeit besitzen, Kultur zu 'absorbieren'", eben "Bildungsgüter zu 'absorbieren'"[167]. "Jedes Fach wie zum Beispiel Rechnen, Grammatik, Geometrie, Naturwissenschaften, Musik und Literatur muß in den äußeren Gegenständen durch eine systematische, wohl definierte Konstruktion dargeboten werden. Zur ursprünglichen, hauptsächlich psychologischen Arbeit muß also die **Mitarbeit von Spezialisten** jedes einzelnen Faches hinzutreten, damit die **Gesamtheit der notwendigen und ausreichenden Mittel** festgelegt wird, die die **Selbsterziehung** hervorrufen. Darin besteht die experimentelle Vorbereitungsarbeit, die jenes Entwicklungsmaterial festlegt, jene äußeren Abdrücke, die zur Entwicklung des inneren Lebens notwendig sind und die in ihrem Aufbau **genau** den psychischen **Aufbau**bedürfnissen entsprechen müssen."[168]

---

166  Ebd., S. 72.

167  M. Montessori: Das kreative Kind, a.a.O., S. 5.

168  M. Montessori: Schule des Kindes, a.a.O., S. 86.

Der hellsichtigen Sensibilität MONTESSORIs entgeht nicht, daß sich die menschliche Existenz als spannungsvolles Strukturgefüge entwickelt und "bildet", daß sie antinomisch angelegt ist. So ist MONTESSORI etwa überzeugt davon, daß die körperliche und geistige Arbeit des Menschen "nicht nur die Individualität in ihrer Einheit (begründet), sondern sie auch mit den sozialen Bedürfnissen (verschmilzt)".[169] Die Konzentration des Geistes, seine einsame Versenkung im Selbstbezug, die immer eine Isolation von der Außenwelt bedeutet, ist ihr unverzichtbare Bedingung für eine echte Hinwendung zur, für ein offenes Zugehen auf die apersonale und personale Welt: "Das Kind, das sich konzentriert, ist unermeßlich glücklich; es ignoriert den Nachbarn und die, die sich um es herum bewegen. Für einen Moment ist sein Geist wie der des Eremiten in der Wüste; in ihm ist ein neues Bewußtsein entstanden, das seiner eigenen Individualität. Wenn es aus seiner Konzentration erwacht, scheint es die Welt, die es umgibt, das erste Mal zu spüren wie ein unbegrenztes Feld für neue Entdeckungen; es bemerkt auch die Gefährten, denen es ein herzliches Interesse entgegenbringt. In ihm erwacht die Liebe für die Personen und die Dinge. Freundlich und herzlich allen gegenüber ist es bereit, jedes schöne Ding zu bewundern. Der geistige Vorgang ist offensichtlich: Es trennt sich selbst von der Welt, um die Kraft zu erringen, sich mit ihr zu vereinen. (...) Um zu existieren und mit den Gefährten in Gemeinschaft zu treten, müssen wir uns in die Einsamkeit zurückziehen und uns festigen. Nur dann werden wir mit Liebe die Wesen betrachten, die um uns sind. (...) Das Kind begibt sich schlicht in die Haltung tiefer Isolierung, und in ihm bildet sich ein starker, ruhiger Charakter, der Liebe um sich ausstrahlt. Aus diesem Verhalten entspringt das Opfer seiner selbst, die regelmäßige Arbeit, der Gehorsam und damit zusammen eine Lebensfreude, die so klar wie eine Felsenquelle ist; Freude und Hilfe für alle Wesen, die mit ihm leben. Das Ergebnis der Konzentration ist das Erwachen des sozialen Gefühls."[170]

---

169  M. Montessori: Die Entdeckung des Kindes, a.a.O., S. 109.

170  M. Montessori: Das kreative Kind, a.a.O., S. 246. - Vgl. dazu auch dies.: Schule des Kindes, a.a.O., S. 91f. und J.W. Goethes Vers aus "Torquato Tasso": "Es bildet ein Talent sich in der Stille, sich ein Charakter in dem Strom der Welt."

Die freie Wahl der Arbeit und der Arbeitsmittel "erzieht" (indirekt) zur Gemeinschaft: "Gewöhnlich haben die Kinder gleichzeitig verschiedene Wünsche. Das eine beschäftigt sich mit einer Sache, das zweite mit einer anderen, ohne daß es zum Streit kommt. Es entwickelt sich vielmehr ein großartiges **Gemeinschaftsleben** voller Energie und Aktivität, und die Kinder lösen von sich aus friedlich und freudig viele Probleme des **Lebens in der Gemeinschaft,** welche die freie und vielfältige individuelle Tätigkeit nach und nach aufwirft."[171] "Die Umgebung muß nicht nur die Freiheit des Individuums ermöglichen, sondern auch die Bildung einer Gemeinschaft."[172]

Für den Erzieher ergibt sich daraus die Konsequenz, "die verborgenen Antriebe (aufzuwerten), die den Menschen bei der Konstruktion seiner selbst leiten. Unter diesen ist der soziale Antrieb besonders stark. Wir haben erprobt, daß das Kind und der Jugendliche keinen Sinn für Ordnung und Moral entwickeln, wenn sie nicht die Möglichkeit haben, Erfahrungen im sozialen Leben zu machen."[173]

MONTESSORI sieht die **Individualität** des Menschen eng verknüpft mit seiner **Freiheit**, seiner "Unabhängigkeit"; und diese Freiheit steht für sie in Spannung zu sachlichen, sozialen und transzendenten **Bindungen**: "(...) das Kind ist im Zeichen der Ohnmacht, in der es geboren wird, als soziales Individuum von **Bindungen** umgeben, die seine Aktivität **einschränken**." Zwar muß "(eine) auf Freiheit gegründete Erziehungsmethode (...) darauf abgestellt sein, dem Kind zu helfen, eben diese Freiheit zu erobern, und muß die Loslösung des Kindes von den Bindungen bezwecken, die seine spontanen Äußerungen einschränken"[174], aber zugleich leistet das Kind "die Abstraktion von der äußeren Welt und die engste Bindung an die innerste und geheime Welt, die im Kinde wirkt."[175] "Die Freiheit unserer Kinder hat als Grenze die Gemeinschaft, denn Freiheit bedeutet nicht, daß man tut, was man will, sondern Meister seiner selbst zu sein."[176] "Die Freiheit des Kindes

---

171  M. Montessori: Die Entdeckung des Kindes, a.a.O., S. 72.

172  M. Montessori: Frieden und Erziehung, a.a.O., S. 54.

173  Ebd., S. 71.

174  M. Montessori: Die Entdeckung des Kindes, a.a.O., S. 63f.

175  Ebd., S. 110.

176  M. Montessori: Grundlagen meiner Pädagogik, a.a.O., S. 23.

muß als **Grenze** das Gemeinwohl haben, als **Form** das, was wir als Wohlerzogenheit bei seinen Manieren und seinem Auftreten bezeichnen."[177] MONTESSORI sagt ausdrücklich, daß sie mit dem Freiheitsstreben und dem Freiwerden des Kindes "nicht die Notwendigkeit der Kulturübermittlung, noch die notwendige Disziplin und auch nicht die Notwendigkeit des Erziehers (ausschließt). Der Unterschied ist allein der, daß in dieser Freiheit die Kinder voll Freude arbeiten und sich die Kultur durch eigene Aktivität erwerben, daß die Disziplin aus dem Kind selbst entsteht."[178] Und im Blick auf die Selbstdisziplin als besonderer Form der Bindung erkennt MONTESSORI, "daß Freiheit und Disziplin zwei Seiten derselben Medaille sind"[179].

---

177  M. Montessori: Die Entdeckung des Kindes, a.a.O., S. 57.
178  M. Montessori: Grundlagen meiner Pädagogik, a.a.O., S. 23f.
179  M. Montessori: Das kreative Kind, a.a.O., S. 257.

## 3. Der Bildungsprozeß in der Sicht MONTESSORIs in modellhafter Rekonstruktion

Wenn für MONTESSORI Bildung auch in jeder Phase des Menschenlebens konstitutiv ist, so kreist ihr aufmerksames Beobachten und stark intuitionsgesteuertes Denken doch fast ausschließlich um die Bildung im Kindes- und Jugendalter bis zur Erreichung der Erwachsenheit. Zugleich nimmt sie fundamentale Einsichten der heute schon recht differenzierten pränatalen Psychologie vorweg, indem sie die Bedeutung der embryonalen Entwicklung des Menschen von seiner Zeugung an im biologischen Mutterschoß klar erkennt.

Während für MONTESSORI die Natur als Schöpfung Gottes dem Menschen, der selbst Geschöpf ist, sozusagen als Außenkosmos vorgegeben erscheint, bedeutet ihr der Aufbau des inneren, individuellen Kosmos als geistiger Kosmos **die** selbstschöpferische Lebensaufgabe jedes Menschen schlechthin - ein unübersehbarer Hinweis auf die Gottesebenbildlichkeit. Und indem der Mensch seinen je eigenen, einzigartig-unwiederholbaren Innenkosmos "kreativ" aufbaut, schafft er Natur in Kultur um und kultiviert sich in diesen und durch diese Aktivitäten selbst: Er "bildet" sich. In der Sprache der geisteswissenschaftlichen Pädagogik kann dieses Geschehen so ausgedrückt werden: Bildung entsteht, entfaltet sich im Wechselwirkungsprozeß zwischen der subjektgetragenen Schaffung geistiger Objektivationen und deren Resubjektivierung. MONTESSORI denkt die "Bildung" der personalen Innenwelt also stets im Zusammenhang mit der Entwicklung von Kultur und Gesellschaft. Ihr Ansatz ist in einem umfassenden und fundamentalen Sinne "kosmisch": Es stehen sozusagen ein aufgegebener Innenkosmos und ein vorgegebener Außenkosmos in einem permanenten (teils kontinuierlichen, teils diskontinuierlichen) Wechselbezug. Diese Sicht bildet die Grundlage für die "Kosmische Erziehung".

In der konzentrierten und polarisierten anstrengenden Arbeit der Inkarnation bzw. Absorbierung von Umwelt bildet sich der kindliche Geist. Im Selbst-Vollzug dieser Bildungs-Arbeit treffen das Moment der Subjektivität (Bildungssubjekt) und das der Objektivität (Bildungsinhalt, Bildungsgehalt) aufeinander.[180] Dieses Ergebnis der Analyse steht gar nicht in Widerspruch

---

180 Vgl. K. Renner: Konzentration als pädagogisches Grundphänomen. In: M. Montessori: Maria Montessori, a.a.O., S. 128.

zu WINFRIED BÖHMs Feststellung, daß MONTESSORI die "pädagogische Grundpolarität von Kind und objektiver Kultur" einseitig zugunsten des Kindes gewichtet[181]: Ihr geht es eben um die Herausarbeitung und Darstellung des (kindlichen) Bildungsprozesses, wobei sich die Bestimmung des Menschen als "Geistwesen" und als "Kulturwesen"[182] als komplementär erweist.

181  W. Böhm: Maria Montessori, a.a.O., S. 187.
182  Vgl. P. Oswald: Menschenbildung als Anliegen Montessoris (1968), a.a.O., S. 396f.

# MONTESSORIs Modell des Bildungsprozesses[183]

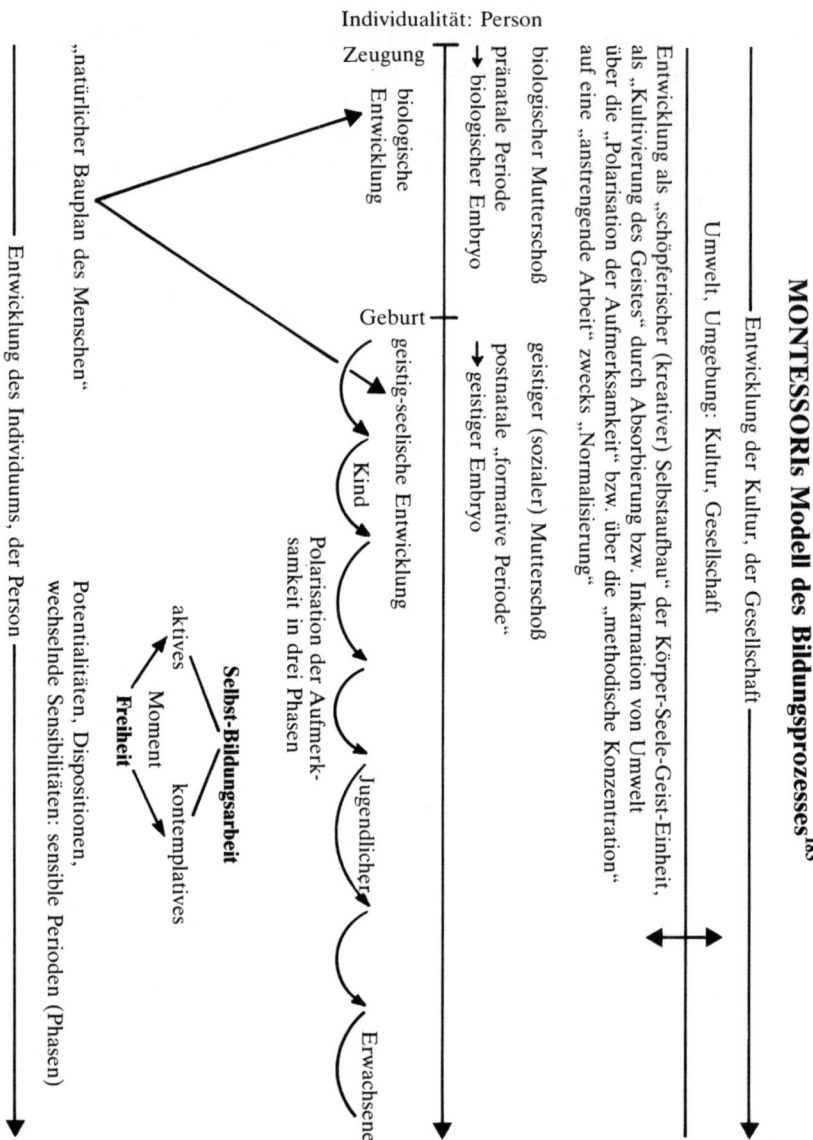

183  L. Kratochwil: Ausgewählte Innovationen und Animationen zur Weiterentwicklung der Grundschule. Unter besonderer Berücksichtigung der Pädagogik Maria Montessoris. In: Forum Pädagogik, Heft 2/1988, S. 66.

Ein sorgfältiges Auflesen und Systematisieren von MONTESSORIs verstreuten Aussagen zum Menschen und seiner Bildung läßt eine
Bildungstheorie sichtbar werden, die vom heutigen Forschungsstand weitgehend gestützt wird. Indem sie die Entwicklung des Menschen im allgemeinen und den Bildungsprozeß im besonderen weder als einseitig vom
genetischen Potential noch als ausschließlich von der Umwelt gesteuert
ansieht, lehnt sie nativistische Entwicklungsvorstellungen ebenso ab wie
milieutheoretische und verwirft damit nicht nur den pädagogischen Pessimismus, sondern auch einen extremen pädagogischen Optimismus. Indem
sie die aktive Selbststeuerung des Menschen als dritten und zentralen Faktor
im komplexen Wechselwirkungsprozeß mit der Erb- und der Umwelt
herausarbeitet, erweist sie sich als "pädagogische Realistin" und nicht als
"Optimistin", wie man auf den ersten Blick meinen könnte.[184] Freilich
huldigt sie einem "pädagogischen Optimismus" in dem Sinn, daß sie dem
Menschen vor allem in der Phase der Kindheit vieles zutraut und Erwartungen in immer neuen emphatischen Formulierungen ausspricht. Dies kann
und soll aber nicht darüber hinwegtäuschen, daß sie den Menschen in der
"dialektischen Spannung von Abnormität und Normalität"[185] sieht, welche
Einsicht sie pädagogisch in die Aufgabe der Erziehung als Hilfe zur
Normalisierung transformiert.

Daß MONTESSORI mit den Deviationen des Menschen bzw. des Kindes
und mit dem Bösen in der Welt überhaupt rechnet[186], mögen folgende
Äußerungen zeigen: "Wir wissen, daß dem Menschen Tendenzen an-
geboren sind, die sittlich inferior erscheinen. In der Tiefe jeder menschlichen Seele spielt sich ein Drama ab zwischen 'dem Willen zum Guten und
der Neigung zum Bösen'. (...) Alle, die um die Erbsünde im Menschen
wissen, sollten durch Liebe und Achtung vor dem Kinde den Willen zum
Guten stärken, statt die Neigung zum Bösen durch erzieherische Maßnahmen und ihre Folgen zu unterstützen."[187] "Die Schwäche und die Möglich-

---

184 Eine solche Fehlinterpretation findet sich etwa bei F. März: Problemgeschichte der
    Pädagogik. Band 2: Pädagogische Anthropologie. Teil 2: Die Lernfähigkeit und
    Erziehbarkeit des Menschen. Bad Heilbrunn 1980, S. 109. Im übrigen ist dies eine
    ausgezeichnete und wertvolle historische Studie in systematischer Absicht.

185 W. Böhm: Maria Montessori, a.a.O., S. 184.

186 Die folgenden Aussagen Montessoris dazu hat W. Böhm bei seiner Interpretation offen-
    sichtlich nicht berücksichtigt; siehe ders.: Erziehung als Normalisation. In: M. Montessori:
    Maria Montessori, a.a.O., S. 112ff.

187 M. Montessori: Grundlagen meiner Pädagogik, a.a.O., S. 17.

keit zu straucheln, die in seiner (des Kindes; Anm. des Autors) und unserer Seele als eine Folge der Ursünde verbleiben, sollte auf jeden Fall die erleuchtetste Liebe auf unserer Seite hervorrufen, eine mit zunehmendem Wohlgefallen begleitete Hilfe, eine veredelte christliche Vervollkommnung unserer Haltung und unserer Handlungen als Lehrer."[188] MONTESSORI möchte "nicht behaupten, daß das Gutsein unserer Kleinen in ihrer Ungebundenheit die Frage nach dem unbedingten Gutsein oder Bösesein des Menschen löse. Wir können nur sagen, daß wir durch Wegräumung der Hindernisse als Ursachen zu Gewalttätigkeit und Widersetzlichkeit einen Beitrag zum Gutsein geleistet haben."[189] "Daß Kinder in einer Montessorischule sich besser benehmen, gehorsamer sind, verträglicher und so weiter, das berührt nicht die tieferliegende Frage des wirklichen Gutseins. Ein Kind, das in den Genuß der geistigen Betreuung, wie sie unsere Methode bietet, gekommen ist (...), hat eine seiner Entwicklung besser angepaßte Umgebung gefunden. **Deshalb ist aber das Kind noch nicht wirklich gut vom Standpunkt der übernatürlichen Tugend aus betrachtet.**"[190]

Zusammenfassend kann gesagt werden: Für MONTESSORI verläuft der menschliche Bildungsprozeß zur Entwicklung und Entfaltung eines aufgegebenen Innenkosmos

– welt-, gegenstands- bzw. sachorientiert (sich an einem vorgegebenem Außenkosmos abarbeitend),
– erfahrungs- und handlungs- (aktions-)orientiert,
– ganzheitsorientiert,
– an sensiblen bzw. sensitiven Phasen bzw. Perioden orientiert sowie
– moral- bzw. ethosorientiert (an einer "kosmischen Mission" als sittlichem Weltauftrag orientiert).[191]

188  M. Montessori (1929) in: P. Oswald, G. Schulz-Benesch (Hg.): Grundgedanken der Montessori-Pädagogik, a.a.O., S. 113.

189  M. Montessori: Mein Handbuch. Grundsätze und Anwendung meiner neuen Methode der Selbsterziehung der Kinder. Stuttgart 1922, S. 118f. - Vgl. dies.: Maria Montessori, a.a.O., S. 32 (Deviation und Normalisation, 1934).

190  M. Montessori (1929) in: P. Oswald, G. Schulz-Benesch (Hg.): Grundgedanken der Montessori-Pädagogik, a.a.O., S. 113.

191  L. Kratochwil: Grundzüge der Pädagogik Maria Montessoris. 2. Teil. In: Pädagogische Impulse, Heft 4/1989, S. 64f.

# 4. Das pädagogische Handeln in MONTESSORIs Konzept

Wenn auch richtig ist, daß MONTESSORI in ihrem Werk schwerpunktmäßig das Phänomen der "Bildung" des Menschen im Kindes- und Jugendalter analysiert und beschreibt, so fehlen doch nicht zahlreiche relevante Hinweise auf "Erziehung" und "Unterricht", auf die "'erzieherische' Aktion"[192], die in Summe durchaus ein Handlungskonzept ergeben, das in Montessori-Schulen jeder einzelne Lehrer seinem Engagement, seiner Kompetenz und seinem Talent entsprechend realisiert. Der Bildungsprozeß, wie ihn MONTESSORI sieht, bedarf geradezu eines bestimmten erzieherischen und unterrichtlichen Handelns als Bedingung für seine Möglichkeit. "Erziehung" und "Unterricht" erscheinen als ein wesentliches Pendant zur "Bildung". Die pädagogischen und didaktischen Handlungen des Erziehers bzw. Lehrers fügen sich zusammen mit vielfältigen anderen Elementen zu einem bildungsrelevanten, bildungsfördernden Ensemble der Außenwelt.

Indem MONTESSORI den Bildungsprozeß in seiner Unverzichtbarkeit und Unverfügbarkeit als für den Menschen konstitutiv beschreibt, wird ihr "die Erziehung der Kleinen das wichtigste Problem der Menschheit"[193], allerdings weniger im Sinne sogenannter direkter als im Sinne indirekter Maßnahmen.

MONTESSORI begreift "Erziehung" und "Unterricht" ungeschieden als Einheit, ja verwendet die Begriffe geradezu synonym, wenn sie damit die (direkte und indirekte) Förderung bzw. Unterstützung von und die Hilfestellung gegenüber Kindern und Jugendlichen durch Erwachsene, eben "Erzieher" bzw. "Lehrer", meint. Wie bereits dargelegt, gebraucht MONTESSORI "Erziehung" - "educazione" - manchmal auch synonym mit "Bildung" - "formazione". Für den "Prozeß der spontanen Selbstverwirklichung" verwendet sie außerdem "unbekümmert wechselnd" die Termini "creazione" und "costruzione" - das Kind erscheint als "Baumeister (costruttore) des Menschen".[194]

---

192  M. Montessori: Die Entdeckung des Kindes, a.a.O., S. 203.

193  M. Montessori: Das Kind in der Familie, a.a.O., S. 47.

194  M. Montessori: Das kreative Kind, a.a.O., S. 13, Anm. 8 der Herausgeber; siehe auch M. Montessori: Schule des Kindes, a.a.O., S. 36, Anm. 5 der Herausgeber.

Was die **"anthropologischen Grundlagen bzw. Merkmale von Erzie-hungs- und Unterrichtshandlungen"** (1.1.1.) betrifft, so ist Wesentliches bereits im Rahmen der bildungstheoretischen Analyse herausgearbeitet worden. Aus der klaren Unterscheidung zwischen Kindheit und Jugend, also Unerwachsenheit, auf der einen Seite und Erwachsenheit auf der anderen und aus der Vorstellung, daß die Entwicklung und damit auch die Bildung des Menschen von der Außenwelt - und damit auch von "Erziehern" und "Lehrern" - wesentlich beeinflußt und mitgetragen wird, ergibt sich zwangsläufig die Forderung, daß Erwachsene den Unerwachsenen beim Erwachsenwerden Hilfe zu leisten haben.

Im Blick auf Erziehung bzw. Unterricht als "sozialer Handlung" ist HILDEGARD HOLTSTIEGEs Kritik an THEODOR F. KLAßENs Fest-stellung, "daß die Montessori-Pädagogik ohne Pädagogen ist"[195], voll zuzustimmen[196]. Wenn auch richtig ist, daß "das personale und dialogische Moment im Lehrer-Schüler-Verhältnis (...) bei Montessori gegenüber der indirekten Zuwendung deutlich zurück(tritt)"[197], so ist es doch ein konstitutives Element für die Förderung der Entwicklung im allgemeinen und der Bildung im besonderen: Die Lehrerin "hat vor allem die Aufgabe, die psychische Aktivität der Kinder sowie ihre physiologische Entwicklung zu **leiten**. Deshalb habe ich den Namen Lehrerin in **Leiterin** geändert. (...) ihre Leitung ist sehr viel tiefgreifender und wichtiger als das, was man gewöhnlich darunter versteht, denn diese Lehrerin leitet das **Leben** und die **Seelen**. Die Leiterinnen der 'Kinderhäuser' müssen eine sehr klare Vorstel-lung beider Faktoren haben, und zwar der Führung, die Aufgabe der Lehrerin ist, und der individuellen Übung, die das Werk des Kindes ist. Erst wenn sie in dieser Auffassung gefestigt sind, können sie erfolgreich zur Anwendung einer Methode übergehen, mit der sie die spontane Erziehung des Kindes **leiten** und ihm die notwendigen Kenntnisse vermitteln."[198]

---

195  Th.F. Klaßen: Der Erzieher als Material. Zur Funktion des Lehrers in der Montessori-pädagogik. In: Pädagogische Rundschau, Heft 7/1975, S. 591.

196  H. Holtstiege: Modell Montessori, a.a.O., S. 149.

197  W. Böhm in M. Montessori: Maria Montessori, a.a.O., S. 140.

198  M. Montessori: Die Entdeckung des Kindes, a.a.O., S. 181f.

Das Verständnis des Erziehens bzw. Unterrichtens als eines "Versuchs-handelns" wird bei MONTESSORI besonders klar herausgestellt: Auf **"Versuchswegen"** wird festgelegt, "was für die anfänglichen psychischen Bedürfnisse des Kindes notwendig ist".[199]

Hinsichtlich der **"Organisation beim Erziehen bzw. Unterrichten"** (1.1.2.) strukturiert MONTESSORI die Handlungen der Erzieher bzw. Lehrer in mehrfacher Hinsicht und in bedeutsamer Weise vor, um "die 'besten Entwicklungsbedingungen'"[200] zu schaffen: Unter dem Stichwort "Schulhygiene", welche die physische und psychische Hygiene umfaßt, strukturiert sie die **Räumlichkeiten** der Schule: Sportstätten, Schulgarten und vor allem große Klassenzimmer ("Das 'psychische' Klassenzimmer (muß) doppelt so groß sein (...) wie das 'physische'!"[201]) mit einfachen, billigen, abwaschbaren und zugleich künstlerisch gestalteten Möbeln, besonders kindgerechten Tischen und Stühlen, aber auch mit leicht zer-brechlichen Keramiktellern, Glasbechern und Ziergegenständen, weil das Kind dadurch veranlaßt wird, seine Bewegungen zu koordinieren und zu korrigieren, übt es sich doch darin, "nicht anzustoßen, nicht umzuwerfen und nicht zu zerbrechen"[202]. "Die Gegenstände, die sie (die Kinder; Anm. des Autors) umgeben, müssen der Größe und den Kräften des Kindes entsprechen: leichte Möbel, die es tragen kann; niedrige Schränke, die sein Arm erreichen kann; leicht zu handhabende Schlösser; gut ausziehbare Schubläden; Türen, die leicht zu öffnen und zu schließen sind; Kleiderhaken, die in Reichhöhe des Kindes an der Wand angebracht sind; Bürsten, die seine kleine Hand umfassen kann; kleine Seifenstücke, die in seiner Hand Platz haben; so kleine Waschschüsseln, daß es die Kraft hat, sie auszuschüt-ten; Besen mit einem kurzen, glatten und leichten Stiel; Kleider, die es leicht an- und ausziehen kann."[203]

Von besonderer vorstrukturierender Bedeutung sind die **Erziehungs- und Unterrichtsnormen**: Oberstes Regulativ für alle erzieherischen und

---

199  M. Montessori: Schule des Kindes, a.a.O., S. 153; vgl. dies.: Grundlagen meiner Pädagogik, a.a.O., S. 37.

200  M. Montessori: Schule des Kindes, a.a.O., S. 135.

201  Ebd., S. 137.

202  Ebd., S. 140.

203  Ebd., S. 143f.

unterrichtlichen Handlungen ist die Ermöglichung, Förderung und Unterstützung, Intensivierung und Steigerung des Entwicklungs- bzw. Bildungsprozesses beim Kind.

Der **Erziehungs- und Unterrichtsstil** wird von den Aufgaben des Lehrers/ Erziehers bzw. von den Funktionen seiner Erziehungs-/Unterrichtstätigkeit und damit von seinem Selbstverständnis geprägt. Der Lehrer/Erzieher hat
– diagnostische (beobachtende, analysierende) und
– therapeutische (helfende, unterstützende, beratende),
– arrangierende, organisierende und
– motivierende, aktivierende, anregende, animierende,
– vermittelnde (erklärende)[204] und
– anleitende sowie
– disziplinierende Funktionen.

Bei sorgfältiger Analyse von MONTESSORIs Werk lassen sich folgende **pädagogisch-didaktische Grundsätze** ausmachen:
– Aktivierung, die auf Selbsttätigkeit der Kinder zielt[205] (vor allem durch die "freie Wahl" des Materials und damit der Lernaufgaben[206] und durch die "freie Zirkulation" im Klassenraum und zwischen den Klassen[207], also die "Freiheit des Verkehrs unter den Gruppen" zum Zwecke der "Freiheit des Lernens unter den verschiedenen Niveaus und Graden der Bildung", des Voneinander-Lernens in jahrgangsübergreifenden Gruppen[208]);
– "Begrenzung des Einschreitens"[209], das heißt dem Kind nur so weit zu helfen, daß es selbst (wieder) weitermachen kann, oder ihm nur dann zu helfen, wenn es dies wünscht;
– Individualisierung[210];

---

204  Vgl. Montessoris Rede vom Lehrer "als Mittler zwischen dem Material (den Gegenständen) und den Kindern" (M. Montessori: Die Entdeckung des Kindes, a.a.O., S. 167) und als dem "'Bindestrich' zwischen dem - gestörten, verschlafenen und gehemmten - Kind und der für seine Aktivität vorbereiteten erzieherischen Umgebung" (ebd., S. 34).

205  Siehe z.B. M. Montessori: Grundlagen meiner Pädagogik, a.a.O., S.38.

206  M. Montessori: Spannungsfeld Kind - Gesellschaft - Welt, a.a.O., S.79, 85.

207  Ebd., S. 85, 83, 87.

208  Ebd., S. 87.

209  M. Montessori: Grundlagen meiner Pädagogik, a.a.O., S. 21.

210  Siehe M. Montessori: Maria Montessori, a.a.O., S. 50 (Die Umgebung, 1929) und dies.: Spannungsfeld Kind - Gesellschaft - Welt, a.a.O., S.79.

- Berücksichtigung physischer, physiologischer und psychischer Bedürfnisse[211] und
- Veranschaulichung, vor allem durch Sinnesnähe[212].

Als **methodische Vorstrukturierungen** sind die "freien Arbeitsphasen"[213]
("Freiarbeitsphasen") und die "Technik der Lektionen"[214] sowie die
Arrangements für die "Übungen des praktischen Lebens"[215] sowie für die
"Übungen der Stille"[216] anzusehen.

Die Erziehungs- bzw. Unterrichtsgehalte werden im wesentlichen über die
**Lernmittel** repräsentiert bzw. transportiert. Indem MONTESSORI dieses
Material als "Sinnesentfaltungsmittel", "Entwicklungsmittel" und "Entwicklungsmaterial"[217] bezeichnet, wird deutlich, welche Absicht sie damit
verfolgt. Es wäre jedoch ein Mißverständnis, würde man glauben, die
"Vorbereitung der Umgebung" erschöpfe sich im Anbieten von "irgend-
welchen Arbeitsmitteln und toten Materialien, so wichtig diese auch sind,
sondern es ist damit ein menschlich durchwaltetes, reiches und 'lebensvolles'
Kulturmilieu im umfassendsten Sinne gemeint."[218]

Die **Sozialstruktur** des pädagogischen Feldes wird wesentlich von der
Einrichtung von Mehrjahrgangsklassen zum Zwecke der "Mischung der
Lebensalter"[219] beeinflußt. Dabei sollen bis zu drei Jahrgänge in einem
Klassenverband zusammengefaßt werden, und zwar die 3- bzw. 4- bis
6jährigen, die 7- bis 9jährigen und die 10- bis 12jährigen.[220] Dies eröffnet

---

211 M. Montessori: Maria Montessori, a.a.O., S.8 (Über meine Methode, 1960); dies.: Schule
des Kindes, a.a.O., S. 135ff.
212 M. Montessori: Die Entdeckung des Kindes, a.a.O., S. 203f.; dies.: Grundlagen meiner
Pädagogik, a.a.O., S. 13.
213 Siehe M. Montessori: Spannungsfeld Kind - Gesellschaft - Welt, a.a.O., S. 36f.; dies.:
Kinder sind anders, a.a.O., S. 168f. und dies.: Grundlagen meiner Pädagogik, a.a.O., S. 14.
214 M. Montessori: Die Entdeckung des Kindes, a.a.O., S. 171-182.
215 M. Montessori: Schule des Kindes, a.a.O., S. 143.
216 M. Montessori: Spannungsfeld Kind - Gesellschaft - Welt, a.a.O., S. 67-75; dies.: Schule
des Kindes, a.a.O., S. 161.
217 Siehe M. Montessori: Grundlagen meiner Pädagogik, a.a.O., S. 42; dies.: Schule des
Kindes, a.a.O., S. 82; dies.: Die Entdeckung des Kindes, a.a.O., S. 112ff.
218 P. Oswald: Menschenbildung als Anliegen Montessoris, a.a.O., S. 402.
219 M. Montessori: Spannungsfeld Kind - Gesellschaft - Welt, a.a.O., S. 83.
220 M. Montessori (1923) in: P. Oswald, G. Schulz-Benesch (Hg.): Grundgedanken der
Montessori-Pädagogik, a.a.O., S. 98.

zweierlei: zum einen "eine Verbindung zwischen der vorschulischen und der Grundschulerziehung"[221]; zum anderen "eine natürliche geistige Osmose" zwischen den Kindern[222], "die Möglichkeit eines 'intellektuellen Besuchs' oder einer intellektuellen Wanderung"[223], eines "geistigen Spaziergangs"[224] dadurch, daß ihnen "nicht nur freie Wahl (des Materials und damit der Lernaufgaben; Ergänzung des Autors), sondern auch freie Zirkulation" im Klassenraum und innerhalb des Schulganzen[225] zugestanden wird. Dieses "Geheimnis der 'offenen Türen'"[226] stellt "nicht nur eine Freiheit des Verkehrs unter den Gruppen, sondern auch eine Freiheit des Lernens unter den verschiedenen Niveaus und Graden der Bildung" sicher. "Es ist nicht wichtig, zu welcher Klasse man gehört, ob es die erste, die zweite oder die dritte Gruppe ist, sondern die Tatsache ist wichtig, daß sie voneinander lernen und dabei wachsen und sich entwickeln. Es ist der Gedanke: 'Ich gehe hin und studiere, wo ich die Dinge finde, die für mich sinnvoll sind und die mich interessieren.'"[227]

Die Sozialstruktur verweist unmittelbar auf die **Handlungsgemeinde** (1.1.3.), die hier je nach Situation einen oder mehrere Erwachsene und ein oder mehrere Kinder (auch verschiedenen Alters) umfaßt. Was die Zahl der Kinder pro Klasse anlangt, meint MONTESSORI, daß sie "am besten" zwischen 30 und 40 liegen soll, "um gute Ergebnisse zu erreichen", "aber es mögen auch einige mehr sein. Das hängt von der Fähigkeit der Lehrerin ab. Wenn weniger als 25 Kinder vorhanden sind, senkt sich das Niveau, und in einer Klasse von 8 Kindern ist es schwierig, gute Resultate zu erreichen. Die wirklich guten Ergebnisse stellen sich ein, wenn die Zahl der Kinder wächst; 25 ist eine ausreichende Zahl, und 40 haben wir als die beste Zahl gefunden."[228]

---

221  M. Montessori: Spannungsfeld Kind - Gesellschaft - Welt, a.a.O., S. 83.

222  M. Montessori: Das kreative Kind, a.a.O., S. 203.

223  M. Montessori (1949) in: P. Oswald, G. Schulz-Benesch (Hg.): Grundgedanken der Montessori-Pädagogik, a.a.O., S. 101.

224  M. Montessori: Das kreative Kind, a.a.O., S. 204 (hier handelt es sich offensichtlich um eine Übersetzungsvariante der soeben zitierten Textstelle).

225  M. Montessori: Spannungsfeld Kind - Gesellschaft - Welt, a.a.O., S. 85.

226  Ebd., S. 83.

227  Ebd., S. 87.

228  Ebd., S. 82.

Zur **"metapsychischen Handlungs(dispositions)komponente"** ist folgendes auszuführen: MONTESSORI wendet sich sowohl gegen ein mechanistisches wie gegen ein organologisches Mißverständnis von "Erziehung"; einerseits formuliert sie: "Der Mensch kann nicht den anderen Menschen schaffen", andererseits: Der kindliche Geist baut sich nicht von selbst auf, "nur indem er lebt und sich wie eine Pflanze entwickelt. Man sagt irrtümlicherweise, die Natur habe schon einen ganz vorherbestimmten Plan geschaffen, der sich, wenn man das Kind sich selbst überläßt, schon verwirklicht. Es trifft aber nicht zu, daß das Kind alles aus eigener Kraft erringen und verwirklichen soll. Zum Beispiel hat es die Fähigkeit zu sprechen, aber es besitzt nicht die wirkliche Sprache; es hat die Tendenz zu sprechen, aber es muß seine Sprechorgane und seine Sinne entwickeln und dabei um sich herum Sprechen hören: Dann wird es fähig sein, die Sprache, die es gehört hat, wiederzugeben, andernfalls müßte es stumm bleiben."[229] Gegen Mißdeutungen setzt MONTESSORI die Vorstellung von "Erziehung als eine(r) Hilfe für die Entwicklung des kindlichen Lebens"[230], als Entwicklungshilfe[231]: **"Wir verstehen unter Erziehung, der psychischen Entwicklung des Kindes von Geburt an zu helfen.** Wir wollen dieses Kind schützen und pflegen, das immer wachsen muß, jeden Tag und jede Stunde, und dessen Arbeit die größte Schöpferarbeit der Menschheit ist. (...) Die Hilfe, die wir zu geben vermögen, liegt in der äußeren Welt."[232] Der Erzieher erscheint ihr demnach als der "wahre Führer (...) auf dem Lebensweg", der das Kind weder vorwärts stößt noch hinter sich her schleppt, sondern von seiner Aufgabe befriedigt ist, wenn er "das Kind, diesen edlen Reisenden, auf den rechten Weg gebracht hat."[233]

"Ich glaube, daß das Werk des Erziehers in erster Linie darin besteht, die Kräfte **zu verteidigen und zu leiten**, ohne sie in ihrer Entfaltung zu stören; und dann den Menschen mit dem Geist in Kontakt zu bringen, der in ihm

---

229  M. Montessori: Maria Montessori, a.a.O., S. 35f. (Deviation und Normalisation, 1934).
230  M. Montessori: Das kreative Kind, a.a.O., S. 82.
231  Siehe W. Böhm: Nachwort in M. Montessori: Maria Montessori, a.a.O., S. 145.
232  M. Montessori: Grundlagen meiner Pädagogik, a.a.O., S. 8.
233  M. Montessori: Die Entdeckung des Kindes, a.a.O., S. 179.

wohnt und der sich ihn dienstbar machen muß."[234] Diese Interpretation des Handlungskonzepts "Erziehung" gibt zwei Perspektiven frei:

1. Alle Erziehungs- und Unterrichtshandlungen sind hinsichtlich des Regulativs der optimalen Ermöglichung von "Bildung" zu legitimieren.
2. Ein großer Teil der pädagogischen und didaktischen Handlungen sind indirekter Art, das heißt, es sind nicht hauptsächlich kommunikative Akte, die unmittelbar, direkt auf den Dialog mit der Person des Kindes oder Jugendlichen abzielen, sondern indirekte Maßnahmen zur Beseitigung von Hemmnissen bzw. Störungen beim Bildungsprozeß, zur Auswahl und Bereitstellung von Bildungsmaterial, zur Schaffung einer "Bildungsatmosphäre" und zur Förderung der menschlichen Sozialität.

Diese Art von Hilfestellung des Erwachsenen gegenüber dem Unerwachsenen wird vielleicht am prägnantesten in der Kindesäußerung deutlich, die im Gesamtkontext als "Bildungs-Urschrei" charakterisiert werden kann: "Hilf mir, es allein zu tun."[235] - "Wie beredt ist doch dieser widerspruchsvolle Ausruf! Der Erwachsene soll dem Kind helfen, aber nur, damit dieses seine ihm eigene Arbeit in der Welt ausführen kann."[236]

Aus alldem ist wohl deutlich geworden, daß es ein grobes Mißverständnis ist, wenn manche Interpreten meinen, MONTESSORI möchte den Erzieher und damit "Erziehung" überhaupt "abschaffen".[237] Im Gegenteil: "Die erzieherische Hilfe für das Kind darf nicht abgeschafft werden".[238] "Die **Umwelt** ist ohne Zweifel ein **nachgeordneter** Faktor für die Erscheinungen des Lebens; sie hat Einfluß, indem sie fördernd oder hindernd wirken kann, **erzeugend** aber ist sie nicht."[239] Und in Fortführung des Gedankens: "So

---

234  M. Montessori: Schule des Kindes, a.a.O., S. 183.

235  M. Montessori: Kinder sind anders, a.a.O., S. 274.

236  Ebd., S. 275.

237  Vgl. z.B. Th. F. Klaßen: Der Erzieher als Material, a.a.O., S. 591-600. Auch Montessoris Rede vom Lehrer als einem "Bindestrich" zwischen dem Kind und seiner Umgebung (M. Montessori: Die Entdeckung des Kindes, a.a.O., S. 34; 7, S. 55) wertet seine Bedeutung nicht ab.

238  M. Montessori: Maria Montessori, a.a.O., S. 86 (Die geistige Vorbereitung des Lehrers, 1932).

239  M. Montessori: Selbsttätige Erziehung im frühen Kindesalter. Stuttgart 1913, S. 99f., zit. nach: W. Böhm: Nachwort in M. Montessori: Maria Montessori, a.a.O., S. 146.

ergibt sich denn in aller Klarheit, daß diese Umwelt unmittelbar von einem höher stehenden Wesen belebt sein muß, von dem intelligenten und für diese Aufgabe vorbereiteten Erwachsenen. Unsere Auffassung ist also weder die, daß der Erwachsene dem Kinde jede Tätigkeit abnehmen, noch die, daß die Umwelt passiv sein und der Erwachsene das Kind völlig sich selber überlassen soll. So genügt es denn nicht, für das Kind Gegenstände zuzurüsten, die in Form und Ausmaß zu ihm passen: Es gilt, den Erwachsenen zuzurüsten, auf daß er ihm zu helfen vermöge."[240] Und weiter: Weder sind "alle Handlungen des Kindes zu billigen", noch "jede Beurteilung (zu) unterlassen", noch "die Entwicklung von Verstand und Gefühl zu vernachlässigen (...): im Gegenteil, der Lehrer soll nie vergessen, daß er Lehrer ist und daß seine Aufgabe eben ist, das Kind zu erziehen."[241]

**MONTESSORIs Auffassung von der Erziehung als Entwicklungs- bzw. Bildungshilfe ist demnach für drei Sinndimensionen pädagogischen Handelns[242] von Bedeutung:**

- Die "Übungen des praktischen Lebens" etwa, die der Erzieher die Kinder durchführen läßt, leisten einen Beitrag im Sinne der "Lebenshilfe".[243]
- Die Absorbierung bzw. Inkarnation von naturhaften und kulturellen Beständen dient der "Kulturtradierung", indem eine geistige Innenwelt, eine "cultura animi" (MARCUS TULLIUS CICERO), aufgebaut wird, welche die Weitergabe des kulturellen Erbes und die Fortführung des kulturellen Schaffensprozesses ja erst ermöglicht.
- MONTESSORIs zentrales Anliegen jedoch ist eine umfassende "Geisteserweckung", mit der hier - abweichend von ihrem Geist-Begriff - eben nicht nur die Förderung und Entbindung der Kräfte des Denkens bzw. des Intellekts gemeint ist, sondern ebenso die Sensibilisierung von Gemüt und Gewissen. -

Gerade auch das Erwecken (des Geistes in Gemüt, Gewissen und Denken) ist nicht als ein "Machen", ein "Bewirken" aufzufassen, sondern als ein

240 M. Montessori: Kinder sind anders, a.a.O., S. 275.

241 Ebd., S. 213.

242 Siehe E. Spranger: Gedanken zur Daseinsgestaltung (ausgew. von H.W. Bähr). München 1965 (1954), S. 141f. - Vgl. auch W. Flitner: Allgemeine Pädagogik. Stuttgart 1970, 13. Aufl. (1950) und M.J. Langeveld: Einführung in die theoretische Pädagogik. Stuttgart 1973, 8.Aufl.

243 M. Montessori: Das kreative Kind, a.a.O., S. 15.

Ermuntern, als ein Anstoßen zu einer Bewegung von innen her[244], als ein Impuls zur Polarisation, Konzentration, Normalisation[245]. "Das erste, was nach unserer Methode zu geschehen hat, ist ein gewisser Weckruf an das Kind, ein Weckruf, der sich bald an seine Aufmerksamkeit, bald an sein inneres Leben, bald an den Sinn für geselliges Zusammenleben richtet."[246] "Ich erkannte, nicht das didaktische Material an und für sich, sondern meine lebendige Stimme, die sich an die Kinder wende, müsse diese erwecken."[247] In der existenzphilosophischen Interpretation OTTO FRIEDRICH BOLLNOWs ist dieses Erwecken "ein unstetiger Vorgang, ein einmaliges, scharf herausgehobenes Eingreifen in das bisher in der Zerstreuung dahinfließende Leben des Kindes"[248], in unserer Sicht ein Handeln, das auf den ihm entsprechenden unstetigen Vorgang des Erwachens in der kindlichen Seele hin angelegt ist und auf den ein langdauernder stetiger seelischer Wachstumsvorgang folgt. Dabei ist klar, daß der menschliche Entwicklungsprozeß einer Vielzahl "zu wiederholender erzieherischer Aufweckungsakte" bedarf, um das sich im letzten "aus eigener Mitte entfaltende Wachstum" durch immer neue Anstöße in Gang zu halten.[249]

Was die **"psychische Handlungs(dispositions)komponente"** betrifft, geht es um spezifisch pädagogische Haltungen, Tugenden und Wertungen, welche sich im Fühlen, Denken und Handeln des Erziehers ausdrücken. **"Zwei Forderungen** scheinen uns also für die Erziehung des Kindes die wichtigsten zu sein. Die **erste** Forderung betrifft das soziale Leben von Erwachsenem und Kind und verlangt das Schaffen neuer Beziehungen, verlangt eine Haltungsänderung des Erwachsenen dem Kind gegenüber. Sie ist nicht zu erreichen durch das Studium psychologischer oder pädagogischer Wissenschaft, sondern allein durch innere Einkehr. Die Lösung der Frage gipfelt nicht darin, das dem kindlichen Leben notwendige Milieu zu

---

244 Siehe O.F. Bollnow: Maria Montessori (1959). In: G. Schulz-Benesch (Hg.): Montessori, a.a.O., S. 360; vgl. damit folgende "Erziehungsdefinition" E. Sprangers: "Erziehung ist (...) der von einer gebenden Liebe zu der Seele des anderen getragene Wille, ihre totale Wertempfänglichkeit und Wertgestaltungsfähigkeit **von innen heraus** zu entfalten." (Lebensformen. Geisteswissenschaftliche Psychologie und Ethik der Persönlichkeit. München - Hamburg 1965, S. 328. - Hervorhebung des Autors).

245 Ebd. (O.F. Bollnow), S. 361.

246 M. Montessori: Selbständige Erziehung im frühen Kindesalter. Stuttgart 1930, S. 115, zit. nach ebd. (O.F. Bollnow), S. 360.

247 M. Montessori, ebd., S. 34f., zit. nach O.F. Bollnow, ebd.

248 O.F. Bollnow, ebd., S. 363.

249 Ebd., S. 364.

schaffen, sondern es tritt die **zweite** sittliche Forderung an uns heran, zu erkennen, daß es die schöpferische Mission des Kindes ist, eine sittliche Persönlichkeit zu bilden. Diese Mission muß geachtet und unterstützt werden."[250]

Angelpunkt der Haltungsänderung ist wohl die Vorstellung, daß der Lehrer "auf seine eigene Aktivität zugunsten des Kindes verzichten (muß). Er muß passiv werden, damit das Kind aktiv werden kann."[251] "Je aktiver der Lehrer, desto passiver das Kind. Je passiver der Lehrer, desto aktiver das Kind."[252] Und noch anders formuliert: In dem Maß, in dem der Lehrer zurücktritt, kann das Kind vortreten. Dieser Grundeinstellung steht für MONTESSORI das Wort Johannes des Täufers Pate: "'Dieser muß wachsen, und ich muß abnehmen.'"[253]

Am Anfang steht die "personale Verantwortung" des Erwachsenen für die Lernentwicklung des Kindes, für die Entwicklung seiner Persönlichkeit[254], die seiner "inneren moralischen Haltung"[255] entspringt. Aus ihr ergibt sich - unter der Voraussetzung, daß er über die Bildung des Kindes genau Bescheid weiß - die pädagogische Grundtugend der "weisen Zurückhaltung"[256] und die "Achtung vor der nützlichen Tätigkeit"[257] im "Vertrauen allein auf die verborgenen Energien der Schüler"[258], im Glauben an die Fähigkeiten des Kindes[259], an die Kraft seines Geistes[260], "denn eine Eigenart der Beziehungen zwischen dem Kind und dem Erwachsenen - die ihm schrankenlose Macht gibt - liegt darin, daß das Kind immer in

250 M. Montessori: Grundlagen meiner Pädagogik, a.a.O., S. 17.
251 Ebd., S. 21.
252 M. Montessori zit. nach: H.L. de Lenval: Bewußtseinsbildung (1951). In: G. Schulz-Benesch (Hg.): Montessori, a.a.O., S. 276.
253 M. Montessori: Das kreative Kind, a.a.O., S. 247; auch M. Montessori: Kinder sind anders, a.a.O., S. 155.
254 H. Helming: Das Spezifische in der Montessori-Pädagogik (1952/53). In: G. Schulz-Benesch (Hg.): Montessori, a.a.O., S. 309. - Vgl. M. Montessori: Maria Montessori, a.a.O., S. 58f. (Das Kind, 1941), und dies.: Grundlagen meiner Pädagogik, a.a.O., S. 36.
255 M. Montessori: Maria Montessori, a.a.O., S. 81 (Die geistige Vorbereitung des Lehrers, 1932).
256 M. Montessori: Grundlagen meiner Pädagogik, a.a.O., S. 8.
257 M. Montessori: Die Entdeckung des Kindes, a.a.O., S. 173.
258 M. Montessori: Maria Montessori, a.a.O., S. 59 (Das Kind, 1941).
259 Ebd., S. 82 (Die geistige Vorbereitung des Lehrers, 1932).
260 P. Oswald: Menschenbildung als Anliegen Montessoris (1968), a.a.O., S. 406.

Beziehung zum Erwachsenen steht, aber niemals umgekehrt. Wir können unser Leben auch ohne das Kind führen, aber das Kind braucht den Erwachsenen zum Leben."[261]

Es ist also notwendig, daß sich der Erwachsene "dem Kind gegenüber beherrschen lernt."[262] Diese Selbstbeherrschung und Selbstdisziplin meint das Frei-Lassen und Nicht-Stören des Kindes bei seiner schöpferischen Selbst-Bildungsarbeit und die Unterdrückung, Beherrschung und Überwindung der Gefühle des Zornes, des Stolzes und des Hochmuts.[263] Ja MONTESSORI verlangt von der Lehrerin sogar "zu verstehen, daß auch Hilfe Hochmut sein kann."[264] Statt dessen legt der wahre Erzieher "das Kleid der Demut" an.[265] Dazu kommen eine Bescheidenheit, die "das Kind nicht verweichlichen oder verwöhnen, sondern ihm das größte Hindernis für die gesunde Bildung seiner Persönlichkeit aus dem Weg räumen" wird[266], und die Geduld "zu erwarten, daß die Phänomene (der Konzentration, der Polarisation und der Normalisierung; Erg. des Autors) in Erscheinung treten."[267] Und ganz grundsätzlich: "Immer muß die Haltung des Lehrers die der Liebe bleiben."[268] "Es gibt zwei Stufen der Liebe. Wenn man von Liebe zu den Kindern spricht, bezieht man sich oft auf das Umsorgen, die Liebkosungen, die man den Kindern zuwendet, die wir kennen und die in uns Zärtlichkeit hervorrufen - und wenn wir in einer geistigen Verbindung zu ihnen stehen, drückt sie sich darin aus, sie beten zu lehren. Aber die Stufe, von der ich spreche, ist eine andere. Hier ist die Liebe nicht mehr persönlich oder materiell: Wer den Kindern dient, fühlt, daß er dem Geist des Menschen dient, dem Geist, der sich befreien muß."[269] Wenn die Liebe der "wirkliche Ursprung" des Kindes ist, wird es, "sobald es geboren ist (...) von Vater und Mutter mit Zärtlichkeit umgeben."[270]

261  M. Montessori: Grundlagen meiner Pädagogik, a.a.O., S. 8.
262  Ebd., S. 7.
263  M. Montessori: Maria Montessori, a.a.O., S. 82, 86 (Die geistige Vorbereitung des Lehrers, 1932).
264  M. Montessori: Das kreative Kind, a.a.O., S. 253.
265  M. Montessori: Schule des Kindes, a.a.O., S. 123.
266  M. Montessori: Grundlagen meiner Pädagogik, a.a.O., S. 7f.
267  Ebd., S. 36; siehe auch dies.: Schule des Kindes, a.a.O., S. 126.
268  M. Montessori: Grundlagen meiner Pädagogik, a.a.O., S. 21.
269  M. Montessori: Das kreative Kind, a.a.O., S. 255.
270  M. Montessori: Das kreative Kind, a.a.O., S. 28.

MONTESSORI wird auch nicht müde, die verschlungenen Zusammenhänge zwischen diesen Tugenden immer wieder darzulegen, so etwa, wenn sie sagt: "Der Lehrer muß vor allem bescheiden werden, um die Liebe zu finden" und dies als den "Hauptpunkt des inneren Gleichgewichtes, ohne den man niemals weiterkommen kann"[271], preist.[272] Dazu ist viel innere Ruhe, innere Stille vonnöten, geradezu eine kontemplative, meditative Grundhaltung bzw. Grundstimmung gefordert.[273] Die Lehrerin "muß immer ruhig sein, immer bereit, eilends zu kommen, wenn sie gerufen wird, ihre Liebe und ihre Sympathie zu zeigen. Immer bereit zu sein, das ist alles, was von ihr gefordert wird."[274]

Auch die selbstkritische Betrachtung mit der festen Absicht der Verhaltensänderung, falls sie sich als nötig erweist, muß zu einer Haltung werden: Es ist notwendig, daß der Erzieher "zuerst anfängt, die schlechten Neigungen, die Fehler in sich selbst zu suchen."[275] Hier sei auf eine interessante Parallele aufmerksam gemacht: Genau 126 Jahre zuvor formuliert CHRISTIAN GOTTHILF SALZMANN sein berühmt gewordenes "Symbolum" fast mit den gleichen Worten: **"Von allen Fehlern und Untugenden seiner Zöglinge muß der Erzieher den Grund in sich selbst suchen."** Er fügt jedoch zugleich hinzu: "Meine Meinung ist gar nicht, daß der Grund von allen Fehlern und Untugenden seiner Zöglinge in dem Erzieher wirklich läge, sondern ich will nur, daß er ihn in sich suchen soll."[276]

Alle diese Grundtugenden und Grundhaltungen des Erziehers bzw. Lehrers sind die Voraussetzung für die Bereitschaft und Fähigkeit, Kindern behutsam und angemessen bei ihrer selbständigen und selbsttätigen Auseinandersetzung mit der Umwelt zu helfen.

---

271  M. Montessori: Maria Montessori, a.a.O., S. 86 (Die geistige Vorbereitung des Lehrers, 1932).

272  Siehe M. Montessori: Kinder sind anders, a.a.O., S. 213.

273  Vgl. dazu folgenden Weisheitsspruch des chinesischen Philosophen Lao-tse: "Die größte Offenbarung ist die Stille."

274  M. Montessori: Maria Montessori, a.a.O., S. 59 (Das Kind, 1941).

275  Ebd., S. 82 (Die geistige Vorbereitung des Lehrers, 1932).

276  Ch.G. Salzmann: Ameisenbüchlein oder Anweisung zu einer vernünftigen Erziehung der Erzieher (1806). Hrsg. v. Th. Dietrich. Bad Heilbrunn 1964, 2. Aufl., S.13.

MONTESSORI schenkt der Vorbereitung des pädagogischen und didaktischen Handelns, "nicht nur (...) der Vorbereitung des Lehrers, sondern auch (...) der Vorbereitung der Eltern und all derer, die an dem Werke der Erziehung teilnehmen"[277], ihre besondere Aufmerksamkeit. Diese Vorbereitung wird langfristig und vieldimensional gesehen: Es ist eine innere Einkehr[278], die stark meditative Züge aufweist, und zwar zunächst in Richtung Selbstbetrachtung, Selbstanalyse bzw. -prüfung, Selbsterkenntnis, Selbstkritik und Selbstkorrektur. "Die Vorbereitung, die unsere Methode vom Lehrer verlangt, besteht in Selbstprüfung und im Verzicht auf die Tyrannei. Er muß aus seinem Herzen Zorn und Stolz verbannen, muß lernen, demütig zu sein, und sich in Liebe kleiden. Das ist die innere Haltung, die er einnehmen muß, die Grundlage, auf der es sich zur Ausgewogenheit gelangen läßt, der unentbehrliche Stützpunkt für sein Gleichgewicht. Darin besteht die innere Vorbereitung: ihr Ausgangspunkt und ihr Ziel."[279]

"Die Hauptfrage ist die, wie man das Kind betrachtet."[280] Denn: "Man braucht nicht vollkommen zu werden, um Erzieher zu sein. Einem Menschen, der sich andauernd nur mit seinem inneren Leben beschäftigt und versucht, es zu vervollkommnen, könnten gerade jene Fehler unbewußt verbleiben, die ihn unfähig machen, das Kind zu verstehen. Deshalb ist es notwendig zu lernen und notwendig, in dieses Lernen eingeführt zu werden, das heißt, man muß vorbereitet werden, **um ein Lehrer der Kinder zu werden.**"[281] Dies ist eine klare und wohltuende Absage an das heute dort und da beobachtbare Überwuchern modernistischer Elemente in der Lehrerbildung, etwa in Form von gruppendynamischen Seminaren, Selbsterfahrungstraining und Balintgruppen - kurz an eine Apotheose des Selbst, an jeden Ich-Kult und damit an die Proklamation des Subjektivismus als

---

277 M. Montessori: Grundlagen meiner Pädagogik, a.a.O., S. 35f.

278 M. Montessori: Maria Montessori, a.a.O., S. 86 (Die geistige Vorbereitung des Lehrers, 1932).

279 M. Montessori: Kinder sind anders, a.a.O., S. 213.

280 M. Montessori: Maria Montessori, a.a.O., S. 81 (Die geistige Vorbereitung des Lehrers, 1932).

281 M. Montessori: Maria Montessori, a.a.O., S. 82 (Hervorhebung des Autors).

säkularisierte Emanzipationstheologie. Eine solche Vorbereitung zielt vielmehr auf die Entwicklung von berufsspezifischen Tugenden, Haltungen, Einstellungen und damit von pädagogischem Ethos als Bedingung für die Möglichkeit pädagogisch und didaktisch gerechtfertigten Handelns: "Tugenden und nicht Worte sind ihre (der Lehrerin; Anm. des Autors) höchste Vorbereitung."[282] Die Sicht des Kindes als eines Person-Wesens, das sich selbst in schöpferischen und durchaus anstrengenden Akten der konzentrierten Arbeit aufbauen muß, schließt aus pädagogischer Verantwortung, das heißt aus Verantwortung für diese je individuelle Entwicklung und Bildung, alle Verfügungs- und Machbarkeitsvorstellungen aus und setzt an ihre Stelle einen fundamentalen Glauben an die Fähigkeiten des Kindes[283], daran, **"daß sich das Kind offenbaren wird** durch die Arbeit."[284] Hier liegen auch die Wurzeln für die Tugenden der "weisen Zurückhaltung"[285], die als "wissende Zurückhaltung" interpretiert werden kann[286], der Selbstbeherrschung, Gelassenheit, Bescheidenheit, Demut und Geduld (dem Wartenkönnen).

Diese Art von geistiger Vorbereitung führt zur "Vorbereitung der Umgebung" einschließlich des Materials, zur Sorge um ein gepflegtes Äußeres - "Ihr Äußeres soll durch sorgfältige Sauberkeit anziehend sein, ruhig und voller Würde. Dieses Ideal kann jede Lehrerin verwirklichen, wie sie will; aber halten wir uns stets vor Augen, wenn wir vor die Kinder treten, daß sie **auserwählte** Wesen sind. Das Äußere der Lehrerin ist der erste Schritt zum Verständnis und zur Achtung dem Kinde gegenüber." - bis hin zu den Bewegungen der Lehrerin, die "sie so freundlich und graziös wie möglich gestalten" soll.[287]

282  M. Montessori: Die Entdeckung des Kindes, a.a.O., S. 167.

283  M. Montessori: Maria Montessori, a.a.O., S. 82 (Die geistige Vorbereitung des Lehrers, 1932).

284  M. Montessori: Das kreative Kind, a.a.O., S. 249.

285  M. Montessori: Grundlagen meiner Pädagogik, a.a.O., S. 8.

286  Siehe H. Holtstiege: Modell Montessori, a.a.O., S. 140f.

287  M. Montessori: Das kreative Kind, a.a.O., S. 250.

*Durchführung der Erziehungs- und Unterrichtshandlung (3.) - Erziehungs-*
*und Unterrichtstätigkeiten (3.4.)*

Was die Analyse einer Erziehungs- und Unterrichtshandlung betrifft,
stehen die Erziehungs- und Unterrichtstätigkeiten des Lehrers und/oder
Erziehers im Zentrum der Betrachtung.

Zuvor sei hinsichtlich der **"Orientierungen beim Erziehen und Unterrichten"** (3.2.) nur darauf hingewiesen, daß für MONTESSORI die Kind-
Person zwar nicht der einzige, aber sicher der exklusive Orientierungs-
Maßstab ist.[288] Diese exklusive Orientierung des pädagogischen Handelns
am Kind und an seiner Entwicklung ergibt sich konsequenzlogisch aus
MONTESSORIs Theorie-Kontext: Sind der jedem Individuum immanente
Bauplan und die jedem Individuum immanenten Entwicklungsgesetze
letztlich göttlichen Ursprungs, dann sind sie auch unbedingt gut. Und dann
ist auch jedes Handeln, das sich an ihnen als Letztnormen orientiert, mit
einem grundsätzlich unüberbietbaren Moralitätsanspruch gerechtfertigt.
Hinsichtlich der **"Störungen beim Erziehen und Unterrichten"** (3.3.)
vertritt MONTESSORI eine Art "präventiver Pädagogik"[289], das heißt,
durch die sorgfältige Vorbereitung der Umgebung und die intensive und
umfassende Vorbereitung des Erziehers bzw. Lehrers sollen schon die
Anlässe für mögliche Störungen weitgehend eliminiert werden.

Nun zu den **"Erziehungs- und Unterrichtstätigkeiten"** (3.4.): Die Rede
von den "Versuchswegen" (1.1.1.) zeigt, daß MONTESSORI alle pädagogischen und didaktischen Handlungen nicht zuletzt von "produktiven"
bzw. "positiven Utopien" und "Vorurteilen" getragen bzw. gesteuert
sieht.[290] Der Lehrer muß, "wenn er wirklich fördern will, dem Kinde
nachgehen, sein eigenes Handeln, sein Vorgehen **vom Kinde abhängig
machen (...), nicht umgekehrt**"[291]. Das hat zur Folge, daß er den "unmit-

---

288  Siehe z.B. M. Montessori: Maria Montessori, a.a.O., S. 25f. (Die Erneuerung der Erziehung,
     1942).

289  Siehe z.B. M. Montessori: Ratschläge für die Montessori-Lehrerin. Sonderabdruck aus:
     Die Quelle, Jg. 1928, Heft 5, S. 4.

290  G. Schulz-Benesch: Montessori, a.a.O., S. 39, 74.

291  M. Montessori: Grundlagen meiner Pädagogik, a.a.O., S. 37.

telbaren Einfluß auf die Schüler", den "direkten Eingriff" zugunsten der "indirekten Hilfe" einschränken bzw. zurücknehmen muß.[292] Dies kann er aber nur, wenn er "die wissenschaftliche Technik eines 'indirekten Eingreifens'" erlernt und anwendet.[293] Dabei gesteht sie durchaus ein: "Die Fähigkeit der Lehrerin, nicht einzugreifen, kommt wie alle anderen mit der Praxis, aber nicht mit der gleichen Leichtigkeit."[294]

Ob es sich um direkte, also kommunikativ-dialogische, oder um indirekte Tätigkeiten des Erziehers oder Lehrers handelt, ist es ganz grundsätzlich seine Pflicht, "die spontane Aktivität des Kindes in geordnete Bahnen" zu lenken[295], "die psychische Aktivität der Kinder sowie ihre physiologische Entwicklung zu **leiten**"[296] "und dabei dem Kind unnötige Anstrengungen zu ersparen, die seine Energie zersplittern, seine instinktive Suche nach Erkenntnissen irreleiten und so oft der Grund für nervöse Störungen und Mängel bei der Entwicklung sind"[297]. Die Unterstützung und Hilfestellung besteht vor allem darin, daß der Erwachsene dem Kind als "Interpret" der Welt "den Weg zu den Entdeckungen öffnet"[298] und dabei Überflüssiges vermeidet, Notwendiges aber nicht vergißt[299]. Grundsätzlich ist der Lehrer "aktiv, wenn er das Kind mit der Umgebung in Beziehung bringt: Er ist 'passiv', wenn diese Beziehung erfolgt ist. Er muß die Kinder beobachten, damit ihre Kraft sich nicht vergebens verflüchtigt wie beim Suchen verborgener Gegenstände oder durch die Suche nach Hilfe. Er muß herbeieilen, wenn er gerufen wird. Er muß zuhören und antworten, wenn er dazu eingeladen wird. Er muß das Kind, das arbeitet, respektieren, ohne es zu unterbrechen. Er muß das Kind, das Fehler macht, respektieren, ohne es zu korrigieren. Er muß das Kind respektieren, das sich ausruht und das die Arbeit anderer betrachtet, ohne es zu stören und ohne es zur Arbeit zu zwingen. Er muß aber 'unermüdlich' sein, immer wieder denen Gegenstände anzubieten, die sie schon einmal abgelehnt haben und Fehler machen.

292 M. Montessori: Maria Montessori, a.a.O., S. 59 (Das Kind, 1941). Dort formuliert Montessori im Vergleich zu Parallelstellen wohl etwas apodiktisch und rigoros!

293 M. Montessori: Über die Bildung des Menschen, a.a.O., S. 55.

294 M. Montessori: Das kreative Kind, a.a.O., S. 253.

295 M. Montessori: Die Entdeckung des Kindes, a.a.O., S. 180.

296 Ebd., S. 181.

297 Ebd., S. 355.

298 M. Montessori: Das kreative Kind, a.a.O., S. 122.

299 M. Montessori: Die Entdeckung des Kindes, a.a.O., S. 180.

Und dies, indem er die Umgebung mit seinen Sorgen belebt, mit seinem bedachten Schweigen, mit seinem sanften Wort; mit der Gegenwart jemandes, der liebt. Der Lehrer muß seine Gegenwart spüren lassen dem, der sucht; sie verbergen dem, der gefunden hat."[300]

Hier ein kategorial strukturierter Überblick über die verschiedenartigen und vielfältigen Erziehungs- und Unterrichtstätigkeiten von Erziehern bzw. Lehrern:

**1) Direkte, also kommunikativ-dialogische Tätigkeiten**

- Bestätigung, Zustimmung, Ermutigung[301];
- taktvoll, aber in jedem einzelnen Fall zur Ordnung und Höflichkeit mahnen[302];
- "den geeigneten Gegenstand auswählen"[303];
- "alters- und entwicklungsgemäße Zuteilung der einzelnen Materialien und Lerngegenstände"[304];
- "Isolierung des Gegenstandes" und damit des Anreizes sowie Isolierung eines Sinnes zum Zwecke der Konzentration und Fokussierung der Aufmerksamkeit[305];
- "Anleitung zur Benutzung des Materials"[306] durch Erklären der "Art des Gebrauchs"[307] und durch Vorzeigen und Vorführen der Tätigkeit bzw. Übung in "exakte(r) Ausführung"[308] (auch "fast wortlos"[309]);
- "Wecken der Aufmerksamkeit" durch Zeigen von persönlichem Interesse am Gegenstand[310];

---

300 M. Montessori (1933) zit. nach: G. Schulz-Benesch: Über Reden und Schriften Montessoris, a.a.O., S. 154; vgl. M. Montessori: Spannungsfeld Kind - Gesellschaft - Welt, a.a.O., S. 28f.

301 M. Montessori: Das kreative Kind, a.a.O., S. 248.

302 M. Montessori: Ratschläge für die Montessori-Lehrerin, a.a.O., S. 4.

303 M. Montessori: Die Entdeckung des Kindes, a.a.O., S. 168.

304 M. Montessori: Maria Montessori, a.a.O., S. 140.

305 M. Montessori: Die Entdeckung des Kindes, a.a.O., S. 171; vgl. G. Danker: Konzentration als pädagogisches Phänomen (1954). In: G. Schulz-Benesch (Hg.): Montessori, a.a.O., S. 343.

306 M. Montessori: Die Entdeckung des Kindes, a.a.O., S. 178, 171.

307 M. Montessori: Das Kind in der Familie, a.a.O., S. 82; siehe auch dies.: Die Entdeckung des Kindes, a.a.O., S. 167, 170, 177f.; dies.: Maria Montessori, a.a.O., S. 139f. (W. Böhm).

308 M. Montessori: Die Entdeckung des Kindes, a.a.O., S. 171, 168.

309 M. Montessori: Das Kind in der Familie, a.a.O., S. 83.

310 M. Montessori: Die Entdeckung des Kindes, a.a.O., S. 171.

- den geeigneten Gegenstand "so anbieten, daß er beim Kind auf Verständnis stößt und in ihm ein tiefes Interesse weckt" und damit **"das Kind in Beziehung zu seinem Gegenstand setzen"**[311];
- Ermunterung zur Arbeit mit dem Material;
- behutsame Anleitung zur Übung[312];
- "Verhinderung des falschen Gebrauchs" des Materials durch sanfte Lenkung oder durch ruhiges und energisches Verbieten, "nicht so, daß es wie eine Strafe für den Lärm oder die Unordnung aussieht, sondern so, daß sie (die Lehrerin; Erg. des Autors) sich dem Kinde gegenüber nachdrücklich durchsetzt"[313], womit Energieverluste verhindert werden[314];
- für Störungsfreiheit sorgen und diese "überwachen"[315];
- Aufforderung zum "guten Abschluß", das heißt zum sorgfältigen Aufräumen des Materials[316];
- Lehren einer "genaue(n) Nomenklatur", einer "korrekte(n) Sprache" durch Hilfen beim Versprachlichen: korrekte und deutliche Aussprache der "exakten Wörter", wobei die "bildenden Laute silbenweise" gesprochen werden, "ohne sich jedoch einer ungewöhnlichen Sprechweise zu bedienen, also ohne die geringste Übertreibung"[317];
- eigene Fehler gegenüber den Kindern zugeben und verbessern[318].

**2) Indirekte, also nicht kommunikativ-dialogische Tätigkeiten**

a) zur eigenen Information über das Kind:

das kindliche Leben mit menschlicher Teilnahme beobachten[319] - MONTESSORI entwirft auch eine sehr genaue "Anleitung zu psychologischen Beobachtungen"[320]:

---

311  Ebd., S. 168.

312  Ebd., S. 178-182. - Siehe dies.: Maria Montessori, a.a.O., S. 140 (W. Böhm).

313  M. Montessori: Die Entdeckung des Kindes, a.a.O., S. 171.

314  Ebd., S. 179.

315  Ebd., S. 169.

316  Ebd., S. 173f.

317  Ebd., S. 174.

318  M. Montessori: Das kreative Kind, a.a.O., S. 222.

319  M. Montessori: Die Entdeckung des Kindes, a.a.O., S. 70, 10; dies.: Schule des Kindes, a.a.O., S. 125f., 132.

320  M. Montessori: Schule des Kindes, a.a.O., S. 118f.

**"Arbeit -**

Notieren, wann ein Kind beginnt, konstant bei einer Arbeit zu bleiben.

Welche Arbeit es wählt und wie lange es sich damit beschäftigt (Dauer der Durchführung oder Wiederholung der gleichen Übung).

Individuelle Besonderheiten in der Art der Durchführung der einzelnen Arbeiten.

Welchen Arbeiten es sich nacheinander am gleichen Tag und mit welcher Ausdauer widmet.

Ob es Zeichen spontaner Arbeitsamkeit aufweist und durch wie viele Tage hin.

Wie sich das Bedürfnis, Fortschritte zu machen, offenbart.

Welche Arbeiten es in ihrer Stufenfolge wählt und sich ihnen mit Ausdauer widmet.

Ob es Ausdauer zeigt, obwohl Anreize in der Umgebung dahin tendieren, seine Aufmerksamkeit abzulenken.

Ob es nach einer gewaltsamen Ablenkung die unterbrochene Arbeit wieder aufnimmt.

**Verhalten -**

Den Zustand der Ordnung oder der Unordnung in den Handlungen des Kindes notieren.

Seine ungeordneten Handlungen.

Notieren, ob Verhaltensänderungen während des Ablaufs der Arbeitsvorgänge stattfinden.

Notieren, ob bei der Festigung der Ordnung der Handlungen folgendes auftritt:

Freudenausbrüche

Zustände der Ausgeglichenheit

Äußerungen der Zuneigung

Anteil der Kinder an der Entwicklung der Gefährten.

**Gehorsam -**

Notieren, ob das Kind der Einladung folgt, wenn es gerufen wird.

Notieren, wann das Kind mit einsichtiger Bemühung beginnt, Anteil an der Arbeit anderer zu nehmen.

Das Sich-Festigen des Gehorsams auf Anrufe notieren.

Das Sich-Festigen des Gehorsams auf Befehle notieren.

Notieren, wann es freiwillig und freudig Gehorsam zeigt.

Die Beziehungen der verschiedenen Gehorsamsphänomene in ihren Stufen notieren:

a) zu der Entwicklung der Arbeit;
b) zu den Verhaltensveränderungen."

Das sorgfältige Beobachten der Kinder führt zum Unterscheiden, Einordnen, Klassifizieren, Kategorisieren und Einschätzen der (verbalen und nicht-verbalen) Tätigkeiten des Kindes[321] nach zwei Arten: nach "puren Impulsen" oder "spontanen Energien (...), die einem ausgeruhten Geist entspringen"[322].

b) zur Beseitigung von Hemmnissen bzw. Störungen beim Bildungsprozeß:
   • Entwicklungshemmnisse aus dem Weg räumen[323];
   • Verzicht auf Unterbrechung der konzentrierten kindlichen Tätigkeit, "weder um seine kleinen Fehler zu verbessern, noch um die Arbeit abzubrechen, aus Furcht, sie würde es (das Kind; Erg. des Autors) ermüden."[324]
   • sich zurückhalten, immer ruhig sein, immer bereit sein[325] ("Statt des Redens muß sie (die Lehrerin; Erg. des Autors) das Schweigen lernen."[326]);
   • taktvolles Übersehen von Freundlichkeiten und Gefälligkeiten eines Kindes, wenn es sich dafür schämen könnte[327].

c) zur Auswahl (evtl. auch Herstellung) und Bereitstellung von Bildungsmaterial:
   • Anregen des Geistes und der Hand durch Zurverfügungstellen realer Dinge - Ausnützen des Aufforderungscharakters der Dinge[328];

---

321  M. Montessori: Maria Montessori, a.a.O., S. 59 (Das Kind, 1941); dies.: Schule des Kindes, a.a.O., S. 187, 191f.

322  M. Montessori: Das kreative Kind, a.a.O., S. 238.

323  M. Montessori: Maria Montessori, a.a.O., S. 139 (W. Böhm).

324  M. Montessori: Die Entdeckung des Kindes, a.a.O., S. 173.

325  M. Montessori: Maria Montessori, a.a.O., S. 59 (Das Kind, 1941).

326  M. Montessori: Schule des Kindes, a.a.O., S. 122.

327  M. Montessori: Ratschläge für die Montessori-Lehrerin, a.a.O., S. 4.

328  M. Montessori: Maria Montessori, a.a.O., S. 36 (Deviation und Normalisation, 1934). - dies.: Grundlagen meiner Pädagogik, a.a.O., S. 13; dies.: Schule des Kindes, a.a.O., S. 76f.

- Anbieten von Entwicklungsmitteln als "materialisierten Abstraktionen";
- auf "die ästhetische Qualität der Gegenstände" achten[329].

d) zur Schaffung einer "Bildungsatmosphäre":
- Anbieten von Möglichkeiten für Erlebnisse, Erfahrungen, Wissen, Aktivität[330];
- Arrangement von "Übungen des praktischen Lebens";
- Arrangement von Übungen im Stillesein, von "Lektionen der Stille" bzw. "Lektionen des Schweigens";
- Arrangieren von räumlich-, zeitlich-, inhaltlich- und materialstrukturellen Bildungsbedingungen, das heißt Arrangement einer kindgemäßen Umgebung, die bis in jede Einzelheit durchdacht und vorbereitet ist[331] und dadurch zu einer "kategorial gestalteten Umwelt" wird[332];
- auf "ästhetische Qualität der Umgebung" achten[333];
- Sorge um die Umgebung hinsichtlich Sauberkeit, Ordnung, Freundlichkeit[334] - "Pflege der Ordnung"[335].

e) zum "Arrangement der Förderung gegenseitiger Rücksichtnahme und Hilfe (...) als Einführung in 'soziales Leben'"[336]:
- Wechsel der "Formen des sozialerzieherischen Arrangements (...): 'Die gleiche Umgebung und Form sozialen Lebens ist keinesfalls geeignet für jedes Lebensalter.'"[337]
- Leben in einer Arbeitsgemeinschaft[338]: "Fragen auflösen, sich richtig verhalten und zu aller Zufriedenheit Pläne machen"[339].

329  M. Montessori: Maria Montessori, a.a.O., S. 54 (Das Kind, 1941).
330  M. Montessori: Grundlagen meiner Pädagogik, a.a.O., S. 38.
331  M. Montessori: Maria Montessori, a.a.O., S. 59 (Das Kind, 1941).
332  K. Renner: Konzentration als pädagogisches Grundphänomen, a.a.O., S. 129.
333  M. Montessori: Maria Montessori, a.a.O., S. 54 (Das Kind, 1941).
334  M. Montessori: Das kreative Kind, a.a.O., S. 250.
335  M. Montessori: Die Entdeckung des Kindes, a.a.O., S. 169.
336  G. Schulz-Benesch: Montessori, a.a.O., S. 129; siehe auch S. 85.
337  Ebd., S. 129 (Zitat von M. Montessori).
338  Ebd.
339  M. Montessori (1949) in: P. Oswald, G. Schulz-Benesch (Hg.): Grundgedanken der Montessori-Pädagogik, a.a.O., S. 98 (in M. Montessori: Das kreative Kind, a.a.O., S. 202 findet sich eine entsprechende Übersetzungsvariante).

## 5. Hermeneutisch-kritische Auseinandersetzung mit dem Verständnis von pädagogischem Handeln im Konzept MONTESSORIs

Wer die Mühe auf sich nimmt - und es ist wahrlich eine Mühe! - das Werk MONTESSORIs hinsichtlich seiner Grundaussagen in bezug auf pädagogisches Handeln zu analysieren, der macht zunächst unweigerlich die enttäuschende Erfahrung ihrer **Widersprüchlichkeit**: Kaum glaubt man sich einer klaren, eindeutigen, überzeugenden Aussage versichern zu können, stößt man bei der weiteren Lektüre auf eine andere Aussage, die jener ersten teilweise oder ganz (diametral) widerspricht.[340] Für den Interpreten stellt sich demnach die Frage, wie er mit diesen Widersprüchlichkeiten umgehen soll. Grundsätzlich hat er zwei Möglichkeiten: Entweder wählt er aus den unterschiedlichen Aussagen selektiv aus - wobei diese Auswahl einerseits über die selektive Wahrnehmung aus einer bestimmten Position mehr oder weniger willkürlich und andererseits hermeneutisch-kritisch erfolgen kann - oder gesteht er sich eine prinzipielle Unentscheidbarkeit ein - jedenfalls für den jeweiligen Augenblick des Forschungsstandes. Die Rezeptionsgeschichte der Pädagogik MONTESSORIs zeigt, daß alle diese Möglichkeiten in Anspruch genommen werden.

Mit dem Herausarbeiten ihres pädagogischen Handlungskonzepts in hermeneutisch-kritischer Analyse ist selbstverständlich keineswegs bereits jene unverzichtbare textkritische Arbeit im Sinne der "Fortsetzung der Quellenforschung und deren weitere Auswertung in bezug auf die systematischen und historischen Fragepunkte" geleistet, die etwa im Ausgang und Anschluß von SCHULZ-BENESCHs interessanten Ausführungen umfassend und systematisch weitergeführt werden müßte, eher schon lassen sich Teile dieser Analyse als eine Untersuchung zu einer bestimmten Gruppe von "Praxisvorschläge(n) Montessoris in ihrer heutigen pädagogischen und anthropologischen Bedeutung"[341] auffassen, denn es ist ganz richtig: "Was im Grunde hinter ihren Formulierungen liege, lohne allerdings auch der theoretischen Betrachtung."[342]

---

340  Vgl. S. 88f.

341  G. Schulz-Benesch: Montessori, a.a.O., S. 99.

342  G. Schulz-Benesch: Die Gründe der Mißverständnisse der Montessori-Pädagogik in Deutschland, a.a.O., S. 384.

Die zahlreichen Widersprüche wurzeln im wesentlichen in der mehrfach konstatierten und von MONTESSORI wohl selbst eingestandenen philosophischen Schwäche.[343] Diese bringt es mit sich, daß sie die für wissenschaftliches Denken unverzichtbare "Anstrengung des Begriffs" nicht leistet. Auch ein sehr großes Engagement am Menschen im allgemeinen und am Kind im besonderen kann die Stringenz eines Gedankengangs als unaufgebbarer Grundlage für den Aufbau einer wissenschaftlichen "Theorie" der Erziehung und Bildung im Sinne eines widerspruchsfreien Aussagesystems nicht ersetzen. Auch wenn MONTESSORI der Nachwelt eben kein theoretisch konsistentes System der Pädagogik übermittelt und auch "nie den Anspruch erhoben (hat), eine Gesamtdarstellung einer systematischen wissenschaftlichen Pädagogik geliefert zu haben"[344], bedeutet das keineswegs, daß ihr Gedankengebäude kein theoretisches Fundament hat, aber das macht es so schwer, ihre Pädagogik aus der "Alternativszene" herauszulösen und stärker für die systematische Pädagogik fruchtbar zu machen, wie dies hier versucht wird. Es sei noch darauf hingewiesen, daß es die argumentativen Defizite sind, in denen "der (nichtendende) Streit um Montessori" im wesentlichen seine Ursachen hat.

In MONTESSORIs Werk bleiben nicht nur die Begriffe "Erziehung" und "Unterricht" ununterschieden, sondern beide werden für funktionales Geschehen ebenso gebraucht wie für intentionales Handeln eines "Erziehers" oder "Lehrers". Weiters wird auch deren interpersonales Handeln gegenüber dem "Educandus" nicht konsequent vom intrapersonalen "Bildungsgeschehen" abgesetzt. Der Begriff "Bildung" wieder wird nicht klar von "Entwicklung" bzw. "Entfaltung" und von "Normalisierung" bzw. "Normalisation" unterschieden.[345] Wenn MONTESSORI pädagogisches Handeln meint, dann meint sie damit im allgemeinen ein Handeln, das sich von Erwachsenen auf Unerwachsene richtet, das also Kindern und Jugendlichen Hilfe zur Selbsthilfe, zum Selbsttun, Selbstkönnen und Selbstverantworten - kurz: zum Erwachsenwerden bietet. Weil MONTESSORI jedoch

---

343  Siehe S. 89.

344  P. Oswald: Pädagogik als Wissenschaft nach der Auffassung Maria Montessoris. In: Vierteljahresschrift für wissenschaftliche Pädagogik, 46. Jg. (1970), S. 141.

345  Vgl. z.B. M. Montessori: Maria Montessori, a.a.O., S. 19ff. (Die vier Stufen der Erziehung, 1938).

diesen Begriff des pädagogischen Handelns nicht deutlich vom Begriff der Bildung des Menschen unterscheidet, wird nur ungenügend klar, daß "Bildung" ausschließlich universalanthropologisch aufgefaßt und natürlich nicht auf eine bestimmte Entwicklungsphase des Menschen beschränkt werden kann. Wenn auch richtig ist, daß sich der kindliche Geist durch besondere Flexibilität, Lernfähigkeit und Formbarkeit auszeichnet, und das Kind, das sich in der "'sensiblen Periode der Bildung'"[346] befindet, dementsprechend als "Baumeister", ja - in emphatischer Zuspitzung - als "Vater des Menschen" erscheint, so ist doch festzuhalten, daß der Prozeß der Normalisierung sowie die Polarisation bzw. Konzentration der Aufmerksamkeit und die Kontemplation bzw. Meditation Phänomene lebenslanger menschlicher Bildung sind und daher nicht auf eine bestimmte Lebensphase beschränkt werden können, ohne die Grundlagen für ein allgemeines Menschentum, für die Einheit des Menschseins zu zerstören.

Abgesehen davon, daß der Begriff "Geist" von MONTESSORI uneinheitlich verstanden und verwendet wird - als "schöpferische Intelligenz"[347], als absorbierende und inkarnierende Potenz[348] und als Prozeß des Sich-bewußt-Werdens[349] - ist auch die Rede von den zwei verschiedenen Geistesformen mißverständlich: Denn einerseits zeichne sich die "privilegierte Geistesform"[350] des Kindes durch ihre "Unbewußtheit" im Unterschied zur "Bewußtheit" des Geistes des Erwachsenen aus[351]; andererseits werde das Kind etwa mit drei Jahren "vom unbewußten Schöpfer zum bewußten Arbeiter", auf die "psychoembryonale Periode des Lebens" folge eine Periode, in der "sich voll und klar das Bewußtsein (offenbare)"[352], das Kind "bewußt seine Umgebung (erobere)", "seinen Willen (übe)"[353] und "sein Ich (führe)"[354]. Selbst wenn es gute Gründe gibt, Kindheit und Jugend als "Unerwachsenheit" der "Erwachsenheit" des Menschen gegenüberzustellen, die Bewußtheit bzw. Unbewußtheit des Geistes kann aus den Schriften

---

346  M. Montessori: "Kosmische Erziehung", a.a.O., S. 161.

347  M. Montessori: Das kreative Kind, a.a.O., S. 56.

348  Ebd., S. 23ff.

349  Ebd., S. 24.

350  Ebd., S. 23.

351  Ebd., S. 23f.

352  Ebd., S. 148.

353  Ebd., S. 149.

354  Ebd., S. 150.

MONTESSORIs nicht eindeutig als Unterscheidungskriterium entnommen werden. Der Bedeutung des Unbewußten für die Bildung des Menschen war sie sich jedenfalls bewußt[355], worauf jüngst eine Studie GÜNTHER BITTNERs hinweist.[356] Daß MONTESSORI zur Überschätzung des Kindes bzw. der kindlichen Geistesform gegenüber der des Erwachsenen neigt, steht wohl in unmittelbarem Zusammenhang mit der Einschätzung des Unbewußten als "verborgener, verschütteter Seele des Kindes", als sein "Lebensgesetz" und seine "Spontankraft", als "die in uns allen begrabene, verschüttete Gotteskraft" des "Kind-Messias".[357]

Die **Entwicklung bzw. Entfaltung** des (kindlichen) Individuums sieht MONTESSORI **von folgenden Faktoren bestimmt**:

1. von einem psychophysisch konstanten Grundgefüge, einem immanenten Bauplan mit seinen immanenten Entwicklungsgesetzen. Diese naturhafte Basis wird letztlich als göttliche Emanation interpretiert, womit eine metaphysisch-religiöse Konstante eingebracht wäre.

2. von einer aktiven Eigenleistung in Form fortgesetzter selbstschöpferischer Bildungsarbeit, Bildungstätigkeit.
   Und

3. von der Umgebung bzw. (Um-)Welt mit ihren "Sachen" und "Gegenständen", aber auch mit den das Kind umgebenden erwachsenen und unerwachsenen Personen.

Das solcherart dreifach gesteuerte Entwicklungsgeschehen verläuft für MONTESSORI durchaus in der "dialektischen Spannung von Abnormität und Normalität"[358], von "Deviation" und "Normalisation", ja sie rechnet mit dem "Willen zum Guten" wie mit der "Neigung zum Bösen" als Folge der Erb- bzw. Ursünde. Der Mensch ist für sie nicht einfach "von Natur gut".[359] Die "Normalisierung" des Menschen ist demnach an jene drei Faktoren als Bedingungen ihrer Möglichkeit gebunden, sie "entwickelt sich", erscheint durchaus nicht nur als Gegebenes, als Gabe, sondern auch als Aufgegebe-

---

355 Siehe z.B. M. Montessori: "Kosmische Erziehung", a.a.O., S. 49ff.; dort findet sich auch der Hinweis auf die Bildung von sogenannten "'Engrammen'" (S. 51). - Vgl. S. 104f.

356 G. Bittner: Maria Montessori und das Unbewußte. In: B. Fuchs, W. Hardt-Peter (Hg.): Montessori-Pädagogik und die Erziehungsprobleme der Gegenwart. Würzburg 1989, S. 48-64.

357 Ebd., S. 52, 53, 56 u. 60.

358 W. Böhm: Maria Montessori, a.a.O., S. 184.

359 Siehe S. 123f.

nes, als (pädagogische) Auf-Gabe, denn "der kindliche Geist (baut sich) nicht von selbst (auf), nur indem er lebt und sich wie eine Pflanze entwickelt. Man sagt irrtümlicherweise, die Natur habe schon einen ganz vorherbestimmten Plan geschaffen, der sich, wenn man das Kind ganz sich selbst überläßt, schon verwirklicht. Es trifft aber nicht zu, daß das Kind alles aus eigener Kraft erringen und verwirklichen soll."[360] Andererseits ist die Normalisation auch "nicht das Werk des Erwachsenen".[361] Aber auch dazu gibt es die apodiktisch-emphatische und widersprüchliche Gegenaussage: "Für uns bedeutet das Kind Normalität."[362]

Im Zusammenhang der Erörterung des Begriffs "Reife" im Anschluß an ARNOLD GESELL meint sie: "(...) abgesehen von den Auswirkungen der **Gene**, ist hier auch die Umwelt, in der sie wirksam werden, in Betracht zu ziehen, die eine dominierende Rolle im Bestimmen der 'Reife' spielt."[363] "Diese Strukturen, die das Wachstum und die psychische Entwicklung leiten, das heißt **der absorbierende Geist**, die Nebule und die sensitiven Perioden mit ihren Mechanismen, sind erbliche Merkmale der menschlichen Art. Aber sie können sich nur durch ein freies Handeln in der Umwelt verwirklichen."[364]

Jedenfalls macht es eine solche Grundlegung des Entwicklungsprozesses unmöglich, den Menschen einseitig entweder ausschließlich als ein Werk der Natur oder der Gesellschaft oder seiner selbst anzusehen. Gleichzeitig lehnt sie damit sowohl die mechanische Vorstellung ab, nach der Erziehung ein handwerkliches Machen eines Erziehers wäre, als auch die organische Auffassung, nach der Erziehung einfach "Wachsenlassen" bedeute. "Bekanntlich bestehen über die Macht der Erziehung zwei entgegengesetzte Theorien: die eine vertritt die Allmacht der Erziehung bei der Veränderung des Individuums, die andere bestreitet eine solche verändernde Kraft. In Wirklichkeit kann die Erziehung vervollkommnen und lenken, aber sie kann das Individuum, so wie es geschaffen ist, nicht verändern. (...) Ein

---

360  M. Montessori: Maria Montessori, a.a.O., S. 35f. (Deviation und Normalisation, 1934).
361  Ebd., S. 35.
362  Ebd., S. 13 (Die drei Ebenen des Aufstiegs, 1962).
363  M. Montessori: Das kreative Kind, a.a.O., S. 88.
364  Ebd., S. 89.

Individuum ist in grundlegender Weise in seiner Persönlichkeit vorherbestimmt, schon von der Befruchtung jener unsichtbaren, mikroskopisch kleinen Eizelle an, die schon das ganze Individuum enthält."[365] "Wir müssen die Gesetze der Schöpfung in ihm (im Kind, Anm. des Autors) achten. Wir dürfen nicht denken, wir könnten das Kind machen; wenn wir das tun, verderben wir das göttliche Werk. Wenn wir meinen, wir seien es, die das Kind formen, bauen wir nicht den aktiven Teil im Kinde auf. (...) Die Aufgabe, die sich die Lehrer selbst vorgenommen haben, ist gewöhnlich gewesen, weiches Material zu modellieren und leere Gefäße zu füllen. Aber wir müssen uns darauf einstellen, die verborgenen Wunder im Kinde zu sehen und ihm zu helfen, sie zu entfalten."[366] Diese nüchterne Einschätzung des pädagogischen Handelns bezüglich seiner Wirkmöglichkeiten korrespondiert mit MONTESSORIs Erkenntnis, daß solches Handeln überhaupt nur die personale Peripherie des Kindes erreichen kann und soll und niemals sein personales Zentrum, weshalb sie den Erzieher bittet: "Laß deinem Kind sein Geheimnis!"[367] Darauf hat auch der ursprüngliche Titel des Buches "Kinder sind anders" hingewiesen: "Il segreto dell'infanzia" - "Das Geheimnis der Kindheit".

Was die theoretische Ausfaltung jener drei Entwicklungsfaktoren betrifft, ist allerdings richtig, daß die "Natur" (die bei MONTESSORI "Divinität" einschließt) und die "selbsttätige Arbeit in Freiheit" gegenüber der "Umwelt" überproportional herausgearbeitet werden. Die kindliche Entwicklung rückt so sehr in den Mittelpunkt der Betrachtungen und Untersuchungen, daß sie die "Gesellschaft", die "Umwelt", die "Umgebung" des Kindes gleichsam als "Medien" für seine Entwicklung auffaßt, und zwar sowohl die es umgebende Natur und Kultur als auch den Lehrer, über dessen Funktion sie schreibt: "Man wird nun sagen, daß auch der Lehrer zur Umgebung gehört, und in der Tat greift er ein, um den natürlichen Entwicklungsverlauf zu unterstützen. Aber das Kind kann nicht, so wie man glaubt, nur durch die Arbeit des Lehrers, der ihm die Dinge erklärt, lernen, und sei es auch der beste und vollkommenste aller Lehrer. Auch wenn das Kind lernt, folgt es

365 M. Montessori: Maria Montessori, a.a.O., S. 102f. (Die Sexualmoral in der Erziehung, 1906).
366 M. Montessori: "Kosmische Erziehung", a.a.O., S. 18f.
367 M. Montessori: Spannungsfeld Kind - Gesellschaft - Welt, a.a.O., S. 14ff.

inneren Gesetzen der geistigen Bildung, und es gibt einen direkten Austausch zwischen der Umgebung und dem Kind, während der Lehrer mit seinem Interessenangebot und mit seinen Einführungen (iniziazioni) primär einen 'Bindestrich' (trait-d'union) darstellt"[368], einen "'Bindestrich' zwischen dem - gestörten, verschlafenen und gehemmten - Kind und der für seine Aktivität vorbereiteten erzieherischen Umgebung"[369]. Die Strukturen der Bildungsinhalte und der Bildungsgehalte, denen die Strukturen der Natur- und Kulturgüter zugrunde liegen und die das objektive Moment der Bildung ausmachen, werden nach BÖHM auf "bildungsträchtige Entfaltungsmittel"[370] reduziert. Und wenn MONTESSORI meint, es komme "nicht darauf an, welche Arbeit das Kind auswählt", sondern darauf, daß es "mit Ausdauer" arbeitet[371], betont sie den Wert der "formalen Bildung". Dennoch darf festgehalten werden: Stellt man die Rede vom Lehrer als "Bindestrich" und von den Bildungsgütern als "Entwicklungsmittel" in den Zusammenhang ihrer Vorstellungen von "sensiblen Perioden" und "vorbereiteter Umgebung" sowie in den großen Kontext ihrer "kosmischen Erziehung", dann wird die einseitige Akzentuierung und die Relativität ihrer Aussagen offenbar: Der Respekt vor dem Personsein und damit vor der Würde des Kindes korrespondiert mit dem Recht des Kindes auf direkte Auseinandersetzung mit der Welt und verbietet es dem Lehrer, ihm diesen unmittelbaren Zugang zu verstellen; und wenn sich die verschiedenen Sensibilitäten und die angestrebte Humanisierung des Menschen im Bereich des Kulturschaffens und des Soziallebens nur in der aktiven Auseinandersetzung mit Kulturinhaltlichkeiten entfalten können, dann ist es sicher nicht gleichgültig, **von welcher Art** die Inhalte sind, mit denen der Mensch konfrontiert wird.[372]

---

368  M. Montessori: Über die Bildung des Menschen, a.a.O., S. 55.

369  M. Montessori: Die Entdeckung des Kindes, a.a.O., S. 34.

370  W. Böhm: Maria Montessori, a.a.O., S. 190.

371  M. Montessori: Schule des Kindes, a.a.O., S. 170 (siehe S. 111f.).

372  Siehe P. Oswald: "Montessori- bzw. Waldorfpädagogik", a.a.O., S. 147f. und ders.: Die Pädagogik Maria Montessoris und Rudolf Steiners. In: Zeitschrift für Pädagogik, Heft 3/ 1985, S. 390-392.

Ob MONTESSORI eine "Pädagogik vom Kinde aus" vertritt, wie dies manche Interpreten meinen[373], hängt ganz davon ab, wie dieses Schlagwort verstanden wird. Tatsächlich ist die Person des Kindes und Jugendlichen der exklusive Orientierungsmaßstab für pädagogisches Handeln - allerdings nicht bloß deren Sosein, sondern ebenso deren Sollsein. Erziehung und Unterricht haben sich demnach nicht nur daran zu orientieren, was Kinder und Jugendliche wollen und wie sie zu einem bestimmten Zeitpunkt ihres Lebens sind, sondern auch daran, was sie sollen und im Blick auf ihre humane Bestimmung brauchen. Und das faßt MONTESSORI in einem einzigen Begriff zusammen: Normalisation bzw. Normalisierung! Alles, was diesem Prozeß und dem, was er einschließt, dient, ist pädagogisch wertvoll und daher gerechtfertigt. Und alles, was ihn nicht fördert oder gar hemmt, ist zu unterlassen. Das heißt, es können nur jene Werte und Wertvorstellungen normative Funktion für pädagogisches Handeln beanspruchen, die im Prozeß der Normalisierung des Menschen ihre Legitimierung finden - ein Prozeß, der letztlich als ein wesentlicher Teil der Erfüllung des universalen Auftrags der "kosmischen Mission" des Menschen interpretiert werden muß. Demnach darf Erziehung dann als geglückt angesehen werden, wenn das Kind - eben auch unterstützt durch pädagogisches Handeln - den Weg der Normalisierung einschlägt, dabei seinen immanenten Entwicklungsgesetzen folgt bzw. gehorcht und damit seinem inneren Bauplan entspricht.

Die **religiös-metaphysische Grundlegung** wird besonders an den Stellen deutlich, wo MONTESSORI Wortverbindungen mit dem Adjektiv "kosmisch" herstellt. So spricht sie zum Beispiel von "kosmischer Arbeit, - Aufgabe, - Bestimmung, - Energie, - Funktion, - Gesetz, - Kraft, - Liebe, - Macht, - Mission, - Ordnung, - Plan, - Sicht, - Theorie" und von "kosmischer Erziehung". Dahinter steht die Vorstellung von einem Göttlichen, einem Gott als Ursprung und Grund aller Dinge, die damit als seine Schöpfung erscheinen. Mit dieser "kosmischen Sicht" stellt sich MONTESSORI mehr minder bewußt in eine lange abendländische Tradition, die von den griechischen Denkern der Antike über die christlichen Kirchenväter und die

---

373  Nicht zufällig finden sich in dem von Th. Dietrich in der Reihe "Klinkhardts pädagogische Quellentexte" herausgegebenen Sammelband "Die pädagogische Bewegung 'Vom Kinde aus'", Bad Heilbrunn 1963, einige Beiträge Montessoris.

dichterische Gesamtweltschau DANTEs bis COMENIUS und FRÖBEL reicht. Wie jede universale (wörtlich: dem einen = Gott zugewendet) Sicht von Welt und Mensch hat auch diese Deutungsgesamtkonzeption Folgen für die Auffassung von Erziehung und Unterricht, und es ist nur konsequent, wenn in diesem Zusammenhang von "kosmischer Erziehung" gesprochen wird, wie sie von PAUL OSWALD in drei Aspekten herausgearbeitet wurde.[374] Mit Blick auf das pädagogische Handeln kann folgendes festgehalten werden: Mit den Gesichtspunkten der Gegenstands-, Sach- bzw. Weltorientiertheit und der Ganzheitsorientiertheit sind Normen, Leitlinien angegeben, die das erzieherische und unterrichtliche Handeln ausrichten sollen. "Kosmische Erziehung" als sittlicher Weltauftrag hingegen formuliert das fundamentale, universale Ziel pädagogischen Handelns, die Kinder und Jugendlichen die "kosmische Mission" des Menschen erfahren zu lassen: nämlich einerseits seiner Verantwortung in der und für die Welt bei der Umwandlung der Natur in Kultur bzw. "Supra-Natur" als seinem Lebensraum gerecht zu werden - womit die ökologischen Intentionen der Erziehung i.w.S. angesprochen sind; und sich andererseits in den Dienst der Bemühung um einen umfassenden Frieden zu stellen, der von der eigenen Innerlichkeit bis zur Friedensordnung in der Welt (= Weltfriede) reicht.

Die damit angestrebte Humanisierung des Individuums und der Gesellschaft gelinge über die Entwicklung eines "universalen Bewußtseins" und der "nazione unica"[375]. "All das aber geschieht nicht kraft innerer kosmischer Gesetze von alleine, sondern bedarf der Mitwirkung des Menschen, der dieser sich nicht ohne Schuld entziehen kann."[376] Wenn der Mensch diesen Zielperspektiven folgt, entspricht er dem Schöpfungsauftrag Gottes, sich nämlich in Freiheit und Gehorsam an die vorgegebenen Gesetzmäßigkeiten zu binden und der Schöpfung demütig zu dienen, indem er ihr Werk fortsetzt[377]. Damit verbietet sich jede biologistische oder andere Verkürzung der Entwicklung des Menschen auf einen "teleologischen

---

374 Siehe S. 103.
375 Siehe v.a. M. Montessori: Frieden und Erziehung, a.a.O.
376 P. Oswald: Die Pädagogik Maria Montessoris und Rudolf Steiners, a.a.O., S. 388; vgl. ders.: "Montessori- bzw. Waldorfpädagogik", a.a.O., S. 153.
377 M. Montessori: "Kosmische Erziehung", a.a.O., S. 19.

Prozeß"[378]. Und was die Kulturentwicklung betrifft, spricht sie von einem "Prozeß, der nicht von Natur aus fixiert ist"[379]. Es soll jedoch nicht verschwiegen werden, daß es auch Äußerungen gibt, die "der Gefahr der Nähe des Determinismus und damit auch des Widerspruchs zu ihren eigenen Thesen von der Sonderstellung des Menschen in der Schöpfung und seiner Freiheit" erliegen.[380]

Die **mehrschichtige Bedeutung von "Freiheit"** im Denken MONTESSORIs hat in letzter Zeit HILDEGARD HOLTSTIEGE umfassend und wohl gültig herausgearbeitet:[381] Freiheit als anthropologische Auf-Gegebenheit, Freiheit in der Spannung von "Freisein und Freiwerden zu" und "Freisein und Freiwerden von"; Freiheit demnach als Voraussetzung im Sinne der Entwicklungsfreiheit, als Vollzug und als Ziel bzw. Wirkung; als "wohlverstandene Freiheit", die nur im Zusammenspiel mit Grenzen, Begrenzungen und freiwilligen Bindungen die kreative Selbstrealisation, das "Selbstaufbauwerk des Kindes"[382] ermöglicht. Damit wendet sich MONTESSORI ausdrücklich gegen einige Pädagogen, die "unter Rousseaus Einfluß - phantastische Grundsätze und verschwommene Bestrebungen über kindliche Freiheiten (äußerten), doch den wahren Begriff von **Freiheit** kennen die Pädagogen überhaupt nicht"[383]. Für MONTESSORI ist Freiheit grundsätzlich und notwendigerweise auf Bindung bezogen, die über die Polarisation und Konzentration der Aufmerksamkeit auf ein Stück "Welt" erfolgt, wobei der Anspruch bzw. der "Anruf der Dinge"[384] zu vernehmen ist, und beide Pole erscheinen ihr gleichzeitig als Bedingung und Ziel der Entwicklung des Geistes, des Ich, des Selbst. Die Erziehung hat in diesem Zusammenhang folglich die "Freigabe" des Kindes und Jugendlichen zu fördern, deren Freiheitsvollzug zu unterstützen. Auch aus dieser Sicht wird nochmals

---

378  H. Kallert u.a.: Der Aufbau der kindlichen Persönlichkeit in den Entwicklungslehren von Maria Montessori und Rudolf Steiner. In: Zeitschrift für Pädagogik, Heft 5/1984, S. 634.

379  M. Montessori: Das kreative Kind, a.a.O., S. 169f.

380  M. Montessori: "Kosmische Erziehung", a.a.O., S. 107.

381  H. Holtstiege: Maria Montessoris neue Pädagogik: Prinzip Freiheit - Freie Arbeit. Freiburg 1987.

382  P. Oswald: Die Pädagogik Maria Montessoris und Rudolf Steiners, a.a.O., S. 391.

383  M. Montessori: Die Entdeckung des Kindes, a.a.O., S. 12.

384  P. Oswald: Der Freiheitsbegriff bei Maria Montessori, a.a.O., S. 61.

deutlich, daß sich Erziehung weder mit der Kategorie des Machens noch mit der des Wachsenlassens anthropologisch angemessen erfassen läßt. Erziehung soll vielmehr zur "Selbstführung" verhelfen. Dennoch sei auch für das Freiheitsproblem darauf hingewiesen, daß MONTESSORI vor allem in ihrem Frühwerk im Zusammenhang mit der Rede von der "Veränderung der Persönlichkeit" Aussagen formuliert, die das Handeln am Kind durchaus in die Nähe der Manipulation rücken.[385]

Nachdem die Analyse zeigt, daß sich bei MONTESSORI eine naturwissenschaftliche Grundlegung, sozusagen ein psychophysischer "Unterbau", mit einem (christlich) religiösen, metaphysischen und ethischen "Überbau" verbindet, könnte man geradezu von einer **Doppelendigkeit ihrer Konzeption** sprechen. Denn ihr Konzept entbehrt einer einheitlichen Grundlage, hat vielmehr **zwei Fundierungshorizonte**, die zueinander in einer grundsätzlich unauflösbaren Spannung stehen: nämlich letztlich in der Spannung von Wissen und Glauben, von Wissenschaft und Religion, von Empirie und Metaphysik - eine Spannung, welche allerdings "die Einheit von Montessoris Denken nicht (zerstört)", wie BÖHM zurecht feststellt.[386] Das transrationale Element des christlichen Offenbarungsglaubens im Gedankengebäude MONTESSORIs entzieht sich natürlich prinzipiell der rationalen Argumentation bzw. Argumentierbarkeit und damit erziehungs**wissenschaftlicher** oder erziehungs**philosophischer** Belangbarkeit. Auch von diesem Aspekt her werden die unterschiedlichen Akzentuierungen in der Einschätzung und Interpretation ihres Werkes im Laufe der Rezeptionsgeschichte schlagartig verständlich. Das sich durchhaltende allgemeine "religiöse Grundmotiv" ihrer pädagogischen Konzeption ist tatsächlich nicht an ihre örtlich und zeitlich eingrenzbare "Zuwendung zu Fragen der katholischen Religionspädagogik" gebunden[387], was OSWALDs These von der Offenheit ihres Systems bestätigt.[388]

385 Siehe P. Oswald: Anregung zur Disputation. In: Montessori-Werkbrief, Heft 2/1988, S. 72f.

386 W. Böhm: Maria Montessori, a.a.O., S. 191.

387 Ebd., S. 189.

388 P. Oswald: Die Pädagogik Maria Montessoris und Rudolf Steiners, a.a.O., S. 385ff., 388.

Die Problematik, welche MONTESSORIs Theoremen zugrunde liegt, ist letztlich eine theologische bzw. metaphysische: Wie und warum kommt das Böse in eine von Gott geschaffene und daher wohl grundsätzlich gute Welt? Wie verträgt sich das Böse mit der Vorstellung von einer Welt, die in prästabilierter Harmonie angelegt ist? Und warum dürfen und können wir darauf vertrauen, daß letztlich das Gute die Oberhand über das Böse gewinnt? Daß die guten Kräfte des Kindes, seine Selbstbildungskräfte, sich durchsetzen - spontan und zielgerichtet? Wie weit stimmen menschliches Wollen und Sollen überein? Und worin gründet sich die Hoffnung, daß menschliches Wollen und Sollen letztlich konvergieren? Wie ist das Verhältnis von menschlicher Freiheit und göttlicher Teleologie zu denken? Die Beantwortung dieser Fragestellungen geht natürlich weit über den Rahmen hinaus, den sich diese Untersuchung gesteckt hat.

MONTESSORIs pädagogischer Optimismus erweist sich demnach im tiefsten als religiös motiviert und steht im Zusammenhang mit dem (christlichen) Glauben, daß Mensch und Welt von Gott geschaffen, getragen und gerettet sind. In diesem Kontext ist es auch verständlich, wenn sie meint, sie habe "den Schlüssel zu allen Erziehungsproblemen" gefunden und sehe "die Möglichkeit (...), das Problem der Erziehung vollkommen zu lösen."[389] Allerdings merken OSWALD und SCHULZ-BENESCH in diesem Zusammenhang an: "Gelegentlich relativiert Montessori in Indien ihre optimistischen Aufrufe, indem sie auch von 'Erfahrungen' spricht, 'die mich Pessimismus lehrten' (Disarmament in education, in: The Montessori Magazine, Vol. 4, No. 3. Pilani 1950, S. 12)."[390]

In diesem weiteren Zusammenhang sind die **Bedingungen** zu sehen, die MONTESSORI **für eine kindgerechte Erziehung** im Sinne einer kindgemäßen Entwicklungs-, Entfaltungs-, Normalisierungs- bzw. Selbstbildungshilfe unverzichtbar erscheinen:

- die möglichst genaue Kenntnis der Kind-Person im allgemeinen wie jedes einzelnen kindlichen Individuums im besonderen;
- die pädagogische Grundhaltung des liebenden, einfühlsamen Helfenwollens und

---

389  M. Montessori: Maria Montessori, a.a.O., S. 58. (Das Kind, 1941).
390  M. Montessori: "Kosmische Erziehung", a.a.O., S. 110.

- die vielfältigen Fähigkeiten, die nötig sind, um den Kindern indirekt und direkt helfen zu können, was den gezielten Einsatz des Entwicklungsmaterials einschließt.

Dieses dreifach bestimmte Voraussetzungsgefüge pädagogischen Handelns korrespondiert mit den Vorstellungen, wonach der menschliche Entwicklungs-, Bildungs- bzw. Normalisierungsprozeß von der "Natur", von der "Gesellschaft" sowie "vom Individuum selbst" getragen wird.[391]

Dieser Denkansatz weist jedenfalls in bezug auf die Förderung elementarer Lern- und Bildungsprozesse einen so hohen Generalisierungsgrad auf, daß damit die Ebene der geschichtlich-kulturell unterschiedlichen, konkreten Gestalten pädagogischen Handelns nicht erreicht wird. In dieser grundsätzlichen Ungeschichtlichkeit darf man eine Wurzel für die weltweite und damit interkulturelle Verbreitung von Montessori-Schulen sehen. Die Erziehung brauche ja nur "'der menschlichen Natur, die sich entwickelt'", folgen.[392] "Da es sich hier nicht um eine Ansicht handelt, kann weder ein Philosoph noch ein Denker, noch ein Empiriker diese oder jene Erziehungsmethode diktieren oder vorschlagen. Nur die Natur, die manche Gesetze und Notwendigkeiten für den in der Entwicklung befindlichen Menschen festgelegt hat, kann die Erziehungsmethode diktieren, die dazu bestimmt ist, den Notwendigkeiten und Gesetzen des Lebens nachzukommen. Das Kind selbst muß diese Gesetze und Notwendigkeiten durch seine spontanen Äußerungen und Fortschritte aufzeigen: durch die Äußerungen des Friedens und des Glückes; durch die Intensität seiner Anstrengungen und die Ausdauer bei seiner freien Wahl."[393] Diese Natur umfaßt bei MONTESSORI die gesamte Schöpfung und ist "eine Manifestation des Göttlichen"[394], und der Mensch nimmt in ihr eine kosmische Sonderstellung ein: Auf biologischer Ebene unterliegt er zwar wie alle anderen Lebewesen verschiedenen Gesetzmäßigkeiten, aber Vernunft bzw. Intelligenz und Freiheit machen ihn zum "ersten Stellvertreter Gottes auf Erden"[395]. Alle diese metaphysisch-

---

391  Siehe S. 107.

392  M. Montessori: Das kreative Kind, a.a.O., S. 69.

393  Ebd., S. 69f.

394  M. Montessori: "Kosmische Erziehung", a.a.O., S. 14.

395  M. Montessori: To Educate the Human Potential. Madras 1956, S. 67, zit. nach P. Oswald: "Montessori- bzw. Waldorfpädagogik", a.a.O., S. 149.

religiösen "Vorannahmen"[396] bzw. Überzeugungen stehen in einem spannungsvollen Kontrast zu dem Grundsatz, "daß wir in der Leitung des Kindes nicht apriorisch vorgehen können"[397] - es sei denn, man läßt auch Glaubenserfahrungen gelten, die sich intersubjektiver Überprüfbarkeit allerdings grundsätzlich entziehen.

Für MONTESSORI sollte die Pädagogik als eine "'Beobachtungs- und Experimentalwissenschaft'"[398] "zur 'Veränderung' der Persönlichkeit" konzipiert werden, und zwar auf der Grundlage einer "'exakten Psychologie'" mit dem hauptsächlichen Ziel, den Bildungsprozessen der Menschen, vor allem der heranwachsenden, auf die Spur zu kommen und sie zu fördern.[399] Dabei wird ihr folgender Widerspruch nicht bewußt: Wenn sie auch meint, daß sich wissenschaftliche Erkenntnisse letztlich "auf positive, aus der Erfahrung gewonnene Untersuchungen" gründen[400], also auf empirische Beobachtungen und Experimente, entwickelt sie ihren Maßstab für pädagogisches Handeln dennoch aus vorempirischen Leitvorstellungen, aus der apriorischen Spekulation. Dies liegt daran, daß sich jede Experimentalwissenschaft als empirische Seinswissenschaft versteht und es ihr deshalb aus prinzipiellen Gründen nicht möglich ist, Kriterien für pädagogisches Handeln zu entwickeln und anzugeben, würde sie dann doch zu einer metaempirischen Sollenswissenschaft geraten.[401] Damit kann MONTESSORI aber ihren eigenen Anspruch, eine "pedagogia scientifica", also eine "wissenschaftliche Pädagogik"[402] entwickelt, ja begründet zu haben[403], nicht einlösen. Ihr Konzept einer wissenschaftlichen Experimentalpädagogik, einer "experimentalpädagogischen Theorie" hat demnach vielmehr "eine strukturelle Ähnlichkeit" mit "Herbarts 'Fundierung der Pädagogik durch

---

396  H. Kallert u.a.: Der Aufbau der kindlichen Persönlichkeit, a.a.O., S. 635.

397  M. Montessori: Das kreative Kind, a.a.O., S. 160.

398  M. Montessori: Schule des Kindes, a.a.O., S. 125.

399  Ebd., S. 75.

400  M. Montessori: Die Entdeckung des Kindes, a.a.O., S. 3.

401  Vgl. P. Oswald: Pädagogik als Wissenschaft, a.a.O., S. 135-146 und ders.: Der nicht-endende Streit um Montessori, a.a.O., S. 91.

402  Montessoris erster pädagogischer Buchtitel lautet "Il metodo della pedagogia scientifica applicato all'educazione infantile nelle case dei bambini" (1909 - In deutscher Übersetzung zunächst: "Selbsttätige Erziehung im frühen Kindesalter", 1913).

403  Vgl. P. Oswald: Pädagogik als Wissenschaft, a.a.O., S. 135.

Ethik und Psychologie'", also genau mit jenem Ansatz, zu dem MON-TESSORI eine "Antithese" schaffen wollte.[404] Sie entwickelt also keine Erziehungstheorie, die sich an allgemein geltenden wissenschaftlichen Standards orientiert bzw. ihnen entspricht (wissenschafts- und erkenntnistheoretische bzw. philosophische Grundlegung, Theoriebildung, Methodologie, Klärung der Grundbegriffe etc.). Sie legt vielmehr ein **Entwicklungsbzw. Bildungskonzept des Menschen** in der Phase seiner Kindheit und Jugend vor, aus dem sie Hinweise auf Motivationen für verantwortbares pädagogisches Handeln konsequent ableitet, also eine "pragmatische Handlungslehre"[405] im Sinne einer **"Kunstlehre"** für die "Erziehungskunst". Diese Handlungslehre wieder ist eingebettet in die **"kosmische Erziehung" als einer universalen Erziehungslehre**, welche aus der "kosmischen Theorie" entwickelt wird. Also nochmals: Damit orientiert MONTESSORI pädagogisches Handeln eben nicht ausschließlich an Beobachtbarem, an empirisch Erfahrbarem, sondern ebenso an transempirischen Voraussetzungen ethischer, metaphysischer und religiöser Art. Was das Verständnis des pädagogischen Handelns betrifft, hat die Analyse doch recht klar zeigen können, daß jenseits der Widersprüchlichkeiten und einseitigen Akzentuierungen MONTESSORI ein grundlegend personales Erziehungsverhältnis begründet, aus dem heraus ein reifer, verantwortungsvoller erwachsener Mensch Kindern und Jugendlichen helfen möchte, ihre doppelte Schöpfungsaufgabe in Freiheit und Verantwortung immer besser wahrzunehmen: nämlich einerseits sich selbst zu bilden ("Selbstschöpfung") und andererseits Kultur zu schaffen und friedvolle Sozialbeziehungen zu den Mitmenschen aufzubauen ("Schöpfungs-Mitarbeiter").

Die hermeneutisch-kritische Analyse von MONTESSORIs Werk im Hinblick auf pädagogisches Handeln ergibt demnach folgendes:
1. Pädagogisches Handeln umfaßt neben direkten, also kommunikativ-dialogischen Tätigkeiten, vor allem eine Fülle von indirekten, also nicht kommunikativ-dialogischen Tätigkeiten, von reifen, verantwortungsvollen erwachsenen Menschen mit dem Ziel, Kindern und Jugendlichen zur "Selbstführung" und damit zum Erwachsensein zu verhelfen.

---

404 Ebd., S. 142 unter Bezugnahme auf F. Nicolin (Hg.): Pädagogik als Wissenschaft. Darmstadt 1969, S. XI.
405 P. Oswald: Pädagogik als Wissenschaft, a.a.O., S. 142.

2. Pädagogisches Handeln will und soll dem Heranwachsenden helfen, sich in Freiheit durch die "Polarisation und Konzentration der Aufmerksamkeit" an Auf-Gaben, Auf-Gegebenheiten, an vorgegebene Gesetzlichkeiten bzw. Gesetzmäßigkeiten zu binden, um dadurch zu immer mehr Freiheit zu gelangen.

3. Im Gedanken der "kosmischen Erziehung" erhält pädagogisches Handeln seine universale Zielperspektive, nämlich die Kinder und Jugendlichen einerseits ihre Aufgabe der Selbst-Bildung im Sinne einer "Selbst-Schöpfung" und andererseits den sittlichen Weltauftrag des Menschen hinsichtlich des ökologisch verantwortbaren Kulturschaffens und der Stiftung friedvoller Sozialbeziehungen bis hin zum Weltfrieden erfahren zu lassen - als Mitwirkung am Schöpfungsauftrag Gottes.

4. Das pädagogische Handeln orientiert sich sowohl an der Empirie der kindlichen Entfaltung als auch an den apriorischen Voraussetzungen christlicher Glaubensüberzeugungen, in denen ihre personale Anthropologie wurzelt.

5. Sofern sich pädagogisches Handeln an Empirischem orientiert, berücksichtigt es wohl doch in etwas zu einseitiger Weise die sich entwickelnde menschliche Natur, die Entfaltung des kindlichen Individuums im Sinne der "Normalisation", während die Bildungsgüter bzw. die "Kultur" i.w.S. und die "Gemeinschaft" im Hinblick auf diesen Normalisierungsprozeß doch eher mediatisiert werden.[406]

6. Pädagogisches Handeln wird in seinen Möglichkeiten bzw. Chancen und Grenzen sehr realistisch eingeschätzt: Die Auffassung der Erziehung als eines mechanisch-handwerklichen Machens wird abgelehnt und deutlich gesehen, daß der Personkern des Menschen grundsätzlich unantastbar ist und sein soll und muß.

7. Der fundamentale pädagogische Optimismus, welcher dennoch das pädagogische Handeln trägt, ist zutiefst aus dem christlichen Glauben motiviert.

---

406  Vgl. S. 122f.

# III. Pädagogisches Handeln bei PETER PETERSEN

## 1. Biographische und rezeptionshistorische Marginalien zum Verständnis von PETERSENs Werk

Die **Kindheits- und Jugenderfahrungen PETER PETERSENs** mit Schule und Unterricht vor und um die letzte Jahrhundertwende dürften sehr ähnlich wie die HUGO GAUDIGs gewesen sein: ein "begnadeter" Schulmeister und dessen Sohn in der einklassigen Dorfschule, durch die er die "allerbeste grundlegende Bildung" erhielt[1], anschließend eine eher öde Gymnasialzeit ohne Erinnerungswert, wenn er dies in seinem Werk auch nicht wie GAUDIG artikuliert. Jedenfalls blieben alle diese Erfahrungen für sein späteres Werk nicht folgenlos.

Was die **Beurteilung von Persönlichkeit und Werk PETERSENs** betrifft, schließe ich mich der **"Arbeitshypothese"** PETER KAßNERs und HANS SCHEUERLs an, "daß die wirklichen oder vermeintlichen Verstrickungen von PETERSENs Leben und Werk in das besondere deutsche Schicksal zwischen 1930 und 1950 einer unbefangenen Rezeption seiner Gedanken bis heute Schwierigkeiten bereiten."[2] Sehr treffend zitieren sie zur verdeutlichenden Charakterisierung dieser Sachlage FRIEDRICH SCHILLERs Sentenz aus "Wallenstein" (1798): "Von der Parteien Gunst und Haß verwirrt schwankt sein Charakterbild in der Geschichte"[3]. Vielleicht aufgrund seiner zu geringen Sensibilität für die politische Dimension[4], aufgrund seiner "Politikferne"[5] geriet PETERSEN schließlich

---

1   P. Petersen zit. nach W. Kosse: Peter Petersen. In: H. Scheuerl (Hg.): Klassiker der Pädagogik. 2. Band: Von Karl Marx bis Jean Piaget. München 1979, S. 184.

2   P. Kaßner/H. Scheuerl: Rückblick auf Peter Petersen, sein pädagogisches Denken und Handeln. In: Zeitschrift für Pädagogik, Heft 5/1984, S. 648. - Vgl. Th. Rutt: Petersenschule heute. Heinsberg 1983, S. 13.

3   Ebd. (P. Kaßner, H. Scheuerl), S. 654.

4   W. Kosse: Peter Petersen, a.a.O., S. 187; siehe auch I. Maschmann, J. Oelkers: Einleitung: Petersens Pädagogik als Problem. In: Dies. (Hg.): Peter Petersen. Beiträge zur Schulpädagogik und Erziehungsphilosophie. Heinsberg 1985, S. 20.

5   I. Maschmann: Zur Biographie und Zeitgeschichte Peter Petersens. In: Dies., J. Oelkers (Hg.), ebd., S. 48. - Siehe auch J. Oelkers: Petersen und die Reformpädagogik. In: I. Maschmann, ders. (Hg.), ebd., S. 60 u. 88.

"zwischen alle Fronten"[6]. Seine verschiedenen Anpassungsgesten - ausdrücklich erwähnt sei die "Pädagogik der Gegenwart - Ein Handbuch der neuen Erziehungswissenschaft und Pädagogik" als "nationalpolitisch erweiterte"[7] bzw. "nationalpolitisch überarbeitete"[8] zweite Auflage 1937 der "Pädagogik" aus dem Jahre 1932[9] - gegenüber den Machthabern des Dritten Reiches sind moralisch unverzeihlich und im Rückblick zugleich menschlich nicht unverständlich, wenn man bedenkt, welche Erziehungstheorie und -praxis er glaubte retten zu können. Am Ende seines Lebens steht die resignierende Äußerung, die er kurz vor seinem Tode seinem Schüler HANS MIESKE gegenüber gemacht hat: "Sollte man etwa auch zu früh geboren worden sein?"[10] - die Äußerung eines Menschen, dessen Lebensgrundsatz das Bibelwort bei LUKAS 22, 26 war: "Der Älteste unter euch soll sein wie der Jüngste und der Vornehmste wie ein Diener", das wunschgemäß als Inschrift für seinen Grabstein auf dem kleinen Friedhof seines Geburtsortes Großenwiehe bei Flensburg gewählt wurde.[11]

Was die **Beurteilung der Persönlichkeit PETERSENs durch** jene Menschen betrifft, die ihn als **Schüler oder Mitarbeiter** persönlich kannten, und über diesen Personenkreis hinaus, fällt diese eigentlich einheitlich sehr positiv aus. THEO DIETRICH etwa, der zuerst bei PETERSEN studiert und später mit ihm zusammengearbeitet hat, bescheinigt seinem Lehrer große Menschlichkeit und Hilfsbereitschaft, persönliche Integrität, einen ehrlichen und verläßlichen Charakter, ein ernstes Wesen mit der Fähigkeit zu echtem Humor trotz vornehmer Zurückhaltung, eine große Arbeitsenergie, Beharrlichkeit und Zielbewußtheit sowie Strenge und Fleiß. Insgesamt konstatiert er eine hohe Übereinstimmung zwischen Leben und Werk, die

---

6   H. Döpp-Vorwald: Die Erziehungslehre Peter Petersens. Ratingen 1969, 2. Aufl. (1962), S. 140. - Siehe auch P. Kaßner, H. Scheuerl: Rückblick auf Peter Petersen, a.a.O., S. 654.

7   Th. Rutt: Petersenschule heute, a.a.O., S. 17.

8   Ebd., S. 183.

9   In diesem Zusammenhang erwähnt Th. Rutt, daß Petersens damaliger Assistent in Jena, Dr. Heinz Döpp-Vorwald, als Bearbeiter der Register aufscheint und stellt die Frage, "ob sich seine 'Bearbeitung' auch auf die Textteile erstreckt hat?" (Ebd., S. 18).

10  P. Petersen zit. nach H. Mieskes: Gedenkrede in der Aula der Friedrich-Schiller-Universität zu Jena am 9. April 1952. In: Th. Dietrich: Peter Petersen. Leben und Werk. Frankfurt - Berlin - Hamburg - München o.J., S. 68.

11  Siehe z.B. Th. Rutt: Petersenschule heute, a.a.O., S. 14.

sich in Traditionsverbundenheit und Bekenntnishaftigkeit, in tiefer religiöser Gläubigkeit und im festen Glauben an das Gute im Menschen und in seiner starken Kindzugewandtheit ausdrückt.[12] PETERSENs ehemalige Schülerin und Mitarbeiterin INGEBORG MASCHMANN charakterisiert in ihrer sehr umsichtigen und differenzierten biographischen und zeitgeschichtlichen Analyse ihren Lehrer als "strengen Idealisten und Moralisten"[13] mit "Spontaneität in der Klärung von Lebenssituationen" und der "Bereitschaft zu schnellen Entscheidungen", zu Neuanfängen und Initiativen, der sich kämpferisch, emphatisch und mit Enthusiasmus risikovollen Situationen stellte.[14] THEODOR RUTT erwähnt PETERSENs auffallend große Sprachkenntnisse (Hebräisch, Griechisch, Lateinisch, Englisch, Französisch, Spanisch, Dänisch, Schwedisch, Norwegisch, Kapholländisch und Niederländisch!)[15], seine "erstaunliche Vielstrebigkeit und beachtenswerte Weite und Offenheit", sein "unmißverständliche(s) Streben nach innerer Geschlossenheit und klarem Zielbewußtsein", nach Sachlichkeit und Mitmenschlichkeit[16], nach Gerechtigkeit und Wahrheit[17], "seine Prinzipientreue, Gelassenheit und Dienstbereitschaft"[18], "seine geduldige Beobachtungsgabe und sein scharfes Sinnverständnis" - "Petersen ist kein Pessimist. Er 'glaubt' an die Erzieher und Lehrer."[19]

Was die **Beurteilung von PETERSENs Werk** betrifft, ist zunächst jeweils zu sehen, worauf diese sich bezieht. Denn sein Werk betrifft als erziehungsphilosophische Grundlegung und als "pädagogische Tatsachenforschung" die Weiterentwicklung der Erziehungstheorie, in Gestalt des Jena-Plans die Weiterführung der Erziehungspraxis.[20] Ein Blick auf PETERSENs unmittelbare und mittelbare Lehrer und damit auf die Quellen

---

12 Th. Dietrich: Die Pädagogik Peter Petersens - eine Herausforderung an die Gegenwart. München 1973, 3., erw. u. völlig veränd. Aufl., S. 6ff.

13 I. Maschmann: Zur Biographie und Zeitgeschichte Peter Petersens, a.a.O., S. 48.

14 Ebd., S. 35; vgl. S. 43. - Siehe auch Th. Dietrich: Die Pädagogik Peter Petersens, a.a.O., S. 7.

15 Th. Rutt: Petersenschule heute, a.a.O., S. 11.

16 Ebd., S. 13.

17 Ebd., S. 14.

18 Ebd., S. 186.

19 Ebd., S. 193.

20 Der Vollständigkeit halber sei noch Petersens Einsatz für die akademische Lehrerbildung an der Universität erwähnt. (Siehe z.B. Th. Dietrich: Peter Petersen, a.a.O., S. 41ff.

sowohl seiner Erziehungstheorie wie seines Schulmodells zeigt die "vielen verschiedenartigen, zum Teil gegensatzreichen Traditionslinien"[21], die zum besseren Verständnis des Werkes und seiner Beurteilung hier in den wesentlichen Zügen nachskizziert seien. PETERSEN teilt zwar JOHANN FRIEDRICH HERBARTs Anliegen, eine autonome pädagogische Wissenschaft zu begründen, will aber die Erziehungswissenschaft auf die breitere Basis der "neueuropäischen Kulturbewegung"[22] stellen und löst sich damit von der HERBART-ZILLER-REINschen Pädagogik - als Nachfolger auf dem Lehrstuhl KARL VOLKMAR STOYs und WILHELM REINs![23] Er stellt dem "'geschlossenen System'" der Herbartianer ein "'offenes'" gegenüber.[24] PETERSEN knüpft an die sinnentsprechenden Grundaxiome sowohl FRIEDRICH FRÖBELs: "Das Leben des Menschen ist ein Leben der Erziehung" als auch an IMMANUEL KANTs an: "Der Mensch kann nur Mensch werden durch Erziehung"[25], nicht aber an dessen rationalistisch-aufklärerische Komponente.[26] Seinen Realismus, seine "illusionsfreie Erziehungswissenschaft"[27] auf wertphilosophischer Basis[28] begründet PETERSEN mehrfach: durch den ethischen Realismus des ARISTOTELES und den pädagogischen Realismus PESTALOZZIs und FRÖBELs[29], durch den Realidealismus seines Lehrers WILHELM WUNDT sowie durch dessen empirischen Wissenschaftsansatz und seine voluntaristische Psychologie[30] und durch JULIUS ZIEHENs realistische Konzeption einer umfassenden "Volkserziehungswissenschaft"[31]. Im Anschluß an HANS FREYER definiert PETERSEN die Erziehungswissenschaft als eine

---

21 P. Kaßner, H. Scheuerl: Rückblick auf Peter Petersen, a.a.O., S. 648.

22 P. Petersen: Der Bildungsweg des neuen Erziehers. Antrittsvorlesung, gehalten am 3. November 1923 in der Universität Jena. Leipzig 1924 (Sonderabdruck), S. 2.

23 W. Kosse: Peter Petersen, a.a.O., S. 186.

24 Th. Dietrich: Die Pädagogik Peter Petersens, a.a.O., S. 22f.

25 I. Kant: Über Pädagogik (1803). In: W. Weischedel (Hg.): Immanuel Kant. Werke in zehn Bänden. Band 10: Schriften zur Anthropologie, Geschichtsphilosophie, Politik und Pädagogik. Zweiter Teil. Darmstadt 1975, S. 699.

26 Siehe Th. Dietrich: Die Pädagogik Peter Petersens, a.a.O., S. 23.

27 P. Petersen: Allgemeine Erziehungswissenschaft. Berlin - Leipzig 1924, S. VII.

28 Siehe P. Kaßner, H. Scheuerl: Rückblick auf Peter Petersen, a.a.O., S. 651.

29 Siehe W. Kosse: Peter Petersen, a.a.O., S. 188f.

30 Siehe ebd., S. 189, 185 und Th. Dietrich: Die Pädagogik Peter Petersens, a.a.O., S. 18.

31 Siehe W. Kosse: Peter Petersen, a.a.O., S. 189.

"Wirklichkeitswissenschaft im Gegensatz zu den Natur- und Geistes-wissenschaften"[32]. Außerdem beeinflussen ihn "die kulturhistorische Er-schließung und Interpretation der geschichtlichen Entwicklung" durch KARL LAMPRECHT[33], der Nationalökonom BIERMANN[34], und der Philosoph RUDOLPH EUCKEN[35] sowie christliche Impulse der "kon-krete(n) Theologie der synoptischen Evangelien", phänomenologische Impulse MARTIN HEIDEGGERs und existenzphilosophische Impulse KARL JASPERS'[36].

"Die zentralen Kategorien **Petersens** - 'Gemeinschaft', 'Leben', 'Geist' - scheinen unzeitgemäß, weil sie weder soziologisch noch psychologisch ausgerichtet sind, sondern Anschluß halten an die substanzphilosophische Überlieferung. Sie sind in einem eminenten Sinne unmodern, entstanden aus dem Versuch, hinter die Bedingungen einer pluralistisch-relativistischen Moderne zurückzufragen nach den Wurzeln des pädagogischen Denkens und also des Seins der Erziehung. Diese Wurzeln sind christlicher Natur, angereichert durch antike Motive vor allem der Theorie des Subjekts und der Ethik des Handelns. Das christliche Grundmotiv ist protestantisch gehalten, ohne in einen lutherischen Dogmatismus zu verfallen. **Petersen** ist vor allem auch hinsichtlich seines moralischen Rigorismus **Kierkegaard** eher verpflichtet als Luther. (...) Die Pädagogik **Petersens** steht in der Tradition eines nachhegelschen Geistbegriffs, der nicht empirisch, sondern spekulativ gewonnen wird."[37] PETERSENs Erziehungsphilosophie "ver-sucht eine ganz eigenwillige Synthese aus antikem **logos**-Denken und christlicher Geist-Metaphysik."[38] Sein Werk ist "eklektisch gespeist aus aristotelischen, protestantischen, idealistischen, volksorganisch-nationa-len, kulturkritischen und existenzphilosophischen Motiven"[39].

32 Siehe W. Kosse: Pädagogik aus dem Anspruch der Situation. In: P. Petersen: Pädagogik der Gegenwart. Reprint der 2. Aufl. 1937. Weinheim - Basel 1973, S. 198.

33 W. Kosse: Peter Petersen, a.a.O., S. 185.

34 Siehe ebd., S. 186 und P. Kaßner, H. Scheuerl: Rückblick auf Peter Petersen, a.a.O., S. 649.

35 P. Kaßner, H. Scheuerl: Rückblick auf Peter Petersen, a.a.O., S. 649.

36 W. Kosse: Peter Petersen, a.a.O., S. 189.

37 I. Maschmann, J. Oelkers: Einleitung: Peter Petersens Pädagogik als Problem, a.a.O., S. 10.

38 J. Oelkers: Petersen und die Reformpädagogik, a.a.O., S. 85.

39 P. Kaßner, H. Scheuerl: Rückblick auf Peter Petersen, a.a.O., S. 657.

Dementsprechend mischen sich in seinem Werk realistische und idealistische Tendenzen, "ohne daß es PETERSEN gelungen wäre, diese einander widersprechenden Momente zu einer systematischen Einheit zu verbinden"[40]. Er vertritt die Auffassung, "daß sich aus der zu beschreibenden Erziehungswirklichkeit selbst wertbetonte Setzungen deduzieren lassen. Aus dem Sein der Erziehungswirklichkeit wird ihr Sollen abgeleitet." Er hat also "auch auf die zwischen einer normativen und einer empirischen Erziehungswissenschaft vermittelnde Position hingewiesen, ohne sie voll bezogen zu haben"[41]. Und WILHELM KOSSE sieht "in der wissenschaftstheoretischen Grundlegung der Erziehungswissenschaft Peter Petersens einen Bruch" bedingt durch die Dichotomie seines Denkansatzes, der letztlich in der "Dichotomie seiner Lebensgrundhaltung" wurzelt, die "sich bereits in frühester Kindheit angebahnt haben" mag.[42] Schon HEINRICH DÖPP-VORWALD hat gemeint, daß PETERSENs Denk- und Reflexionsstil "einerseits als nüchterner, realistischer, allen Übersteigerungen abholder, eher rationalistischer Empirismus gekennzeichnet werden kann, mit dem sich aber andererseits zugleich jener romantische Zug zum Tiefsinn, zur Metaphysik, ja zum Mystizismus verband ...: eine Denkhaltung, der durch rational erfaßte empirische Vordergründigkeit der Dinge hindurch immer auch ihre metaphysische Tiefendimension präsent ist, so daß also die Betrachtung jederzeit aus der nüchternen Sacherforschung in tiefsinnige Spekulation umschlagen kann"[43]. Wohl deshalb sind "auch seine Konzepte, an die sich anknüpfen läßt, vielschichtig und mehrdeutig. In Anziehung und Abstoßung haben diese Konzepte in ihren Einzelbestandteilen offenbar eine unterschiedliche Nähe zu jener nationalsozialistischen 'Weltanschauung', die bis in die Sprache hinein so vieles aus der deutschen Geistesgeschichte für sich vereinnahmt und damit für lange Zeit desavouiert hat."[44]

---

40 Th. Ballauff, K. Schaller: Pädagogik. Eine Geschichte der Bildung und Erziehung. Band III: 19./20. Jahrhundert. Freiburg - München 1973, S. 711.

41 Ebd., S. 712.

42 W. Kosse: Peter Petersen, a.a.O., S. 184.

43 H. Döpp-Vorwald zit. ebd., S. 184.

44 P. Kaßner, H. Scheuerl: Rückblick auf Peter Petersen, a.a.O., S. 648.

HARM PRIOR analysiert die Pädagogik der "Führungslehre des Unterrichts" auf der Folie des "soziologischen Rahmen(s) der 'Schule der Volksgemeinschaft'"[46] in ideologiekritischer Absicht.[45] Und unter **dieser** Zielperspektive entdeckt er einige Ideologeme - oder vorsichtiger und anders ausgedrückt: Defizite aus sozialwissenschaftlicher Sicht: vor allem die "Ideologie der (metaphysischen) Volksgemeinschaft" und die "Ideologie der Gemeinschaft" überhaupt[47] sowie die Gefahr des ideologischen Umschlags bzw. Umkippens von pädagogischer Führung in pädagogisches Führertum[48]. Zusammenfassend interpretiert er PETERSENs Pädagogik als "romantisch-irreal"[49]. Ohne diese hier nur andeutbare Kritik in allen Gesichtspunkten nachvollziehen zu können - so ist etwa die "Schule der Volksgemeinschaft" von PETERSEN selbst eben **nicht** als **soziologischer** Rahmen der "Führungslehre" konzipiert worden, weil er überhaupt nicht sozialwissenschaftlich dachte - , sei dennoch am Beispiel von **drei Grundbegriffen aus PETERSENs Erziehungswissenschaft** exemplarisch und stichwortartig verdeutlicht, in welcher Gefahr gerade auch ontologisch-metaphysische Kategorien tatsächlich stehen, ideologisiert bzw. ideologisch vereinnahmt zu werden, nämlich an den Begriffen "Gemeinschaft", "Leben" und "Volk":

45 H. Prior: Die "Führungslehre des Unterrichts" in heutiger Sicht. In: I. Maschmann, J. Oelkers (Hg.): Peter Petersen, a.a.O., S. 145.

46 Ebd., S. 151, 153, 160.

47 Ebd., S. 162f.

48 Ebd., S. 157ff., 164. - Zu den Begriffen "Führung" und "Führer" bei Petersen vgl. die differenzierte Studie von G. Müßener: Der (Schul-)Pädagoge als "Führer" - der "Führer" als "Diener". Legitimationsanalytische Überlegungen Peter Petersens zur Dignität des Lehrers und Erziehers. In: G.-B. Reinert, R. Dieterich (Hg.): Theorie und Wirklichkeit. Studien zum Lehrerhandeln zwischen Unterrichtstheorie und Alltagsroutine. Frankfurt 1987, S. 43-61.

49 H. Prior: Die "Führungslehre des Unterrichts" in heutiger Sicht, a.a.O., S. 160. - Vgl. P. Kaßner, H. Scheuerl: Rückblick auf Peter Petersen, a.a.O., S 655 und A. Reble: Geschichte der Pädagogik. Stuttgart 1975, 12., abermals überarb. u. erw. Aufl. (1951), S. 339.

50 J. Oelkers: Petersen und die Reformpädagogik, a.a.O., S. 81.

51 Ebd., S. 75, 73.

52 Ebd., S. 70.

53 I. Maschmann, J. Oelkers: Einleitung: Petersens Pädagogik als Problem, a.a.O., S. 15; I. Maschmann: Zur Biographie und Zeitgeschichte Peter Petersens, a.a.O., S. 28.

54 I. Maschmann, J. Oelkers: Einleitung: Petersens Pädagogik als Problem, a.a.O., S. 20, Anm. 13.

| PETERSENs Erziehungswissenschaft | NS-Ideologie |
|---|---|
| Gemeinschaft als "Tat-Gemeinschaft"[50], als "geistige Gemeinschaft" ist eine erziehungsphilosophische bzw. pädagogische Kategorie[51]. | "Gemeinschaft" und "Volk" sind politisch-weltanschauliche Kategorien; "Volk" wird zusätzlich "rassenbiologisch" aufgefaßt.[52] |
| Volk wird "organologisch"[53] und "kultur-historisch (giestig-seelisch)"[55] verstanden. | "National-Sozialismus": "völkische Einigung"[54], Blut- und Boden-Pädagogik[56]; nationale Überheblichkeit führt zum Rassismus. |
| Die "Lebensgemeinschaft erscheint als **die** entscheidende Kraft zur Erneuerung der "Volksgemeinschaft"[57]. | |

Die "**volkliche** Gesinnung gilt es zu wecken", die "oft lächerliche Verherrlichung des Nationalen" zu vermeiden.[58]

Der Begriff "volkhafte Bildung" wird von PHILIPP HÖRDT übernommen.[59]

Ziel ist es, eine "nationale Schule" mit der "Idee der Brüderlichkeit im weltbürgerlichen Sinne" zu verbinden.[60]

---

55 J. Oelkers: Petersen und die Reformpädagogik, a.a.O., S. 70.

56 Ebd., S. 91, Anm. 28.

57 Ebd., S. 76.

58 P. Petersen: Allgemeine Erziehungswissenschaft, a.a.O., S. 235. - Siehe auch Th. Rutt: Petersenschule heute, a.a.O., S. 185.

59 In etwas abgewandelter Form auch die "vier Urformen des Lernens und Sich-Bildens": Gespräch, Spiel, Arbeit, Feier - bei Hördt: Spiel, Arbeit, Lehrgang, Feier. Siehe I. Maschmann: Zur Biographie und Zeitgeschichte Peter Petersens, a.a.O., S. 43 u. 51, Anm. 29.

60 P. Petersen: Gemeinschaft und freies Menschentum. Die Zielforderungen der neuen Schule. Eine Kritik der Begabungsschulen. Gotha 1919, S. 18. - Siehe P. Kaßner, H. Scheuerl: Rückblick auf Peter Petersen, a.a.O., S. 649, 655.

Der **Jena-Plan** ist für PETERSEN keine "allgemeingültige" Konzeption, "kein Dogma, sondern eine **Ausgangsform**, ein **Rahmen**, mit dem der Pädagoge beginnen kann, wenn er eine Schule der Volksgemeinschaft will, aber sich unnötige Umwege, Schwierigkeiten und Finden von hundertmal Gefundenem ersparen möchte."[61] Gerade diese pädagogische Offenheit wird PETERSEN etwa von dem "Entschiedenen Schulreformer" PAUL OESTREICH vorgeworfen: sein "konziliatorische(r) 'Jena-Plan'" sei "ebenso reaktionär wie fortschrittlich benutzbar".[62] Wenn allerdings "außer Zweifel (steht)", daß "PETERSEN selber von seiner philosophischen und ethisch-religiösen Grundeinstellung her diese für Kinder gestaltete Lebenswelt, ihre pädagogischen Situationen und Bildungsgrundformen (...) nur mit humanen, sittlich geläuterten und pädagogisch anspruchsvollen Gemeinschaftserfahrungen zu füllen suchte"[63], läßt sich die Kritik OESTREICHs so wohl nicht halten. Bereits 1928, also nur ein Jahr nach Erscheinen des "Kleinen Jena-Plans", wird dieses Schulkonzept von OTTO KARSTÄDT im von HERMAN NOHL und LUDWIG PALLAT herausgegebenen "Handbuch der Pädagogik" so gewürdigt: "Hier ist zum erstenmal der gesamte Baustoff **aller** heutigen Versuche in ein einheitliches Lehr- und Arbeitsgebäude eingefügt. Alles, was anderswo vielfach noch als Selbstzweck oder auch Besonderheit gilt, ist hier eins der dienenden Mittel, ein Quaderstein des Baus der freien einheitlichen Gemeinschaftsschule geworden."[64] Und GERHARD KUDRITZKI sieht 1962 im Jena-Plan "die eigentliche, praktisch gewordene Synthese der großen Anstöße der Schulreformbewegung (...), die einzige einheitliche und originelle Schulkonzeption der Zwanziger Jahre"[65]. HANS MIESKES betont, daß der Jena-Plan "keine bloße 'Kombination' einer Vielzahl von pädagogischen Elementen" sei[66], und HERMANN RÖHRS ergänzt: "Der Jenaplan verkörpert vielmehr als

---

61 P. Petersen: Führungslehre des Unterrichts. Neuausgabe nach der 10. Aufl. 1971. Weinheim - Basel 1984, S. 110.

62 P. Oestreich zit. nach P. Kaßner, H. Scheuerl: Rückblick auf Peter Petersen, a.a.O., S. 651 - W. Kosse: Pädagogik aus dem Anspruch der Situation, a.a.O., S. 200 zitiert "kompilatorisch"! - Vgl. H. Prior: Die "Führungslehre des Unterrichts" in heutiger Sicht, a.a.O., S. 148.

63 P. Kaßner, H. Scheuerl: Rückblick auf Peter Petersen, a.a.O., S. 658. (Dort findet sich in den Aussagen ein gewisser Widerspruch!)

64 O. Karstädt: Versuchsschulen und Schulversuche. In: H. Nohl, L. Pallat (Hg.): Handbuch der Pädagogik. Band IV. Langensalza 1928, S. 360f.

65 G. Kudritzki: Bibliographie und Anmerkungen. In: W. Flitner, ders. (Hg.): Die deutsche Reformpädagogik. Band II: Ausbau und Selbstkritik. Düsseldorf - München 1962, S. 279.

66 H. Mieskes: Jenaplan und Schulreform. Oberursel i. Taunus 1966, S. 17.

schöpferische Synthese etwas ausgewogen Neues."[67] PETERSEN knüpft vor allem an die Hamburger Lebensgemeinschaftsschulen und an die LIETZschen Landerziehungsheime an.[68] Außerdem nimmt er verschiedene Anregungen von BERTHOLD OTTO, OVIDE DECROLY, WILLIAM HEARD KILPATRIK, JOHN DEWEY, ADOLPHE FERRIERE, GEORG KERSCHENSTEINER, CARLTON WASHBURNE, MARIA MONTES-SORI und PAUL GEHEEB auf.[69] Dennoch stellen wir mit THEO DIET-RICH die "kritische Frage (...), ob die 'Idee der Erziehung' als 'Funktion der Gemeinschaft' tatsächlich so ausschließlich das Fundament für den Unterricht bilden darf"[70]. Das ist die Frage danach, ob und wie die pädagogischen Antinomien im Handeln bewältigt werden[71], hier einerseits die zwischen dem Anspruch des Kindes etwa auf Selbsttätigkeit und dem Anspruch der Sachen, der "Welt"; andererseits die zwischen dem Anspruch des Individuums und dem der Gemeinschaft.

MASCHMANN und OELKERS fragen zurecht, "ob nicht die derzeitige Theoriegestalt der Erziehungswissenschaft die Folge des unvermeidlichen Substanzverlustes der klassischen Erziehungsphilosophie ist"[72], wie sie PETERSEN (noch einmal - ein letztes Mal?) vertreten hat. Jedenfalls ist die ausgesprochene Unzeitgemäßheit seiner Theorie nicht schon ein plausibler Einwand gegen sie.[73] "Die entscheidende Frage lautet dagegen, ob Erziehungsphilosophie noch als christlich-antike Metaphysik möglich ist. **Petersen** kennt weder sprachkritische Skrupel noch einen Erkenntnis-relativismus, wie sie in der entsubstantialistischen Philosophie des 20. Jahrhunderts üblich geworden sind. Er denkt **substantiell**, denn die Erziehung als Funktion des Geistes ist in Wirklichkeit eine **Wesens**aufgabe, da der Mensch ja erst durch ihre Erfüllung zum Menschen wird. (...) Die Vorteile 'substantieller' Erziehungsphilosophie sind zugleich deren Nachteile: Sie verspricht, was keine Praxis der Erziehung halten kann."[74]

---

67 H. Röhrs: Die Reformpädagogik. Ursprung und Verlauf in Europa. Hannover 1980, S. 250.

68 Siehe Th. Dietrich: Geschichte der Pädagogik in Beispielen. 18. - 20. Jahrhundert. Bad Heilbrunn 1970, S. 254 und ders. Peter Petersen, a.a.O., S. 18 u. 51, Anm. 15.

69 Siehe H. Röhrs: Die Reformpädagogik, a.a.O., S. 249 und W. Kosse: Peter Petersen, S. 194.

70 Th. Dietrich: Geschichte der Pädagogik in Beispielen, a.a.O., S. 262.

71 L. Kratochwil: Die Bedeutung didaktischer Grundsätze für den "guten Lehrer". In: G.-B. Reinert, R. Dieterich (Hg.): Theorie und Wirklichkeit, a.a.O., S. 195.

72 I. Maschmann, J. Oelkers: Einleitung: Petersens Pädagogik als Problem, a.a.O., S. 18.

73 Ebd., S. 10, 18; J. Oelkers: Petersen und die Reformpädagogik, a.a.O., S. 87.

74 J. Oelkers: Petersen und die Reformpädagogik, a.a.O., S. 87. - Vgl. P. Kaßner, H. Scheuerl: Rückblick auf Peter Petersen, a.a.O., S. 656.

## 2. Das erziehungswissenschaftliche Denken PETERSENs als fundierender Hintergrund

*Die Frage nach der Erziehung als Ausgang des Denkens*

PETER PETERSEN versucht eine fundamentale bzw. "radikale", also eine an der Wurzel ansetzende Begründung für "Erziehung" auf der Basis eines streng logisch-systematischen und stringent-deduktiven Denkens.[75] Er entwickelt geradezu eine philosophisch-pädagogische Axiomatik, wobei er aus der Metaphysik die "Erziehungswissenschaft" und aus dieser die "Pädagogik" wie die "Führungslehre des Unterrichts" ableitet. Auf diesen bereits sehr handlungsnahen Theoriefeldern basieren schließlich die allgemeine Erziehungspraxis wie die "pädagogische Führung des Unterrichts". Die Elemente von PETERSENs Denkstruktur sind seine Grundbegriffe, die in vielschichtigen und spannungsreichen Relationen (Zuordnungen, Über- und Unterordnungen) miteinander verbunden sind. Diese komplexe Beziehungsstruktur ergibt sich daraus, daß jene Grundbegriffe durchaus verschiedenen Denkzusammenhängen entnommen sind, die sich als "Wissenschaften" präsentieren, deren Ziel es ist und bleibt, "Wahrheit festzustellen, Wahrheit gegenüber dem Schein", "das Objektive herauszustellen"[76]: vor allem Metaphysik bzw. Ontologie, Erziehungsphilosophie bzw. philosophische Pädagogik und Anthropologie. Dahinter bzw. darunter läßt sich eine Metastruktur aufspüren, welche fundamentale Denk- bzw. geistige Ordnungskategorien bildet. Es sind dies vor allem die Kategorien Sinn bzw. Wesen bzw. Ziel, Funktion, Gesetz, Prinzip und Substanz.

PETERSENs Denken hebt in erziehungswissenschaftlicher Absicht also mit der Frage an: Was ist "Erziehung"? Was ist der Sinn bzw. das Sein von "Erziehung"? Was ist die "Erziehungswirklichkeit"? Wer so grundsätzlich zu fragen beginnt, erstrebt auch eine grundlegende Antwort. Anders gewendet: Wer die Frage nach der "Erziehung" als eine im letzten philosophische Frage stellt, macht sich auf die Suche nach einer philosophischen Antwort. Das bedeutet, daß die Erziehungswissenschaft "weder als allgemeine noch als angewandte Erziehungswissenschaft erfolgreich anheben kann, erfolgreich auch nur die schlichteste pädagogische Praxis durch-

---

75 Vgl. Th. Rutt: Petersenschule heute, a.a.O., S. 189.

76 P. Petersen: Der Ursprung der Pädagogik (II. Teil der "Allgemeinen Erziehungswissenschaft").
   Berlin - Leipzig 1931 (Unveränd. Nachdruck 1964), S. 23.

leuchten und sie in das große Ganze ihrer Betrachtungsweise einordnen kann, **ohne sich zuerst mit der Beziehung aller Erziehung zum Sinn des Seins und des Geschehens auseinanderzusetzen.**"[77] Erziehungswissenschaft setzt vielmehr als Erziehungsmetaphysik im Sinne einer an den Wissenschaften orientierten "sinnsuchende(n) und sinnbestimmende(n) Disziplin" ein, als Erziehungsphilosophie bzw. als philosophische Pädagogik[78] und ist damit "zugleich Erziehungslehre"[79]. Dabei ist für PETERSEN die Metaphysik im Anschluß an ARISTOTELES und KANT "Weisheitslehre", "scientia contemplatrix und ihr Gegenstand ist das Seiende schlechthin, ον η ον die Wirklichkeit, und alles, was Einzelnes ist, enthalten im, umfangen vom Sein."[80]

Man beachte genau die Fragestellung: Was **ist der** "Sinn aller Erziehung"? Und: "Wandelt sich denn der Sinn der Erziehung?" PETERSENs Antwort ist entschieden und eindeutig metahistorisch bzw. metakulturell, ontologisch-metaphysisch, substanzhaft: Der Sinn der Erziehung **ist** "'ewig derselbe' (...), und zwar 'Vergeistigung'."[81] Und indem für PETERSEN "Sinn oder Wesen und Ziel ein und dasselbe" sind[82], ist für ihn Vergeistigung zugleich das Wesen und das Ziel der Erziehung.

Die Wahrheit dieser Bestimmung von Erziehung wird mit dem **Theorem der Sinnevidenz** begründet: Das Sein, die Gesamtheit des Da- und So-Seienden, die Totalität des Weltinhalts als des Weltgeschehens und des Weltseins, das Absolute hat einen Sinn, den der Mensch als "Wirklichkeit" mit verschiedenen Seiten (Wirklichkeiten), als Ausschnitte und Formen des Absoluten erleben und sich bewußtmachen kann und der für ihn daher erkennbar ist.[83] Dieses Evidenzerlebnis von Sinn beruht letztlich auf etwas "Außervernünftigem", "das auch das Vernünftige begründet"[84], "auf Irrationalität, was in keiner Weise Widervernünftigkeit bedeutet"[85]. Dies heißt zugleich, daß die menschliche Lebens- und Erlebniswelt der Wissenschaft, der Logik, der Rationalität uneinholbar vorausliegen.[86]

---

77 Ebd., S. 14.
78 Ebd., S. 14f.
79 P. Petersen: Führungslehre des Unterrichts, a.a.O., S. 17.
80 P. Petersen: Der Ursprung der Pädagogik, a.a.O., S. 35.
81 Ebd., S. 18.
82 Ebd., S. 21.
83 Ebd., S. 24 u. 64.
84 Ebd., S. 29.
85 Ebd., S. 31.
86 Ebd., S. 32.

"Wir stehen zu der Wirklichkeit in einer Totalitätsbeziehung, das heißt wir als Gesamtpersönlichkeit zu dem Seienden schlechthin. Und wir stehen deswegen in dieser Beziehung, weil wir Glieder der Wirklichkeit sind, ihr Teil, ja im tiefsten Sinne ihr Gebilde."[87] Nur weil und wenn wir Teilnehmer an allen Formen der Wirklichkeit sind, "gelangen für uns im Akte der Teilnahme Anschauung und Bedeutung von etwas zur erfüllten Dekkung"[88]. Damit begründet PETERSEN im Anschluß an EDMUND HUSSERL das "'unmittelbare Sehen'", die Phänomenologie als eine wesentliche Methode für die Erziehungswissenschaft.[89] Die Evidenz im Sinne "widerspruchslose(r) Anschaulichkeit" erscheint so als "**das** Kriterium eines jeden Prinzips" "alles Wissens und Erkennens".[90] "Urprinzip allen Erkennens scheint die **Polarität** zu sein, das Aufschließen alles Erkannten in polaren Gegensätzen, einerlei welches Gebiet erkenntnismäßig erschlossen werden soll: richtig und falsch in der Logik, wahr und unwahr in der Erkenntnislehre, recht und unrecht, gut und böse, schön und häßlich zeigen Polarität in den Grundwertungen. Seelisch-stofflich, bewußt-unbewußt, Sinnenwelt und Ideenwelt, Sein und Schein, Sein und Erscheinung, Sein und Bewußtsein, Wahrheit und Wirklichkeit, endlich-unendlich: Das sind das gesamte philosophische Denken bis zum heutigen Tag bewegende große, weittragende Gegensatzpaare."[91] PETERSEN erkennt, daß solche Antithetik nicht bloß die Verstandestätigkeit, das Urteilen und Werten, sondern "'(...) die Ordnung der Welt überhaupt bestimmt'"[92]. "Polarität ist auch die Grundform unseres seelischen Erlebens; (...) Lust:Unlust, - Spannung:Lösung, - Erregung:Beruhigung, - Strebung:Widerstrebung, - Heiterkeit:Ernst."[93]

Darüber hinaus stehen wir Menschen als Individuen immer schon in polarer Spannung zur Wirklichkeit schlechthin. Das vom individuellen Geist jeweils Erlebte, Gedachte, Erkannte, handelnd Bewältigte, Bearbeitete,

---

87 Ebd., S. 32.
88 Ebd., S. 32.
89 Ebd., S. 33; siehe auch S. 59 u. 51.
90 Ebd., S. 35 (Hervorhebung vom Autor).
91 Ebd., S. 37f.
92 Ebd., S. 39f.
93 Ebd., S. 40.

Gestaltete erscheint als ein Gegenüber, ein Fremdes, als das Andere, das keinesfalls von uns als erkennende oder "sonstwie geartete und handelnde Wesen in den Leistungen unserer geistigen Akte" erzeugt wird.[94] Damit nimmt PETERSEN in erkenntnistheoretischer Hinsicht die Gegenposition etwa zum Konstruktivismus ein.[95] Demnach kann die Außenwelt nicht als Erzeugnis unseres Geistes aufgefaßt werden; Raum und Zeit erscheinen vielmehr als "Hilfsmittel des individuierten und dadurch individuellen Geistes", die Polarität bzw. Antithetik als "zum Wesen der erlebenden, erkennenden, denkenden, handelnden Akte individueller Geister" gehörig.[96] Die "Polarität in den Erscheinungsformen der Wirklichkeit, sofern diese damit erst Gegenstände individueller geistiger Akte werden und so diese Akte selber erst ermöglichen, aufzuheben", gilt als **ein** Vermögen des Geistes.[97] "Insofern nun aber der individuelle Geist im Vollzug des Aktes jene Polarität aufhebt, indem er die Fähigkeit hat, **was er will**, zu seinem Gegenstand zu machen, zu setzen, seinem geistigen Bereiche einzuordnen, so bekundet er eben dadurch seinen Zusammenhang, seine Gliedschaft mit dem Geiste überhaupt."[98]

In solchem Kontext erscheinen das Sein bzw. das Seiende bzw. die Wirklichkeit als eine "sinnvolle Einheit (unum)", als **der** (Wesens-) Sinn, als eine "lebendige Kraft" **"geistiger Art"**, erscheinen Geist und Leben unlöslich miteinander verbunden[99]: "Alles Einzelne ist als ein **Geformtes** Geistwirkung und eben darin ein sichtbares Zeugnis für den geistigen Ursprung."[100] Die bedeutendste Funktion von Sein - Wirklichkeit - Welt als oberster Sinnkategorie, als **dem** Sinn, ist der **Geist**, der die unbelebte wie die belebte Natur, das Leben in allen seinen Erscheinungsformen durchwaltet. Über die Vernunft "(in einem erweiterten Sinne genommen!)" als dem "Organ zum Vernehmen der Wirkungen des 'Geistes an sich', des

---

94  Ebd., S. 46.

95  Zur Position des Konstruktivismus siehe z.B. P. Watzlawick (Hg.): Die erfundene Wirklichkeit. Wie wissen wir, was wir zu wissen glauben? Beiträge zum Konstruktivismus. München 1985, 2. Aufl. (1981).

96  P. Petersen: Der Ursprung der Pädagogik, a.a.O., S. 47.

97  Ebd., S. 48.

98  Ebd., S. 47.

99  Ebd., S. 61.

100 Ebd., S. 63.

Seinsgrundes"[101] ist es dem Menschen möglich, die "Einheit Geistleben" zu erfüllen, zu erfassen, zu erkennen[102], allerdings nur in Form der Ur-Polarität von Leben und Geist, die in ihm selbst "unaufhaltsam voll wirksam" ist[103]. Und es ist der Geist, der das menschliche Bewußtsein als Teil des menschlichen Lebens gleichsam "erzeugt".[104] Er "**bedient sich** des **ganzen** Menschen und aller seiner verschiedenen Kräfte und Funktionen wie Sprechen, Denken, Erkennen, Gefühlsleben, Trieb und Wille, des Körpersinnes, um den vernünftigen, den geistigen Menschen in möglichst allen seinen Ausprägungen zu schaffen. Ebenso bedient er sich aber innerhalb der menschlichen **Gesellschaft** aller sozialer Formen und der Gemeinschaftsformen in Sprache, Sitte, Recht, Kunst, Religion, um die Menschheit vernünftig, geistig zu machen (nicht zu verstehen im Sinne eines sich in der Zeit vollziehenden Fortschritts zu 'immer höherer' Geistigkeit)."[105]

Was die **Natur** betrifft, kommt PETERSEN zu dem Schluß, "**daß eine Gemeinschaft besteht zwischen Mensch und Natur wie die zwischen dem Menschen und seinem Mitmenschen und von keiner anderen Art im Wesensgrunde als diese menschliche Gemeinschaft.** Es ist also geistige Gemeinschaft zwischen mir und der Natur, und die Wirkung der Natur auf den Menschen ist schöpferisch, ist weckend und geistig befruchtend. Der Mensch erwacht mit durch sie zum Menschen, sein Menschentum wird mehr als nur bereichert im Verkehr mit ihr, es wird erst so vollendet, und Neues entsteht aus der Gemeinschaft mit ihr."[106] Und dies alles bestätigt, "daß Mensch und Natur, beide, wirkender Geist sind. Also ist uns die Natur nicht 'Vorstufe des Geistes', sondern selber Geist-Darstellung."[107]

Jeder einzelne Mensch lebt immer schon **"auf Gemeinsamkeiten und aus Gemeinsamkeiten"**, ist anthropologisch also auf **Gemeinschaft** hin angelegt, die letztlich geistigen Ursprungs ist.[108] "**Gemeinschaft** ist allseitiges

---

101  Ebd., S. 89.
102  Ebd., S. 91.
103  Ebd., S. 93.
104  Ebd., S. 92.
105  Ebd., S. 90.
106  P. Petersen: Allgemeine Erziehungswissenschaft, a.a.O., S. 61. Diese Auffassung birgt weitreichende Konsequenzen für die Umwelt- und Mitwelt-Erziehung!
107  P. Petersen: Der Ursprung der Pädagogik, a.a.O., S. 70.
108  P. Petersen: Allgemeine Erziehungswissenschaft, a.a.O., S. 27.

geistiges Verbundensein mit einwohnendem Naturtrieb zum stetigen Wachstum an Fähigkeiten und Kräften, ein unaufhörliches Zeugen und Erzeugen."[109] Davon grenzt PETERSEN die **"Gesellschaft"** ab, die "in all ihren Formen auf ein Handeln eingestellt (ist) unter der Herrschaft des abwägenden Verstandes und (...) den Trieb zum Mechanischen" besitzt.[110] Und nochmals in prägnanter Zusammenfassung: "Unter 'Gemeinschaft' verstehe ich einmal im metaphysischen Sinne die Wirklichkeit, das Seiende überhaupt, insofern es Geist ist, und sodann die sichtbaren Gemeinschaften, insofern sie die Formen der Darstellung, Erzeugung und Erhaltung des Geistigen in der Menschenwelt sind (προς ἡμᾶς). Gesellschaft oder das Soziale ist darum der Gemeinschaft gegenüber das Zweite, ein Erzeugnis auch der Gemeinschaft, ebenso wie Staat und Kirche".[111]

Im Begriff der **Kultur** wird folgendes auseinandergehalten: "Kultur als die Gesamtheit der von Menschen geschaffenen Kultur**güter**, von **den** Menschen erzeugt, die durch die Natur- und Menschengemeinschaft dazu angeregt worden sind; Kultur als der **Prozeß**, in welchem diese Güter erzeugt oder nachschaffend wieder erworben werden, und Kultur im Sinne eines **höchsten Zweckes**, im Sinne der das geistig-sittliche Leben des Menschen beherrschenden Idee, die ihm gebietet, die **Gesamtheit** seiner Kräfte anzubauen und sich zu einem aus Freiheit handelnden vernünftigen Wesen auszubilden."[112] Der Begriff der **Zivilisation** dient PETERSEN "zur Kennzeichnung der Herrschaft der äußeren Formen der Kultur"[113] und damit zur klaren Abgrenzung für eine deviate Form von Kultur.

---

109 Ebd., S. 28.
110 Ebd., S. 28.
111 P. Petersen: Der Ursprung der Pädagogik, a.a.O., S. 6, Anm. 1.
112 P. Petersen: Allgemeine Erziehungswissenschaft, a.a.O., S. 79.
113 Ebd., S. 79.

# PETERSENs Grundbegriffe im strukturell-kohärenten Aufriß

Sein – Seiendes – Wirklichkeit – Welt: Einheit Geist-Leben
absolute und apriorische Werte-Welt

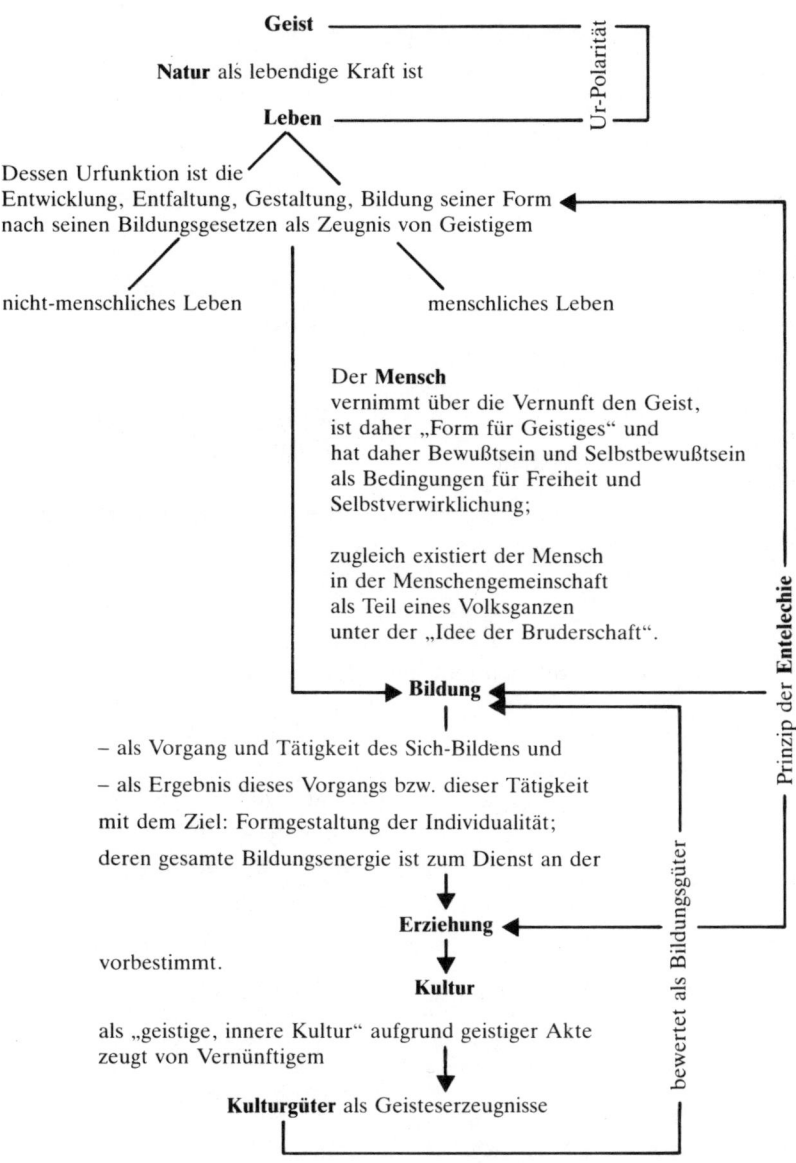

**Geist** ────────────────────┐

      **Natur** als lebendige Kraft ist

      **Leben** ───────────────── Ur-Polarität

Dessen Urfunktion ist die
Entwicklung, Entfaltung, Gestaltung, Bildung seiner Form ◄
nach seinen Bildungsgesetzen als Zeugnis von Geistigem

nicht-menschliches Leben            menschliches Leben

                Der **Mensch**
                vernimmt über die Vernunft den Geist,
                ist daher „Form für Geistiges" und
                hat daher Bewußtsein und Selbstbewußtsein
                als Bedingungen für Freiheit und
                Selbstverwirklichung;

                zugleich existiert der Mensch
                in der Menschengemeinschaft
                als Teil eines Volksganzen
                unter der „Idee der Bruderschaft".

           ► **Bildung** ◄

– als Vorgang und Tätigkeit des Sich-Bildens und

– als Ergebnis dieses Vorgangs bzw. dieser Tätigkeit

mit dem Ziel: Formgestaltung der Individualität;

deren gesamte Bildungsenergie ist zum Dienst an der

              **Erziehung** ◄

vorbestimmt.

              **Kultur**

als „geistige, innere Kultur" aufgrund geistiger Akte
zeugt von Vernünftigem

    **Kulturgüter** als Geisteserzeugnisse

*Prinzip der **Entelechie***

*bewertet als Bildungsgüter*

Erziehung

- als kosmische Funktion des
  tätigen Geistes

- als Dienstfunktion des
  Geistes in der Men-
  schengemeinschaft

  – pädagogische Führung
  (Pädagogie)

  von Menschen durch
  Menschen

  – pädagogische Führung
  (Pädagogie)

  des Unterrichts in der Schule

mit den Zielen: Vergeistigung
Humanisierung (Versittlichung)
Menschentum
Güte
Disziplin → Sitte, Brauch ...
Autonomie → Sittlichkeit
Reife der Persönlichkeit
gereifte Geistigkeit

Erziehungswirklichkeit

Wichtigste Funktion des **Lebens** ist die Entwicklung, die Entfaltung, die Bildung seiner Form, die sich am Prinzip der Entelechie orientiert.[114] Als Teil der belebten Natur ist natürlich auch der Mensch dieser Funktion und ihren Bildungsprinzipien und Bildungsgesetzen unterworfen.[115] Sofern der Ziel-Sinn der Aufbau, die Formgestaltung einer Individualität mit innerer Freiheit ist, bezeichnet PETERSEN sowohl die menschliche Selbst-Tätigkeit der "Bildungsarbeit"[116] bzw. den Vorgang des Sich-Bildens wie deren bzw. dessen Ergebnis als **menschliche Bildung**.[117] Dabei erzeugt Bildung beim Menschen nicht nur Freiheit, sondern auch geistiges Kapital: In diesem Sinn ist Bildung tatsächlich Macht.[118]

**Erziehung** hingegen erscheint im Sinne eines Prozesses der Vergeistigung, der Humanisierung des ganzen Menschen[119] als "Funktion des tätigen Geistes", "des 'Geistes in Tätigkeit'".[120] "Die Wirklichkeit (als Geistleben) ist das unabhängig Variable, Erziehung die abhängige Variable, und wenn wir von Erziehungswirklichkeit reden, so vom Definitionsbereich der abhängigen Variablen."[121] Wie "alle physischen und psychischen Kräfte einer menschlichen Individualität in den Dienst der **Bildung** gestellt" sind[122], so ist die **"gesamte Bildungsenergie einer Individualität (...) zum Dienste der Erziehung vorbestimmt"**[123]. Während also das "Ziel der Bildung (...) die voll entfaltete Individualität (ist), die innere Freiheit des Einzelnen, (ist und bleibt) Ziel der Erziehung (...) stets die Gemeinschaft und der Einzelne nur als für die Gemeinschaft, das heißt als Persönlichkeit".[124]

---

114  P. Petersen: Pädagogik der Gegenwart, a.a.O., S. 48.
115  P. Petersen: Allgemeine Erziehungswissenschaft, a.a.O., S. 97; 9, S. 92.
116  Ebd., S. 105.
117  Ebd., S. 96ff.
118  Ebd., S. 100f.
119  P. Petersen: Der Ursprung der Pädagogik, a.a.O., S. 90, 94; ders.: Pädagogik der Gegenwart, a.a.O., S. 50, 54.
120  P. Petersen: Der Ursprung der Pädagogik, a.a.O., S. 93.
121  Ebd.
122  Ebd., S. 92.
123  Ebd., S. 95.
124  P. Petersen: Allgemeine Erziehungswissenschaft, a.a.O., S. 106.

Die Erziehungswirklichkeit "erleben wir **in einem unmittelbaren Handeln im Sinne des vollendeten Dienstes**; in einem tätigen Verhalten, das reine geistige Funktion ist. Es ist das zugleich **immer** ein Handeln, das mich und dich, den einzelnen und den anderen, eben durch dieses Handeln und in ihm, unmittelbar zur Einheit einer dienenden Gemeinschaft verbindet, und darin 'vollendeter Dienst' ist."[125] Eine solche Erziehungswirklichkeit ist nur als "Lebensgemeinschaft von Erziehern und Zöglingen"[126] begreifbar, mit dem Ziel, den Kindern zur "Reife der Persönlichkeit"[127] zu verhelfen.

Während für PETERSEN Bildung als Formgestaltung grundsätzlich jedem naturhaften belebten Seienden zukommt, faßt er Erziehung als eine kosmische Funktion der Wirklichkeit auf, als organisches Geistwerden, als Vergeistigung und Humanisierung im Sinne von KANTs bekanntem Diktum, daß der Mensch nur durch Erziehung Mensch werden könne[128], und damit als ein exklusiv anthropologisches Phänomen - während es Abrichtung, Dressur, Manipulation und ähnliches auch in der Welt der Tiere gibt.[129]

Im Anschluß an FRÖBELs Auffassung, daß **"das ganze Leben des Menschen und der Menschheit (...) ein Leben der Erziehung"** sei[130], begreift PETERSEN Erziehung als einen allgemeinen "Vorgang der Anpassung, des Hineinlebens, richtiger des Hineingelebtwerdens in die Gemeinschaft, ein Hineinleben nicht nur in die Güter und Formen der Kulturwelt, sondern vor allem und stets damit auch in ihre Werte, die Ewigkeitscharakter tragen. In diesem vollen Umfange wächst der Mensch in die Gemeinschaft hinein und schafft sich seinen 'Lebensraum', und in diesem Sinne ist Erziehung ein Vorgang natürlichen Wachstums am und im Ganzen unter natürlichen Einwirkungen der mannigfachsten Art."[131] PETERSENs Erziehungsbegriff ist demnach zweideutig: Er umfaßt einerseits "intransitive" Prozesse bzw. Vorgänge und Aktionen (Handlungen),

125 P. Petersen: Der Ursprung der Pädagogik, a.a.O., S. 52.

126 Ebd., S. 52.

127 P. Petersen: Pädagogik der Gegenwart, a.a.O., S. 54.

128 P. Petersen: Führungslehre des Unterrichts, a.a.O., S. 14. - Vgl. S. 166.

129 P. Petersen: Der Ursprung der Pädagogik, a.a.O., S. 197f.

130 P. Petersen: Allgemeine Erziehungswissenschaft, a.a.O., S. 105.

131 P. Petersen: Der Ursprung der Pädagogik, a.a.O., S. 6; siehe auch ders.: Allgemeine Erziehungswissenschaft, a.a.O., S. 104f.

die mit dem Begriff "Selbsterziehung"[132] umschrieben werden; andererseits "transitive" Geschehnisse im Sinne von "Einwirkungen" des Seienden, der Wirklichkeit, der Welt auf den Menschen, zu denen vor allem auch Akte (Handlungen) "als geistige Einwirkung der Menschen aufeinander"[133] gehören.

In jedem Fall "**steht Erziehung in einer unaufhebbaren Beziehung zu Geist und zu Freiheit.** (...) Und damit ist sie selber Ursache und Zweck, causa und finis zugleich."[134] "Erziehung ist und geschieht ebenso ursprünglich, wie das Leben und seine Funktionen sind und sich vollziehen. Das Erziehen gehört demnach zum Sein des Menschen ursprünglich und unaufhebbar; nicht als etwas, das neben diesem Sein geschieht, das ihm zugesetzt werden kann oder nicht, sondern als etwas, das im natürlichen Sein des Menschen mitgegeben ist, derart in ihm enthalten, daß das natürliche Menschsein ohne Erziehung seinen Sinn verliert. Erziehung ist demnach eine Seinsgegebenheit, und zwar eine Funktion des Seienden, der Wirklichkeit."[135] Die Frage, was nun den Menschen zum Menschen macht, beantwortet PETERSEN damit, daß er diejenigen Akte aufzählt, "durch welche ein Mensch sich selbst und alles Seiende in ihm und um ihn auffaßt und versteht als seiend, wertempfangend und selber wertend **aus dem Grunde alles Seienden heraus**, oder in denen er aus dem Grunde der Wirklichkeit fühlt und handelt, so daß die im eminenten Maße menschlichen (geistigen) Gefühle und Handlungen entstehen wie Güte, Liebe, Treue, Demut, Sich-Sorgen, Dienst, Kameradschaft, echtes Mitleid, Leid, Andacht, Ehrfurcht und so weiter. 'Geistige Kultur' ist das, was vermittels solcher geistiger Akte außer uns gesetzt wird."[136] Das Erziehen geschieht nur dort, wo sich diese "geistigen Akte vollziehen, ja, die Erziehung ist es, durch welche sie zustande kommen; richtiger noch: Erziehung ist es, innerhalb welcher sie erscheinen und sind. Denn kein geistiger Akt, Gefühl oder Handlung, kann gelehrt oder gelernt werden, kein geistiger Akt kann

---

132  P. Petersen: Der Ursprung der Pädagogik, a.a.O., S. 151.

133  P. Petersen: Pädagogik der Gegenwart, a.a.O., S. 50.

134  P. Petersen: Der Ursprung der Pädagogik, a.a.O., S. 7.

135  P. Petersen: Pädagogik der Gegenwart, a.a.O., S. 48.

136  Ebd., S. 49f.

entwickelt oder verbessert oder irgendwie vollkommener gemacht werden. Wo sich Güte offenbart, ist sie vollendete Güte, ob Güte Akt eines 2jährigen Kindes oder eines reifen Mannes ist. Alter, Intelligenz, weltlicher Stand, Geschlecht und so weiter fügen einem Akt der Güte, der Treue nichts hinzu, das diese geistigen Gefühle und Handlungen abwandele, mehr oder weniger vervollkommne."[137] "Wie die mannigfachen Akte des Lebens auch ohne Absicht und ohne Bewußtsein davon geschehen, so geschieht auch das Erziehen als geistige Einwirkung der Menschen aufeinander", also innerhalb einer "'Gemeinschaft'".[138] "Wo sich innerhalb dieser menschlichen Gemeinschaft das Erziehen ereignet, dort finden wir Menschen, die **absichtslos füreinander** da sind und füreinander tätig sind. Ich nenne das den 'vollendeten Dienst'; denn in diesem **Dienst** geschieht immer ein Handeln, das Mich und Dich, den Einzelnen und den Anderen, eben durch dies Handeln und in ihm unmittelbar zur Einheit einer dienenden Gemeinschaft verbindet. Wie kommt es zu einem solchen Dienst in der Menschenwelt? Das erklärt sich daraus, daß innerhalb der Schöpfung allein der Mensch die Fähigkeit besitzt, die drei ursprünglichen Bezugssysteme zu erschauen und zu erleben, in denen er steht und aus denen er alles Sein hat und ständig neu empfängt, nämlich die Beziehung Mensch zu Mensch, Mensch zur Natur und Mensch zu Gott."[139] PETERSEN faßt Erziehung demnach als "die hohe Dienstfunktion des Geistes in der Menschengemeinschaft" auf, welche von der **"Idee der Bruderschaft"** aller Menschen[140], ihrer "urgemeinschaftlichen Verbundenheit"[141] in der "communio omnium hominum"[142] getragen und in "lebensechten Situationen" besonders gefördert wird.

Ansatzpunkt für die Erziehung ist für PETERSEN also die menschliche Individualität als "Einheit von Fühlen, Denken und Wollen, als deren Träger der Wille erscheint"[143]. Jede Individualität kann und sollte sich zur

---

137  Ebd., S. 50f.
138  Ebd., S. 50.
139  Ebd., S. 51.
140  Ebd., S. 52.
141  P. Petersen: Der Ursprung der Pädagogik, a.a.O., S. 113.
142  Ebd., S. 112.
143  P. Petersen: Allgemeine Erziehungswissenschaft, a.a.O., S. 37.

Persönlichkeit vollenden[144], die zutiefst mit dem Begriff der sittlichen Freiheit verbunden ist. "Die Persönlichkeit ist Diener im Reiche der Werte, die Werte sind die Zwecke der Gemeinschaft."[145] Der Einzelne zeichnet sich durch eine doppelte Bindung aus: durch die Urbindung "an den **'Naturraum'**, an das Wo und das Wann seines Erscheinens, seines Auftretens" ist er "'geborene Individualität'"; und durch "die Bindung seines gesamten **'Lebens- und Arbeitsraumes'**, den er sich schafft, an das apriorische System der Werte" ist er "'gewachsene Individualität'".[146]

PETERSEN beschreibt das Zielbild der geistigen, gereiften Persönlichkeit als eines Menschen, der Ruhe, Abgeklärtheit, Ausgeglichenheit, Weisheit, Hoheit, Würde, Friede und Geschlossenheit ausstrahlt, der große Sicherheit und Stetigkeit des Handelns besitzt und so zu einer Harmonie der Lebensführung gelangt ist, der also in sich und damit "im Seienden ruht und daher die Antriebe für sein Handeln aufsteigen läßt, derart, daß seine gesamte Lebensführung ist wie ein Strom, der aus einem Quell seine Wasser und damit seine Kräfte erlangt und nimmer versiegend dahineilt"[147]. Zugleich vermittelt ein solcher Mensch die Realisierung des Wesens "'gebundener Freiheit'"[148].

---

144 Ebd., S. 44f.
145 Ebd., S. 52.
146 P. Petersen: Der Ursprung der Pädagogik, a.a.O., S. 80.
147 P. Petersen: Pädagogik der Gegenwart, a.a.O., S. 55.
148 Ebd., S. 55.

*Erziehung als Funktion des Geistes und als pädagogische Führung*

PETERSEN entfaltet den Erziehungsbegriff mittels einiger "Grundurteile"[149], die sich als **anthropologische Leitgedanken bzw. Grundprinzipien** begreifen lassen:

1. **"Immer alles!"**[150] - unter diesem Aspekt ist Erziehung **"für jede Epoche die Frage an die lebendige Menschheit der Epoche** in jedem einzelnen Menschen und jedem Teil **und an deren Gesinnung**. Keine braucht zu verzweifeln, und vor allen Dingen **keine braucht zu warten**. Jede kann, ja jede muß mit sich anfangen. Sie kann auch von ihrer Gesinnung nichts lebendig weitergeben; lebendig überliefert sie nur den das Geistleben tragenden Zellkern."[151]

2. Der Mensch ist "'von Natur gut'"[152], "denn **alles Erbgut des Menschen neigt an sich zum Guten**"[153], "des Menschen Wesen (ist) von Natur gut"[154]. Die Anerkennung dieses Grundurteils führt zur "bewußten Absage an jede Lehre von einem Fortschritt der menschlichen Gattung zu sittlichen Vollkommenheit"[155] und zur Anerkennung bloß der "Entfaltung der sittlichen Kräfte des Einzelnen in der Gemeinschaft und durch die Gemeinschaft, in welcher er lebt, und damit immer neue Entfaltungen des Sittlichen in den gegenwärtigen Gemeinschaften"[156]. Es entsteht eine "Grundstimmung"[157] des steten "Jasagen(s) zu den Menschen und ein unermüdliches Bemühen, dieses Ja zu leben"[158]. Es kommt "zu einer voll und ganz **sittlich** getriebenen Liebe, die das Kind um seiner selbst willen als sittliches Eigenwesen, als sittliche Persönlichkeit, die es doch bereits ist, anerkennt und will und sich selber als

---

149 P. Petersen: Der Ursprung der Pädagogik, a.a.O., S. 96ff.
150 Ebd., S. 96.
151 Ebd., S. 98.
152 Ebd., S. 100.
153 Ebd., S. 103.
154 Ebd., S. 104.
155 Ebd., S. 108.
156 Ebd., S. 107.
157 Ebd., S. 107.
158 Ebd., S. 109.

186

Bedingung seiner Entwicklung zu verschenken bereit ist"[159]. Es geht jeweils um eine erfüllte Gegenwart der Menschen, nicht um deren Aufopferung für eine mehr oder minder unbekannte Zukunft. PETER-SEN lehnt jede gesellschaftlich-zivilisatorisch-gattungsmäßige Utopie zugunsten einer individuell-persönlichkeitsgebundenen Utopie ab; radikale Gegenwartsorientierung im Sinne eines Hic et Nunc geht jeder Zukunftsorientierung voraus.[160]

3. Das Menschengeschlecht bzw. die Menschheit bildet, in Völkerschaften bzw. Volkstümern oder Volksgemeinschaften differenziert - deren "Zelleinheiten" die Familie bilden[161] - eine Einheit, die "in der **Einheit der allgemein-menschlichen Anlagen** begründet" ist.[162] Unter "Volk" versteht PETERSEN "die oberste Besonderung der geistigen Gemeinschaften, deren Glieder ihre, auf dem Grunde einer gemeinsamen Natur und Sprache und in einer gemeinsamen Kulturarbeit vieler Geschlechter in Vergangenheit und Gegenwart erlebten idealen Güter und Werte mit allen Liebeskräften umspannen und täglich neu erwerben, um sie dem zukünftigen Geschlechte zur Arbeit an ihnen zu überliefern"[163]. Der Begriff "Volk" wird von PETERSEN also "organologisch"[164] und kulturhistorisch (geistig-seelisch), nicht aber "rassenbiologisch"[165] oder "biologistisch"[166] verwendet.

4. **"Für den Einzelmenschen und für jede Menschengemeinschaft ist Sinnverwirklichung Vergeistigung.**

5. **Der Weg dieser Verwirklichung ist Dienst.**

---

159 Ebd., S. 109.
160 Ebd., S. 108f. - Vgl. F.E.D. Schleiermacher: Theorie der Erziehung. Die Vorlesungen aus dem Jahre 1826 (Nachschriften). In: F.E.D. Schleiermacher. Ausgewählte pädagogische Schriften (besorgt v. E. Lichtenstein). Paderborn 1964, 2. Aufl. (1959), S. 81ff.
161 P. Petersen: Allgemeine Erziehungswissenschaft, a.a.O., S. 246.
162 P. Petersen: Der Ursprung der Pädagogik, a.a.O., S. 112.
163 P. Petersen: Allgemeine Erziehungswissenschaft, a.a.O., S. 246.
164 I. Maschmann: Zur Biographie und Zeitgeschichte Peter Petersens, a.a.O., S. 28.
165 J. Oelkers: Petersen und die Reformpädagogik, a.a.O., S. 70.
166 I. Maschmann, J. Oelkers: Einleitung: Petersens Pädagogik als Problem, a.a.O., S. 16.

6. **Vergeistigung und Güte sind Eins"**, der Wirklichkeit entspricht also die Güte, "dem unum das bonum".[167]

In PETERSENs Konzeption bedeutet "Erziehung" "Funktion des tätigen Geistes im Menschen".[168] Alle mit dieser - erziehungsphilosophisch gewonnenen - metaphysisch-ontologischen Erkenntnis verbundenen Fragestellungen werden von der Erziehungswissenschaft aufgenommen, entfaltet, weitergeführt, und es werden Antworten bzw. Lösungen gesucht. Die "geplante bewußte Erziehung von Menschen und durch Menschen"[169] ist ihm nur ein Teilaspekt jener umfassenden Erziehungsvorstellung. Er bezeichnet sie "i.e.S. als 'Führung' oder als 'Pädagogie'"[170] und ordnet ihr die "Pädagogik" als Wissenschaft von dieser pädagogischen Führung zu. Aus diesem Verhältnis von "Führung bzw. Pädagogie", aus "diesem Ineinander einer Urmacht und menschlicher Bemühungen um planvolle Lebensgestaltung und Vergeistigung" nimmt daher alle "Pädagogik" ihren Ursprung[171], und es ergibt sich: "Bewußte Erziehung muß sich in Harmonie mit der Erziehung als geistiger Funktion halten, sich als bescheidene Dienerin fühlen und immer von neuem suchen, sich in deren Geheimnisse zu vertiefen."[172] Weil PETERSEN den Menschen als von Natur gut ansieht, ohne freilich seine Möglichkeit zum Bösen, seine Verführbarkeit bis zur "Satanie" zu verkennen[173], erscheint ihm in der "Führung" die "Einwirkung von gutem Wesen auf gute Anlagen als grundgegeben gesichert"[174], es ihm gleichzeitig als notwendig, das Sittliche bzw. die Sittlichkeit als ethische "Limitierung des pädagogischen Aktes"[175] einzufordern.

In diesem Kontext fragt PETERSEN nach einem gültigen Beurteilungsmaßstab für ethische Systeme. Er findet ihn im Wesensziel "der Vergeistigung

---

167  P. Petersen: Der Ursprung der Pädagogik, a.a.O., S. 113.

168  Ebd., S. 114.

169  Ebd., S. 114.

170  Ebd., S. 114.

171  Ebd., S. 115.

172  Ebd., S. 114.

173  P. Petersen: Der Mensch in der Erziehungswirklichkeit. Reprint der Erstausgabe 1954. Weinheim - Basel 1984, S. 188f., 191ff., 196ff.

174  P. Petersen: Der Ursprung der Pädagogik, a.a.O., S. 116.

175  Ebd., S. 115.

des Menschen (...), welche zugleich Güte ist"[176]. Und er fragt weiter: "Womit kann ich es verantworten, alsdann die 'Führung' anderer Menschen zu übernehmen, andere zu bestimmen, ihnen 'Aufgaben' zu setzen, sie bewußt zu machen, Macht, ja Zwang über sie auszuüben, ihnen 'Gesetze' vorzuschreiben, ihre 'Freiheit' zu beschränken, sie zu determinieren?"[177] Der Erzieher, der Erwachsene steht demnach unter dem Anspruch höchster **Verantwortung** seines (pädagogischen) Handelns gegenüber dem sich-selbst-gestaltenden Kind und Jugendlichen. Freiheit ist als Bedingung wie als Ziel für die menschliche Entwicklung ein komplementäres Regulativ zur Verantwortlichkeit des Erziehers.

Im erworbenen Können erlebt der Mensch "den **Vorgang der Entstehung von Freiheit**"[178]. Und mit Bezug auf "den Verkehr von mir zum anderen in einem Reiche der Freiheit" schreibt PETERSEN: "Der Lebensraum des Einzelnen kann (...) nicht ohne den andern gebildet werden, vor allem nicht ohne die geistige Gemeinschaft, den großen Wirkungszusammenhang der geistigen Welt, in den jeder Mensch hineingeboren wird. Darum ist auch die geistige Entwicklung des Einzelnen und deren Ergebnis im Lebensraum niemals nur Eigenes. Könnte sich doch kein Mensch ohne dieses Gemein-schaftliche entfalten und bilden. Es wächst der eine am andern, und der andere ist, gerade auch als Gegensatz zu mir, notwendig zu meiner Entwicklung, bedingt also dadurch meine Entfaltung zur Eigenart."[179] Aus der erzieherischen Verantwortung folgt als "**die größte Pflicht eines Menschen gegen sich selbst**, weil sie zugleich die höchste Pflicht des Menschen gegen den anderen ist", die Aufgabe, eine **pädagogische Haltung** aufzubauen: "Dort, wo eine Individualität die reinste **Ursprünglichkeit** aufweist und wo sie zu einer **Persönlichkeit** geworden ist, dort haben wir den Menschen der reinsten und wirkungskräftigsten erzieherischen Haltung."[180] Das wesentliche Merkmal einer "**lebensvollen Persönlichkeit**" ist ihre Bereitschaft zum Dienst am Mitmenschen, an der Menschen-gemeinschaft aus dem ursprünglichen Geist-Leben heraus[181] - sie ist

---

176  Ebd., S. 117f.
177  Ebd., S. 118.
178  Ebd., S. 128.
179  Ebd., S. 130.
180  Ebd., S. 138.
181  Ebd., S. 144f.

"Diener im Reiche der Werte"[182]. In der "**Erzieher**persönlichkeit" wird die Persönlichkeitsentwicklung "zu einer **bewußten Tat eines ganzen Lebens**, eines **Berufs**lebens, und in dem steten Ringen um die Erfüllung ihrer Individualität mit den Zwecken und Kräften der geistigen Gemeinschaft, um die **Treue** gegenüber der Bruderschaftsidee, bleibt sie selber kraftvoll, bleibt sie **führend**."[183] "Im Grunde treibt im Erzieher wie bei allen Menschen das Sehnen zum anderen, dessen wir bedürfen. Aber es ist **ihm** nicht ein unsicheres, unklares oder nur instinktartiges Suchen und Sehnen, sondern treibendes Verlangen zum Dienst für den anderen 'als einen andern', aus der Erkenntnis der Verantwortung heraus, die der eine für den andern hat. Darum ihn nicht nach Deinem Bilde formen, als wenn Du ein Gott wärest, der das Recht hätte, Menschen nach seinem Bilde zu formen!"[184] Soviel zur Physiognomie des wahren Erziehers, die letztlich vom "schauenden Vermögen", "unmittelbar mit dem Sein in Verbindung zu kommen, also von der **"Schaukraft"** seiner Persönlichkeit geprägt wird.[185]

"In solcher erzieherischer Haltung liegt nun auch das Geheimnis der **Autorität** umschlossen, der rechten und wahren Autorität, ohne die kein erzieherisches Tun möglich ist. Denn Erziehung will geistige Kräfte lösen, soll frei machen und helfen, frei zu werden."[186] Autorität versteht PETERSEN aus dieser Perspektive als befreiende und freiwillige Ein- und Unterordnung, die "das deutliche und starke Gefühl" erzeugt, "daß ich mich dadurch erst in meinem Wesen und Sinn erfülle und daß demnach **meine Freiheit gewahrt bleibt**."[187] Aufs Schärfste verurteilt er deshalb jeden Mißbrauch von Autorität, bestehe dieser nur in der harmlosen Form der Vorspiegelung, man könne auf anstrengende "Selbsterziehung" verzichten, oder darin, "diejenigen Kräfte eines Mitmenschen, welche der Bildung seines **Menschentums** dienen sollen, in Kräfte des Ressentiments, des Hasses, der

182  P. Petersen: Allgemeine Erziehungswissenschaft, a.a.O., S. 52.

183  P. Petersen: Der Ursprung der Pädagogik, a.a.O., S. 146.

184  Ebd., S. 148. - Vgl. den "idealen Grundtypus" des "sozialen Menschen" bei E. Spranger: Lebensformen. Geisteswissenschaftliche Psychologie und Ethik der Persönlichkeit. München - Hamburg 1965 (1914), S. 165ff.

185  P. Petersen: Der Ursprung der Pädagogik, a.a.O., S. 146.

186  Ebd., S. 148.

187  Ebd., S. 149.

Verbitterung gegen andere" zu verkehren.[188] "Also wo jemand, der zum Erzieher bestellt ist, die Zöglinge beeinflußt **gegen** Mitmenschen, gegen Einrichtungen, die ihm als Einzelmenschen und Parteimenschen nicht zusagen; wo er sich in seiner Aufgabe verkennt und etwa gar zum reinen Parteimenschen wird, sich als Teilmensch zum Führer in Schulen aufwirft." Und weiter: "Man könnte sagen: Alles radikal Böse in der Welt ist nichts anderes als verkehrte Erziehung. Mißbrauch erzieherischer Autorität ist die Quelle dieses Bösen in der Welt."[189]

Der **Lebenserfahrung** eines Menschen und der **Überlieferung bzw. der Tradition** spricht PETERSEN nur ein begrenztes Recht zu, "als **erziehe-rische** Kräfte eingestellt zu werden"[190], nämlich dort, wo diese von einer Persönlichkeit ehrlich, echt und überzeugend gelebt werden. Während sich die erzieherische Haltung eines Menschen bloß darin offenbart, daß er "dem andern etwas (...) sein" will[191], ohne an ihn irgendwelche Anforderungen zu stellen, "so verbindet sich nun aber mit der **Führung** irgendwie unvermeid-lich der Anspruch, dem anderen nicht nur etwas zu sein, sondern ihm etwas vorzuschreiben, ihn zu leiten und zu bestimmen"[192]. Dieser Anspruch erhält seinen "Rechtsgrund" letztlich "aus der Einsicht, daß der eine des andern bedarf zum Leben wie zu seiner geistigen Vollendung und daß Menschen, die sich, ergriffen von dieser Einsicht, in den Dienst des anderen stellen, sich aus einem inneren Getriebensein und nicht Anderskönnen unter die Idee der **Bruderschaft** stellen müssen."[193] Der wahre "Führer"[194] realisiert eine **"Haltung, die keines anderen Menschen Freiheit bricht,** wenn sie auch mit Recht für einen anderen zur Begrenzung werden kann, vielleicht sogar werden muß, innerhalb welcher sich dieser andere in Freiheit vollenden

---

188 Ebd., S. 151.
189 Ebd., S. 151.
190 Ebd., S. 154.
191 Ebd., S. 157.
192 Ebd., S. 162.
193 Ebd., S. 162.
194 Das griechische Ausgangswort "paidagogós" bedeutet wörtlich "Führer des Kindes, Knaben- bzw. Kinderführer". Der "Pädagoge" ist "der Diener, der beauftragt ist, das Kind bei seinen täglichen Gängen zwischen dem Haus und der Schule zu begleiten. Seine Rolle ist im Grunde bescheiden: es ist ein einfacher Sklave, der den Auftrag hat, das kleine Gepäck seines jungen Herrn oder die Laterne, die seinen Weg erleuchten soll, ja das Kind selbst, wenn es müde ist, zu tragen". (H.I. Marrou: Geschichte der Erziehung im klassi-schen Altertum. München 1977, S 276.)

kann, sobald er nämlich die durch den Erzieher gesetzte Begrenzung als eine werthafte, für sein werterfülltes Leben gute und rechte Grenze empfindet, schließlich anerkennt und nun von sich aus setzt, sie innerlich bejaht"[195]. Außerdem entwickelt er "eine eigentümliche **Schau- und Leuchtkraft**, eine Fähigkeit, die Verhältnisse eigentümlich zu erkennen und zu beleuchten. Er überschaut sie anders, und zwar so, daß er dazu befähigt wird, andere zu beraten, ihnen Weisungen zur Beurteilung, zur Erarbeitung, zur Beherrschung von Menschen, Verhältnissen, Sachverhalten zu geben. Dies aber vermag er, weil er aus einem **Ganzen** heraus diese Verhältnisse umspannt und die gegebenen Teile in ein Ganzes hineinzuschauen vermag."[196] Das ist der Hinweis auf die große Bedeutung diagnostischer Fähigkeiten des Erziehers.[197] Bei der Führung von Menschenkindern ist es im besonderen nötig, "in das betreffende Individuum derart hineinzuschauen, daß ich die Tendenz, die **Richtung** aufgreife, mich in sie hineinfühle, in der sich der Sinn dieses Individuums verwirklicht. Denn dafür gibt es in jedem Menschen **Kräfte** einer **organischen Selbststeuerung**. Damit setzt sich eine organische Ganzheit den von außen kommenden Eingriffen als Ganzheit immer entgegen, um alles von außen Kommende **ihrem** Sinn einzuordnen. Um also ein Menschenkind recht führen zu können, muß ich imstande sein, die Richtung gebende Idee in ihm, den Plan, den Sinn alles Geschehens, aller Vorgänge in **dieser** individuellen Erscheinung erschauen zu können. Das ist im Pädagogischen wiederum besonders schwierig, da wir es hier mit dem sich entwickelnden Menschen, mit der 'werdenden Persönlichkeit' zu tun haben."[198] Außerdem bedarf der Pädagoge des geistigen Widerhalls im anderen", denn: "Er muß gleichzeitig selber weiterwachsen"[199].

Wenn auch das Kind für PETERSEN aus anthropologischen Gründen notwendigerweise grundsätzlich, also im metahistorischen Sinn, "hilfsbedürftig" ist, so sieht er dennoch zugleich ganz klar, daß der jeweilige **Grad** der Hilfsbedürftigkeit "von der kulturellen Struktur der Gesellschaft (abhängt), innerhalb deren es reifen muß"[200], also historisch stets variabel ist.

---

195  P. Petersen: Der Ursprung der Pädagogik, a.a.O., S. 162.

196  Ebd., S. 163.

197  Siehe ebd., S. 178f.

198  Ebd., S. 163f.

199  Ebd., S. 165.

200  Ebd., S. 167.

Mit Blick auf die europäischen Verhältnisse im allgemeinen und auf die deutschen im besonderen "ist jedes Menschenkind so lange hilfsbedürftig, bis es imstande ist, aus sich selbst teilzunehmen an dieser Kultur, das heißt teilzunehmen aus sich selbst an dem, was von ihm als Glied der **Gesellschaft** verlangt wird, und an dem, was es als Glied der **geistigen Gemeinschaft**, des geistigen Wirkungszusammenhanges seines Volkes, und dadurch als Glied der Menschheit, an **seinem** Teile leisten soll und kann."[201] Für PETERSEN ist es selbstverständlich, daß diese Aufgabe die Institution Schule wahrzunehmen hat, so daß er unvermittelt fortsetzt: "**Schüler ist also der junge Mensch, der auf dem Wege zum Menschen** ist, und das bedeutet wiederum: **auf dem Wege zur selbständigen Teilnahme an der geistigen Gemeinschaft, zu dem, was den Menschen als Menschen charakterisiert und ihn in seine nur ihm eignende Sphäre erhebt.** Zum Hineinleben in diese Sphäre bedarf das junge Menschenkind in unserer Kultur besonderer Führung bis zur vollen Reife, körperlich und seelisch."[202] In diesem Sinn "ist jede wahre Schule eine Hilfsschule, eine Hilfsveranstaltung für das aufwachsende Geschlecht, das sich hier sammeln soll um einen Kreis vorbedachter Helfer, um Menschen, die für diesen Hilfsdienst das rechte schauende Vermögen besitzen, Menschen, die in diesen Schulheimen ein der Entfaltung kindlicher und jugendlicher Kräfte angepaßtes System von Hilfen anlegen, dem heranreifenden Menschenkinde zur Autonomie, zur Freiheit, zu **seinem** Menschentum zu verhelfen."[203]

Unwillkürlich sieht man sich mit dem wohl bedeutsamsten Sonderfall pädagogischer Führung konfrontiert: mit der **"Pädagogik des Unterrichts"**, mit dem **"Ursprung der Didaktik"**[204] bzw. der **"Unterrichtslehre"** und dem damit unmittelbar zusammenhängenden Problem des "'Bewußtmachens'"[205]: "Es gehört zur Aufgabe des Unterrichts, dem aufwachsenden Kinde zu helfen, sich selber und seine Umwelt klar und deutlich zu

---

201  Ebd., S. 168.
202  Ebd., S. 168f.
203  Ebd., S. 169.
204  Ebd., S. 190.
205  Ebd., S. 194.

erkennen, zu benennen, zu verstehen und zu behandeln, kurz sie ihm zum Bewußtsein zu bringen."[206] Dabei brechen viele Fragen bzw. Probleme auf[207]:

- Welche Stoffe sollen zu welchem Zeitpunkt und in welcher Zeitspanne und Ausführlichkeit mit welchen Methoden gelehrt und gelernt werden?
- Was soll aus dem Bewußtsein wieder gelöscht werden?
- Welche Stoffe sind es überhaupt wert, gelehrt und gelernt zu werden?

Hierzu PETERSEN grundsätzlich: Ob nun ein "Kulturgut zum Bildungsgut erhoben" wird[208], hängt allein davon ab, ob man es für den Bildungsprozeß als (besonders) wertvoll empfindet - die Entscheidung ist also kulturhistorisch sehr relativ.

- Welche Methoden der Vermittlung sind für welche Stoffe angemessen?
- Welches Kind ist für welchen Stoff wann optimal aufnahmebereit?
- Wieviel mechanisches Üben kann den Kindern zugemutet werden?
- Welcher Stoffbereich ermöglicht es dem Kind, selbsttätig zu arbeiten oder gar selbständig etwas zu entdecken?
- Welche Fähigkeiten bzw. Fertigkeiten, welches Wissen und Können dürfen vorausgesetzt werden?
- Wie können schädigende Verfrühungen (oder Verzögerungen) erkannt und vermieden werden?
- Wie kann den Kindern und Jugendlichen der Weg zum wirklichen Verständnis für Natur, Kultur und Menschenwelt eröffnet werden?

Für PETERSEN sind **Disziplin** und **Autonomie** als anthropologische Seinsgegebenheiten, als "abgeleitete Funktionen" bzw. "Dienstfunktionen der Erziehung" zwei einander bedingende, also komplementäre und unverzichtbare Momente pädagogischer Führung des Unterrichts.[209] Beide Begriffe zielen ab auf Ordnung und menschliche Bindung, "gehören zu den konstitutiven Elementen des geistigen Schaffens". Während "Disziplin" "auf die Formungsverhältnisse des Geistigen in seiner Beziehung zur Äußerlichkeit, Weltlichkeit, Öffentlichkeit, auf das unter anderen und mit

---

206  Ebd., S. 190.
207  Ebd., S. 190ff.
208  P. Petersen: Allgemeine Erziehungswissenschaft, a.a.O., S. 98.
209  P. Petersen: Der Ursprung der Pädagogik, a.a.O., S. 198.

anderen-Sein abzielt", geht "Autonomie" "auf die formenden und ordnenden Verhältnisse und Kräfte in ihrer Beziehung zum letzten Grunde des Geistigen und somit auf Innerlichkeit, auf das bei sich-Sein und auf das Schöpferische."[210] Die Disziplin verbürgt Brauch, Sitte, Gesittung und Gewohnheit, die Autonomie Sittlichkeit als deren Grundlage.[211] Disziplin ist somit jene "geistig-sittliche Leistung des Menschen", die darin besteht, sich selbst in Zucht zu nehmen.[212]

PETERSEN unterscheidet sehr genau zwischen "Zwang" und "Macht": Während Zwang (und Strafe) keine "Erziehungsmittel" sind[213], ist Macht eine conditio sine qua non für jede echte pädagogische Führung, welche die "zwischen dem Erzieher und dem Zögling (...) unbedingt erforderliche und wichtige **Distanz** (schafft); denn rechte Führung ist ohne solche Distanz unmöglich."[214] "Jeder noch nicht reife Mensch verlangt (...) nach einer Macht, unter die er sich stellen kann. Jedes Menschenkind sucht um seiner eigenen geistigen Befreiung willen, also aus innerlichstem Bedürfnis heraus, **diese** Macht eines anderen Menschen. Es will und muß **seine** Kraft daran messen, um **sich** aufzurecken, auf einen scharfen Widerstand zu stoßen, und es ist im Grunde nur beruhigt, wenn es dann eine Harmonie zwischen dieser Macht und sich selbst und seinen Kräften hergestellt hat. Das Kind wächst, und so wird eine erzielte Harmonie zwischen Kind und Lehrer nie ungestört bleiben, weil dem Kinde eben immer neue Kräfte zuströmen von Jahr zu Jahr. In diesem geistigen Kampf der Kräfte, die der Heranwachsende hat und die der Erwachsene, der reife Führer, von sich ausstrahlt, geht es nun stets um neuen Ausgleich. Denn den braucht das Kind, um das Gefühl der Ruhe und Sicherheit zu gewinnen, ohne daß selbstverständlich das Kind und noch auf lange hinaus der Jugendliche ein Bewußtsein davon haben, daß dieser Rhythmus von Ringen um Geltung und friedvollen Ausgleich der geistigen Gegenkräfte die treibende Kraft in ihrer geistigen Selbsterziehung ist."[215] "Damit ist weiter gesagt, daß alle **Pädagogie**

---

210  Ebd., S. 198.
211  Ebd., S. 199f.
212  Ebd., S. 209.
213  Ebd., S. 211.
214  Ebd., S. 213.
215  Ebd., S. 214.

von begrenzter Zeitdauer ist, daß es ihr Ziel sein muß, sich selbst unnötig zu machen." Demnach ist "die beste Führung (...) diejenige, in welcher der Erzieher die Fähigkeit besitzt, Menschenkinder anzuleiten, sich selber Gesetze zu geben **und** sich selbst den besten Gesetzen unterzuordnen, um so zur Autonomie zu gelangen."[216] Ein "Lehrer, der als wahrer Führer in der Gruppe steht, (wird) von jedem Kinde in der Gruppe, wenn er etwas verlangt, als 'Autorität in Funktion' empfunden"[217].

### 3. Das pädagogische Handeln in PETERSENs Konzept

Die vorangehende umrißhafte Darstellung des erziehungswissenschaftlichen Denkens PETER PETERSENs hat gezeigt, daß er die "pädagogische Führung (Pädagogie)" als "intentionale Erziehung" und die "(pädagogische) Führung des Unterrichts und im Unterricht" als ein Teil-Handlungsfeld davon versteht. Weil demnach alle Aussagen zur pädagogischen Führung auch Aussagen zur Führung des Unterrichts sind, erscheint es sinnvoll und notwendig, die beiden Handlungsbereiche bei der Analyse nicht zu trennen.

---

216 Ebd., S. 215.
217 Ebd., S. 214.

Aus PETERSENs metaphysisch-ontologischem Ansatz ergeben sich einige
**"anthropologische Grundlagen bzw. Merkmale von Erziehungs- und
Unterrichtshandlungen"** (1.1.1.). Als Fundament aller "intentionalen"
Erziehung als einer Kunst ("Erziehungskunst") erscheint ihm deren Übereinstimmung bzw. Harmonie - im Sinne des "Einklang(s) mit den
Naturgesetzen des Lebens"[218] - mit der "funktionalen" Erziehung als einer
kosmischen Seins- bzw. Geistfunktion. Deshalb hat auch die intentionale
Erziehung das Moment der Irrationalität der gesamten "Erziehungswirklichkeit" in Rechnung zu stellen.[219]

Besonders deutlich arbeitet PETERSEN den Unterschied zwischen dem
Kind bzw. Jugendlichen, also dem Unerwachsenen als Zögling oder
Schüler, und dem Erwachsenen als Erzieher oder Lehrer heraus, der im
wesentlichen in der geistigen Überlegenheit, im höheren Grad der
Vergeistigung und Humanisierung des "Führers" gegenüber dem Geführten
besteht. Damit wird einerseits die Führungsbedürftigkeit des Heranwachsenden und andererseits die Führungsfähigkeit des Erwachsenen fundamental begründet. Dieser grundlegende Gegensatz muß in der pädagogischen Situation wirksam werden. Er ist die Quelle für die Entstehung der
"pädagogisch richtige(n) Spannung und Distanz" wie der "'Autorität in
Funktion'" "als Ausfluß erzieherischer Macht".[220] Ein solches Führungs-
verhältnis kann es natürlich auch zwischen "reiferem Schüler und weniger
reifem Schüler" geben, und es kehrt sich zwischen Erwachsenem und Kind
in Einzelfällen und temporär begrenzt um, wenn "das **Kind** die höhere
Geistigkeit bekundet".[221] Die höhere Geistigkeit des Lehrers drückt sich im
Unterricht vor allem darin aus, daß er den Anspruch des Stoffes und die von
diesem ausgelösten Spannungsverhältnisse gegenüber dem Schüler zu
vertreten hat.[222] Spannungen ergeben sich aber auch aus dem Beziehungsfeld

---

218  P. Petersen: Der Kleine Jena-Plan. Weinheim - Basel 1980, 56.-60. Aufl., S. 9; auf S. 45
      ist von "didaktischer Kunst" als der Kunst des Erziehens und Unterrichtens die Rede.
219  P. Petersen: Führungslehre des Unterrichts, a.a.O., S. 15.
220  Ebd., S. 23 ("Distanz" im Original hervorgehoben).
221  Ebd., S. 22.
222  Ebd., S. 31.

zwischen den Menschen in einer pädagogischen Situation wie aus der täglichen Verantwortung unseres Lebens vor Gott.[223]

Nur wenn und weil es "zu einer wirklichen Beanspruchung des Selbst (kommt), zu einer Herausforderung des Eigenwesens" und "das **volle** Selbst der Schüler in Tätigkeit gesetzt wird", kann es "zu einer vollen **Übernahme** und Aufnahme der Spannungen" in einer pädagogischen Situation kommen, "geschieht situationsgemäßes Verhalten und Arbeiten".[224] Alle Intentionalität pädagogischer Führung zielt auf die Totalität des Menschen im Zögling bzw. Schüler ab, auf "die **echte** Tätigkeit des Menschenkindes, das heißt diejenige, durch welche es zum Selbst-Sein gelangt", auf seine "Selbsttätigkcit".[225] Der Erzieher erwartet also vom Zu-Erziehenden Wahl- bzw. Entscheidungshandlungen als selbsttätige Antworthandlungen einer Gesamtperson.

Besondere Aufmerksamkeit widmet PETERSEN dem Fragenkreis um die **"Organisation beim Erziehen und Unterrichten"** (1.1.2.). Deren vorgegebenen Rahmen bilden die "drei großen Wirklichkeiten Gott, Natur und Menschenwelt" als die "**drei** umfassendste(n) **Spannungsfelder**" pädagogischer Situationen.[226] Es ist Aufgabe des Pädagogen, die Spannungsverhältnisse dadurch herzustellen, daß er den "natürlichen Lebenskreis" in einen pädagogischen Lebenskreis "verwandelt", umformt, transformiert.[227] Dazu sind eben organisatorische Vor-Strukturierungen nötig, die unter "pädagogischer Sinngebung" die Gestaltung eines "problemhaltigen Lebenskreises" mit "Aufforderungscharakter"[228], einer "Schulwohnstube"[229], einer "Schulgemeinde"[230] als einer "Lebensstätte der Jugend"[231], einer "Menschenschule" im Sinne PESTALOZZIs[232] intendieren.

223 Ebd., S. 27.
224 Ebd., S. 32.
225 Ebd., S. 24.
226 Ebd., S. 27.
227 Ebd., S. 26.
228 Ebd., S. 20f.
229 Ebd., S. 46, 114, 148.
230 Ebd., S. 43, 46, 114.
231 Ebd., S. 43, 48.
232 P. Petersen: Der Kleine Jena-Plan, a.a.O., S. 12f.

Alle "Vor-Ordnungen" des Erziehers beziehen sich auf die Gestaltung der "Arbeits- und Lernwelt", auf die "Formen des geselligen Verkehrs" und auf das "oberste Gesetz des Zusammenlebens" in der Schule[233], wollen also Sachlichkeit und Mitmenschlichkeit, Gesittung und Gesinnung ermöglichen. Das Zusammenleben innerhalb jeder "Erziehungsschule"[234], jeder "Charakterschule"[235], jeder "Lebensgemeinschaftsschule" (als einer Lebens- und Gemeinschaftsschule) wird normiert von guten, gelebten Sitten, Bräuchen und Umgangsformen wie vom "'Gesetz der Gruppe'", das heißt, "im Raume darf nur geschehen, was alle gemeinsam wollen und was das Zusammenleben und die Schularbeit in Ordnung, Sitte und Schönheit allen in diesem Raume gewährleistet."[236] "**Jedes** Mitglied der Gruppe hat das Recht, jeden zu mahnen! Die älteren Schüler die jüngeren, diese jene und nicht nur der Lehrer die Schüler, sondern die Schüler auch den Lehrer! Wird diese Forderung ganz natürlich eingehalten und geht der Lehrer vorbildlich voran, so wohnt diesem Gesetze die denkbar größte, das Gruppenleben regelnde Kraft inne."[237] Solche gemeinschaftlichen Bindungen schaffen erst die Bedingungen für die Entwicklung von Individualitäten zu Persönlichkeiten in Freiheit. Die Schulgemeinde wird ein "**Klärungsbecken**"[238], ein "Ort der **Läuterung des sozialen und sittlichen Lebens der Jugend**"[239]. Im Sinne einer "Didaktik der Selbstverständlichkeit"[240] werden die Schüler vom ersten Schultag an räumlich eingeordnet und sozial "an alle guten Sitten des Umgangs" gewöhnt.[241] Das "'**Unterrichtsleben**' als die Welt problemhafter, Kinder und Jugendliche auf natürliche Weise zum Lernen anreizender Situationen"[242] ist im "Schulleben" als dem Inbegriff für die Gestaltung einer pädagogischen Situation bzw. eines pädagogischen Lebenskreises "verankert, wird vom Schulleben getragen wie das Schiff

---

233  P. Petersen: Führungslehre des Unterrichts, a.a.O., S. 56, 70f.

234  Ebd., S. 73.

235  P. Petersen: Der Kleine Jena-Plan, a.a.O., S. 69.

236  Ebd., S. 31.

237  P. Petersen: Führungslehre des Unterrichts, a.a.O., S. 71.

238  Ebd., S. 73.

239  Ebd., S. 75.

240  Dazu siehe P. Petersen: Der Kleine Jena-Plan, a.a.O., S. 31 und ders.: Führungslehre des Unterrichts, a.a.O., S. 70.

241  P. Petersen: Der Kleine Jena-Plan, a.a.O., S. 31, 30; siehe auch S. 35.

242  P. Petersen: Führungslehre des Unterrichts, a.a.O., S. 155; siehe auch ders.: Das Unterrichtsleben. Sonderabdruck aus: Die Quelle, Jg. 1930, Heft 1, S. 1.

vom Meere."[243] Es hat deshalb "die allergrößte Bedeutung **auch für den Unterricht**, für das Lernen i.e.S.", es wird **"dem Unterricht wundervoll dienstbar gemacht"**.[244] Das **"pädagogische Richtmaß"**[245] "zur Organisation der Schüler für den Unterricht wie für die Unterrichtsgestaltung selber ist: **Die Altersreihe in der natürlichen Ordnung der Arbeit und des lebendigen Volkstums ihres Standorts"**[246] und "für das Schulleben und das 'Unterrichtsleben': **die Familie und der Jugendbund"**[247].

Die **räumliche Vorstrukturierung** umfaßt die Gestaltung des Schulgebäudes, des Schulhofs und des Schulgartens wie der Schulräume samt ihrer Einrichtung. Es geht aber auch um die täglich mehrmalige Umgestaltung des Raums durch die Kinder entsprechend den wechselnden Erfordernissen pädagogischer Situationen ("Beweglichkeit") und um die Bindung der Kinder an einen bestimmten Gruppenraum "zur Entfaltung geistiger Kräfte" in der notwendigen "Abgeschlossenheit".[248]

Was die **zeitliche Vorstrukturierung** betrifft, ersetzt PETERSEN den überkommenen "Fetzenstundenplan"[249] durch einen "Wochenarbeitsplan". Dieser verdeutlicht einerseits "das Verhältnis des Schullebens zum Gesamtleben, zur Umwelt der Schüler"[250], wozu die Zusammenarbeit mit den Eltern und Veranstaltungen mit ihnen und für sie ebenso gehören wie eine möglichst genaue Kenntnis der Freizeitgewohnheiten der Kinder; andererseits "die Gestaltung der Arbeitenfolge und der Lebensordnung innerhalb der Schule"[251]: Dazu gehören die "Wochenanfangsfeier" mit

---

243  P. Petersen: Führungslehre des Unterrichts, a.a.O., S. 81. - Zum Themenkreis "Schulleben" vgl. Ch. Salzmann: Schule und Schulleben aus der Sicht Peter Petersens. Der Jena-Plan und das Problem seiner Reaktualisierung. In: Pädagogische Rundschau, Heft 3/1984, S. 333-353.

244  P. Petersen: Führungslehre des Unterrichts, a.a.O., S. 81.

245  Ebd., S. 48.

246  Ebd., S. 52.

247  Ebd., S. 53.

248  P. Petersen: Der Kleine Jena-Plan, a.a.O., S. 31f.

249  P. Petersen: Der Jena-Plan, sein Wochenarbeitsplan und dessen pädagogische Situationen. In: Internationale Zeitschrift für Erziehungswissenschaft, II. Jg., Heft 2/1932, S. 233 zit. nach Th. Schwerdt: Kritische Didaktik in Unterrichtsbeispielen. Paderborn 1952, 18. Aufl., S. 234f.

250  P. Petersen: Führungslehre des Unterrichts, a.a.O., S. 114.

251  Ebd., S. 115.

anschließendem "Vorblick auf die Wochenarbeit"[252], die "'Wochenschluß-feier'" mit vorhergehender "Raumpflege" und das "'Freie Arbeiten'" am letzten Schulwochentag "nach Wahl und Bedürfnis oder nach Verabredung und Auftrag des Gruppenleiters an Aufgaben, die (die Schüler) während der Woche nicht ganz fertigstellen konnten, die aber, um (sie) zur inneren wie äußeren Ordnung in ihrem Planen und Arbeiten zu erziehen, gern noch innerhalb der Woche abgeschlossen, mindestens zu einer gewissen Ab-rundung gebracht werden sollten. Es kann sich aber auch um ein Gebiet handeln, in dem Schüler besonders große Lücken aufweisen, in dem sie nun aufholen, nachkommen oder schneller vorwärtskommen möchten; es mag Krankheit oder anderes schuld an einem Zurückbleiben sein"[253]; weiters die fachleistungsspezifischen bzw. fachleistungshomogenen Niveaukurse und die Kurse innerhalb der Stammgruppen zur Einführung von Neu-eingetretenen, für intensiveres bzw. zusätzliches Üben einzelner Schüler oder zur Einprägung und Wiederholung für die ganze Gruppe und ähnli-ches.[254] Eine zentrale Bedeutung hat der "Gruppenunterricht"[255], die "Gruppenarbeit"[256], das "'gruppenunterrichtliche Verfahren'"[257], in dem die "Tischgruppen tatsächlich diejenigen (sind), welche die Arbeit aufneh-men, durchführen, in sich weitertreiben, über sie berichten, sie in der ganzen Gruppe auswerten und aus einer Trimester- oder Semesterarbeit dann das Ergebnis ziehen, einprägen und als Wiederholungsstoff festhalten"[258]. An sie schließt immer ein "Berichtkreis" an.[259] Schließlich gehören zum Schulleben noch "die Freizeit innerhalb der Schule", welche die Körper-schulung ("Körperschule"), die gemeinsame Einnahme des Frühstücks und das "freie Pausenspiel" umfaßt, sowie die freiwilligen und interessen-bezogenen "**Wahl**kurse".[260]

---

252  Ebd., S. 117.
253  Ebd., S. 116.
254  Ebd., S. 118.
255  Ebd., S. 118.
256  Ebd., S. 103.
257  Ebd., S. 136f.
258  Ebd., S. 176f.
259  Ebd., S. 136, 176ff.
260  Ebd., S. 118.

# Schularbeit und Schulleben in ihrem Wochenrhythmus[261]:

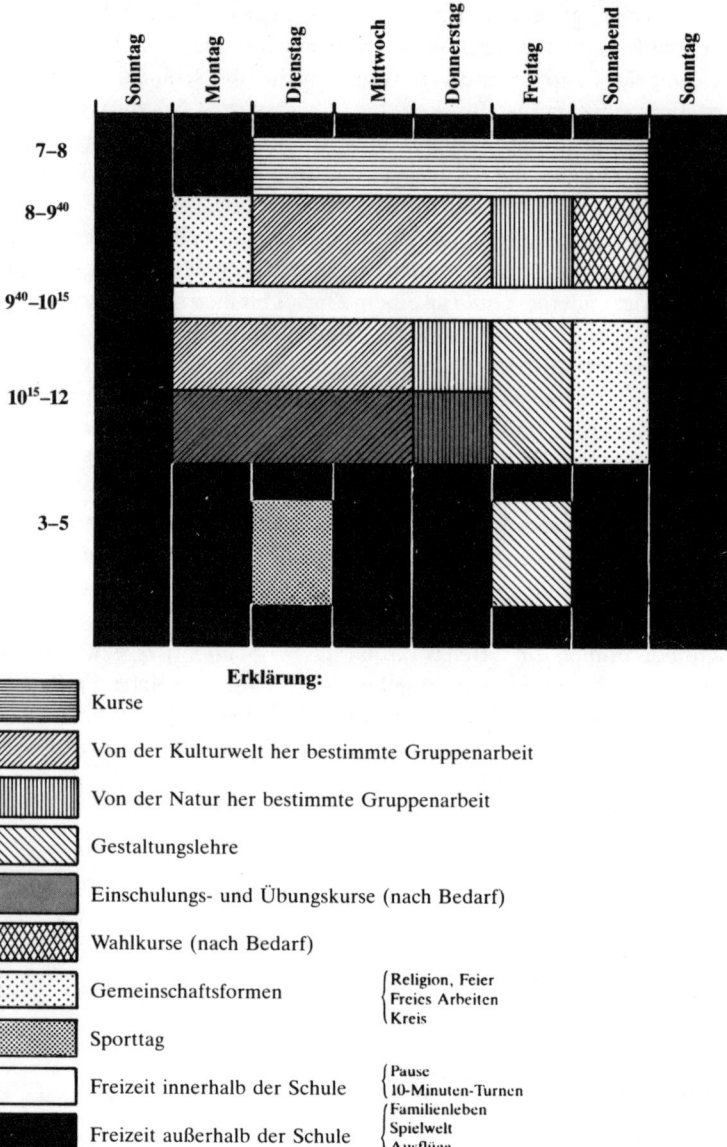

**Erklärung:**

Kurse

Von der Kulturwelt her bestimmte Gruppenarbeit

Von der Natur her bestimmte Gruppenarbeit

Gestaltungslehre

Einschulungs- und Übungskurse (nach Bedarf)

Wahlkurse (nach Bedarf)

Gemeinschaftsformen ⎰ Religion, Feier ⎱ Freies Arbeiten ⎱ Kreis

Sporttag

Freizeit innerhalb der Schule ⎰ Pause ⎱ 10-Minuten-Turnen

Freizeit außerhalb der Schule ⎰ Familienleben ⎱ Spielwelt ⎱ Ausflüge ⎱ Schulweg

---

261  P. Petersen: Der Kleine Jena-Plan, a.a.O., S. 52.

202

Die **Erziehungs- und Unterrichtsgehalte**, die "Bildungsstoffe" sind vom Lehrer aus den drei großen Lebenswirklichkeiten Gott, Natur und Mensch - **"aus denen und in denen wir leben"** - zu entnehmen und für die Schüler als "'organische Einheiten'" anzubieten bzw. aufzubereiten.[262] Zur erfolgreichen Bearbeitung dieser Einheiten sind ganz bestimmte Fertigkeiten nötig, die daher vorher in einem eher isolierten Training erlernt werden müssen (z.b. technisch-künstlerische Fertigkeiten, Lesen, Rechtschreiben, Rechnen).[263] Im "Kleinen Jena-Plan" bezeichnet PETERSEN diese Grundlagen für jedes Fach, für jede Technik, "durch deren Beherrschung sich ein Kind, jeder Mensch, den Zugang zu dem betreffendem Stoffgebiet erarbeiten kann", und damit für das "freie Fortschreiten" als "'Elementargrammatik'"[264]; das technische Elementarwissen und -können, das "sich auf die Holz-, Metall-, Papp-, Glasarbeit und die Zeichen- wie Schrifttechniken erstreckt", als "'Werkgrammatik'"[265]. Das "'Fach'" besitzt eine nennenswerte Berechtigung erst auf den höheren Stufen des Schulwesen, dort, wo es heißt, "Schüler auf ein Fachstudium einzustellen und vorzuschulen."[266] "Ausgangspunkt aller unterrichtlichen Arbeit (ist) das natürliche Lernen, der freie Bildungserwerb", an den "sich alles Kunstlernen und Aufgabelernen soweit wie irgend möglich (...) anzuschließen" hat, indem "dessen Formen und Situationen" nachgebildet werden.[267] Damit wird es möglich, den Unterricht in die Schulgemeinde, das Unterrichtsleben in das Schulleben zu integrieren.[268] Dementsprechend entwirft PETERSEN zunächst folgende (formale) Lernbereiche[269]:

---

262  P. Petersen: Führungslehre des Unterrichts, a.a.O., S. 119.

263  Dazu vgl. den Begriff der "didaktischen Schleifen" in: Arbeitsgruppe Vorschulerziehung: Anregungen III: Didaktische Einheiten im Kindergarten. München 1976, S. 121-128.

264  P. Petersen: Der Kleine Jena-Plan, a.a.O., S. 45.

265  Ebd., S. 46.

266  P. Petersen: Führungslehre des Unterrichts, a.a.O., S. 120f.

267  P. Petersen: Der Kleine Jena-Plan, a.a.O., S. 44f.

268  Ebd., S. 60f.

269  Ebd., S. 59.

## A. Die Vorschule des Unterrichts
### (Das Gemeinschaftsleben und die Ausdrucksbildung)

| Schul-jahr | I. Körper-erziehung | II. Umgang und Sitte | III. Sprache und Gesang | IV. Hand- u. Sinnesbildung | V. Innerlichkeit (Gemüt) |
|---|---|---|---|---|---|
| 1. | | | | | |
| 2. | | | | | |
| 3. | | | | | |
| 4. | | | | | |
| 5. | | | | | |
| 6.ff. | | | | | |

## B. Unterrichtsleben und Unterrichtsbetrieb
### (Unterricht im engeren Sinne)

| Schul-jahr | VI. a) Elementar-kenntnisse | b) Gesellschaftswissen oder Herrschafts- und Leistungswissen | c) Persönlichkeits-wissen |
|---|---|---|---|
| 1. | | | |
| 2. | | | |
| 3. | | | |
| 4. | | | |
| 5. | | | |
| 6.ff. | | | |

Werden nun die auf den Seiten 200ff. beschriebenen Formen des "Schullebens" bzw. "Unterrichtslebens" mit diesen Lernbereichen kombiniert, so entstehen für den Lehrer eine Fülle von "Arbeitsformen", "um ganz verschieden gründlich, Zeit und Lage entsprechend, alles und jedes, das seine Zeit von ihm fordert, von den Schülern bearbeiten zu lassen."[270]

Dabei ist vom Lehrer die Beachtung ganz bestimmter **didaktischer Grundsätze** verlangt. Was zum Beispiel die Aufbereitung "organischer Einheiten" betrifft, gelten die Grundsätze der Sinnhaftigkeit, der Wirklichkeitsbezogenheit bzw. -verbundenheit und der Lebensbedeutsamkeit bzw. Gegenwartsbezogenheit.[271] Außerdem gelten immer die Grundsätze der "situationsmäßigen Leitung"[272], der Selbsttätigkeit (Aktivierung und Motivierung) und des Schaffenlassens aus Ruhe und Muße[273] sowie der "Stufigkeit des Unterrichts", zum Beispiel: "Vom Bekannten zum Neuen! Vom Einfachen zum Verwickelteren! Vom Leichten zum Schwereren!"[274]

Die **Unterrichtsmethoden** gewinnt PETERSEN aus den Urformen des Lernens und Sich-Bildens[275], aus den "Bildungsformen"[276] als den Ur- oder Grundformen der Aufnahme und Übernahme der Spannungen durch den Schüler, also aus den "Grundverhaltensweisen", in denen sich der Mensch mit Gott, Natur und Menschenwelt auseinandersetzt.[277] Dabei entwickelt er zwei Kategorien, die eng aufeinander bezogen sind: die "Grundformen der **Selbsterziehung**", wozu er "Überlegen, Philosophieren; Anschauung, Empfindung, Wahrnehmung; Versenkung, Andacht und Beten" und vor allem das "Schauen" zählt[278], und die vier "Gemeinschaftsformen"[279] "**Gespräch** (Unterhaltung); **Spiel**; **Arbeit** und **Feier**"[280].

---

270 P. Petersen: Führungslehre des Unterrichts, a.a.O., S. 123.

271 Ebd., S. 119f.

272 Ebd., S. 147ff.

273 P. Petersen: Das Unterrichtsleben, a.a.O., S. 15.

274 P. Petersen: Führungslehre des Unterrichts, a.a.O., S. 88.

275 Ebd., S. 38.

276 Ebd., S. 34, 107.

277 Ebd., S. 32.

278 Ebd., S. 32.

279 Ebd., S. 38.

280 Ebd., S. 33; 98-107.

Es ist darauf hinzuweisen, daß PETERSEN dem "Gespräch" einen viel weiteren Bedeutungsradius zuweist als der allgemeine Sprachgebrauch: Der Bogen spannt sich von der "'Unterhaltung' im 'Kreis'"[281] (dem "Erzählkreis" als einer Weiterführung des schlichten Alltagsgesprächs in der Familie) über den "'Berichtskreis'" als "Vortrag" oder als "sachlich streng gebundene Aussprache" bis zum "Lehrgang"[282], zum "'Aufgabe-lernen'"[283] als didaktisch-methodischer "Kunstform", als "methodisiertem Gespräch", und PETERSEN fügt kritisch hinzu: "an deren übermäßiger Anwendung das Schulleben nach und nach fast gänzlich erstickt ist"[284].

Spiel als Bildungsform umfaßt das Lernen im und durch das Spiel, das "spielende **Lernen**" über "'Lernspiele' für Unterrichtszwecke", die "bil-denden **Zweckspiele**" (Pausenspiel, Turnspiele)[285] und alle Arten von "**Schau-Spiele(n)**"[286]. Zur Bildungsform Arbeit gehören natürlich die Gruppenarbeit und alle Formen von Kursen (Einführungskurse, Niveaukurse, Einschulungskurse, Sonder- bzw. Fachkurse und Wahlkurse).[287] Die Feiern gliedert PETERSEN nach dem Grad der Selbständigkeit der Schüler bzw. der Leitung durch den Lehrer so: die "vom Lehrer gebotene Feier" (z.B. die Morgenfeier oder gemeinsame Wochenschlußfeiern)[288]; die "vom Lehrer geleitete Feier" (z.B. Advents- und Weihnachtsspiele, größere dramatische Aufführungen); die "vom Lehrer durchgeformte Feier" (z.B. Aufnahmefeier der Schulanfänger) und "die von den Schülern selbständig gestaltete Feier" (z.B. Geburtstagsfeiern, eine Feier für eine sich verabschiedende Lehrkraft oder Gruppenkameraden oder zu Ehren eines Gastes).[289] Zwischen Spiel und Arbeit stellt PETERSEN die "Zwischenform 'Helfen'", außerdem führt er "Zweitformen" an, wie die "sogenannte 'Lesestube' (laesestuen)", das Theater und den Konzertsaal.[290] Grundsätzlich haben Schulen "das

281 Ebd., S. 33.
282 Ebd., S. 34.
283 P. Petersen: Der Kleine Jena-Plan, a.a.O., S. 69.
284 P. Petersen: Führungslehre des Unterrichts, a.a.O., S. 34.
285 Ebd., S. 102.
286 Ebd., S. 103.
287 Ebd., S. 103ff.
288 Ebd., S. 105.
289 Ebd., S. 106.
290 Ebd., S. 34f.

schweigende Denken (...) und das schweigende Handeln" zu pflegen: "Deswegen muß nun an erster Stelle auch Wort und Rede des **Lehrers** eingeschränkt und ganz neu - und damit wieder wertvoll, wirksamer - dem Schulleben eingefügt werden."[291]

Zur Organisation beim Erziehen und Unterrichten gehören auch die **"Arbeitsmittel"** als Gegenstände, die - mit (möglichst) eindeutiger didaktischer Absicht geladen - dazu hergestellt sind, daß sich das Kind mit ihnen frei und selbständig bilden kann.[292] Sie dürfen deshalb vom Lehrer nie mißbräuchlich als Zwangsmittel eingesetzt werden, sondern sollen vielmehr "dem Kinde während der Arbeit ein Gefühl des Lockeren und Freien vermitteln"[293], indem sie "geschickt den Trieb des Schülers zum Selber-Schaffen" ausnützen, wenn es auch "in Wahrheit" bloß "ein Nach-Schaffen ist."[294]

Jede pädagogische Situation wird auch ganz wesentlich von der **Sozialstruktur** geprägt. PETERSEN gibt bekanntlich die Jahrgangsklassen zugunsten folgender Struktur auf: In der zehnjährigen Jena-Plan-Schule werden alle Kinder zunächst in vier **"Stammgruppen"** eingeteilt: die 6- bis 8jährigen in die "Untergruppe" (1. - 3. Schuljahr), die 9- bis 11jährigen in die Mittelgruppe" (4. - 6. Schuljahr), die 12- und 13jährigen in die "Obergruppe" (7. - 8. Schuljahr) und die 14- und 15jährigen in die "Jugendlichengruppe" (9. - 10. Schuljahr).[295]

Überblick über die Gruppierung der Schüler nach Altersstufen mit Zuordnung der inhaltlichen Schwerpunkte zu den verschiedenen Stammgruppen:[296]

291  P. Petersen: Der Kleine Jena-Plan, a.a.O., S. 34.

292  P. Petersen: Führungslehre des Unterrichts, a.a.O., S. 182, 190.

293  Ebd., S. 196.

294  Ebd., S. 197.

295  Siehe P. Petersen: Der Kleine Jena-Plan, a.a.O., S. 27 und ders.: Führungslehre des Unterrichts, a.a.O., S. 54.

296  Th. Dietrich: Die Pädagogik Peter Petersens. Der Jena-Plan: Modell einer humanen Schule. Bad Heilbrunn 1986, 4., neubearb. u. erw. Aufl., S. 66.

| | | |
|---|---|---|
| | *Jugendlichengruppe* | |
| 10. | Berufsvorbereitende Bildung - Gruppenunterricht, daneben | 15. |
| | Fachkurse mit Wahlmöglichkeit (Orientierungsmöglichkeit) - | |
| 9. | Fachgruppenlehrer und Fachlehrer | 14. |
| | *Obergruppe* | |
| 8. | Fortsetzung und Vertiefung der Arbeit der Mittelgruppe - | 13. |
| | Gruppenarbeit - Bearbeitung gesellschaftl. Fragen - | |
| 7. | Verstärkung der fachl. Kurse - größere Wahlmöglichkeit; | 12. |
| | evtl. zweite Fremdsprache - Fachgruppenlehrer, stärkeres | |
| | Hinzutreten von Fachlehrern | |
| | *Mittelgruppe* | |
| 6. | Gruppenarbeit in Kultur-, Erd- und Naturkunde - | 11. |
| | Niveaukurse Sprachlehre und Rechnen - Wahlkurse nach | |
| 5. | Bedarf - Fachkurse z.B. 1. Fremdsprache, Geschichte, | 10. |
| | Physik usw. - Gemeinschaftsformen: mus.-gymn. Erzie- | |
| 4. | hung - Religion - Fachgruppenlehrer, daneben Fachlehrer | 9. |
| | *Untergruppe* | |
| 3. | Einführung in Grundkenntnisse - Erarbeitung des Lesens, | 8. |
| | Schreibens, Rechnens - Freies Arbeiten in Gruppen - | |
| 2. | Lernspiele - Gespräche über Themen mit heimatkundl. und | 7. |
| | sachkundl. Inhalt - Gesamtunterricht (im Sinne B. Ottos) - | |
| 1. | Malen - mus.-gymn. Erziehung - Religion - in der Regel | 6. |
| | Einlehrersystem | |

"Die Stammgruppe ist eine Sozialform, die sich unter Führung eines erwachsenen Erziehers planvoll gestaltet, absichtlich Mittel der geistigen Gemeinschaft sein will und unabhängig daran arbeitet, ihre Organisationseinheit als **bloßes** Mittel zu erhalten, sie niemals Selbstzweck werden zu lassen (...). Durch solche ernsteste Arbeit an sich selbst als Gesamtheit erreicht sie die weitgehendste Sinnerfüllung. Dabei ist es aber von entscheidender Bedeutung, daß die jede Gemeinschaft bezeichnende freie Dynamik der inneren Struktur gewährleistet ist".[297] In diesem System gibt es kein Sitzenbleiben, alle Schüler rücken nach drei- bzw. zweijähriger Arbeit in einer Stammgruppe in die nächste auf. "Doch **können** in der Mittel- und Obergruppe einige aus dem 6. Schuljahr in die Obergruppe, aus dem 8. in die Jugendlichengruppe hinübergenommen werden. Aber für diese 'Versetzung' wird nicht der Intelligenzgrad das schlechthin Entscheidende sein", sondern "die 'allgemeine Reife', die menschliche Haltung, die Frage, wie wird dieser Junge, dieses Mädchen als ganz kleine Persönlichkeit sich in der anderen Gruppe fühlen und durchsetzen, also wie es in seinem persönlichen Wesen wachsen wird."[298]

Innerhalb dieser Stammgruppen sind jeweils etwa 4 bis 6 Kinder zu einer "Tischgemeinschaft"[299] vereinigt, innerhalb derer sich hinsichtlich der Zusammenarbeit wieder mehrere "stets freie Tischgruppen"[300] bilden können. Diese Tischgruppen werden nicht vom Lehrer angeordnet, sondern bilden sich frei aufgrund menschlicher Bindungen, "auf Grund von Freundschaften, persönlicher Zuneigung, aber ebenso oft auf Grund gemeinsamen Interesses oder auch, weil sie vom Gruppenführer zusammengeführt, das heißt auf die Gemeinsamkeit ihrer Arbeit aufmerksam gemacht sind, und weil sie den Vorteil gemeinsamer Arbeit eingesehen haben"[301]. Sie sollen mindestens ein Semester lang bestehen, um auch aufgrund starker sachlicher Bindungen "Arbeitsleistungen werthafter Natur hervorzubringen"[302]. Es handelt sich meistens um eine Dreiergruppe mit einem Führer. Nur in der sehr seltenen "Sechsergruppe scheint ein Doppelführertum vorzuliegen, zwei sich nicht ganz ausgleichende Führer"[303]. Außerdem gibt es noch andere "freie Arbeitsgruppe(n)" und "befohlene, **angeordnete Gruppe(n)**"[304] sowie die "Reihe", den "Haufe(n)"[305] und verschiedene "Kreisformen" bzw. "Kreise"[306].

---

297  P. Petersen: Der Kleine Jena-Plan, a.a.O., S. 28.
298  Ebd., S. 27.
299  P. Petersen: Führungslehre des Unterrichts, a.a.O., S. 154.
300  Ebd., S. 158.
301  P. Petersen: Der Kleine Jena-Plan, a.a.O., S. 28.
302  P. Petersen: Führungslehre des Unterrichts, a.a.O., S. 177.
303  Ebd., S. 158.
304  Ebd., S. 158.
305  Ebd., S. 156f.
306  Ebd., S. 159ff.

Alle Schüler einer Stammgruppe werden als "Gruppenkameraden", die Schüler, die eng zusammenarbeiten, als "Arbeitskameraden", die übrigen Schüler der Tischgemeinschaft als "Nebenschüler" und diejenigen, die an verschiedenen Tischen, aber bei- bzw. aneinander sitzen, als "Nachbarn" bezeichnet.[307] Jeder Schulneuling bekommt "einen vom Lehrer und von der Gruppe ihm gesetzten **'Helfer'**"[308]; ältere Schüler können gegenüber jüngeren "Patenschaften" übernehmen, das heißt sie freiwillig aufgrund "**frei** gewachsene(r) menschliche(r) Beziehungen" in verschiedenen Angelegenheiten unterstützen.[309] Überhaupt ist "das gegenseitige Sich-Helfen"[310], der "Helferdienst"[311] ein wesentliches Element für das gemeinschaftliche Zusammenleben.

Die humane Gestaltung dieses komplizierten Sozialgefüges innerhalb der Schülergruppe wird für jeden einzelnen wie für den Lehrer als Aufgabe angesehen. Dabei ist klar, daß die Stellung des Lehrers als des Gruppenführers für die Entwicklung der gesamten Gruppe von größter Bedeutung ist.

Die pädagogische **"Handlungsgemeinde"** (1.1.3.) wechselt je nach pädagogischer Situation: Der Lehrer arbeitet entweder mit einem einzelnen Schüler; manchmal aber auch mit mehreren oder gar allen Stammgruppen einer Schule; zeitweise können im Sinne des Teamteaching mehrere Lehrer oder andere Erwachsene (evtl. als "Fachleute") gleichzeitig erzieherisch tätig werden, oder/und Eltern können als Teil der gesamten "Schulgemeinde" als Handlungsbeobachter anwesend sein. Jedenfalls steht die Handlungsgemeinde als "pädagogische Gruppe"[312] immer unter der "Idee der Bruderschaft" und ist stets eine "tätige Gemeinschaft"[313].

307  Ebd., S. 154.
308  Ebd., S. 155.
309  P. Petersen: Der Kleine Jena-Plan, a.a.O., S. 42.
310  P. Petersen: Führungslehre des Unterrichts, a.a.O., S. 144; siehe auch ders.: Der Kleine Jena-Plan, a.a.O., S. 38.
311  P. Petersen: Führungslehre des Unterrichts, a.a.O., S. 156.
312  Ebd., S. 25.
313  P. Petersen: Der Kleine Jena-Plan, a.a.O., S. 10.

PETERSEN arbeitet sehr klar **das pädagogische Ethos** der Erzieherpersönlichkeit als einer "'werterfüllten Persönlichkeit'"[314] **als die zentrale psychische Voraussetzung von Erziehung und Unterricht** heraus: Liebe zum[315] und Verantwortung gegenüber[316] dem Kind und Jugendlichen. Auf dieser Grundlage soll der Erzieher pädagogische Tugenden und Haltungen aufbauen, welche wieder die Basis von pädagogisch-didaktischen Fähigkeiten bilden. PETERSEN führt vor allem folgende **Tugenden** des Erziehers bzw. Lehrers an:

Grundlegend ist wohl die "'Ehrfurcht vor dem Leben'", die sich im pädagogischen Feld als Ehrfurcht vor dem Kind und Jugendlichen manifestiert.[317] Weiters die "Offenheit" gegenüber dem Schüler im Sinne der Bereitschaft, die Methoden, Formen, Gegenstände und Ziele des Unterrichts offenzulegen und zu begründen, und im Sinne der "pädagogischen Antastbarkeit" durch Schülerkritik in einer "wirklich offenen Aussprache": "Denn damit bekunden beide Parteien, daß sie einander die höchste Achtung entgegenbringen, die Menschen einander bezeugen können."[318] Offenheit in diesem Sinne von Offenlegung und Antastbarkeit sind selbstverständlich auch vom Schüler zu verlangen bzw. zu erwarten. Die Tugend des "wahnfreien Optimismus" entspringt einer realistischen Einstellung zum Kind und Einschätzung seiner Möglichkeiten und Fähigkeiten, "verbürgt den ruhigen, nüchternen Blick auf die ganze Unterrichtswelt und verleiht zugleich ausreichend Schwungkraft und Fähigkeit zum Führen, (...) verhütet Trockenheit und Dürre, Pedanterie und Griesgrämigkeit, Nörgelei und Bissigkeit, statt dessen schenkt (sie; Änderung des Autors) Frohsinn und Glaubenszuversicht, erhält die Liebe zur Jugend lebenslang frisch und leitet uns damit zu einem gesegneten und freudig getanen

---

314  P. Petersen: Führungslehre des Unterrichts, a.a.O., S. 125.

315  P. Petersen: Allgemeine Erziehungswissenschaft, a.a.O., S. 273f.; ders.: Führungslehre des Unterrichts, a.a.O., S. 21, 50.

316  P. Petersen: Der Ursprung der Pädagogik, a.a.O., S. 134; ders.: Führungslehre des Unterrichts, a.a.O., S. 46, 125.

317  P. Petersen: Der Kleine Jena-Plan, a.a.O., S. 29; ders.: Führungslehre des Unterrichts, a.a.O., S. 125.

318  P. Petersen: Führungslehre des Unterrichts, a.a.O., S. 90f.; siehe auch ders.: Der Kleine Jena-Plan, a.a.O., S. 37.

Lebenswerk."[319] Der "pädagogische Takt"[320] als "pädagogisches Finger-spitzengefühl" orientiert die Gestaltung der doch sehr unterschiedlichen pädagogischen Situationen. Hinzu kommen Pünktlichkeit und solidarisches Akzeptieren und Einhalten der allgemeinen Regeln des Zusammenlebens und der Arbeitsordnung, Ruhe, Festigkeit und Bestimmtheit, Klarheit und Zielstrebigkeit, Frohsinn und Heiterkeit sowie Natürlichkeit und ein gesundes Selbstbewußtsein im Sinne der Aufforderung: "Sei, der du bist!"[321] "Güte, Liebe, Treue, Kameradschaft, Demut, echtes Mitleid, Leid, Andacht, Ehrfurcht, Dienstbereitschaft, Hingabefähigkeit, Opfersinn, Einsatzbereitschaft, Fürsorge" bezeichnet PETERSEN als "geistige Tugenden", die vom Lehrer vorgelebt werden sollen, damit sie vom Schüler erlebt und allmählich immer besser selbst gelebt werden können.[322]

Diese psychischen Handlungs(dispositions)komponenten verweisen auf die ihnen zugrundeliegenden **metapsychischen Komponenten**, die den Sinn von Erziehung und Unterricht ausmachen, wie ihn eine konkrete Person versteht. In jedem Fall muß die Schaffung pädagogischer Situationen stets ein fürsorgendes und stellvertretendes Tun sein. Der Pädagoge "muß wissen, die von ihm herbeigeführten und durchgestalteten Situationen sind seinen Schülern Schicksal. So ist er ja auch selber als der Mensch, welcher er ist, mit seinem Sein und Handeln seinen Schülern Schicksal."[323]

Der Unterricht erhält seinen Sinn vom Sinn der Erziehung, die Funktion der Erziehung bestimmt die Funktion des Unterrichts.[324] Das Streben, sich zu unterrichten, entsteht aus dem Streben, sich zu bilden. Solche Strebethematik wird von Erziehung und Unterricht in gleicher Weise in Dienst genommen, "um den Menschen seiner vollen Bestimmung, seiner Vergeistigung und Freiheit zuzuführen. Alle Erziehungskunst muß sich demnach ständig rechtfertigen und verantworten können vor dieser Bestimmung, ob sie dem Wesen der Erziehung treu geblieben ist."[325] **"Unterrichten im erziehungs-**

---

319  P. Petersen: Führungslehre des Unterrichts, a.a.O., S. 91.
320  P. Petersen: Der Kleine Jena-Plan, a.a.O., S. 45.
321  P. Petersen: Führungslehre des Unterrichts, a.a.O., S. 163.
322  Ebd., S. 50.
323  Ebd., S. 24.
324  Ebd., S. 81.
325  Ebd., S. 82.

**wissenschaftlichen Sinne"** bedeutet daher: **"mit Ehrfurcht vor dem Leben und unter der Idee der Erziehung zu Bewußtheiten, Kenntnissen und Fertigkeiten führen;** es ist eine bestimmende, begrenzende und nachhelfende Kunst im Dienste des Lebens oder der Bildung; es geschieht innerhalb der sozialen Sphäre in zwischenmenschlicher Gebundenheit"[326].

**Alle pädagogische Führung (Pädagogie) im allgemeinen und alle Führung des Unterrichts im besonderen haben demnach zwei Sinnrichtungen:**

1. **Führung als Lebensdienst**, als Dienst am Leben des Kindes und Jugendlichen -
   - Dazu gehören "erstens ein planvoll stetiges, auch unter Umständen experimentierendes Sich-Einfühlen in die Schüler, um den Entwicklungsstand festzustellen, und zweitens ständige Rückgriffe, abtastende Versuche, nicht nur um den Entwicklungsstand zu finden, sondern um auch die letzten Grenzen der Intelligenz, bestimmter Fähigkeiten aufzusuchen"[327] - also erhebliche individualdiagnostische Fähigkeiten[328].
   - Um alle positiven Kräfte im Schüler in harmonischer Weise zu pflegen, kommt es darauf an, "eine möglichst reiche mannigfaltige Unterrichtswelt voller Reize der verschiedensten Art einzurichten. Die Grenze, die hier gesetzt wird, ist diese: Die Unterrichtswelt darf nicht unübersichtlich werden!"[329]
   - Frühzeitig erkennbare starke Sonderbegabungen sind besonders zu fördern und gleichzeitig in den Dienst der gesamten Schulgemeinde zu stellen, "damit die hervorragenden Leistungen dieser Schüler der Schule damit den Dank abstatten dafür, daß sie ihnen rechte Entwicklungshilfe gibt. Bei dieser Einschaltung hervorragender Begabung in die Schulwelt gewinnen also beide gleicherweise, und hinfort wird jede Verbitterung der Hochbegabten gegen die Schule verstummen, und an deren Stelle werden Hochachtung und Dankbarkeit gegen die Stätte treten, wo sie ihre ersten Leistungen

---

326  Ebd., S. 84.
327  Ebd., S. 85.
328  Ebd., S. 87.
329  Ebd., S. 85.

erproben durften, wo sie die erste Gemeinde bildeten und mit Hilfe der positiven Kritik und unmittelbaren Unterstützung guter Freunde ihres Jugendschaffens in sich selber erkraften und aufwachsen konnten."[330] Es geht also um den Aufbau einer Leistungskultur, in welcher die Leistungsbereitschaft, ja der Leistungshunger und die Leistungsfähigkeiten der Schüler in den Dienst ihrer Persönlichkeitsentwicklung gestellt werden, nicht aber geht es um einen zu Recht beklagten Leistungskult.[331]

- Deshalb sind auch die sogenannten "Hilfsschüler" (PETERSEN versteht darunter vor allem viele schwachbegabte, nicht aber "pathologische" Kinder) am besten in der "allgemeinen Volksschule" als der Normalschule zu fördern.[332]
- Lebensdienst bedeutet darüber hinaus auch das Bewahren und Steigern bzw. Kräftigen der Gesundheit der Kinder und Jugendlichen[333] (und damit der allgemeinen "Volksgesundheit"[334]), vor allem aber die Pflege der "soziale(n) und menschliche(n) **Gesinnung**" vor dem Aufbau von Wissen und Kenntnissen.[335]
- Vom zweiten Lebensjahrzehnt an sind Schüler mit der späteren Arbeitswelt und ihren Anforderungen bekanntzumachen und die Entwicklung eines möglichst hohen Arbeitsethos zu fördern.[336]

Folgende Einsichten sind die Grundlage dafür, den Dienst am Leben des Kindes und Jugendlichen überhaupt erfolgreich leisten zu können:

- Der Mensch bildet eine Einheit von Körper, Seele und Geist[337] (anthropologische Erkenntnis).
- Das Schulkind ist **"kein kleiner Erwachsener (...), sondern ein Organismus durchaus eigener Art"**[338] (pädagogische Erkenntnis).
- Der Bewegungs- und Tätigkeitsdrang, der Gesellungs- und der

---

330  Ebd., S. 86.
331  Ebd., S. 140.
332  P. Petersen: Der Kleine Jena-Plan, a.a.O., S. 17ff.
333  P. Petersen: Führungslehre des Unterrichts, a.a.O., S. 80, 86f.
334  P. Petersen: Der Kleine Jena-Plan, a.a.O., S. 29f.; ders.: Führungslehre des Unterrichts, a.a.O., S. 86.
335  P. Petersen: Führungslehre des Unterrichts, a.a.O., S. 80, 228.
336  Ebd., S. 87.
337  Ebd., S. 91.
338  Ebd., S. 92.

Lerntrieb[339] sowie die Beschleunigung und Verkürzung des jugend-lichen Wachstums gegenüber früher[340] sind als biologische und (entwicklungs-)psychologische Bedingungen (erfolgreicher) päd-agogischer Führung zu erkennen und zu berücksichtigen.

2. **Führung als "Hilfe zur Selbsthilfe"** -
Damit ist klargestellt, daß pädagogische Führung niemals Selbstzweck ist, sondern immer "um des anderen willen" geleistet wird[341], und daß sie ihr Ende dann findet, wenn der junge Mensch sein Leben selbst in die Hand nehmen kann. Vom Erzieher verlangt dies großen persönlichen Einsatz und stete Opferbereitschaft.

---

339  Ebd., S. 94f.
340  Ebd., S. 93.
341  Ebd., S. 87.

*Vorbereitung der Erziehungs- und Unterrichtshandlung (2.)*

PETERSEN unterscheidet zwischen der "Führung des Unterrichts", worunter die Vorbereitung des Unterrichts i.w.S. zu verstehen ist, und der "Führung im Unterricht" als der Durchführung des Unterrichts.[342] Die Unterrichtsvorbereitung i.w.S. reicht von der Einrichtung der Klassenräume über die Gruppierung der Kinder und die Erstellung des Wochenarbeitsplans bis zur Herstellung der Arbeitsmittel. Damit versucht der Lehrer, "die **Idee der Schulwohnstube mit der des Arbeitsraumes zu verbinden**"[343].

Die Unterrichtsvorbereitung wird letztlich von der "pädagogische(n) Absicht des vorausschauenden Lehrers" gesteuert, wobei mit diesem Voraus-Sein gemeint ist: "sein ganzes Sein als das dieses erwachsenen, für seinen Beruf vorbereiteten und ihn liebenden Lehrers. In seinem ganzen Wesen und Vermögen ist er voraus, und auch was er sich ausrechnet und ausdenkt, ist dann am besten vorgedacht und vorbereitet, wenn es in einem Akte geistigen Schauens geschieht. Dabei wird er von dreierlei gelenkt werden: von seinem pädagogischen Verantwortungsgefühl, dem erworbenen fachlichen, beruflichen Wissen und Können sowie von den guten und schlechten Erfahrungen, die er selber machte oder andere machen sah."[344]

Trotz mehr minder umfangreicher behördlicher Vorentscheidungen (die PETERSEN übrigens sehr kritisch kommentiert) hat der Lehrer als Fachmann für Erziehung und Unterricht eine Fülle von Entscheidungen selbst zu treffen - "nach ernstlicher Prüfung des wissenschaftlichen Standes der Zeit und dabei nach dem Vermögen seiner Lage". Außerdem sollte er aufgrund von möglichst zahlreichen praktischen Erfahrungen "schließlich **seinen** Weg kenne(n) und ihn auch einhalten könne(n). Es gibt keine allgemeingültige richtige Methode. Aber es gibt Festigkeit, verbunden mit Gründlichkeit und ehrlichem Suchen, und was solche Tugenden eines Lehrers bedeuten, das liegt noch über dem Wissen um die letzten wissenschaftlichen 'Errungenschaften' und die solidesten Kenntnisse; denn es ist die Haltung in jedem Falle vom Grunde her bestimmt und darum lebenswahr, echt und also auch wirksam."[345]

---

342  Ebd., S. 46.
343  Ebd., S. 60.
344  Ebd., S. 46f.
345  Ebd., S. 47.

*Durchführung der Erziehungs- und Unterrichtshandlung (3.)*

Jene drei Gesichtspunkte, welche soeben als Steuerungsinstanzen der Vorbereitung des Unterrichts herausgearbeitet worden sind, **orientieren natürlich auch die Durchführung des Unterrichts** (3.2.):
- das pädagogische Verantwortungsgefühl des Lehrers;
- das erworbene fachliche, berufliche Wissen und Können und
- die guten und schlechten Erfahrungen, die er selber machte oder andere machen sah.[346]

Außerdem hat sich der Lehrer am Schüler zu orientieren, und zwar hinsichtlich
- seiner "'rhythmischen' Entwicklung", seiner Fähigkeiten zum "'Umstrukturieren'", seiner 'Explosionen'" und "'Aha-Erlebnisse'";
- seines "'natürlichen'" und "triebhaften Lernens", seines "freie(n) Bildungserwerb(s)"[347], seiner "'innere(n) Ruhe'" und seines "'seelischen Gleichstrom(s)'"[348] sowie
- seiner **"größere(n) Weite des Denkens"**, seines "'weiträumigen Denken(s)'", das der Erwachsene meist unterschätzt.[349]

Als **"Störungen beim Erziehen und Unterrichten"** (3.3.) werden einige Untugenden des Lehrers identifiziert: vor allem, daß er **"selber zukünftige Unruhe und Unordnung"** verursacht, "das heißt, er muß die Folgen seines Tuns, seiner Anordnungen und Anregungen möglichst weit voraussehen können."[350] Störungen geschehen zum Beispiel durch zu wenig überlegte oder überhaupt unüberlegte Fragen oder Fragestellungen oder dadurch, daß der Lehrer gleichzeitig zweierlei anordnet oder ausführen läßt oder daß er vergißt, Handlungen in der entsprechenden Anzahl und Reihenfolge einüben zu lassen, die für die Herstellung des äußeren Ordnungsrahmens beherrscht werden müssen; oder daß er das ganz andere Zeitbewußtsein der Kinder nicht beachtet; oder daß er die von den Kindern für eine Tätigkeit

---

346 Ebd., S. 46f.

347 P. Petersen: Der Kleine Jena-Plan, a.a.O., S. 44, 61.

348 P. Petersen: Das Unterrichtsleben, a.a.O., S. 11.

349 Ebd., S. 14.

350 P. Petersen: Führungslehre des Unterrichts, a.a.O., S. 161.

benötigte Zeit unterschätzt, daß er vergißt, sie auf etwas in Ruhe vorzubereiten[351] oder daß er den "'Lockreiz des Objektes'"[352] für die Kinder nicht in Rechnung stellt. Damit beweist PETERSEN einmal mehr seinen unbeirrbaren, scharfen Blick für erziehungs- und unterrichtsrelevante Situationen und die Fähigkeit ihrer kritischen Einschätzung.

Als **"Erziehungs- und Unterrichtstätigkeiten bzw. -maßnahmen"** (3.4.) könnte man zunächst PETERSENs "elementare Mittel der Pädagogie im Unterricht"[353] auffassen:

- das "Vorbild" bzw. die Vorbildhaftigkeit des Erziehers schlechthin[354];
- die "Vortat", die im Falle des Volksschullehrers nur auf einem Gebiet wirklich vorbildlich zu sein braucht[355] - kann von ihm doch nicht verlangt werden, daß er ein Allroundgenie sei;
- die "Kunst **pädagogischen** Fragens", die darin besteht, "die Lehrerfragen in das bewegte, vielseitige Unterrichtsleben oder das Gespräch der Schüler richtig einzuordnen, daß sie wie in ihm und aus ihm geboren erscheinen. Solches Fragen ist dann Energien erregende Kraft, ein Funkenschlagen, ein Saugheber, die große Mitsucherin und als Sucherin zugleich Führerin zum nur undeutlich oder noch nicht ganz gesehenen und erfaßten Ziele"[356]; und schließlich
- das "lebendige Wort in den verschiedensten Graden: beim Vortrag, beim Vorlesen, im Gedicht, im Zeugnis-Ablegen, beim Vertreten einer Überzeugung, in der religiösen Verkündigung; aber auch das begeisternde, das bezwingende und mitreißende Wort"[357].

Weiters spricht PETERSEN von **"drei große(n) Hilfeleistungen"**[358], die dem Lehrer als "Mahner und Ratgeber"[359], als "Präparator" der Lernumwelt, als genauem "Beobachter" der Kinder und als ihrem "kameradschaftlichen Berater"[360] aufgegeben sind:

---

351  Ebd., S. 162f.
352  Ebd., S. 163.
353  Ebd., S. 89.
354  Ebd., S. 89.
355  Ebd., S. 89f.
356  Ebd., S. 90; P. Petersen: Der Kleine Jena-Plan, a.a.O., S. 37.
357  P. Petersen: Führungslehre des Unterrichts, a.a.O., S. 90.
358  Ebd., S. 76.
359  Ebd., S. 75.
360  P. Petersen: Die neueuropäische Erziehungsbewegung. Weimar 1926, S. 129.

1. die Beseitigung der Widerstände, "die dem Wachstum des geistigen Lebens im Kinde entgegenstehen";
2. das richtige Ernähren und Anregen dieses Lebens, "und zwar je nach dem, was der einzelne braucht, und
3. jedem helfen, immer wieder mit sich ins Gleichgewicht zu kommen". Wenn der Lehrer "imstande ist, diese Aufgaben recht zu erfüllen, dann wird er in des Wortes vollster und schönster Bedeutung der Erzieher (= Befreier) seiner Schüler. Auch hier gewinnt, wer verliert, das heißt gewinnt, wer sein Ich dahingibt um des anderen willen, wer stets seine Überlegenheit so einsetzt, daß sie im dienenden Helfen untergeht."[361]

Außerdem ist aller **Unterricht** hinsichtlich des Schülerverhaltens wie der Arbeitsprozesse und -ergebnisse **"formal zu überwachen"** (zu kontrollieren)[362], "daß **richtig** gelernt werde: Aussprache, Lesen, Rechnen, Handhabung der Werkzeuge und Auswahl der Werkstoffe, materialgerechtes Arbeiten; daß die ästhetischen Gesetze in Gültigkeit bleiben in Heften und Büchern und Werkstücken, Sprechen und Singen, daß die sittlichen Normen des Gruppenlebens auch in der lernenden und unterrichteten Gruppe wirksam bleiben, die Vorschriften der Sitte geübt werden."[363]

Zugleich ist jedes **Lernen "zu unterstützen"**, und zwar
- durch **"Einführungen"**, zum Beispiel "in den Gebrauch von Lesekästen, Rechenmaschinen, allen Kunstmaterials, Entfaltungsmaterials", von Büchern und anderen schulischen Arbeits- und Lernmitteln sowie von Werkzeugen, und
- durch **"Einschulungen"** "in besonderen Kursen und für enger begrenzte Aufgaben. Auch der formale Lernvorgang selbst kann eingeschult werden, um den Schülern zu zeigen, wie sie dies oder jenes anpacken sollen, um es bestens zu lernen; ferner Rezitation, Theaterspiel, Vortrag, Anlage eines Berichtes. Dabei gilt die allgemeine Regel: Das Einschulen sei als Arten und Weisen von Lernen zu lehren, sonst gelangt man sofort zum Schema, wo es nicht herrschen darf; man dressiert vorschnell, ohne immer von neuem zu erwägen, wo Dressur allein

---

361 P. Petersen: Führungslehre des Unterrichts, a.a.O., S. 76.
362 Ebd., S. 89, 156.
363 Ebd., S. 89.

berechtigt ist, nämlich wo sie der kürzeste Weg zu einem wichtigen Ziele ist, mit dessen Erreichung freieres Schaffen, eigenes Denken und Handeln, eine geistige Haltung erst möglich wird."[364]
Hierher gehört auch die Einschulung vor allem der Schulanfänger in die Gruppenarbeit im Rahmen eines "Einführungskurses".[365]
- durch **"Einprägen"** als dem "Lehren und Belehren i.e.S."[366]

Als **"eingreifende und leitende Tätigkeit(en) des Lehrers"** nennt PETERSEN die "allgemeine **Arbeitsanweisung**", die **"Arbeitsmittelanweisung"** und die "noch allgemeinere **Arbeitsanregung** und **Arbeitsaufforderung**."[367] Dazu kommen "Belehrungen über die **Schulsitte**, auch in Form von Mahnungen, vermittels vereinbarter Zeichen, die wertvoller sind als Mahnworte", Ordnungsanweisungen[368] und Warnungen[369] sowie "**technische Anweisungen**, Beratungen, Hinweise und, wenn es sich um längere belehrende Darlegungen handelt, technische **Unterweisungen**"[370].

Zuletzt seien **Tätigkeiten zur "Pflege und Ordnung der menschlichen Beziehungen"**[371] angeführt:
- die ehrliche und offene Aussprache mit Kindern und Jugendlichen[372];
- die Führung eines "Lehrgesprächs"[373];
- die Leitung eines Gesprächs[374], einer "bildende(n) Unterhaltung", einer "Diskussion"[375], Gesprächsführung;
- der richtige Einsatz der "Lehrerfrage"[376];
- das ständige Überschauen, Überblicken der Gruppe;

---

364  Ebd., S. 89.
365  Ebd., S. 155.
366  Ebd., S. 89.
367  Ebd., S. 155 (Hervorhebung teilweise vom Autor).
368  Ebd., S. 155; siehe auch S. 164 und P. Petersen: Der Kleine Jena-Plan, a.a.O., S. 33.
369  P. Petersen: Der Kleine Jena-Plan, a.a.O., S. 33.
370  P. Petersen: Führungslehre des Unterrichts, a.a.O., S. 156.
371  P. Petersen: Der Kleine Jena-Plan, a.a.O., S. 32.
372  Ebd., S. 33.
373  Ebd., S. 35.
374  Ebd., S. 36.
375  P. Petersen: Führungslehre des Unterrichts, a.a.O., S. 165.
376  P. Petersen: Der Kleine Jena-Plan, a.a.O., S. 37.

- das Betrachten sozialpsychologischer und gruppensoziologischer Gesetzmäßigkeiten[377], besonders auch bei der Bildung von (angeordneten) Gruppen[378];
- das Selber-Mittun, Vormachen, Vorzeigen;
- das "Ablösen" von einem Kind, von einer Gruppe im rechten Augenblick;
- das Überprüfen, Beraten, Abnehmen und so weiter der Gruppenarbeit;
- das Verwenden einer "Wir-Sprache"[379];
- das Bestehen auf der Erfüllung übernommener Pflichten im Einvernehmen mit der Gruppe, als deren Beauftragter; das heißt den Schüler niemals "ausweichen" lassen[380].

377 P. Petersen: Führungslehre des Unterrichts, a.a.O., S. 163f.
378 Ebd., S. 158.
379 Ebd., S. 166.
380 Ebd., S. 164.

Die Überlegungen zur **Umwelt des Menschen im allgemeinen** wie der Begriff der **"pädagogischen Situation"**[381] **im besonderen** sind fester Bestandteil von PETERSENs Konzeption der "pädagogischen Führung". Die Frage, "ob sich der Mensch die Umwelt schaffe und sie beeinflusse oder ob er umgekehrt von der Umwelt geschaffen und aus ihr zu erklären sei in seinem Sein", beantwortet PETERSEN so: "'Umwelt' eines Menschen kann (...) nur dasjenige sein, was er als wirksame Umwelt **erlebt**, kann also nur die Summe derjenigen reizerfüllten Vorgänge, Zustände, Gegenstände und Akte sein, die ihm zu emotionalen Erlebnissen werden konnten, denen er mit seiner wertenden Stellungnahme begegnen konnte. Also schafft sich und schuf sich der Mensch selbst seine Umwelt, seinen Lebensraum und Arbeitsraum. Und die Grundstruktur dieser Umwelt bleibt dieselbe, wohin wir auch uns örtlich begeben und unsere Wirkungssphäre sich entfalten lassen."[382] "Jedes Lebewesen schneidet gleichsam auf Grund der ihm eigentümlichen Energie, sein wertendes Vermögen in Funktion zu setzen und zu erhalten, aus der Totalität des Seienden sich eine 'Umwelt' heraus, **seinen** Lebensraum. Vom Reichtum oder von der Armseligkeit seiner sinnlichen, vitalen, geistigen Energien oder davon, wie sie entwickelt und gepflegt worden sind, hängt es daher ab, wie reich oder wie arm seine Umwelt sein wird."[383]

Die konkrete Physiognomie einer Schule in einer Gesellschaft ist die für das pädagogische Handeln eines Lehrers im Unterricht unmittelbar relevante **"Erziehungs- und Unterrichts-Umwelt"**. Wenn die Schule "die Idee der Gemeinschaft als Richtmaß" nimmt, wird sie eine "Schulgemeinschaft" bzw. eine "Schulgemeinde".[384] Der Staat hat unter Berücksichtigung der berechtigten gesellschaftlichen (wirtschaftlichen, politischen) Anforderungen die Rahmenbedingungen (Verwaltung, Finanzierung, Ausbildung und Besoldung der Lehrer und so weiter) dafür zu schaffen. "Der Staat,

---

381  Ebd., S. 9ff., 20ff.

382  P. Petersen: Der Ursprung der Pädagogik, a.a.O., S. 75.

383  Ebd., S. 76.

384  P. Petersen: Führungslehre des Unterrichts, a.a.O., S. 51; siehe auch P. Petersen: Der Kleine Jena-Plan, a.a.O., S. 8f.

selber mitten zwischen der Gesellschaft und dem Volke stehend, will so die Schule des Volkes für das Volk sicherstellen"[385], eben eine "freie allgemeine Volksschule". Dazu arbeitet PETERSEN "**vier beschränkende Gegebenheiten** allen staatlichen Schulwesens" heraus[386]:

- Als "eine Mischform zwischen reiner Sozialform und Gemeinschaft" ist sie "auf die oberste Gemeinschaftsbildung, auf das Volk, auszurichten".
- Die Lehrer sind amtlich Beauftragte, haben einen amtlichen Auftrag.
- Die Schülerschaft ist "örtlich, jahrgangsmäßig, landschaftlich (und) stammesgemäß" nach dem Zufallsprinzip zusammengesetzt - der Lehrer kann sie sich nicht aussuchen.
- Das Schulleben ist an "die Zufälligkeiten der 'Lokalität'" gebunden, das heißt, "daß ich (als Lehrer; Ergänzung des Autors) dies und nicht das Gebäude, so und so eingerichtet, nun einmal habe und darin ideengemäß Höchstes leisten soll".

Diese "zumeist harte(n) Gegebenheiten (...) sind es nun, die von der Erziehungsidee her auch pädagogisch bewältigt werden müssen"[387]. Die Schulen als "Kunstformen (...) und Stätten, in die die Jugend gezwungen wird infolge des staatlichen Schulzwanges, (können) dennoch Kräfte und Formen der wahren Erziehungswirklichkeit erhalten und in Dienst nehmen"[388]. Zur schulrelevanten Umwelt gehören weiters vor allem die "Gemeinschaftsformen" der Familie und des Jugendbunds - als Richtmaß für die Gestaltung des Schul- und Unterrichtslebens.[389]

"**Situation**" definiert PETERSEN zunächst im Sinne der Biologie und "der neueren, besonders der amerikanischen Psychologie" als "die 'Gesamtheit der Reizfaktoren, die ein Wesen nötigen, als eine **Gesamtheit** zu reagieren'".[390] Doch diese Bestimmung ist bestenfalls auf "**reine** Lernsituationen" anwendbar, jedoch schon nicht mehr auf "reine Unterrichtssituationen".[391]

---

385  P. Petersen: Führungslehre des Unterrichts, a.a.O., S. 51.
386  Ebd., S. 51f.
387  Ebd., S. 52.
388  Ebd., S. 80.
389  Ebd., S. 52f.
390  P. Petersen: Der Jena-Plan einer freien allgemeinen Volksschule. Langensalza 1927, S. 38.
391  P. Petersen: Führungslehre des Unterrichts, a.a.O., S. 16.

Um also eine "pädagogische Situation" als einen "pädagogischen Lebenskreis" begreifen zu können, zieht PETERSEN KARL JASPERS' existenzphilosophischen Situationsbegriff heran. Danach bedeutet jede Situation "**Einschränkung** oder **Spielraum** für das betreffende Subjekt, Vorteil oder Schaden, Chance oder Schranke", wobei es gar nicht nötig ist, mir dessen (voll) bewußt zu sein.[392] Die Situationen werden von den Subjekten als einander überlappende Zusammenhänge erlebt bzw. gelebt und können später rekonstruiert werden, wobei sich das Bewußtsein in bezug auf diese Situationszusammenhänge ständig verändert. Weil wir als Dasein immer in **bestimmten** Situationen sind, sind wir "als mögliche Existenz im Dasein ständig in **Grenz**situationen (...), die sich **nicht** wandeln, sondern nur in ihrer Erscheinung ändern"[393]. Wenn man also von der Subjekt-Objekt-Betrachtung "zur **existentiellen** Betrachtung des Subjektes" fortschreitet, erkennt man: In **pädagogischen Situationen** handelt das Subjekt "in der Situation seines **Selbstseins**", handelt der Mensch als Existenz.[394] Außerdem nehmen diese Situationen für den Schüler den Charakter von Grenzsituationen deshalb an, "weil der Schüler lange Zeit kein Bewußtsein besitzt, das ihm das Ende der pädagogischen Situation im voraus kräftig anzeigt, ihm den Schluß im voraus erlebbar macht" und weil er "die pädagogische Situation **erleiden** muß. Er kann sie nicht herbeiführen und selber schaffen; das tun andere für ihn; sie kommt über ihn eines Tages, und er kann ihr innerhalb der heutigen Kulturstaaten nicht entrinnen. Der idealste Lehrer, die bekümmertsten Eltern können dieses 'Erleiden' nicht aus der Welt schaffen. Daraus folgt nun aber eine höchste Verpflichtung aller verantwortungsvollen Kreise."[395]

Unter Berücksichtigung der bisherigen Hinweise läßt sich mit PETERSEN so zusammenfassen: "**Pädagogische Situation** ist jener absichtsvoll gebildete und unterhaltende Lebenskreis problemhaltiger (gleich: fragenerfüllter) Situationen, der dazu bestimmt ist, der allseitigen Entwicklung, Formwerdung (Bildung) und Reifung der rein menschlichen Anlagen und geistigen Kräfte von Kindern und Jugendlichen die beste Umwelthilfe zu gewähren. Sie

---

392  Ebd., S. 17.
393  Ebd., S. 18.
394  Ebd., S. 16.
395  Ebd., S. 24.

stellt die Jugend unter Reize und vor Aufgaben der mannigfaltigsten Art, durch die ein jeder genötigt wird, sich als **ganzer** Mensch, als ganze Persönlichkeit zu äußern, tätig zu werden, zu handeln und mit relativ abgeschlossenen Stellungnahmen und Leistungen zu antworten."[396] Gespräch-Unterhaltung, Spiel, Arbeit und Feier sind für PETERSEN "ganz konkrete Gestalte(n)" und "beherrschbare Form(en) pädagogischer Situationen"[397], die ein arbeits- und lebensrhythmisch abgestimmte(s)" Ordnungsgefüge bilden.[398] Gelegentlich werden auch Kurse, Kreise, Gruppenarbeit[399], Lehrspaziergänge, das Frühstück (während der Pause), Feiern und so weiter[400] als "pädagogische Situationen" bezeichnet.

---

396  P. Petersen u. E. Petersen: Die pädagogische Tatsachenforschung (besorgt v. Th. Rutt). Paderborn 1965, S. 109; vgl. ders.: Führungslehre des Unterrichts, a.a.O., S. 20.
397  P. Petersen: Führungslehre des Unterrichts, a.a.O., S. 98.
398  Ebd., S. 124.
399  P. Petersen: Der Kleine Jena-Plan, a.a.O., S. 34.
400  Ebd., S. 58.

## 4. Hermeneutisch-kritische Auseinandersetzung mit dem Verständnis von pädagogischem Handeln im Konzept PETERSENs

PETERSENs Werk stellt den imposanten Versuch dar, die pädagogische Praxis und damit auch das erzieherische und unterrichtliche Handeln im Rahmen einer konkreten Schulkonzeption theoretisch, bis auf ihre erziehungsphilosophischen Wurzeln zurückgehend, grundzulegen. Die Entwicklung dieser pädagogischen Konzeption wie die "illusionsfreie", "realistische" Beschreibung empirischer "Tatsachen" als "pädagogischer Wirklichkeit" erfolgen auf metaphysisch-ontologischer Basis. Die Anpassungsfähigkeit des Schulmodells PETERSENs an verschiedene gesellschaftliche und politische Verhältnisse, die ihm immer wieder vorgeworfen wird[401], kann letztlich aus dieser metaphysisch-ontologischen Grundlegung erklärt werden.[402] "Offen" ist sein Konzept nicht nur in dem Sinn, daß der Jena-Plan "kein Dogma, sondern eine **Ausgangsform**, ein **Rahmen**" ist[403], sondern auch in dem Sinn, daß PETERSEN in eklektizistischer Weise die verschiedensten Denktraditionen aufgreift, um "Erziehung" zu fundieren, um "pädagogische Tatsachen" und "pädagogische Wirklichkeit" zu beschreiben: Die antike Logos-Idee und den christlichen Begriff des Geistes nimmt er als Grundlage für seine Metaphysik des Geistes und der Gemeinschaft, die er mit der Einsicht in die prinzipielle Irrationalität des Lebens und damit auch der Erziehungswirklichkeit verbindet.[404] Seine Erkenntnis: "Es gibt keine Wissenschaft ohne metaphysische Minima."[405] ist die Grundlage auch für seine empirische pädagogische Tatsachenforschung. Er sieht vollkommen richtig, daß die "pädagogische Wirklichkeit" nicht aus der Empirie begründet und konstituiert werden kann. Der Umstand, daß PETERSENs Aufsatztitel "Von der Pädagogik zur Erziehungswissenschaft" von WOLFGANG BREZINKA später in einem

---

401  Z.B. von P. Oestreich in P. Kaßner u. H. Scheuerl: Rückblick auf Peter Petersen, a.a.O. und von H. Prior: Die "Führungslehre des Unterrichts" in heutiger Sicht, a.a.O.

402  Vgl. J. Oelkers: Reformpädagogik. Eine kritische Dogmengeschichte. Weinheim - München 1989, S. 210, Anmerkung 21.

403  P. Petersen: Führungslehre des Unterrichts, a.a.O., S. 110.

404  Ebd., S. 15.

405  P. Petersen u. E. Petersen: Die pädagogische Tatsachenforschung, a.a.O., S. 98.

ganz anderen Sinn als Buchtitel verwendet worden ist[406], darf eben nicht darüber hinwegtäuschen, daß PETERSEN "Erziehung" nicht empirisch, sondern spekulativ bestimmt. Jede "Tatsachenforschung" kann "doch nur zur Wahrscheinlichkeit (führen)", nie zur "**absoluten** Gewißheit".[407] Indem er "Geist" und "Leben" als die polaren "Stoffe" annimmt, aus denen schlechthin "alles" gewirkt ist, wird die Polarität von "Vernunft" und "Irrationalität" zu den Grundlagen auch des Menschseins: Der Geist zeugt das menschliche vernehmende Bewußtsein[408] als Teil des menschlichen irrationalen Lebens. Beim "Bewußtmachen" von "Sinn" leistet die "Pädagogie (Führung) im Unterricht" wesentliche Hilfestellung.

Die Frage ist allerdings, ob 1. "Erziehung" überhaupt substanz-, wesens-, seins- bzw. sinnphilosophisch im Sinne antik-christlicher Metaphysik grundgelegt und ob 2. aus dem Sein der Erziehungswirklichkeit ihr Sollen in spekulativer Weise abgeleitet werden kann.

Zu 1.: Die Problematik liegt hier bereits im Ansatz der Fragestellung. Wenn man fragt: Was **ist** "Erziehung"? Was **ist** der letzte "Sinn aller Erziehung", das Sein von "Erziehung"? Was **ist** der Sinn der Erziehungs-Wirklichkeit, der "Urgrund alles Seienden"? usw., dann provoziert man damit Antworten, die in ihrer Struktur substanzhaft sind und daher ein "ewiges", "unwandelbares" Wesen und Sein, einen transhistorischen und transkulturellen Sinn ausmachen wollen. Ein solcher Ansatz ist notwendigerweise erkenntnis- und sprachtheoretisch naiv, verzichtet er doch von vornherein auf Erkenntnis- und Sprachkritik.

Zu 2.: Es ist kein Zufall, daß für PETERSEN die Erziehungsphilosophie als Erziehungsmetaphysik in normativer Absicht zur "Erziehungslehre" wird. Denn die Erziehungswissenschaft klärt nicht nur das Wesen, das Sein, den Sinn von Erziehung und Bildung, sondern liefert "darüber hinaus in den von ihr gereinigten **Ideen** der Erziehung und der Bildung der Pädagogik und Didaktik die höchsten Werte und Normen, an denen sie innerhalb des

---

406  P. Petersen: Von der Pädagogik zur Erziehungswissenschaft. Die Begründung des pädagogischen Realismus. In: Europäischer Wissenschaftsdienst, 3. Jg., Nr. 6 (Stuttgart - Berlin 1943), S. 18-21. - W. Brezinka: Von der Pädagogik zur Erziehungswissenschaft. Eine Einführung in die Metatheorie der Erziehung. Weinheim 1971.

407  P. Petersen u. E. Petersen: Die pädagogische Tatsachenforschung, a.a.O., S. 125.

408  P. Petersen: Der Ursprung der Pädagogik, a.a.O., S. 92.

pädagogischen Wirklichkeitsbereiches die Vorgänge klären, bewerten und in eine Rangordnung bringen kann"[409]. Mit dieser Konstruktion wird jedoch nicht nur eine positivistische Erziehungswissenschaft als eine "voraussetzungslose Fachwissenschaft" sozusagen "übersprungen", sondern auch eine nach den erkenntnistheoretischen Bedingungen ihrer Möglichkeit fragende und in diesem Sinne kritische, auch normkritische Erziehungswissenschaft.

Unterscheidet sich PETERSEN zwar im Hinblick auf die der abendländischen Tradition verpflichtete Grundlegung der Pädagogik ganz wesentlich von der "Reformpädagogik"[410], so nähert er sich dem, was dieser als für sie konstitutiv zugeschrieben wird, hinsichtlich seines anthropologischen "Grundurteils", daß der Mensch "von Natur gut" sei. Doch diesen pädagogischen Optimismus verbindet er durchaus mit der realistischen Einsicht in die Möglichkeit und Verführbarkeit des Menschen zum Bösen.

Indem PETERSEN die "Idee der Erziehung" als "Funktion der Gemeinschaft" auffaßt, bekommt der Begriff "Gemeinschaft" geradezu eine mythische Dimension, während die Ansprüche des Individuums bzw. der Individualität des Menschen und andererseits der Kultur- und Bildungsgüter gar nicht mehr adäquat in den Blick kommen (können). Sogar die absolute und apriorische Werte-Welt wird im Sinne von Zwecken für die Gemeinschaft als "der höchsten Idee" instrumentalisiert: Zwar ist die Persönlichkeit "Diener im Reiche der Werte", aber "die Werte sind die Zwecke der Gemeinschaft".[411] In Anlehnung an den Soziologen FERDINAND TÖNNIES kontrastiert PETERSEN den Begriff von der selbstzweckhaften Gemeinschaft mit dem der Gesellschaft als einem geschlossenen Organisationsgebilde mit dem einzigen Ziel, einen ganz bestimmten Zweck zu erfüllen[412], wobei die Gemeinschaft im Sinne einer echten "Tat-Gemeinschaft"[413] als die für den Menschen als ganzheitlicher Person wertvollere und daher der Gesellschaft überlegene Form erscheint. Diese Sicht ist auch

---

409  P. Petersen: Pädagogik der Gegenwart, a.a.O., S. 129.

410  Vgl. J. Oelkers: Petersen und die Reformpädagogik, a.a.O., S. 87.

411  P. Petersen: Allgemeine Erziehungswissenschaft, a.a.O., S. 52.

412  P. Petersen: Der Kleine Jena-Plan, a.a.O., S. 10f.

413  J. Oelkers: Reformpädagogik, a.a.O., S. 118.

eine Grundlage für die Kritik an der Schule als bloßer Lehranstalt: Sie muß von einem gesellschaftlichen Zweckverband zu einer institutionalisierten Form der Gemeinschaft, eben zu einer "Gemeinschaftsschule" weiterentwickelt werden. Diese Auffassung von Gemeinschaft und Gesellschaft ist wohl auch die Ursache dafür, daß PETERSEN die Realität der Gesellschaft, der Öffentlichkeit und damit auch der Politik im Vergleich zu der Gemeinschaft zu wenig beachtet hat.[414]

Die "eindeutige Unterordnung des gesamten Unterrichtslebens unter das Gemeinschaftsleben"[415], wodurch "das 'Wir' überbetont wird"[416], kritisiert bereits THEODOR SCHWERDT in seiner ausgewogenen Analyse, indem er "analog dem Psychologismus die Gefahr des didaktischen Soziologismus" sieht, und zwar "sowohl im formalen als auch im materialen Sinne"[417], denn die Auswahl wertbezogener Bildungsgüter kann und darf nicht allein den aktuellen Interessen und Bedürfnissen der Schülergruppe überantwortet werden. CHRISTIAN SALZMANN hat zwar recht, wenn er meint, daß PETERSEN den Gemeinschaftsbegriff "zumindest vor ideologischer Perversion bewahrt" hat, indem er ihn "durch den Hinweis auf die grundlegende Norm der Humanität inhaltlich füllt"[418], und daß er "die Idee der Gemeinschaft (...) nicht absolut (setzt)"[419], doch mindestens die Tendenz zur Überspannung und Hypostasierung des Begriffs ist in seinem Theoriekonzept grundgelegt.

Wenn PETERSEN die "Idee der Erziehung" als kosmische Funktion des tätigen Geistes im Menschen und als "hohe Dienstfunktion des Geistes in der Menschengemeinschaft"[420] auffaßt, so wird zweierlei deutlich: Einmal liegt dieser Vorstellung ein entelechetisches Prinzip zugrunde: Die Entwicklung des Geistes ist mit Notwendigkeit auf ein vorgegebenes Ziel hin orientiert. Zum andern werden damit sowohl "intransitive" Prozesse bzw. Vorgänge und Aktionen (Handlungen), in und durch welche sich der

414 Vgl. Ch. Salzmann: Schule und Schulleben aus der Sicht Peter Petersens, a.a.O., S. 350 und J. Oelkers: Reformpädagogik, a.a.O., S. 118.
415 Th. Schwerdt: Kritische Didaktik in Unterrichtsbeispielen, a.a.O., S. 252.
416 Ebd., S. 253.
417 Ebd., S. 252.
418 Ch. Salzmann: Schule und Schulleben aus der Sicht Peter Petersens, a.a.O., S. 350.
419 Ebd., S. 351.
420 P. Petersen: Pädagogik der Gegenwart, a.a.O., S. 52.

Einzelne in die Menschengemeinschaft hineinlebt und hineingelebt wird, als auch "transitive" Einwirkungen der Welt-Wirklichkeit auf den Menschen entweder im Sinne "funktionaler" oder "intentionaler" Erziehung in einem "Be-Griff" zusammengefaßt. Dieses Konzept arbeitet demnach mit der Zusatzannahme eines vorgegebenen natürlichen "Einklangs", einer geradezu prästabilierten Harmonie zwischen diesen verschiedenen pädagogisch relevanten Schichten. Diese Auffassung von "Erziehung" begründet PETERSEN letztlich mit dem Theorem des Evidenzerlebnisses von Sinn. Unter Bezugnahme auf JOHANN FRIEDRICH HERBART faßt er "Evidenz" weder logisch noch psychologisch auf, sondern als "widerspruchslose Anschaulichkeit"[421] aufgrund eines "'Sich-Hineinversetzens'" "in die Auffassung der gesamten einfachen Verhältnisse" mit dem Ergebnis eines "evidenten ästhetischen Urteils"[422]. Damit entzieht sich "Evidenz" ihrerseits prinzipiell aller rationalen Begründbarkeit und ist gleichzeitig die unhintergehbare Basis für die Erkenntnis, "daß die Prinzipien alles Wissens und Erkennens erschaut werden müssen und nicht in einem Schlußverfahren gewonnen werden können"[423] und daß damit alle Wissenschaft letztlich in der irrationalen (was in keiner Weise widervernünftig bedeutet!)[424] Lebens- und Erlebniswelt des Menschen wurzelt, wodurch sich "Evidenz" als "das Kriterium eines jeden Prinzips"[425] erweist.

Dieser **Erziehungsbegriff** hat natürlich auch für den **Bildungsbegriff** Folgen. Mit "Bildung" meint PETERSEN zunächst die entelechetische Entwicklung des Lebens im allgemeinen und des Menschen im besonderen mit dem Ziel der vollen Entfaltung der Individualität mit innerer Freiheit und geistigem Kapital in Form der Aneignung von "Bildungsgütern". Der Bildungsbegriff wird von PETERSEN im Unterschied zu "Erziehung" also ausschließlich intransitiv gebraucht. Mit diesem individuumbezogenen, ja individualistisch verkürzten Bildungsbegriff will er sich zugleich von der "Bildungspädagogik" im Sinne des Anhäufens von "Bildungsgütern bzw. -stoffen" der sogenannten "Gebildeten" absetzen[426], vom klassischen "Ideal

---

421  P. Petersen: Der Ursprung der Pädagogik, a.a.O., S. 35.
422  Ebd., S. 30.
423  Ebd., S. 35.
424  Ebd., S. 31.
425  Ebd., S. 35.
426  P. Petersen: Allgemeine Erziehungswissenschaft, a.a.O., S. 99f.

der Bildung des Neuhumanismus"[427]. Seine Forderung, daß sich der Mensch von seiner Individualität ausgehend zur Persönlichkeit vollenden soll[428], bedeutet, daß er sich von der individuellen inneren Freiheit zur Gemeinschaftsfähigkeit weiterzuentwickeln hat, "ein Ziel, ohne daß man darüber nachzudenken und es rational zu ergründen und lehren brauchte"[429]. Im Sich-selbst-Bilden in Selbst-Tätigkeit, was in den vier Grundformen Gespräch, Spiel, Feier und Arbeit geschieht und durch pädagogische Führung zu unterstützen ist, strebt der Mensch nach Selbst-Sein und Selbst-Bewußtsein. Bilden und Erziehen faßt PETERSEN als die beiden "natürlichen, von keiner Entwicklung in Natur und Menschheit abzulösenden Urakte im Werden" auf.[430]

Dieser Ansatz birgt sehr verschiedenartige Probleme:
- Der Begriff "Erziehung" bezieht sich - je nach Kontext - auf sehr unterschiedliche "Sachverhalte".
- Der Bildungsbegriff erscheint im Horizont des bisher erreichten bildungstheoretischen Niveaus amputiert - reduziert auf Vorgang und Ergebnis der psychophysischen Formgestalt(ung) des "individuellen Lebens" - gemäß der Entelechie des Individuellen"[431] und seiner "Form mit Notwendigkeit wie nach den Verstandes- und Vernunftgesetzen"[432].
- Die Unterordnung des Bildungsbegriffes unter den Erziehungsbegriff und die vorgenommenen Konnotationen bedeuten für die Menschenwelt die Unterordnung der Begriffe "Individuum", "Freiheit" und "Bildungsgut" unter "Persönlichkeit" und "Gemeinschaft", "Vergeistigung" und "Humanisierung" bzw. "Versittlichung" - freilich im Sinne des "Aufgehobenseins".
- Auch wenn man das Theorem der Sinnevidenz in der formalen Bedeutung anerkennt, daß der Mensch prinzipiell auf Sinnsuche und Sinnfindung hin angelegt bzw. angewiesen ist, bleibt offen, was er inhaltlich als Sinn konstituiert.

---

427  Ebd., S. 103.
428  Ebd., S. 107.
429  Ebd., S. 106.
430  Ebd., S. 107.
431  P. Petersen: Pädagogik der Gegenwart, a.a.O., S. 48.
432  P. Petersen: Allgemeine Erziehungswissenschaft, a.a.O., S. 97.

- Schließlich: Auch diese metaphysisch-ontologische Grundlegung findet kein "fundamentum inconcussum", keinen "archimedischen Punkt" der Erkenntnis, keine "absolute Gewißheit" - verspricht also mehr, als sie halten kann.

Gemäß seiner metaphysisch-ontologischen Grundlegung von "Erziehung" entwickelt PETERSEN die Strukturen der **Institution Schule** - durchaus im Bewußtsein einer Vielzahl ein- bzw. beschränkender Rahmenbedingungen, "harter Gegebenheiten"[433], die teilweise auch gesellschaftlich bedingt sind. Wenn das "Leben" und die "Gemeinschaft" im Zentrum stehen sollen, dann ist einerseits ein vielfältiges Schul- und Unterrichtsleben und andererseits eine Schulgemeinschaft bzw. -gemeinde mit einer entsprechenden Sozialstruktur mit Hilfe von Gruppenunterricht bzw. Gruppenarbeit unter dem "Gesetz der Gruppe"[434] zu entwickeln. Ganz im Sinne der Grenzsituationen JASPERS' hat auch die Schule den Charakter der Unausweichlichkeit, ist für die Kinder und Jugendlichen von existentieller Bedeutung. Wenn man ihnen also helfen will, die Grenzsituation Schule zu meistern[435], geht es um die Gestaltung eines "Lebeganzen" im Sinne FROEBELs[436], um die Schaffung eines "pädagogischen Lebenskreises" mit "pädagogischen Situationen". Diese harmonischen Fügungen sind deshalb möglich, weil Schule einerseits und Leben und Gemeinschaft andererseits grundsätzlich ohne Widersprüche gedacht werden.

OELKERS resümiert sehr treffend: "PETERSENS 'Kleiner Jenaplan' läßt sich in gewisser Weise als Synthese der reformpädagogischen Kritik und Praxis der Schule begreifen."[437] Seine Lebensgemeinschaftsschule setzt sich "aus verschiedenen Elementen zusammen, die ein harmonisches Ensemble ergeben", das durchaus "neu und originell (ist)".[438] "Die Pointe dieses Konzepts liegt darin, daß die entschiedene Schulkritik in eine **institutionelle** Alternative überführt wird. Schule und Kind, erkennt

---

433  P. Petersen: Führungslehre des Unterrichts, a.a.O., S. 52.

434  Ebd., S. 134.

435  Ch. Salzmann: Schule und Schulleben aus der Sicht Peter Petersens, a.a.O., S. 336.

436  P. Petersen: Führungslehre des Unterrichts, a.a.O., S. 20.

437  J. Oelkers: Reformpädagogik, a.a.O., S. 117.

438  Ebd., S. 119.

PETERSEN, sind nur mythisch Gegensätze; für die Zukunft kommt es darauf an, diesen Gegensatz zu überwinden." Sein Konzept ist "zugleich kind- **und** schulgerecht. Er zeigt, wie der Gegensatz von Kind und Schule aufgelöst und Individuum und Institution in ein widerspruchsarmes Verhältnis gesetzt werden können. Zugleich ist das Modell übertragbar, also nicht an exzeptionelle Bedingungen gebunden. Es ist ein Reformmodell der Normalschule und damit die eigentliche Pointe der Schulreformdiskussion nach 1918."[439] Schulreform ist für PETERSEN demnach primär ein pädagogisches, nicht ein politisch-gesellschaftliches Gestaltungsproblem, das nicht dadurch zu lösen ist, daß außerschulische Gemeinschaftsformen wie zum Beispiel die Familie, Landheime und Jugendbünde einfach kopiert werden, sondern dadurch, daß die institutionellen Bedingungen von Bildungssystemen in einem pädagogisch inspirierten Bauplan integriert werden.[440]

**Pädagogisches Handeln** im Sinne des Handelns einer Person mit erzieherischer Intentionalität wird von PETERSEN als "pädagogische Führung (Pädagogie)" und als "(pädagogische) Führung (Pädagogie) des Unterrichts" bezeichnet, steht im großen Zusammenhang der "Erziehung" als kosmischer Funktion des tätigen Geistes und bekommt von daher seinen Sinn als Dienstfunktion des Geistes in der Menschengemeinschaft, als Lebensdienst und - der Hilfebedürftigkeit des Menschenkindes entsprechend - als Hilfsdienst, als aufopfernde und verantwortbare "Hilfe zur Selbsthilfe" an sich entwickelnden Individuen, an werdenden Persönlichkeiten. Damit ist auch gesagt, daß "pädagogische Führung" genausowenig mit Fremdbestimmung oder autoritärer Erziehung zu tun hat wie mit Freizügigkeit und Regellosigkeit oder mit liberaler Beliebigkeit der sachlichen und personalen Begegnung. Erziehung und Unterricht haben "niemals Selbstzweck": "Der Zweck des Unterrichts liegt außerhalb seiner selbst wie außerhalb dessen, der ihn leitet, des Lehrers. Unterricht ist immer Veranstaltung um des anderen willen.[441] Die Zielperspektive umfaßt Autonomie und Disziplin, Freiheit und Bindung, Vergeistigung und Versittlichung sowie die Entfaltung des Menschentums im Sinn umfassen-

---

439  Ebd., S. 120f.
440  P. Petersen: Führungslehre des Unterrichts, a.a.O., S. 48ff.
441  Ebd., S. 87.

der Gemeinschaftsfähigkeit. Dabei betont PETERSEN, daß mit dem "Selbst" im Begriff "Autonomie" nicht die egozentrisch-egoistische Individualität gemeint ist, sondern die "innerlichste Wesenheit", "ein Leben, Schaffen und Handeln des Menschen, das in Verbindung mit dem Grunde des Seienden steht, das aus dem Grunde der Wirklichkeit gerechtfertigt wird"; kurz: die "Persönlichkeit", die erst die "Sittlichkeit (...) als Lebensführung in Harmonie mit dem Grunde des Seins, Ordnung aller Beziehungen in sich selber und zu den anderen nach dem Prinzip der Innerlichkeit" verbürgt.[442] Indem PETERSEN eine Erziehung durch die Gemeinschaft zur Gemeinschaft postuliert, wird ihm der Einzelne, das Individuum nur als Persönlichkeit für die Gemeinschaft ein erstrebenswertes Erziehungsziel.

Sofern PETERSEN Erziehung als kosmische Funktion auffaßt, meint er die "Zäsur" verwerfen zu müssen, "wodurch Erziehung in einem gewissen Lebensalter aufzuhören scheint"[443], sofern er Erziehung allerdings als intentionale, "planvolle Führung von Menschenkindern" versteht, ist sie ihm "von begrenzter Zeitdauer"[444]. Und für dieses pädagogische Handeln ist das Differenzverhältnis zwischen dem "Führer" als dem Führungsbefähigten und dem "Geführten" als dem Führungsbedürftigen konstitutiv, das durch höhere Vergeistigung und Versittlichung des Führers ausgezeichnet sein muß, weshalb dieses Verhältnis in der Regel das zwischen Erwachsenen und unerwachsenen, heranwachsenden Kindern und Jugendlichen sein wird. In diesem Erziehungs- bzw. Bildungsgefälle gründen pädagogische Distanz und Autorität als Ausfluß pädagogischer Macht. Diese Macht grenzt PETERSEN als die Bedingung für die Möglichkeit pädagogischer Führung deutlich vom Zwang ab, der nur im vor- bzw. außerpädagogischen Feld seinen sehr begrenzten Stellenwert hat, deshalb auch nie "Erziehungsmittel" sein kann. Die Macht des Erziehers hat sich allein in der pädagogischen Verantwortlichkeit für den Zögling zu legitimieren. "Die in den Dienst der pädagogischen Absicht gestellte Geistigkeit des Lehrers ist nun auch hineingelegt in die Raumgestaltung, die Arbeitswelt, in Lehrbücher und Lernmaterialien, in die disziplinierende Ordnung".[445]

442  P. Petersen: Der Ursprung der Pädagogik, a.a.O., S. 199.
443  P. Petersen: Allgemeine Erziehungswissenschaft, a.a.O., S. 104.
444  P. Petersen: Der Ursprung der Pädagogik, a.a.O., S. 215.
445  P. Petersen: Führungslehre des Unterrichts, a.a.O., S. 23.

Diese hohe Einschätzung der Bedeutung der Lehrerpersönlichkeit steht natürlich keineswegs in Widerspruch zu der Forderung, daß "Wort und Rede des **Lehrers** eingeschränkt und ganz neu - und damit wieder wertvoll, wirksamer - dem Schulleben eingefügt werden" sollen.[446]

Die hermeneutisch-kritische Analyse von PETERSENs Werk hinsichtlich des pädagogischen Handelns hat folgendes ergeben:

1. Das pädagogische Handeln von Erziehern und Lehrern muß sich sowohl als "Pädagogie" im allgemeinen wie als "Pädagogie des Unterrichts und im Unterricht" im besonderen harmonisch in das kosmische Erziehungsgeschehen einfügen. "Pädagogisches Handeln" ist also nicht gleichzusetzen mit "Erziehen" bzw. "Erziehung".

2. Weil das kosmische Erziehungsgeschehen in der Ur-Polarität von "Geist" und "Leben" und damit von "Vernunft" und "Irrationalität" wurzelt, spiegelt sich dieses Spannungsgefüge auch im pädagogischen Handeln wider.

3. Pädagogisches Handeln als "pädagogische Führung (des Unterrichts und im Unterricht)" umfaßt "überwachende" (kontrollierende) und "unterstützende", "eingreifende" und "leitende" Tätigkeiten sowie Handlungen zur "Pflege und Ordnung der menschlichen Beziehungen", welche insgesamt als sowohl direkte als auch indirekte "elementare Mittel" und "große Hilfeleistungen" zusammengefaßt werden können.

4. Die Kriterien für die Qualität pädagogischen Handelns werden weder aus dem Bezug zur "Kultur" noch aus dem zur "Individualität" bzw. zur "Persönlichkeit" bestimmt, sondern ergeben sich allein daraus, wie weit die "ewigen, unwandelbaren" Ziele der Vergeistigung und Versittlichung, der Humanisierung und Güte, der Disziplin und Autonomie, der Freiheit und Bindung zum Zweck der Gemeinschaftsbildung in demütigem Dienst am Menschen angestrebt und realisiert werden.

5. Die Qualität pädagogischen Handelns erscheint letztlich dadurch gesichert, daß alle Menschen grundsätzlich "von Natur gut" sind - und das natürlich auch, wenn sie als wahre Erzieher und Lehrer tätig werden.

6. Pädagogisches Handeln orientiert sich in erster Linie an der "Gemeinschaft", am "Gemeinschaftsleben", also an Gemeinschaftssinn und

---

446  P. Petersen: Der Kleine Jena-Plan, a.a.O., S. 34.

Gemeinschaftsfähigkeit, wird doch das Individuelle und das Kulturelle gleichsam als deren Funktion mediatisiert.

7. Pädagogisches Handeln als verantwortlich-autoritätsgebundener "Lebensdienst" und als "Hilfe zur Selbsthilfe" Erwachsener an Unerwachsenen bzw. Heranwachsenden endet, wenn diese selbst die volle Verantwortung für ihre Lebensführung übernehmen können, also selbst erwachsen geworden sind. Es setzt also ein Erziehungs- bzw. Bildungsgefälle voraus.

8. Weil "Bildung" eingeschränkt auf entelechetisch gesteuerte "Formgestaltung der Individualität" unter Außerachtlassung der sozialen Dimension aufgefaßt wird, zielt pädagogisches Handeln nicht ausschließlich auf sie ab.

9. Das Prinzip der Entelechie schlägt als Seinsprinzip bis zur intentionalen Gerichtetheit pädagogischen Handelns durch.

# Vergleich der drei pädagogisch-didaktischen Konzepte unter dem Aspekt des pädagogischen Handelns in systematischer Absicht

Vorweg sei angemerkt, daß dieser Vergleich der Theorie-Konzepte und der Praxis-Konzeptionen GAUDIGs, MONTESSORIs und PETERSENs mit Bezug auf das pädagogische Handeln seinen besonderen Reiz aus der Entdeckung des schillernden Wechselspiels zwischen mannigfachen Verschiedenheiten einerseits und zahlreichen fundamentalen Parallelen andererseits bezieht.

Es ist eigentlich selbstverständlich, daß ein solcher Vergleich nicht darauf abzielen bzw. hinauslaufen soll und darf, die vielfachen Unterschiede zwischen den Persönlichkeiten und ihren Werken mehr oder minder zu verwischen, zu verschleifen, einzuebnen, wohl aber geht es um das Sichtbarmachen übergreifender Denkmuster, Strukturen und Tendenzen und um das Herausarbeiten der Differenzen, Divergenzen und Brüche. Ich möchte dieses Vorgehen auch durch das Wort ARNOLD GEHLENs unterstützen, daß es "erst durch das Übersehen zahlloser möglicher Wahrnehmungen" so etwas wie Übersicht und Durchsicht geben kann.[1]

Jene Kategorien und Kriterien allgemeiner bzw. systematischer Pädagogik und Didaktik, welche zur "hermeneutisch-kritischen Auseinandersetzung" mit dem pädagogischen Handeln bei GAUDIG, MONTESSORI und PETERSEN entwickelt und herangezogen worden sind, werden auch in diesem abschließenden systematisch-komparativen Abschnitt wieder aufzugreifen sein. Für den Fortgang der Analyse bleibt die handlungstheoretisch grundgelegte allgemeine Handlungsstruktur orientierend.

---

1  A. Gehlen zit. nach G. Greshake: Person - Subjekt - "Verlust"/"Pathos" des Subjekts. Ein theologiegeschichtlicher Durchblick. In: J. Dikow u.a. (Hg.): Münstersche Gespräche zu Themen der wissenschaftlichen Pädagogik. Heft 4: Vom Verlust des Subjekts in Wissenschaft und Bildung der Gegenwart (hrsg. v. M. Heitger). Münster 1987, S. 14, Anm. 11.

# I. Vergleich der werkrelevanten biographischen und rezeptionshistorischen Marginalien

Das Wechselspiel zwischen den Gesichtspunkten der Differenz und der Parallelität zeigt schon der Vergleich der biographischen und rezeptionshistorischen Marginalien zu den Werken GAUDIGs, MONTESSORIs und PETERSENs.

Wie für viele andere Pädagogen bilden auch für sie das persönliche Erleben und Erfahren in Kindheit und Jugend den biographisch-lebensweltlichen Wurzelgrund ihres späteren pädagogisch-schulkritischen Wirkens und Werkes. Ganz im Gleichklang loben GAUDIG und PETERSEN ihre ersten Schuljahre in der Dorfschule und kritisieren bzw. verdrängen ihre Gymnasialzeit. Allen dreien ist - im einzelnen durchaus unterschiedlich begründet und akzentuiert - ihr fester Glaube an das Gute im Menschen gemeinsam, der sie allerdings für die Realität des Bösen in der Welt nie blind gemacht hat. Dieser Glaube bildet einen Kernbereich ihrer stark ausgeprägten Persönlichkeiten mit ihren breiten Interessenspektren und ist natürlich auch für ihr pädagogisches Denken fundamental relevant. Doch ihre Interessen- und Begabungsschwerpunkte wie ihre Vor- bzw. Ausbildung (keiner der drei war "studierter Hauptfachpädagoge"!) und ihre Arbeits- und Wirkungsfelder waren durchaus unterschiedlich: Während GAUDIG und PETERSEN eher geisteswissenschaftlich und philosophisch interessiert waren - GAUDIG studierte Philologie und Theologie, PETERSEN Philosophie, Psychologie, Geschichte, Anglistik und Nationalökonomie und hatte große Sprachkenntnisse -, war MONTESSORI ausgesprochen naturwissenschaftlich und der Philosophie gegenüber skeptisch bis ablehnend eingestellt - sie studierte zuerst Medizin und später Anthropologie, Experimentalpsychologie, Hygiene und Pädagogik. Während bei MONTESSORI die genaue Beobachtung des Kindes und die einfühlsame Versenkung in seine Lebenswelt, also sozusagen die induktive Methode als die zentrale Zugangsweise für pädagogisches Sehen, Denken und Handeln erkennbar ist, denkt PETERSEN stringent-deduktiv. Aus der Erziehungsmetaphysik deduziert er die "Erziehungswissenschaft" und aus dieser die Erziehungspraxis bis hin zur "pädagogischen Führung des Unterrichts und im Unterricht". Während GAUDIG und PETERSEN das pädagogische Problemfeld vorwiegend kognitiv bearbeiten, nähert sich ihm MONTESSORI eben mittels ihrer besonderen Begabung zur Einfühlung in die Entstehung und Entfaltung der kindlichen Psyche in visionärer Sensibilität. Und während GAUDIG zeitlebens ein theoretisierender Praktiker geblieben und als solcher ein praktisch tätiger Theoretiker geworden ist, hat MONTESSORIs und PETERSENs direkter Umgang mit Kindern zwar nie vollständig aufgehört, war jedoch von vergleichsweise bescheidenem Ausmaß.

Während PETERSEN sein Werk kontinuierlich Schritt für Schritt, Baustein um Baustein beharrlich und behutsam setzend aufbaut, verfaßt GAUDIG seine Schriften häufig als antithetische Reaktion auf Äußerungen seiner Zeitgenossen in dementsprechend kraftvoller Sprache, im Stil stark essayistisch und aphoristisch; und MONTESSORI bringt ihre Vorstellungen und Einsichten, die sie in aller Welt vorträgt, sehr uneinheitlich zu Papier: Es wechseln Bilder und Gleichnisse mit naturwissenschaftlichen Exkursen, Überschwenglichkeiten und Einseitigkeiten führen über Unklarheiten bis zu Widersprüchlichkeiten. Bei ihr sind die Quellen demnach nicht nur hinsichtlich der Authentizität der Texte zu untersuchen, sondern auch im Hinblick auf das Verhältnis zwischen ihrer sprachlichen Fassung und ihrem pädagogisch-didaktischen Inhalt/Gehalt bzw. ihrer Aussage. Es ist daher keineswegs verwunderlich, daß weder GAUDIG noch MONTESSORI eine theoretisch konsistente und systematisch entfaltete Theorie der Bildung oder Erziehung vorlegen, während PETERSEN seine Schulkonzeption auf der Basis eines grundbegrifflich strukturierten Denkens entwickelt. In einer anderen Hinsicht gibt es allerdings eine überraschende Ähnlichkeit zwischen MONTESSORIs und PETERSENs Werk: Beide sind gekennzeichnet durch eine eigenartige Mischung von Nüchternheit, Rationalität, Realismus und "Empirismus" einerseits und Metaphysik, Religion, Mystizismus und Spekulation andererseits, ohne daß es ihnen gelungen wäre, das damit gegebene Spannungsgefüge in einem argumentativ überzeugenden Kontext angemessen aufzuarbeiten und darzustellen.

Darüber hinaus ist zu sehen, daß im Falle MONTESSORIs und PETERSENs im Unterschied zu GAUDIG neben der von ihnen selbst entwickelten und vertretenen Pädagogik eine "Montessori-Bewegung" bzw. die Tradition der "Jena-Plan-Schulen" entstanden ist, in der das Werk der Begründer in Theorie und Praxis überliefert und weitergeführt wird, also gut "aufgehoben" ist.

Vergleicht man die wissenschaftliche Betreuung samt Herausgabe und Rezeptionsstand der Werke, findet man große Unterschiede zwischen

MONTESSORI und PETERSEN einerseits und GAUDIG andererseits. Vor allem dank der unermüdlichen editorialen und kommentierenden Arbeiten PAUL OSWALDs und GÜNTER SCHULZ-BENESCHs sowie der pädagogisch und didaktisch tiefschürfenden Analysen HILDEGARD HOLTSTIEGEs sind die wesentlichen Werke MONTESSORIs in solid aufbereiteten Ausgaben in deutscher Sprache beim Verlag Herder zugänglich und in ihren zentralen Gehalten dargestellt bzw. interpretiert. Auch einige bedeutsame Werke PETERSENs werden immer wieder aufgelegt (vor allem im Beltz-Verlag), und die Sekundärliteratur zu den Jena-Plan-Schulen erlebte rund um das PETERSEN-Jahr 1984 (vor allem in der Agentur Dieck) eine neue Blüte.[2] Ganz anders die literarische Rezeption GAUDIGs: Sein umfassendes Werk ist nur noch in einigen Auszügen in dem Bändchen "Die Schule der Selbsttätigkeit", verlegt bei Klinkhardt, und verstreut in Dokumentationsbänden zur Geschichte der Pädagogik, der Didaktik und der Schule greifbar, monographisch angelegte Sekundärliteratur sucht man heute überhaupt vergeblich. Umfangreiche Biographien gibt es derzeit nur über MONTESSORI; die Nachforschungen über Leben und Persönlichkeit PETERSENs[3] und GAUDIGs stehen erst am Anfang.

---

2  Dazu die Buchliteratur in der Reihenfolge ihres Erscheinens: W. Krick: Die humane Schule als Lebensraum. Peter Petersens Jenaplan als Antwort auf die heutige Lebenssituation. Ein Studienbuch für Erzieher und Bildungspraktiker. Oberursel/Ts. 1981. E. Skiera: Die Jenaplan-Schule in den Niederlanden. Beispiel einer pädagogisch fundierten Schulreform. Weinheim - Basel 1982. Th. Rutt: Petersenschule heute. Heinsberg 1983. R. Stach u.a.: Zusammen lernen - Zusammen leben. Eine praxisbezogene Einführung in die Pädagogik Peter Petersens. Ein Lese- und Arbeitsbuch in Form eines Werkstattberichts. Heinsberg 1984. Th. Klaßen/E. Skiera (Hg.): Pädagogik der Mitmenschlichkeit. Beiträge zum Petersen-Jahr 1984. Heinsberg 1984. Th. Rutt: Peter Petersen. Leben und Werk. Heinsberg 1985. I. Maschmann, J. Oelkers (Hg.): Peter Petersen. Beiträge zur Schulpädagogik und Erziehungsphilosophie. Heinsberg 1985. E. Skiera (Hg.): Schule ohne Klassen. Gemeinsam lernen und leben. Das Beispiel Jenaplan. Heinsberg 1985. Th. Dietrich: Die Pädagogik Peter Petersens. Der Jena-Plan: Modell einer humanen Schule. Bad Heilbrunn 1986, 4., neubearb. u. erw. Aufl.

3  Siehe dazu die Hinweise bei I. Maschmann: Zur Biographie und Zeitgeschichte Peter Petersens. In: Dies., J. Oelkers (Hg.): Peter Petersen, a.a.O., S. 25-53.

# II. Vergleich der pädagogisch-didaktischen Denkstrukturen

Vergleicht man zunächst **die grundlegenden Vorstellungen**, die GAUDIG, MONTESSORI und PETERSEN **vom Menschen** entwickeln, kann man große Ähnlichkeiten entdecken: Alle drei arbeiten bedeutsame Wesensmerkmale des Menschen heraus, welche entweder Conditio oder Telos der menschlichen Entwicklung sind oder beides zugleich. Aus diesem Spannungsverhältnis zwischen Voraussetzungsgefüge und Zielentwürfen erwächst ihnen die Möglichkeit und die Notwendigkeit von Bildung, Erziehung und Unterricht wie die Unterscheidung zwischen Erwachsenheit und Unerwachsenheit. Doch während GAUDIG und MONTESSORI dabei im wesentlichen phänomenologisch-hermeneutisch vorgehen, begründet PETERSEN seine Kategorien ontologisch-metaphysisch. Die unterschiedliche Wortwahl bzw. Begrifflichkeit darf dabei über eine ähnliche oder gleiche Denkstruktur nicht hinwegtäuschen. So kann man zeigen, daß alle drei Pädagogen die Entwicklung des Menschen durchaus als entelechetische Bewegung einer komplex-ganzheitlichen Körper-Seele-Geist-Einheit von der noch unreifen, unmündigen "bloßen" Kind-Individualität zur "veredelten" (GAUDIG) und "gewachsenen Individualität" (PETERSEN), zur reifen, mündigen, wertvollen, vergeistigten Erwachsenen-Persönlichkeit auffassen - MONTESSORI spricht analog, sinngemäß vom "natürlichen, einheitlichen Bauplan des Menschen" und von der Notwendigkeit seiner "Normalisation" bzw. "Normalisierung". Dabei ist geistesgeschichtlich besonders auffallend und bemerkenswert, daß keiner der drei den langtradierten Personbegriff systematisch verwendet, sondern "Individuum" bzw. "Individualität", GAUDIG und PETERSEN sprechen auch vom "Subjekt".[4]

Alle drei erarbeiten in ihren Werken neben solchen allgemein-anthropologischen auch spezifisch pädoanthropologische **Vorstellungen vom Kind(sein) und von der Kindheit**, die einander entsprechen und ergänzen: Für GAUDIG ist das Kind auch als "werdende Persönlichkeit"

---

4 Vgl. dazu die ausgezeichneten und erhellenden Ausführungen zum Personbegriff und seinem Umfeld von G. Greshake: Person - Subjekt - "Verlust"/"Pathos" des Subjekts, a.a.O., S. 3-19.

stets "Subjekt", nie Objekt; sofern bei MONTESSORI von der "privilegierten Geistesform" des Kindes die Rede ist, leitet sie davon seine besondere Potenz zur Absorbierung bzw. Inkarnation der Umwelt, seinen Selbstentfaltungsdrang auf der Basis der "Selbstbewegung von innen", seine gesteigerte Sensibilität und besondere Kreativität ab - die Kindheit ist für sie die "physische und intellektuelle Kraft", erwachsen zu werden, das Kind ist ihr der Schöpfer seiner selbst; und für PETERSEN ist das Kind grundsätzlich "hilfsbedürftig" und ausdrücklich **"kein kleiner Erwachsener, sondern ein Organismus durchaus eigener Art"**[5] mit einem starken Bewegungs- und Tätigkeitsdrang, Gesellungs- und Lerntrieb sowie einem umweltabhängigen Wachstum.

Bei genauer Analyse zeigt sich auch, daß **die Entwicklung und Bildung des Menschen in jedem Fall von drei integral verknüpften Faktoren gesteuert** gesehen wird:

–   Zunächst vom physio-psychologischen Ausgangszustand (GAUDIG) bzw. von den physisch-biologischen und psychisch-geistigen Potentialitäten und Dispositionen (MONTESSORI) bzw. von den "physischen und psychischen Kräften" der "Bildungsenergie" (PETERSEN);
–   dann von der (im Fall der Schule auch institutionell verfaßten) Umwelt, besonders in Form wertvoller Kulturgüter als Bildungsstoffe (GAUDIG) bzw. vom lebenslangen Mensch-Welt (Kultur, Gesellschaft)-Bezug (MONTESSORI) bzw. von der Wirklichkeit und Einheit des Geist-Lebens in Form der Natur und der Kulturgüter (PETERSEN);
–   und schließlich vom "selbständigen Bildungserwerb in freiem Arbeitsvorgange" (GAUDIG) bzw. von der Aktivität des Menschen selbst (MONTESSORI) bzw. von der selbsttätigen "Bildungsarbeit" (PETERSEN).

Um es mit den oft zitierten Worten PESTALOZZIs zusammenzufassen: Der Mensch erscheint ihnen gleichermaßen und gleichzeitig als ein "Werk

---

5   P. Petersen: Führungslehre des Unterrichts. Neuausgabe nach der 10. Aufl. 1971. Weinheim - Basel 1984, S. 92.

der Natur", ein "Werk der Welt bzw. seines Geschlechts" und ein "Werk seiner selbst".[6] Dennoch ist darauf hinzuweisen, daß die menschlichen Entwicklungs- bzw. Bildungsfaktoren in den vorliegenden drei Konzepten durchaus unterschiedlich aufgefaßt, bewertet und gewichtet werden: Bei GAUDIG und MONTESSORI werden sowohl die Sozialstruktur, also die "Gemeinschaft", als auch die "Kulturgüter" als "Bildungsgüter" gegenüber dem Individuum bzw. der Persönlichkeit und seiner "Selbsttätigkeit" und "Selbstschöpfung" mediatisiert, funktionalisiert; bei PETERSEN nur die "Bildungsgüter".

Obwohl alle drei Pädagogen den Glauben an das Gute im Menschen grundsätzlich teilen (GAUDIGs Stellung dazu läßt sich aus seinen Schriften nur indirekt erschließen), erkennen sie die Möglichkeit des menschlichen Versagens, rechnen sie also durchaus mit dem Bösen und weisen auf die Notwendigkeit hin, die guten Kräfte und Strebungen pädagogisch zu fördern, zu unterstützen. Während MONTESSORI der philosophischen Frage, ob der Mensch "von Natur gut" sei, aus dem Weg zu gehen bemüht ist, indem sie diese in die pädagogische Forderung, das Kind zum Gutsein anzuhalten, transformiert, wie SCHULZ-BENESCH bemerkt hat[7], bejaht PETERSEN diese Frage als eindeutiges "Grundurteil der Erziehungs-wissenschaft"[8]. Die Vorstellung, "der Mensch sei weder gut noch böse, aber er könne beides werden"[9], würde ja dem Guten und dem Bösen, der "Satanie"[10] als der "Gegenwelt alles Guten"[11], denselben Seinsrang einräu-men, den endgültigen Ausgang der Auseinandersetzung, des Kampfes daher offenlassen und einer Theologie, die vom Sieg des Guten über das Böse überzeugt ist, eigentlich fundamental widersprechen. Dennoch for-muliert er - wohl auch im Rückblick auf seine persönlichen, leidvollen

6  J.H. Pestalozzi: Meine Nachforschungen über den Gang der Natur in der Entwicklung des Menschengeschlechts (1797). Hrsg. v. A. Stenzel. Bad Heilbrunn 1962.

7  G. Schulz-Benesch: Die Gründe der Mißverständnisse der Montessori-Pädagogik in Deutschland. In: Ders. (Hg.): Montessori. Darmstadt 1970, S. 380.

8  P. Petersen: Der Ursprung der Pädagogik (II. Teil der "Allgemeinen Erziehungswissenschaft"). Berlin - Leipzig 1931 (unveränd. Nachdruck 1964), S. 96ff.

9  Ebd., S. 106.

10  P. Petersen: Der Mensch in der Erziehungswirklichkeit. Reprint der Erstausgabe 1954. Weinheim - Basel 1984, S. 196ff., 188ff.

11  Ebd., S. 160.

Erfahrungen[12] - in seinen lesenswerten erziehungsphilosophischen Ausführungen zum Problem des Bösen: "Das Verfehlen gehört zum Menschsein. Keiner kann je ganz sein und handeln, wie er möchte. Niemand ist imstande, im voraus zu berechnen, auszudenken oder zu erschauen, was in seinem Urteilen, Wünschen, Wählen, Entscheiden absolut richtig ist. Und wenn auch alles aufs beste abgewogen und vorbedacht und vorbereitet ist, so hat doch keiner die Mittel und Wege der Ausführung so fest in Besitz, daß er für den Gang der Dinge im Sinne seiner Absichten und seines guten Planes bürgen kann. Inmitten des Tuns selber erheben sich neue Schranken. So ist es niemandem gegeben, vollkommen auszuführen, was er aus edelsten Motiven und mit dem besten Willen unternimmt und gestalten möchte."[13] Aber er zitiert in diesem Zusammenhang auch GOETHEs tröstendes Wort: "Wer immer strebend sich bemüht, den können wir erlösen."[14]

GAUDIG, MONTESSORI und PETERSEN sind also von einem naiven anthropologisch-pädagogischen Optimismus ebenso weit entfernt wie von einem vordergründigen anthropologisch-pädagogischen Pessimismus: Sie sind allesamt **Realisten**, sowohl hinsichtlich der sittlich-moralischen Verfaßtheit des Menschen als auch hinsichtlich der Steuerungsfaktoren seiner Entwicklung im allgemeinen und seiner Bildung im besonderen. Dieser anthropologisch-pädagogische Realismus zeigt sich auch darin, daß die allgemein ontische wie speziell anthropologisch-pädagogisch-didaktische Wirklichkeit als antinomisch strukturiert gesehen wird. In dieser Hinsicht arbeitet GAUDIG die Spannungsverhältnisse Freiheit versus Bindung, Individuum versus Gemeinschaft, Materialität versus Formalität, Bedürfnis-/Wunsch-/Interessenorientierung versus Stoff-/Wertorientierung heraus; MONTESSORI die Individualität versus Sozialität bzw. Einsamkeit versus Gemeinschaft(lichkeit), Freiheit versus Bindung, Aktion versus Kontemplation und - als Momente der Selbst-Bildungs-Arbeit des Menschen - Subjektivität versus Objektivität; für PETERSEN schließlich erscheint die Welt schon ontisch so grundsätzlich antithetisch-polar strukturiert, daß sie auch erkenntnis- und erlebnismäßig nur in dieser Weise

---

12 Vgl. z.B. S. Freudenthal-Lutter: Peter Petersens Beziehung zu ausländischen Reformpädagogen und Reformbewegungen. In: Th. Klaßen, E. Skiera (Hg.): Pädagogik der Mitmenschlichkeit, a.a.O., S. 60f.

13 P. Petersen: Der Mensch in der Erziehungswirklichkeit, a.a.O., S. 157f.

14 Ebd., S. 162.

aufgefaßt werden kann. Diesem philosophischen Ansatz entsprechend thematisiert er die pädagogischen Antinomien Erziehung versus Entwicklung, Individuum versus Gesellschaft, Persönlichkeit versus Gemeinschaft (Kultur) und Mensch versus Welt.[15]

Es wurde schon darauf hingewiesen: In der entelechetischen Vorstellung der menschlichen Entwicklung zwischen einem analysierbaren, wenigstens teilweise erkennbaren Ausgangszustand und einem in Form eines formulierten Bildungsideals grundsätzlich nur wünschbaren, jedoch nie einholbaren Endzustand liegt die Bedingung für die Möglichkeit von Erziehung, Unterricht und Bildung. Und auch hier läßt der Vergleich eine Parallelität entdecken: Das Handeln des Erwachsenen als eines "Erziehers" oder "Lehrers" richtet sich auf den noch Unerwachsenen, Heranwachsenden, auf das Kind und den Jugendlichen als "Zögling" oder "Schüler", wird also ausschließlich und ausdrücklich als "pädagogisches" (wörtlich: "kindführendes") Handeln aufgefaßt und als solches daraufhin angelegt, sich überflüssig zu machen, mit dem Übergang, dem Hinübergleiten des Unerwachsenen in die Erwachsenheit zu enden. Die Erziehung und der Unterricht der heranwachsenden Individuen einer Menschengemeinschaft bzw. einer Gesellschaft erscheinen demnach als etwas, das den jeweils Erwachsenen dieser Gemeinschaft bzw. Gesellschaft unabweisbar aufgegeben ist, als ihre bedeutsamste, weil schlechthin undelegierbare Lebens-Auf-Gabe.

Die **Begriffe "Erziehung", "Unterricht" und "Bildung"** werden freilich von jedem der drei Pädagogen anderen "Phänomenen" zugeordnet: GAUDIG versteht unter Erziehung ein dreifaches Handeln zum Zweck der Selbstentfaltung, der Bildung des Zöglings durch eigen- bzw. selbsttätige, aktive Auseinandersetzung mit wertvollen Kulturgütern im freien Arbeitsvorgang auf den Ebenen des Handelns (der "Arbeit") und des Erlebens. Dieses dreifache Handeln eines "Erziehers" ist nach pädagogischen Prinzipien, die nicht aus der Praxis und der Erfahrung stammen, zu normieren und umfaßt (a) eine sorgfältige "Diagnose" der Ausgangslage des Zu-Erziehenden, (b) die Festlegung von partikularen Erziehungszielen

---

15 P. Petersen: Pädagogik der Gegenwart. Reprint der 2. Aufl. 1937. Weinheim - Basel 1973, S. 145-179.

und (c) seine direkte und indirekte "pädagogische Einwirkung" als die eigentliche Erziehungstätigkeit. Dabei können für GAUDIG "Zögling" wie "Erzieher" sowohl Einzelpersonen wie auch eine Gemeinschaft sein. Demnach ist für ihn die Pädagogik eine Handlungswissenschaft im Sinne einer Prinzipien- und Normwissenschaft. Indem er Unterricht "nur" als Aneignenlassen von Kenntnissen und Wissen auffaßt, Erziehen aber als Gewinnenlassen von "Gesinnung, Kraft und Technik" für das geistige Arbeiten bzw. Tätigsein und Erleben, also von Bildung, ist für ihn Unterricht nur ein Teilbereich der Erziehung in der Arbeits- und Erlebnis-Schule. Erziehung und damit Unterricht sind also ein "Dienst an der werdenden Persönlichkeit" und an den Gemeinschaften (wie Familie, Kirche).

Wie bereits herausgearbeitet, richtet MONTESSORI ihre analysierende Aufmerksamkeit schwerpunktmäßig auf den Bildungsprozeß des Menschen: Sie begreift ihn als "schöpferischen, kreativen Selbstaufbau", des einzigartig-unwiederholbaren Innenkosmos der Kind-Person zur Erwachsenen-Persönlichkeit über die Polarisation und Konzentration der Aufmerksamkeit, über die Arbeit als inkarnierende und absorbierende Tätigkeit. Von diesem Bildungsprozeß her sieht sie folgerichtig die Chancen und Grenzen des interpersonalen pädagogischen Tuns, das sie aber begrifflich nicht scharf und klar von jenem intrapersonalen Prozeß abhebt. Alle indirekten und direkten Hilfestellungen und Maßnahmen mit dem Ziel, die Bildungsentwicklung des Kindes zu unterstützen und zu fördern, bezeichnet sie, begrifflich undifferenziert, einmal als Erziehung, einmal als Unterricht und manchmal auch als Bildung.

PETERSEN hat den Begriff "Erziehung" auf mehreren Ebenen bestimmt, die er voneinander hierarchisch abhängig denkt. Grundlegend und am weitesten ist die metaphysische Bestimmung der Erziehung als einer kosmischen Funktion des tätigen Geistes überhaupt. Daraus leitet er die Erziehung als Dienstfunktion des Geistes in der Menschengemeinschaft ab, die sich handlungsmäßig als pädagogische Führung oder "Pädagogie" von Menschen durch Menschen und noch einschränkender als pädagogische "Führung des Unterrichts" (= Unterrichts**vorbereitung** im weitesten Sinn) und als pädagogische "Führung im Unterricht" (= Unterrichts**durchführung** im eigentlichen Sinn) im Rahmen der Institution Schule konkretisiert. Die Pädagogie des Unterrichts zielt im wesentlichen darauf ab, dem Heranwachsenden seine eigene Person und seine Umwelt bewußtzumachen. PETERSENs Erziehungsbegriff umfaßt also einerseits "intransitive"

Prozesse und Aktionen (Handlungen) im Sinne von "Bildung"; andererseits "transitive" Geschehnisse im Sinne von "Einwirkungen" des Seienden, der Wirklichkeit, der Welt auf den Menschen, zu denen vor allem auch menschliche Akte (Handlungen) gehören. - Auch "Bildung" bestimmt PETERSEN mehrfach und metaphysisch: Zunächst als Entwicklung des Natur-Lebens im allgemeinen nach seiner jeweiligen Form, nach seinem "Bildungsgesetz". Und indem er menschliches Leben als "Form für Geistiges" sieht, kann er Bildung - nun konkreter auf den Menschen bezogen - sowohl als Vorgang und Tätigkeit des Sich-Bildens wie auch als Ergebnis dieses Vorgangs bzw. dieser Tätigkeit mit dem Ziel der Formgestaltung der Individualität auffassen. Den Zusammenhang zur "Erziehung" stellt PETERSEN dadurch her, daß er die gesamte Bildungsenergie der Individualität als zum Dienst an der Erziehung vorbestimmt begreift. Die Erziehungswissenschaft umfaßt demnach die Erziehungsmetaphysik bzw. Erziehungsphilosophie (und damit zugleich die Erziehungslehre) und die "Pädagogik" als Wissenschaft von der "Führung" bzw. "Pädagogie", im besonderen die Didaktik bzw. Unterrichtslehre als Wissenschaft von der pädagogischen Führung des Unterrichts und im Unterricht.

Obwohl alle drei Pädagogen das (direkte und indirekte) Handeln des Erziehers und Lehrers in bezug auf die Möglichkeiten und Grenzen der pädagogische "Beeinflussung" des Bildungsprozesses im Zögling und Schüler sehr realistisch einschätzen, jedenfalls sicher nicht überschätzen, ja vielleicht gerade deshalb (!) stellen sie die große Bedeutung des wertvollen Seins des Erziehers und Lehrers heraus, also die Notwendigkeit, daß er dem Heranwachsenden als eine **Persönlichkeit** begegnen kann - ganz im Sinne von EDUARD SPRANGERs Wort: "Der wahre Erzieher lebt von dem Maß der Selbsterziehung, das er an sich geleistet hat."[16] Freilich entsteht bei GAUDIG und MONTESSORI eine gewisse Spannung zwischen der pädagogischen Forderung nach dem Zurücktreten des Erwachsenen einerseits und dem Herausstellen der unverzichtbaren Bedeutung der Erzieher- und Lehrerpersönlichkeit andererseits - eine Spannung, wie sie den pädagogischen Antinomien innewohnt: eine Spannung, deren Art der Bewältigung hinsichtlich der Ermöglichung von Bildung sich durchaus als Maßstab für die Qualität erzieherischen und unterrichtlichen Handelns erweist. Daß es aber auch innerhalb des realistischen Einschätzungsspektrums noch unterschiedliche Akzentuierungen gibt, zeigt der Vergleich der wichtigsten

---

16 E. Spranger: Der geborene Erzieher. Heidelberg 1968, 5. Aufl., S. 42.

Merkmale bzw. Tugenden der Erzieher- bzw. Lehrerpersönlichkeit: Während GAUDIG und MONTESSORI die Fähigkeit der Zurückhaltung im Sinne von Selbstbegrenzung, Selbstregulierung und Selbstbeschränkung herausstellen, betont PETERSEN das ständige Bemühen des Erziehers um die ethisch-pädagogische Legitimierung der freiheitsbegrenzenden Ansprüche und Aufgaben, die er in der pädagogischen Führung an den Heranwachsenden stellen muß, wenn er diesem zur wahren Freiheit verhelfen will; außerdem sein Ringen um die (r)echte Autorität, Macht und Distanz als conditiones sine quibus non jedes pädagogisch verantwortbaren Dienstes am Kind und Jugendlichen.

In allen drei Denkkonzepten spielt der **Begriff "Freiheit"** eine bedeutende Rolle: GAUDIG verwendet ihn als antinomischen Gegenpol zu Gebundenheit bzw. Bindung, zur Beschreibung des didaktischen Spielraums des Lehrers bei der Auswahl und Anordnung der Stoffe und der Wahl der Methode, wobei er sehr klar sieht, daß die Freiheit durch sachlogisch-sachstrukturelle Notwendigkeiten begrenzt wird. MONTESSORI stellt diesen Begriff in einen anthropologischen Zusammenhang: Die Freiheit wird durch die Geistigkeit des Menschen bedingt und ist ihrerseits die Bedingung für die Möglichkeit von Aktivität, Spontaneität und damit von Selbst-Tätigkeit sowie von Kontemplation und Meditation einerseits und Sachlichkeit bzw. Gegenstandsorientiertheit andererseits. Freiheit als antinomischer Gegenpol zu Bindung, deren besondere Form die Selbstdisziplin ist, findet ihre Grenze an der Freiheit der anderen, am Gemeinwohl. Freiheit ist ihr aber nicht nur Teil des anthropologischen Bindungsgefüges für Bildung, sondern auch Teil des humanen Bildungsziels. PETERSEN schließlich stellt den Begriff in einen pädagogischen Zusammenhang: Er entwickelt die These von der Komplementarität der Freiheit des Zu-Erziehenden und der Verantwortung des Erziehers, also von der anthropologischen Freiheit, die er wie MONTESSORI im Sinne der Bedingung wie des Ziels menschlicher Entwicklung auffaßt, und der pädagogischen Verantwortlichkeit als zwei komplementären Regulativen. Zugleich sieht er ebenfalls wie MONTESSORI, daß die Möglichkeit der Entstehung und Entwicklung der Freiheit des einen auf die Möglichkeit der Entstehung und Entwicklung der Freiheit des bzw. der anderen angewiesen ist. Dieser Wechselbezug markiert mithin die Chancen und Grenzen der menschlichen "Freiheiten".

Was die **Institution Schule** betrifft, wird sie von keinem der drei Autoren grundsätzlich in Frage gestellt, wie das, ausgehend von IVAN ILLICHs

Schlachtruf nach der "Deschooling Society"[17], in der sich anschließenden Entschulungsdebatte der 70er Jahre geschehen ist.[18] Wohl aber zeichnen alle drei ein Idealbild, mit dem sie heutige Überlegungen und Einsichten in die menschliche Lehr-/Lernökologie vorwegnehmen[19]; ein Idealbild, das vom damaligen Realbild wohl noch weiter entfernt war, als es vom heutigen entfernt ist. Dabei berücksichtigen sie räumliche und zeitliche, methodische und mediale, personelle und soziale Strukturelemente. Für GAUDIG ist der Bildungserwerb über die Institution Schule gegenüber dem "außerinstitutionellen Bildungserwerb" über das gesamte Kulturleben sekundär und deshalb letztlich von da her zu bestimmen und zu organisieren. Gleichzeitig sollen diese beiden Möglichkeiten für Bildung "in fruchtbarem Wechselverhältnis stehen" und im "nationalen Bildungsleben" wurzeln; jedenfalls sind Kultur und Werte auf die Bildung und Erziehung des Menschen zu beziehen. Konsequenterweise soll die Schule daher eine "organisierte Lebenssphäre" mit den vier "Lebensgebieten" Arbeit, Spiel und Feier, Gemeinschaft und "Leben der Sitte und Ordnung" sein, welche das selbsttätige Arbeiten und das aktive Erleben ermöglicht. Damit stellt GAUDIG zusätzlich zur Lehrerpersönlichkeit auch die Schule als Institution und das Schulleben wie die Schulorganisation ganz in den Dienst der werdenden Persönlichkeit. Auch für MONTESSORI erfährt die Schule als Institution ihre Legitimation allein dadurch, daß sie die Bildungsprozesse des Kindes und Jugendlichen aufgreift, anstößt, einleitet, fördert, erhält und vertieft. PETERSEN sieht ganz klar, daß Art und Grad der "Hilfsbedürftigkeit" der Heranwachsenden, kulturhistorisch betrachtet, natürlich sehr unterschiedlich sind. Die Institution Schule wird demnach erst auf einer bestimmten Entwicklungsstufe einer Gesellschaft benötigt, dort erscheint sie ihm allerdings als unverzichtbar, weil sie erst die Bedingung für die Möglichkeit schafft, an der geistigen Gemeinschaft der Menschen selbständig teilzunehmen. Ihre Sinnbestimmung erhält auch sie allein von "ewig demselben", gleichbleibenden Sinn, Wesen und Ziel der Erziehung, nämlich Vergeistigung und Humanisierung, ist also metahistorisch.

---

17 I. Illich: Deschooling Society. New York 1970.

18 Zur Kritik der Schulkritik siehe z.B. M. Heitger: Der Begriff der Bildung unter den institutionellen Bedingungen von Schule. In: J. Dikow u.a. (Hg.): Münstersche Gespräche zu Themen der wissenschaftlichen Pädagogik. Heft 1: Umgang mit der Schulkritik (hrsg. v. M. Heitger). Münster 1984, S. 32-47.

19 Siehe z.B. W. Edelstein, D. Hopf (Hg.): Bedingungen des Bildungsprozesses. Psychologische und pädagogische Forschungen zum Lehren und Lernen in der Schule. Stuttgart 1973.

# III. Vergleich der Strukturelemente des pädagogischen Handelns

Was das Verhältnis der Begriffe "Erziehung" und "Unterricht" in den drei Konzepten betrifft, subsumieren GAUDIG und PETERSEN "Unterricht" unter dem Überbegriff "Erziehung", während MONTESSORI beide Begriffe weitgehend ununterschieden, (beinahe) synonym verwendet.

Der Vergleich hinsichtlich der Handlungspartner kann die verschiedenen Aussageschwerpunkte noch einmal verdeutlichen: Während GAUDIG die Schülerpersönlichkeit und MONTESSORI den Bildungsprozeß des Kindes ins Zentrum ihrer Betrachtungen und Überlegungen rücken, steht bei PETERSEN die pädagogische Führung des Erziehers bzw. des Lehrers im Unterricht im Mittelpunkt des Denkens.

Beginnen wir unsere komparative Analyse mit den **"anthropologischen Grundlagen bzw. Merkmalen von Erziehungs- und Unterrichts-handlungen"** (1.1.1.) als den sinnstiftenden "externen Handlungsbedingungen" (1.1.). In allen drei Konzepten wird deutlich zwischen Erwachsenen und Unerwachsenen bzw. Heranwachsenden (Kindern und Jugendlichen), also zwischen dem Status der Erwachsenheit und dem der Unerwachsenheit unterschieden. Diese Differenz wird in dem Sinn als Gefälle begriffen, daß einerseits der Erwachsene sein erzieherisches und unterrichtliches Handeln gegenüber dem Unerwachsenen allein aus seinem höheren Grad der Reife, der Vergeistigung und Humanisierung, aus seiner fortgeschrittenen Bildungs- bzw. Persönlichkeitsentwicklung legitimieren kann; und daß andererseits sich der Unerwachsene als erziehungs- und lernfähig wie als erziehungs- und lernbedürftig, "führungsbedürftig" (im Sinn PETERSENs) erweist. Dieses Differenzgefälle ist also für alle drei Pädagogen die Bedingung für die Möglichkeit für Erziehung und Unterricht überhaupt - für PETERSEN ist es zusätzlich der Grund, die Quelle für die pädagogisch notwendige Spannung und Distanz wie für die "Autorität in Funktion als Ausfluß erzieherischer Macht". PETERSEN betont die Bedeutung des geistigen, also des sittlich-intellektuellen Differenzgefälles dadurch, daß er dieses ausdrücklich nicht einfach mit dem Altersgefälle (etwa im Umfang mindestens einer Generation) gleichgesetzt wissen will, wenn dies auch der weitaus häufigste Fall sein wird. Diese geistige Überlegenheit bzw. die höhere Geistigkeit des Erziehers und Lehrers hat sich unter anderem daran zu erweisen, daß und wie er die Spannungsverhältnisse, die in den drei großen Inhaltsfeldern Natur, Menschenwelt und Gott liegen, gegenüber den Schülern vertritt, sie an diese heranbringt, sie mit diesen konfrontiert.

Aus der Bestimmung der Erziehungs- und Unterrichtsaufgaben als Hilfestellung beim Erwachsenwerden erwächst allen drei Pädagogen die Einsicht in die große Bedeutung, ja in die Unverzichtbarkeit der **Erzieher- und Lehrerpersönlichkeit**, wurzelt darin doch seine "Führungsfähigkeit" (PETERSEN), was unter den Handlungs(dispositions)komponenten (1.2.2.) näher ausgeführt werden soll. Zwar beschränkt keiner der drei diese Hilfeleistung auf soziales Handeln im Sinne zwischenmenschlichen Handelns, es spielt jedoch in jedem Konzept eine wesentliche Rolle, auch bei MONTESSORI. Alles zwischenmenschliche Handeln jedenfalls soll auf die Totalität des Zu-Erziehenden, auf seine weltbezogene Selbst-Tätigkeit gerichtet sein und erwartet von ihm daher selbsttätige Antworthandlungen seiner Gesamtperson. Kind und Jugendlicher erscheinen also nie als "Objekte" der Erziehung und des Unterrichts, sondern stets als personale "Subjekte". Diese Sicht hat natürlich bedeutsame Folgen für die Bestimmung der Art erzieherischen und unterrichtlichen Handelns. MONTESSORI kennzeichnet es überdies deutlich als Versuchshandeln, und für PETERSEN soll die intentionale "Erziehungskunst" mit der (funktionalen) Erziehung als einer kosmischen Seins- bzw. Geistfunktion harmonisch übereinstimmen.

In allen drei Denk- und Handlungskonzepten spielt die **"Organisation beim Erziehen und Unterrichten"** (1.1.2.) eine bedeutsame Rolle, was sich bei MONTESSORI und PETERSEN schon daran zeigt, daß sie dieses Bedingungsfeld für erzieherisches und unterrichtliches Handeln unter eigenen Begriffen thematisieren: MONTESSORI spricht von der "Vorbereitung der Umgebung" und PETERSEN von "pädagogischen Vor-Ordnungen". Diese Vor-Ordnungen des Erziehers bzw. Lehrers zur Gestaltung der "Arbeits- und Lernwelt" und der "Formen des geselligen Verkehrs" sowie zur Realisierung des "obersten Gesetzes des Zusammenlebens" in der Schule sollen nach PETERSEN den "natürlichen Lebenskreis" des Heranwachsenden in einen pädagogischen transformieren, das heißt diesen dazu auffordern, sich mit den problemhaften und problemhaltigen Spannungsverhältnissen, die in den drei Wirklichkeitsfeldern Gott, Natur und Menschenwelt liegen, aktiv auseinanderzusetzen.

Alle drei Pädagogen erkennen die große Bedeutung der **räumlichen Vorstrukturierungen**, die von der gesamten Schulanlage über die Architektur des Schulgebäudes (Stichwort "gebaute Pädagogik"!) bis zu den Einrichtungsgegenständen und der Anordnung der Tische und Sessel reichen. Für MONTESSORI ist das eine Frage der physischen und psychischen "Schulhygiene".

Zum **zeitlichen Aspekt** findet sich bei GAUDIG der auch heute diskutierte Hinweis auf die Notwendigkeit, den Kindern individuelle Lernzeiten zu gewähren, was natürlich auch für die Gestaltung der Stundenpläne nicht folgenlos bleibt. PETERSEN geht noch einen Schritt weiter: Er ersetzt den herkömmlichen Stundenplan durch einen "Wochenarbeitsplan", der weit über den Unterrichtsplan hinausgreifend schulisches und häusliches Leben in seinen Wechselbeziehungen erfassen soll (und damit nichts mit den sogenannten "Wochen(arbeits/aufgaben)plänen", wie sie heute vielerorts praktiziert werden, zu tun hat).

Auch die **Unterrichtsgehalte** werden in ihrer vorstrukturierenden Funktion nur von GAUDIG und PETERSEN angesprochen, und zwar in durchaus verschiedenen Formen der Aufbereitung: Während GAUDIG beginnend mit dem Fachunterricht (auch im Bereich des Elementarunterrichts!) und damit unter konsequenter Berücksichtigung sachlogischer und sachstruktureller Gesichtspunkte erst allmählich zu fachübergreifenden "lebenskundlichen Einheiten" fortzuschreiten empfiehlt, möchte PETERSEN die Gehalte aus den Lebenssphären Gott, Natur und Mensch zunächst als "organische Einheiten" aufbereitet wissen und erst auf höheren Schulstufen zum "Fachunterricht" als Vorschulung für das "Fachstudium" überleiten; allerdings sollen zuvor (oder zugleich) die für die Bearbeitung der Einheiten benötigten Fertigkeiten ganz im Sinne der "Beherrschung von Welt" als "Elementargrammatik" und als "Werkgrammatik" relativ isoliert trainiert werden.

Indem die das Handeln schon immer vorstrukturierenden **Erziehungs- und Unterrichtsnormen bzw. das Bildungsideal** in allen drei Konzepten beinahe ident sind, entsprechen auch die implizit enthaltenen und die explizit herausgearbeiteten pädagogisch-didaktischen Grundsätze und Regeln, die das Handeln des Erziehers orientieren wollen und sollen, einander weitgehend. So finden sich bei allen drei Autoren Hinweise auf die Selbsttätigkeit bzw. die Aktivierung (und Motivierung) der Kinder; auf die

Lebens- und Wirklichkeitsbezogenheit bei GAUDIG und PETERSEN, auf die Individualisierung und Veranschaulichung bei GAUDIG und MONTESSORI. Das Prinzip der "Begrenzung des Einschreitens" ist zwar nur bei MONTESSORI als solches formuliert, aber bei GAUDIG als Tugend der Zurückhaltung, Entsagung, Bescheidenheit und Askese ebenso gemeint; das Schaffenlassen aus Ruhe und Muße hingegen ist nur bei PETERSEN explizit als Grundsatz bzw. Regel herausgearbeitet, wird aber auch von GAUDIG, vor allem aber von MONTESSORI vertreten.

Der Vergleich der **methodischen Vorstrukturierungen** zeigt verschiedene Möglichkeiten, dieses Strukturmoment zu sehen und zu beschreiben, und die Akzentuierung unterschiedlicher Teilaspekte: GAUDIG bezieht verschiedene "Arbeitsvorgänge" - in unserer Terminologie Bündel, Gruppen von "Arbeitsformen" - und unterschiedliche Sozialformen didaktisch richtig so aufeinander, daß den Kindern im Unterricht eine Vielfalt von Aktivitäten ermöglicht wird. An die Stelle der Lehrerfrage setzt er die persönlichkeitsbildende "Formulierung einer Denkaufgabe" als Schülerfrage, er weist die pädagogische Bedenklichkeit des konkurrierenden Wettbewerbs auf, zeigt die pädagogische Bedeutung der Hausaufgabe als "freier häuslicher Arbeit", erkennt den didaktischen Wert von "advanced organizern" und sieht sehr klar die Notwendigkeit, die Methodenfreiheit durch die Methodengerechtheit zu begrenzen. Auch PETERSEN rollt das Problem der Unterrichtsmethoden von den Aktivitäten der Kinder, von ihren "Bildungsformen" als den grundlegenden Formen der Auseinandersetzung mit Gott, Natur und Menschenwelt her auf und bezieht die "Grundformen der Selbsterziehung" auf die vier "Gemeinschaftsformen" Gespräch, Spiel, Arbeit und Feier - eine Art "pädagogischer Grundformen". In gleicher Absicht arbeitet MONTESSORI vier sozusagen "didaktische Grundformen" heraus: "Freiheitsphasen", "Lektionen", "Übungen des praktischen Lebens" und "Übungen der Stille". Man erkennt deutlich unterschiedliche pädagogische Akzentuierungen: Während MONTESSORIs Formen (-bezeichnungen) Hinweise auf die Steuerungsinstanz (das Kind selbst oder der Lehrer) und auf die Intentionalität (praktische Fähigkeiten oder innere Kräfte) zugrunde liegen, orientiert PETERSEN sein Konzept an Formen des Zusammen- und Miteinanderlebens der Menschen überhaupt.

Auch die **Unterrichtsmedien** finden bei allen drei Pädagogen große Beachtung, was man schon daran erkennt, daß sie ihre didaktischen Funktionen als Lern-, Arbeits- und Bildungsmittel sorgfältig herausarbeiten.

Dabei relativiert MONTESSORI ihre "Sinnesentfaltungsmittel" bzw. ihr "Entwicklungsmaterial" dadurch, daß sie es nur als Teil des von den Erwachsenen (re)präsentierten "lebensvollen Kulturmilieus" verstanden wissen will - und erweist damit einmal mehr ihren pädagogischen Tiefblick zum Unterschied mancher schlechter Epigonen, die in einer Materialflut gleichsam zu ertrinken und die Kinder darin zu ertränken drohen.

Hinsichtlich der **Sozialstruktur** des Erziehungs- und Unterrichtsfeldes bleibt GAUDIG mit der Herausarbeitung der pädagogisch bedeutsamen Dialektik zwischen dem einheitlichen und vereinheitlichenden Klassenkollektiv und den verschiedenen Schülerindividualitäten auf der analysierenden Ebene, während MONTESSORI und PETERSEN anstelle von Jahrgangsklassen altersgruppenübergreifende Klassenverbände realisieren und deren Möglichkeiten und Auswirkungen durchwegs pädagogisch einschätzen. In beiden Praxis-Konzepten wird der Altersunterschied allerdings begrenzt: MONTESSORI faßt die 4- bis 6-, die 7- bis 9- und die 10- bis 12jährigen zusammen, also immer drei Jahrgänge, und verbindet den vorschulischen mit dem schulischen Bereich. PETERSENs "Stammgruppen" erfassen die 6- bis 8-, die 9- bis 11-, die 12- und 13- sowie die 14- und 15jährigen. Beide wollen und können damit das Von- und Miteinanderlernen forcieren.

Hinsichtlich der **"Handlungsgemeinde"** als erzieherisch-unterrichtlichem Voraussetzungsfeld (1.1.3.) ergibt sich aus GAUDIGs Sicht der Sozialstruktur für den einzelnen die Notwendigkeit, je und je situationsentsprechend und verantwortbar zu entscheiden, wann er gegenüber dem Klassenverband Widerstand leisten und wann er sich in seinen Dienst stellen soll. Auch die Unterscheidung GAUDIGs zwischen dem Lernen im Klassenverband und dem sozialen Lernen sowie seine Ausführungen zur "Selbstregulierung" bzw. "Selbstregierung" der Klasse zeigen, wie klar er erkennt, daß der pädagogische Bezug unter den Bedingungen einer "Klassengemeinschaft" wesentliche Veränderungen etwa gegenüber der Erziehung im Elternhaus erfährt. Und während MONTESSORI in bezug auf die Handlungsgemeinde ihres Schul- und Unterrichtskonzepts - wohl zum Erstaunen der meisten heute lebenden Praktiker, Theoretiker und Bildungspolitiker - die optimale Klassenschülerzahl mit 40 angibt, arbeitet PETERSEN aus der Sicht seines Schulmodells heraus, wie sich der Lehrer mit dem Wechsel der pädagogischen Situationen durchaus auch in verschiedenen Handlungsgemeinden vorfindet.

Nachdem alle drei Pädagogen die Erzieher- bzw. Lehrerpersönlichkeit als die bedeutsamste "Bedingung" für das Erziehen und Unterrichten (1.2.) herausstellen, ist es natürlich besonders interessant zu sehen, wie weit die Handlungs(dispositions)komponenten (1.2.2.) als Elemente der Persönlichkeitsstrukturen in den drei Konzepten miteinander konvergieren oder voneinander abweichen.

Was die **metapsychische Komponente des Erziehungs- und Unterrichtssinns** betrifft, zeigt sich - unabhängig vom durchaus unterschiedlichen Grad der Differenziertheit der Überlegungen - ein identer Sinnkern: Nur wenn und soweit der Erwachsene sein Handeln gegenüber dem Unerwachsenen (mehr minder) bewußt als fürsorgend und stellvertretend, als Hilfe und Dienst vorbereitet, entwirft, durchführt und erlebt und als solches schließlich reflektierend legitimieren kann, darf es begründet als ein "erzieherisches" oder als ein "unterrichtliches" Handeln bezeichnet werden, wird der Erwachsene zum "Erzieher" oder zum "Lehrer". Dieser entwickelt bei GAUDIG ein Selbstverständnis als "Mittler zwischen dem Schülergeist und den Unterrichtsstoffen"; bei MONTESSORI wird er zum "wahren Führer auf dem Lebensweg" des Heranwachsenden, sein Verteidiger und Leiter seiner Kräfte, indem er praktische Lebenshilfen anbietet, zur Tradierung der Kultur anleitet und die Erweckung des Geistes ermöglicht; bei PETERSEN ist er als pädagogischer Führer Diener am Leben des Kindes und Helfer zur Selbsthilfe.

Diesen Sinngebungen im Selbstverständnis des Erziehers und Lehrers soll seine **psychische Verfaßtheit** entsprechen, die von der pädagogischen Grundhaltung bis zu den Dispositionen für adäquate Fähigkeiten und Fertigkeiten reicht. Auch hinsichtlich dieser Dispositionskomponente stimmen die drei Pädagogen weitgehend überein: Für GAUDIG hat der Erzieher und Lehrer die Tugenden der Achtung, Zurückhaltung, Entsagung, Bescheidenheit und Askese sowohl mit fachlichen und pädagogisch-didaktischen Kompetenzen, den Mittlerkompetenzen, als auch mit der lebenslangen selbstbildenden Arbeit an der eigenen Persönlichkeit zu verbinden. Für MONTESSORI hat der Pädagoge auf der Grundlage der Moralität "personale Verantwortung" für die Entwicklung und Bildung der Kinder zu übernehmen, die ihrerseits wieder den Nährboden für die Entfaltung der Tugenden der "weisen Zurückhaltung", Passivität, Demut und Bescheidenheit, der Selbstbeherrschung und Gelassenheit, der Geduld und Liebe, der inneren Ruhe und Stille (also für den Aufbau einer kontemplativ-meditativen Grundhaltung) sowie für die selbstkritische Betrachtung mit fester Absicht zur Verhaltensänderung bildet. Für PETERSEN hat der Erzieher auf der Grundlage des pädagogischen Ethos von Liebe und Verantwortung die Tugenden der Ehrfurcht und der Achtung vor dem Kind und Jugendlichen, der Offenheit im Sinne der Offenlegung und Begründung seiner Entscheidungen und Handlungen gegenüber dem Heranwachsenden und im Sinne der Antastbarkeit durch ihn, die Tugenden des "wahnfreien Optimismus", des "pädagogischen Taktes", der Pünktlichkeit und der Solidarität im Akzeptieren und Einhalten sinnvoller Verhaltensregeln, der Ruhe, Festigkeit und Bestimmtheit, der Gründlichkeit und des ehrlichen Suchens, der Klarheit und Zielstrebigkeit, des Frohsinns und der Heiterkeit, der Natürlichkeit und des gesunden Selbstbewußtseins. Hinzu kommen die "geistigen Tugenden" wie zum Beispiel Güte, Treue, Demut, Mitleid, Dienst- und Einsatzbereitschaft, Hingabefähigkeit und Opfersinn, die dem Heranwachsenden bewußt vorgelebt werden sollen.

In dem Maße, in dem Erziehung und Unterricht auf die Selbsttätigkeit der Kinder und Jugendlichen setzt, mit ihr rechnet, sie wirklich will, in dem Maße nimmt die Bedeutung der **Vorbereitung** (2.) gegenüber der Durchführung von Erziehungs- und Unterrichtshandlungen zu. Dementsprechend weit wird von allen drei Pädagogen die Handlungsvorbereitung gesehen: Sie reicht von der innerlichen, geistigen Vorbereitung zur Entwicklung berufsspezifischer Tugenden und Haltungen über das Einüben von Fertigkeiten und das Aneignen von inhaltlichen Kenntnissen, das Analysieren von Bildungsvoraussetzungen und Stoffen, das Auswählen von Stoffen, Methoden und Medien, das Anordnen von Stoffen und über die "Vorbereitung der Umgebung" (MONTESSORI) durch das Arrangieren von "pädagogischen Situationen" (PETERSEN) und das Herstellen von Arbeitsmitteln bis zur Beachtung eines gepflegten, würdevollen Äußeren und dem Bemühen um freundlich-liebevolles Auftreten.

Hinsichtlich der **"Durchführung von Erziehungs- und Unterrichtshandlungen"** (3.) seien zunächst die Handlungsorientierungen (3.2.) verglichen: Erwartungsgemäß wird in allen drei Konzepten die (Gegenwart und Zukunft der) Person des Zu-Erziehenden bzw. Zu-Unterrichtenden als der zentrale Orientierungsmaßstab erkannt und herausgestellt. GAUDIG arbeitet zusätzlich die Notwendigkeit der Orientierung des Unterrichts an den Strukturen des Unterrichtsstoffes heraus; PETERSEN zeigt die Bedeutung der Handlungsdispositionen des Pädagogen für die Handlungsorientierung auf. Mögliche "Störungen beim Erziehen und Unterrichten" (3.3.) werden eigentlich nur von PETERSEN thematisiert, und zwar Untugenden wie didaktische und sachliche Inkompetenzen des Lehrers; MONTESSORI will durch eine Art "präventiver Pädagogik" schon Anlässe für mögliche Störungen vermeiden. In allen drei Konzepten werden hinsichtlich der Maßnahmen des Erziehens und Unterrichtens (3.4.) "indirekte Einwirkungen bzw. Eingriffe", also nicht kommunikativ-dialogische Tätigkeiten, und "direkte Einwirkungen bzw. Eingriffe", also kommunikativ-dialogische Tätigkeiten unterschieden, am deutlichsten und explizit von GAUDIG und MONTESSORI. Bei PETERSEN finden sich Hinweise auf direkte und indirekte Maßnahmen unter den Stichworten "elementare Mittel der Pädagogie des Unterrichts" und "drei große Hilfeleistungen". Außerdem spricht er von der Notwendigkeit, daß der Lehrer darauf sieht, daß richtig gelernt werde, daß er das Lernen und das Lernenlernen unterstützt und daß er ins sachliche und soziale Lernen eingreift und es anleitet, wo dies gerechtfertigt erscheint.

Die Unverzichtbarkeit der **"Reflexion der Erziehungs- und Unterrichtshandlung"** (5.) wird von GAUDIG im Sinne einer sorgfältigen Nachbereitung thematisiert.

Was die institutionelle Verfaßtheit der Erziehungs- und Unterrichtsumwelt und -situation in unserer Gesellschaft für das pädagogische und didaktische Handeln, was also Erziehen und Unterrichten unter den Bedingungen der Schule bedeutet, arbeitet PETERSEN unter dem Begriff der **"pädagogischen Situation"** sehr sorgfältig heraus, wobei der Lehrer "der vorausschauende Organisator kindlicher Energien ist"[20]. Dem entspricht bei MONTESSORI die Bedeutung der **"vorbereiteten Umgebung"**.

---

20 P. Petersen: Führungslehre des Unterrichts, a.a.O., S. 23.

# IV. Fazit der komparativen Analyse

Auf der Basis der durchgeführten Analyse und mit Hilfe der erarbeiteten grundlegenden Unterscheidung zwischen pädagogisch-didaktischen (Handlungs-)Konzepten und pädagogisch-didaktischen Praxis-Konzeptionen lassen sich die Denk-Konzepte GAUDIGs, MONTESSORIs und PETERSENs begrifflich knapp, prägnant und stichwortartig so fassen und zuordnen:

**Stichworte**

|  | zum pädagogischen Konzept | zur pädagogisch-didaktischen Praxis-Konzeption |
|---|---|---|
| GAUDIG | Persönlichkeits-pädagogik; Konzept der Persönlichkeit | Schule der Selbsttätigkeit; Arbeitsschule; Schule als "Lebens- und Kulturkreis" |
| MONTESSORI | Pädagogik der Kindgemäßheit; Konzept der Bildung | Schule der "freien Wahl der Arbeit" ("Freiarbeit") |
| PETERSEN | Pädagogik der Geist-Metaphysik; Konzept der "Erziehung" | Lebensgemeinschafts-schule |

Diese Darstellung darf aber nicht so interpretiert werden, als ob das jeweilige Theorie-Konzept der Praxis-Konzeption im Sinne einer eindeutigen "Entsprechung" zuzuordnen ist. Die "Arbeitsschule" zum Beispiel ist sicher nicht das einzige Schulkonzept, das auf der Grundlage einer "Persönlichkeitspädagogik" erstellt werden kann.

Im Anschluß daran, daß THEODOR SCHWERDT bei PETERSEN zurecht die allzu einseitige sozialpädagogische Akzentuierung seines Konzepts kritisiert[21], ist für GAUDIG festzuhalten, daß er eine zu einseitig persönlichkeitspädagogische Akzentuierung (welche sich durchaus nicht nur auf die Schüler-, sondern auch auf die Lehrerpersönlichkeit bezieht) vornimmt, während MONTESSORI zu einseitig individualpädagogisch akzentuiert. Zwar wird das Spannungsgefüge zwischen Individuum bzw. Persönlichkeit und (a) einerseits der "Gemeinschaft", (b) andererseits den "Sachen" bzw. "Sachverhalten" durchaus von allen dreien gesehen, aber eben nicht in ein ausgewogenes Konzept der Bildungsfaktoren argumentativ integriert.

Die Ergebnisse dieses Vergleichs der drei Theorie-Konzepte und Praxis-Konzeptionen hinsichtlich des pädagogischen Handelns sind durchaus dazu geeignet, die verschiedentlich geäußerte und unterschiedlich begründete These von der Nicht-Einheitlichkeit des "Ensembles 'Reformpädagogik'"[22] zu stützen. Dennoch lassen sich selbst auf der hier stark vorstrukturierten und verhältnismäßig schmalen Vergleichsbasis in den Werken aller drei Pädagogen Elemente herausfiltern, welche gemäß den einschlägigen Interpretationen mit dem Etikett "reformpädagogisch" versehen werden könnten:

- Gemeinsam ist ihnen sicher die radikale Abkehr von der Drill-, Buch- und Lernschule des 19. Jahrhunderts, von der Schule als bloßer "Lehranstalt" und ihrer "Bildungspädagogik", in der allein der Lehrstoff im Mittelpunkt stand, was in der Folge zum pädagogischen und didaktischen Materialismus führte, hin zu einer Schule, in der die optimale Entwicklung und Entfaltung von Kind und Jugendlichem im Zentrum stehen. Dabei werden nun umgekehrt - durchaus im Sinn des allgemein bekannten und erfahrbaren Pendelschlag-Phänomens - die Kultur und die Bildungsgüter als Funktion der Bildung des Individuums und der

---

21 Th. Schwerdt: Kritische Didaktik in Unterrichtsbeispielen. Paderborn 1952. 18. Aufl., S. 225 u. 252ff.

22 J. Oelkers: Petersen und die Reformpädagogik. In: I. Maschmann, ders. (Hg.): Peter Petersen, a.a.O., S. 56; siehe auch S. 68 u. 77. - Vgl. auch H. Röhrs: Die Reformpädagogik. Ursprung und Verlauf in Europa. Hannover 1980, S. 333.

Persönlichkeit mediatisiert, was zwangsläufig zu den Einseitigkeiten der verschiedenen Gestalten des pädagogischen und didaktischen Formalismus führen muß.[23]

- Gemeinsam ist den Werken eine Tendenz zu einem - durchaus aus verschiedenen Quellen gespeisten - fundamentalen pädagogischen Optimismus - der eigentlich nicht im Widerspruch zu pädagogisch- realistischen Einsichten steht: Während dieser Optimismus von MONTESSORI und PETERSEN letztlich religiös und metaphysisch (nicht anthropologisch!) fundiert wird, ist GAUDIGs Begründung lebensphilosophischer und anthropologischer Art.

- Gemeinsam ist schließlich die Unterscheidung zwischen "Erwachsenen" und "Unerwachsenen" bzw. "Heranwachsenden", wobei das Wesen dieser Differenz letztlich in der unterschiedlichen Geistigkeit, Sittlichkeit, Intellektualität aufgrund des unterschiedlichen Grades der Bewußtheit - und nicht in der Vordergründigkeit des "bloßen" Faktums des Altersunterschieds, aber auch nicht in der physischen und psychischen Überlegenheit bzw. Unterlegenheit in Teilbereichen des Wissens und Könnens besteht; das Alter bzw. älter zu sein ist eben tatsächlich weder ein Verdienst noch automatische Überlegenheitsgarantie (jedenfalls nicht in unserer aufgeklärten, demokratisch verfaßten und hochmobilen Industriegesellschaft)[24].

Und nochmals sei darauf hingewiesen: Mit diesen hier herausgestellten Gemeinsamkeiten definieren GAUDIG, MONTESSORI und PETERSEN natürlich zugleich das mit, was die "reformpädagogische Bewegung" ausmacht.

---

23  Vgl.C. Marx: Die Persönlichkeitspädagogik Hugo Gaudigs. In systematischer Darstellung und kritischer Würdigung. Paderborn 1924, S. 81f. mit Bezug auf Gaudig; und allgemein W. Klafki: Kategoriale Bildung. Zur bildungstheoretischen Deutung der modernen Didaktik (1959). In: Ders.: Studien zur Bildungstheorie und Didaktik. Weinheim - Basel 1963, S. 25-45.

24  Dies ist ein Hinweis darauf, daß die Bedeutung des Alters und des Alterns kulturkreismäßig und historisch durchaus variiert. - Zum Problemkreis "Alter und Rang" vgl. z.B. I. Eibl-Eibesfeldt: Die Biologie des menschlichen Verhaltens. Grundriß der Humanethologie. München 1984, S. 397.

MONTESSORIs Hinweis auf die Notwendigkeit, durch eine intensivumfassende Vorbereitung des Erziehers bzw. Lehrers und durch eine sorgfältige Zurichtung der Lernumgebung mögliche Störungen des Kindes im Erziehungs- und Unterrichtsfeld vorwegnehmend bzw. präventiv zu verhindern, ist nicht als pädagogische Disqualifikation von Konflikten insgesamt zu interpretieren, sondern ist Teil ihres Bemühens, der Aktivität des Geistes, also dem sich in der Innerlichkeit und Einsamkeit der Seele (des Seelenlebens) entwickelnden Bildungsprozeß in einer Atmosphäre der Ruhe und Stille möglichst breiten Raum zu gewähren. Wohl ist damit aber indirekt ein Hinweis auf die Vordergründigkeit jeder Spielart von "Konfliktpädagogik" gegeben, welche die "Störung" in den Mittelpunkt der Aufmerksamkeit sowohl der pädagogischen Theorie als auch der pädagogischen Praxis rückt.

Auf der Grundlage der wertenden Unterscheidung MAX WEBERs zwischen dem Verantwortungs- und dem Gesinnungsethiker[25] glaubt HARM PRIOR in PETERSEN einen typischen Vertreter der Gesinnungsethik identifizieren zu können. Tatsache ist, daß bei PETERSEN zwar viel von "Gesinnung" die Rede ist, und zwar sowohl im Sinne der Notwendigkeit, die Jugend zur rechten Gesinnung zu erziehen, als auch im Sinne der rechten Gesinnung des Erziehers und Lehrers gegenüber den ihm anvertrauten Heranwachsenden, aber ebenso häufig von "Verantwortung" - gerade auch in seinem letzten Werk, das PRIOR als Beweis dafür zitiert, daß PETERSEN "bis zuletzt (Gesinnungsethiker) geblieben (ist)".[26] Dieser hingegen betont dort im Zusammenhang mit seiner Metaphysik der "Gegen-Erziehung" bzw. des Bösen immer wieder die nicht-delegierbare Verantwortlichkeit des Menschen für seine Taten.[27] Und gerade in seiner "Führungslehre des Unterrichts", die ja der eigentliche Gegenstand von PRIORs Analyse ist, arbeitet PETERSEN die Liebe zum und die Verantwortung gegenüber dem Kind und Jugendlichen als **das** pädagogische Ethos der Erzieherpersönlichkeit heraus.[28] Überhaupt müßte man "Gesinnung" und "Verantwortung" in ihrem dialektischen Verhältnis zwischen Ausschließung und Ergänzung sehen lernen.

---

25 W. Weber: Politik als Beruf. München - Leipzig 1920, 2. Aufl. (1919).

26 H. Prior: Die "Führungslehre des Unterrichts" in heutiger Sicht. In: I. Maschmann, J. Oelkers (Hg.): Peter Petersen, a.a.O., S. 164.

27 P. Petersen: Der Mensch in der Erziehungswirklichkeit, a.a.O., S. 190, 198.

28 P. Petersen: Führungslehre des Unterrichts, a.a.O., S. 21 u. 50, 46 u. 125.

Hinsichtlich der Verhältnisses zwischen Fach- und Gesamtunterricht sei zunächst auf folgende Gemeinsamkeiten zwischen GAUDIG und PETERSEN aufmerksam gemacht: Beide erkennen die Bedeutung der Sachstrukturen für Lernen und Bildung und die daraus folgende Notwendigkeit, einerseits die Aufschließung und Vermittlung der Unterrichtsstoffe unter anderem auch an ihrer Sachlogik zu orientieren und andererseits die fachspezifischen Arbeits- und Lerntechniken als Bedingung für die Möglichkeit selbsttätigen Bildungserwerbs zu lehren. Und beide sehen, daß es nötig ist, sowohl fachspezifische als auch fachübergreifende Einheiten mit durchaus unterschiedlicher pädagogisch-didaktischer Intentionalität aufzubereiten und anzubieten. Daran wird deutlich, daß keiner der beiden einer didaktischen Ganzheits- bzw. Konzentrationsideologie im Sinne von "Klebekonzentration"[29] aufsitzt und daß beide die Dialektik von Kindgemäßheit und Sachgerechtheit klar sehen - daß also nur die jeweilige Akzentuierung unterschiedlich ist und ihre Vorstellungen auch in dieser Hinsicht nicht so weit voneinander entfernt sind, wie dies auf den ersten Blick scheinen mag.

PETERSENs Theorem, daß Individuierung nur über, durch und in "natürlichen und sozialen" geistigen Gemeinschaften möglich sei, also seine Einsicht in die pädagogische Dialektik von Freiheit und Bindung, Individuum und Gemeinschaft, korrespondiert in gewisser Weise mit den existenzialontologisch erhellten und begründeten Ko-Existenzialien EUGEN FINKs: Arbeit, Herrschaft, Liebe, Spiel und Tod.[30] Besonders deutlich sichtbar wird dies etwa daran, daß PETERSEN das Gespräch, das Spiel, die Arbeit und die Feier als "Gemeinschaftsformen"[31] und als "Urformen des Lernens und Sich-Bildens"[32] bezeichnet und damit fundamental-anthropologische Kategorien des Zusammen- und Miteinanderseins der Menschen seinem pädagogisch-didaktischen Konzept zugrunde legt: "Der Mensch wird **nach außen hin tätig im Verein mit andern.**"[33] Ein weiteres Indiz für diese

29 Vgl. F. Kopp: Didaktik in Leitgedanken. Beiträge zur Schulpädagogik der Primar- und Sekundarstufe. Donauwörth 1974, 5., neubearb. Aufl. (1965), S. 128f.

30 Siehe Eu. Fink: Grundphänomene des menschlichen Daseins (hrsg. v. E. Schütz u. F.-A. Schwarz). Freiburg - München 1979. - Vgl. auch J. Oelkers: Petersen und die Reformpädagogik, a.a.O., S. 73ff.

31 P. Petersen: Führungslehre des Unterrichts, a.a.O., S. 38.

32 P. Petersen: Der Kleine Jena-Plan. Weinheim - Basel 1980, 56.-60. Aufl. (1927), S. 55ff.

33 P. Petersen: Führungslehre des Unterrichts, a.a.O., S. 33.

Korrespondenz ist darin zu finden, daß PETERSEN die Gestaltung des sozialen Feldes seiner "Lebensgemeinschaftsschule" in Form des jahrgangsübergreifenden "Stammgruppensystems" sehr gründlich überlegt. GAUDIGs "Lebensgebiete" (Arbeit, Spiel und Feier, Gemeinschaft, Leben in Sitte und Ordnung) verweisen ebenfalls auf FINKs Konzept der Ko-Existenzialien, aber auch auf anthropologische und sachliche Lebensfelder bzw. Lernbereiche.

Sehr interessant ist natürlich auch die **Einschätzung der Pädagogik GAUDIGs und MONTESSORIs durch PETERSEN**.[34] Was GAUDIG betrifft, lehnt er seine Persönlichkeitspädagogik deshalb ab, weil sie ihm zu einseitig individualpädagogisch - "bewußt individualistisch, ja aristokratisch"[35] - akzentuiert erscheint. Außerdem kann es "nichts Falscheres, Unpädagogischeres geben (...) als die Ansicht **Gaudigs** und seiner Anhänger, der Lehrer müsse sich überflüssig machen", denn "der Lehrer ist und bleibt konstitutiv für seine Gruppe. Ja, im Gegensatz zur überlieferten Schule **muß** er hier **Führer** sein, oder alles bricht zusammen. (...) Nein, ohne den Pädagogen als den reiferen Führer kommen Zögling und Gegenstand nicht in eine Beziehung, welche den Namen Schule im Vollsinne verdient."[36] Dies wirft zugleich noch einmal ein Licht auf die Begriffe des "pädagogischen Führers" bzw. der "pädagogischen Führung": Diese meint nämlich das genaue Gegenteil einer Fortsetzung oder gar Perfektion der Drillschule, der Zuchtanstalt, wie sie aus dem 19. Jahrhundert überkommen war. Auch bei MONTESSORI dürfte PETERSEN das Zurücktreten des Erziehers bzw. Lehrers gegenüber dem Kind und die für ihn allzu individualisierende Lernsituation stören[37], während er ihre Arbeits- bzw. Entfaltungsmittel zu schätzen scheint[38].

---

34 Andere gegenseitige Einschätzungen liegen nicht vor, was wenigstens zum Teil aus den Altersunterschieden erklärt werden kann.

35 P. Petersen: Pädagogik der Gegenwart, a.a.O., S. 170; siehe auch S. 98.

36 P. Petersen: Führungslehre des Unterrichts, a.a.O., S. 22f.; siehe auch ders.: Pädagogik der Gegenwart, a.a.O., S. 170.

37 P. Petersen: Führungslehre des Unterrichts, a.a.O., S. 22; ders.: Der Ursprung der Pädagogik, a.a.O., S. 173.

38 Ebd., S. 189f., 182; siehe Th. Schwerdt: Kritische Didaktik in Unterrichtsbeispielen, a.a.O., S. 237f.

Diese Auseinandersetzung PETERSENs mit GAUDIG und MONTESSORI macht etwas ganz Grundsätzliches deutlich, nämlich die Schwierigkeit, die herausgearbeiteten pädagogischen und didaktischen Antinomien von verschiedenen wissenschaftlichen Ansätzen her in Theorie-Konzepte der Pädagogik abgesichert einzubringen und in Praxis-Konzeptionen für erzieherisches und unterrichtliches Handeln dementsprechend ausgewogen zu berücksichtigen.[39] Und noch eine Einsicht ist zu gewinnen: Vielleicht lassen sich die Einseitigkeiten in den Akzentsetzungen der Erziehungstheorie wie -praxis überhaupt nur oder wenigstens besser dadurch aufspüren und festhalten, daß man - wie hier geschehen - die verschiedenen Vorstellungen aufeinanderprallen läßt und sorgfältig sondierend konfrontiert. So kann THEO DIETRICHs bereits zitierte Vermutungsfrage, ob PETERSEN seine Schulpraxis-Konzeption trotz seiner Einsicht in die Antinomien von Persönlichkeit und Gemeinschaft, von Individuum und Gesellschaft nicht dennoch zu einseitig am Pol der Gemeinschaft orientiert[40], durchaus bejaht werden; aber dies gilt auch für GAUDIG und MONTESSORI, und zwar für sie in dem umgekehrten Sinn, daß sie durch ihr konsequentes Herausarbeiten und Herausstellen des selbsttätigen Bildungserwerbs im Bildungsprozeß das Moment der Sozialstruktur, der Sozialbeziehungen in seiner Bedeutung für die Bildung des Menschen etwas vernachlässigt haben. Und hinsichtlich der Antinomie von Kindgemäßheit (Selbsttätigkeit) und Sachgerechtheit darf vermutet werden, daß möglicherweise alle drei Pädagogen zu einseitig die Kindgemäßheit und (damit) die formale Selbsttätigkeit betont haben. Dennoch bleibt wahr: Alle drei waren sich dieser Antinomien durchaus bewußt und haben, mehr oder minder deutlich sichtbar, um ihren Ausgleich gerungen.

Gerade diese letzten Überlegungen rund um die zentrale Fragestellung der Antinomien zeigen erneut die Notwendigkeit, pädagogisch-didaktische Theorie-Konzepte und Praxis-Konzeptionen nicht nur werkimmanent und auf der Basis einer handlungstheoretisch grundgelegten allgemeinen Handlungsstruktur zu analysieren, sondern darüber hinaus auch auf der

39  Vgl. z.B. M. Heitger: Wider den vermeintlichen Gegensatz von Mitmenschlichkeit und Sachlichkeit, eine falsche Antinomie in der gegenwärtigen Pädagogik. In: Vierteljahresschrift für wissenschaftliche Pädagogik, 56. Jg. (1980), S. 411-446.

40  Th. Dietrich: Geschichte der Pädagogik in Beispielen. 18.-20. Jahrhundert. Bad Heilbrunn 1970, S. 262.

Folie von Kategorien und Kriterien allgemeiner bzw. systematischer Pädagogik und Didaktik.

Aus dieser Perspektive noch einige Ergebnisse der Analysen in Thesenform:
- Viele Theorie- und Praxis-Elemente der Konzepte GAUDIGs, MONTESSORIs und PETERSENs sind für erzieherisches und unterrichtliches Denken und Handeln als grundlegend und unverzichtbar anzusehen.
- Diese Elemente konstituieren einen pädagogisch-didaktischen Minimalkonsens, der auch aus heutiger erziehungs- und bildungstheoretischer Sicht argumentierbar ist und nicht mehr unterboten werden darf.
- Die Deduktion von Praxisanweisungen aus Praxis-Konzeptionen und von solchen Konzeptionen aus Theorie-Konzepten ist nicht eindeutig-linear möglich[41], das heißt, dieselben Praxiselemente und -strukturen lassen sich häufig aus sehr unterschiedlichen Theoriekontexten ableiten.

Wenn das Aufgreifen pädagogischer Theorie-Konzepte und Praxis-Konzeptionen der Vergangenheit in kritischer Weise geschieht, können von solchen "Wiederentdeckungen" in späterer Zeit durchaus fruchtbare Impulse für die Weiterentwicklung von Theorie und Praxis der Erziehung und des Unterrichts ausgehen - wie das hier an drei prominenten Beispielen demonstriert werden konnte. Allerdings wird dann auch deutlich, daß ein noch so großes praktisch-pädagogisches Engagement theoretische Defizite etwa hinsichtlich der Begriffsbildung, der Vollständigkeit und der Stimmigkeit der Theorieelemente, der Erkenntnisgewinnung und des Begründungszusammenhangs nicht kompensieren kann.

---

41 Vgl. H.L. Meyer: Das ungelöste Deduktionsproblem in der Curriculumforschung. In: F. Achtenhagen, ders. (Hg.): Curriculumrevision - Möglichkeiten und Grenzen. München 1972, 3. Aufl. (1971), S. 106-132.

# Literatur

AEBLI, H.: Grundformen des Lehrens. Eine Allgemeine Didaktik auf kognitionspsychologischer Grundlage. Stuttgart 1976, 9., stark erw. u. umgearb. Aufl.

Arbeitsgruppe Vorschulerziehung: Anregungen III: Didaktische Einheiten im Kindergarten. München 1976.

BALLAUFF, TH./SCHALLER, K.: Pädagogik. Eine Geschichte der Bildung und Erziehung. Band III: 19./29. Jahrhundert. Freiburg - München 1973.

BITTNER, G.: Maria Montessori und das Unbewußte. In: FUCHS, B./ HARDT-PETER, W. (Hg.): Montessori-Pädagogik und die Erziehungsprobleme der Gegenwart. Würzburg 1989, S. 48-64.

BLOOM, B.S.: Mastery Learning. In: BLOCH, J.H. (Hg.): Mastery Learning: Theory and Practice. New York 1971, S. 47-63.

BLOOM, B.S.: Individuelle Unterschiede in der Schulleistung: ein überholtes Problem? (1971). In: EDELSTEIN, W./HOPF, D. (Hg.): Bedingungen des Bildungsprozesses. Psychologische und pädagogische Forschungen zum Lehren und Lernen in der Schule. Stuttgart 1973, S. 251-270.

BÖHM, W.: Maria Montessori. Hintergrund und Prinzipien ihres pädagogischen Denkens. Bad Heilbrunn 1969.

BÖHM, W.: Erziehung als Normalisation. In: Ders. (Hg.): Maria Montessori. Texte und Gegenwartsdiskussion. Bad Heilbrunn 1985, 3., neubearb. Aufl. (1971), S. 112-114.

BÖHM, W.: Maria Montessori. Texte und Gegenwartsdiskussion. Bad Heilbrunn 1985, 3., neubearb. Aufl. (1971).

BÖHM, W.: Was ist "aktuell" an Montessori? In: FUCHS, B./HARTH-PETER, W. (Hg.): Montessori-Pädagogik und die Erziehungsprobleme der Gegenwart. Würzburg 1989, S. 11-33.

BOLLNOW, O.F.: Maria Montessori (1959). In: SCHULZ-BENESCH, G. (Hg.): Montessori. Darmstadt 1970, S. 358-365.

BREZINKA, W.: Von der Pädagogik zur Erziehungswissenschaft. Eine Einführung in die Metatheorie der Erziehung. Weinheim 1971.

BREZINKA, W.: Grundbegriffe der Erziehungswissenschaft. Analyse, Kritik, Vorschläge. München 1977, 3., verb. Aufl. (1974).

BRÜGGEN, F.: Strukturen pädagogischer Handlungstheorie. Dilthey, Geisteswissenschaftliche Pädagogik, Mead, Habermas, Erlanger Schule. Freiburg - München 1980.

CARROLL, J.B.: Ein Modell schulischen Lernens (1963). In: EDEL-STEIN, W./HOPF, D. (Hg.): Bedingungen des Bildungsprozesses. Psychologische und pädagogische Forschungen zum Lehren und Lernen in der Schule. Stuttgart 1973, S. 251-270.

DANKER, G.: Konzentration als pädagogisches Phänomen (1954). In: SCHULZ-BENESCH, G. (Hg.): Montessori. Darmstadt 1970, S. 341-346.

DIETRICH, TH. (Hg.): Die pädagogische Bewegung "vom Kinde aus". Bad Heilbrunn 1963.

DIETRICH, TH.: Geschichte der Pädagogik in Beispielen. 18.-20. Jahrhundert. Bad Heilbrunn 1970.

DIETRICH, TH.: Die Pädagogik Peter Petersens - eine Herausforderung an die Gegenwart. München 1973, 3., erw. u. völlig veränd. Aufl.

DIETRICH, TH.: Die Pädagogik Peter Petersens. Der Jena-Plan: Modell einer humanen Schule. Bad Heilbrunn 1986, 4., neubearb. u. erw. Aufl.

DÖPP-VORWALD, H.: Die Erziehungslehre Peter Petersens. Ratingen 1969, 2. Aufl. (1962).

EDELSTEIN, W./HOPF, D. (Hg.): Bedingungen des Bildungsprozesses. Psychologische und pädagogische Forschungen zum Lehren und Lernen in der Schule. Stuttgart 1973.

EIBL-EIBESFELDT, I.: Die Biologie des menschlichen Verhaltens. Grundriß der Humanethologie. München 1984.

ERLINGHAGEN, K.: Maria Montessori. In: SCHEUERL, H. (Hg.): Klassiker der Pädagogik. 2. Band: Von Karl Marx bis Jean Piaget. München 1979, S. 140-151.

FINK, EU.: Grundphänomene des menschlichen Daseins (hrsg. v. E. SCHÜTZ u. F.-A. SCHWARZ). Freiburg - München 1979.

FLITNER, W.: Allgemeine Pädagogik. Stuttgart 1970, 13. Aufl. (1950).

FLITNER, W./KUDRITZKI, G. (Hg.): Die deutsche Reformpädagogik. Band I: Die Pioniere der pädagogischen Bewegung. Düsseldorf - München 1961.

FLITNER, W./KUDRITZKI, G. (Hg.): Die deutsche Reformpädagogik. Band II: Ausbau und Selbstkritik. Düsseldorf - München 1962.

FREUDENTHAL-LUTTER, S.: Peter Petersens Beziehung zu ausländischen Reformpädagogen und Reformbewegungen. In: KLAßEN, TH.F./SKIERA, E. (Hg.): Pädagogik der Mitmenschlichkeit. Beiträge zum Petersen-Jahr 1984. Heinsberg 1984, S. 43-61.

FUCHS, B./HARDT-PETER, W. (Hg.): Montessori-Pädagogik und die Erziehungsprobleme der Gegenwart. Würzburg 1989.

GAUDIG, H.: Friedrich Schillers Dramen II. (Aus deutschen Lesebüchern, 5. Band. Wegweiser durch die klassischen Schuldramen. 3. Abteilung. Gera/Leipzig 1894).

GAUDIG, H.: Deutsches Volk - Deutsche Schule! Wege zur nationalen Einheit. Leipzig 1917.

GAUDIG, H.: Die Schule im Dienste der werdenden Persönlichkeit. Erster Band. Leipzig 1917.

GAUDIG, H.: Die Schule im Dienste der werdenden Persönlichkeit. Zweiter Band. Leipzig 1917.

GAUDIG, H.: Elternhaus und Schule als Erziehungsgemeinschaft. Leipzig - Berlin 1920 (2. Aufl. 1929).

GAUDIG, H.: Schulreform? Gedanken (Vorläufiges) zur Reform des Reformierens. Leipzig 1920.

GAUDIG, H.: Didaktische Präludien. Leipzig - Berlin 1921, 2. Aufl. (1909).

GAUDIG, H.: Elternhaus und Schule innerhalb der nationalen Kulturentwicklung. In: Zeitschrift für pädagogische Psychologie und experimentelle Pädagogik, 1921.

GAUDIG, H.: (Hg. im Auftrage des Zentralinstituts für Erziehung und Unterricht): Freie geistige Schularbeit in Theorie und Praxis. Breslau 1922, 2. Aufl.

GAUDIG, H.: Schule und Schulleben. Leipzig 1923. (Wiederveröffentlichung von Aufsätzen aus der Zeitschrift für pädagogische
Psychologie und experimentelle Pädagogik).

GAUDIG, H.: Die Idee der Persönlichkeit und ihre Bedeutung für die
Pädagogik. Leipzig 1923.

GAUDIG, H.: Was mir der Tag brachte. Leipzig - Berlin 1923.

GAUDIG, H.: Didaktische Ketzereien. Leipzig - Berlin 1925, 6. Aufl.
(1904).

GAUDIG, H./FRIEDRICH, TH. Schulleben. Leipzig 1913 (Wissenschaftliche Abhandlung zu dem Programm der II. Höheren Schule für
Mädchen und des Lehrerinnenseminars zu Leipzig).

GIRNDT, H.: Das soziale Handeln als Grundkategorie erfahrungswissenschaftlicher Soziologie. Tübingen 1967.

GRESHAKE, G.: Person - Subjekt - "Verlust"/"Pathos" des Subjekts. Ein
theologiegeschichtlicher Durchblick. In: DIKOW, J. u.a. (Hg.):
Münstersche Gespräche zu Themen der wissenschaftlichen Pädagogik. Heft 4: Vom Verlust des Subjekts in Wissenschaft und Bildung
der Gegenwart (hrsg. v. M. HEITGER). Münster 1987, S. 3-19.

GROEBEN, N.: Die Verständlichkeit von Unterrichtstexten. Dimensionen
und Kriterien rezeptiver Lernstadien. Münster 1972.

GÜNTHER, K.-H.: Über die Persönlichkeitspädagogik Hugo Gaudigs. Ost-
Berlin 1957.

HEITGER, M.: Wider den vermeintlichen Gegensatz von Mitmenschlichkeit
und Sachlichkeit, eine falsche Antinomie in der gegenwärtigen
Pädagogik. In: Vierteljahresschrift für wissenschaftliche Pädagogik, 56. Jg. (1980), S. 411-446.

HEITGER, M.: Der Begriff der Bildung unter den institutionellen Bedingungen von Schule. In: DIKOW, J. u.a. (Hg.): Münstersche Gespräche zu Themen der wissenschaftlichen Pädagogik. Heft 1: Umgang
mit der Schulkritik (hrsg. v. M. HEITGER). Münster 1984, S. 32-47.

HELMING, H.: Das Spezifische in der Montessori-Pädagogik (1952/53).
In: SCHULZ-BENESCH, G. (Hg.): Montessori. Darmstadt 1970, S.
304-315.

HOLTSTIEGE, H.: Modell Montessori. Grundsätze und aktuelle Geltung
der Montessori-Pädagogik. Freiburg 1986, 4. Aufl. (1977).

HOLTSTIEGE, H.: Maria Montessori und die "reformpädagogische Bewegung". Freiburg 1986.

HOLTSTIEGE, H.: Maria Montessoris Neue Pädagogik: Prinzip Freiheit - Freie Arbeit. Freiburg 1987.

Hugo Gaudig zum Gedächtnis. Worte seiner Mitarbeiter. Leipzig - Berlin 1924.

ILLICH, I.: Deschooling Society. New York 1970 (Deutsche Ausgabe: Entschulung der Gesellschaft. München 1972).

JANSEN, J.: Hugo Gaudigs Stellung zum Problem der weiblichen Bildung (Dissertation). Köln 1928.

JONES, I.: Möglichkeiten und Grenzen der Montessori-Pädagogik. Das Jugenderziehungskonzept der Maria Montessori in der Sekundarstufe I. Frankfurt 1987.

KALLERT, H. u.a.: Der Aufbau der kindlichen Persönlichkeit in den Entwicklungslehren von Maria Montessori und Rudolf Steiner. In: Zeitschrift für Pädagogik, Heft 5/1984, S. 633-645.

KANT, I.: Über Pädagogik (1803). In: WEISCHEDEL, W. (Hg.): Immanuel Kant. Werke in zehn Bänden. Band 10: Schriften zur Anthropologie, Geschichtsphilosophie, Politik und Pädagogik. Zweiter Teil. Darmstadt 1975, S. 691-761.

KARSEN, F.: Deutsche Versuchsschulen der Gegenwart und ihre Probleme. Leipzig 1923.

KARSTÄDT, O.: Versuchsschulen und Schulversuche. In: NOHL, H./ PALLAT, L. (Hg.): Handbuch der Pädagogik. Band IV. Langensalza 1928, S. 333-364.

KAßNER, P./SCHEUERL, H.: Rückblick auf Peter Petersen, sein pädagogisches Denken und Handeln. In: Zeitschrift für Pädagogik, Heft 5/ 1984, S. 647-661.

KERSCHENSTEINER, G.: Texte zum pädagogischen Begriff der Arbeit und zur Arbeitsschule. Ausgewählte pädagogische Schriften. Band II. (besorgt v. G. WEHLE). Paderborn 1982, 2. Aufl. (1968).

KESSELER, K.: Pädagogische Charakterköpfe. Eine Beleuchtung der Pädagogik im zwanzigsten Jahrhundert. Frankfurt 1929. 5. Aufl.

KEY, E.: Das Jahrhundert des Kindes. 1900 (deutsch 1902).

KLAFKI, W.: Kategoriale Bildung. Zur bildungstheoretischen Deutung der modernen Didaktik (1959). In: Ders.: Studien zur Bildungstheorie und Didaktik. Weinheim - Basel 1973 (1963), S. 25-45.

KLAßEN, TH.F.: Der Erzieher als Material. Zur Funktion des Lehrers in der Montessoripädagogik. In: Pädagogische Rundschau, Heft 7/1975, S. 591-600.

KLAßEN, TH.F./SKIERA, E. (Hg.): Pädagogik der Mitmenschlichkeit. Beiträge zum Petersen-Jahr 1984. Heinsberg 1984.

KOPP, F.: Didaktik in Leitgedanken. Beiträge zur Schulpädagogik der Primar- und Sekundarstufe. Donauwörth 1974, 5., neubearb. Aufl. (1965).

KOSSE, W.: Peter Petersen. In: SCHEUERL, H. (Hg.): Klassiker der Pädagogik. 2. Band: Von Karl Marx bis Jean Piaget. München 1979, S. 183-195.

KRAMER, R.: Maria Montessori. Leben und Werk einer großen Frau. Frankfurt 1983.

KRATOCHWIL, L.: Didaktische Grundsätze - Umriß eines zentralen Unterrichtsproblems zwischen Praxis-Not und Theorie-Defizit. In: Pädagogische Impulse, Heft 3/1983, S. 8-17.

KRATOCHWIL, L.: Spielen in der Schule - eine Praxis zwischen Spiel-Philosophie und Spiel-Didaktik. Ein handlungstheoretischer Versuch für "Spiel" und "Unterricht". In: MEYER, E. (Hg.): Spiel und Medien in Familie, Kindergarten und Schule. Heinsberg 1984, S. 202-218.

KRATOCHWIL, L.: Die Bedeutung didaktischer Grundsätze für den "guten Lehrer". In: REINERT, G.-B./DIETERICH, R. (Hg.): Theorie und Wirklichkeit. Studien zum Lehrerhandeln zwischen Unterrichtstheorie und Alltagsroutine. Frankfurt 1987, S. 191-204.

KRATOCHWIL, L.: Der Erziehungsbegriff aus handlungstheoretischer Perspektive. In: Pädagogische Rundschau, Heft 2/1988, 165-185.

KRATOCHWIL, L.: Ausgewählte Innovationen und Animationen zur Weiterentwicklung der Grundschule. Unter besonderer Berücksichtigung der Pädagogik Maria Montessoris. In: Forum Pädagogik, Heft 2/1988, S. 63-75.

KRATOCHWIL, L.: Grundzüge der Pädagogik Maria Montessoris. In: Pädagogische Impulse, Heft 3/1989, S. 45-47 und Heft 4/1989, S. 64-66.

KRICK, W.: Die humane Schule als Lebensraum. Peter Petersens Jenaplan als Antwort auf die heutige Schulsituation. Ein Studienbuch für Erzieher und Bildungspraktiker. Oberursel/Ts. 1981.

LANGEVELD, M.J.: Einführung in die theoretische Pädagogik. Stuttgart 1973, 8.Aufl.

LASSAHN, R.: Montessori-Pädagogik im Lichte neuer Forschung. In: Pädagogische Rundschau, 32. Jg. (1978), S. 480-491.

LEHMANN, R.: Die pädagogische Bewegung der Gegenwart, II. Teil: Die Entwicklung der Theorie. München - Leipzig 1923.

LENK, H.: Handlungstheorien - interdisziplinär. 6 Bände. München 1977-1984.

LENK, H.: Struktur- und Verhaltensaspekte in Theorien sozialen Handelns. In: Ders. (Hg.): Handlungstheorien - interdisziplinär. Band 4: Sozialwissenschaftliche Handlungstheorien und spezielle systemwissenschaftliche Ansätze. München 1977, S. 157-175.

LENK, H.: Handlung als Interpretationskonstrukt. Entwurf einer konstituenten- und beschreibungstheoretischen Handlungsphilosophie. In: Ders. (Hg.): Handlungstheorien - interdisziplinär. Band 2: Handlungserklärungen und philosophische Handlungsinterpretation. 1. Halbband. München 1978, S. 279-350.

LENVAL, H.L. DE: Bewußtseinsbildung (1951). In: SCHULZ-BENESCH, G. (Hg.): Montessori. Darmstadt 1979, S. 274-277.

LERSCH, PH.: Aufbau der Person. München 1970, 11. Aufl.

LEWIN, K.: Sachlichkeit und Zwang in der Erziehung zur Realität (1931). In: SCHULZ-BENESCH, G. (Hg.): Montessori. Darmstadt 1970, S. 245-253.

LÖWISCH, L.: Kultur und Pädagogik. Darmstadt 1989.

MACCHERONI, A.M.: A True Romance. Edinburgh o.J. (1947).

MACCHERONI, A.M.: Come conobbi Maria Montessori. Roma 1956.

MARROU, H.I.: Geschichte der Erziehung im klassischen Altertum. München 1977.

MARX, C.: Die Persönlichkeitspädagogik Hugo Gaudigs. In systematischer Darstellung und kritischer Würdigung. Paderborn 1924.

MÄRZ, F.: Problemgeschichte der Pädagogik. Band 2: Pädagogische Anthropologie. Teil 2: Die Lernfähigkeit und Erziehbarkeit des Menschen. Bad Heilbrunn 1980.

MASCHMANN, I.: Zur Biographie und Zeitgeschichte Peter Petersens. In: Dies./OELKERS, J. (Hg.): Peter Petersen. Beiträge zur Schulpädagogik und Erziehungsphilosophie. Heinsberg 1985, S. 25-53.

MASCHMANN, I./OELKERS, J. (Hg.): Peter Petersen. Beiträge zur Schulpädagogik und Erziehungsphilosophie. Heinsberg 1985.

MASCHMANN, I./OELKERS, J.: Einleitung: Petersens Pädagogik als Problem. In: Dies. (Hg.): Peter Petersen. Beiträge zur Schulpädagogik und Erziehungsphilosophie. Heinsberg 1985, S. 9-23.

MEYER H.L.: Das ungelöste Deduktionsproblem in der Curriculumforschung. In: ACHTENHAGEN, F./ders. (Hg.): Curriculumrevision - Möglichkeiten und Grenzen. München 1972, 3.Aufl. (1971), S. 106-132.

MIESKES, H.: Gedenkrede in der Aula der Friedrich-Schiller-Universität zu Jena am 9. April 1952. In: DIETRICH, TH.: Peter Petersen. Leben und Werk. Frankfurt - Berlin - Hamburg - München o.J., S. 53-70.

MIESKES, H.: Jenaplan und Schulreform. Oberursel i. Taunus 1966.

MILLER, G.A. u.a.: Strategien des Handelns. Pläne und Strukturen des Verhaltens. Stuttgart 1973 (Originalausg. 1960).

MONTESSORI, M.: Mein Handbuch. Grundsätze und Anwendung meiner neuen Methode der Selbsterziehung der Kinder. Stuttgart 1922.

MONTESSORI, M. u.a.: Die Selbsterziehung des Kindes. Berlin 1923.

MONTESSORI, M.: Ratschläge für die Montessori-Lehrerin. Sonderabdruck aus: Die Quelle, Jg. 1928, Heft 5.

MONTESSORI, M.: Selbständige Erziehung im frühen Kindesalter. Stuttgart 1930.

MONTESSORI, M.: Doveri dell'educatore (Die Pflichten des Erziehers). In: MONTESSORI, 1 (Roma 1931), n. 2, p. 18-26.

MONTESSORI, M.: Il compito preciso del nuovo maestro (Die genaue Aufgabe des neuen Lehrers). In: MONTESSORI, 1 (Roma 1931), n. 4, p. 3-12.

MONTESSORI, M.: Das Kind in der Familie. Stuttgart 1954 (Wien 1923).

MONTESSORI, M.: Über die Bildung des Menschen (hrsg. u. eingel. v. P. OSWALD u. G. SCHULZ-BENESCH). Freiburg 1966.

MONTESSORI, M.: Von der Kindheit zur Jugend (hrsg. u. eingel. v. P. OSWALD u. G. SCHULZ-BENESCH). Freiburg 1966.

MONTESSORI, M.: Grundlagen meiner Pädagogik und weitere Aufsätze zur Anthropologie und Didaktik (besorgt und eingel. v. B. MICHAEL). Heidelberg 1968, 5. Aufl. (1965).

MONTESSORI, M.: Frieden und Erziehung. Die Bedeutung der Erziehung für die Verwirklichung des Friedens (hrsg. u. eingel. v. P. OSWALD u. G. SCHULZ-BENESCH). Freiburg 1973.

MONTESSORI, M.: Schule des Kindes. Montessori-Erziehung in der Grundschule (hrsg. u. eingel. v. P. OSWALD u. G. SCHULZ-BENESCH). Freiburg 1976.

MONTESSORI, M.: Spannungsfeld Kind - Gesellschaft - Welt. Auf dem Wege zu einer "Kosmischen Erziehung" (aus nachgelassenen Texten hrsg., eingel. u. übers. v. P. OSWALD u. G. SCHULZ-BENESCH). Freiburg 1979.

MONTESSORI, M.: Kinder sind anders. Frankfurt - Berlin - Wien 1981 (Stuttgart 1952).

MONTESSORI, M.: Die Entdeckung des Kindes (hrsg. u. eingel. v. P. OSWALD u. G. SCHULZ-BENESCH). Freiburg 1984, 7. Aufl. (1969).

MONTESSORI, M.: Das kreative Kind. Der absorbierende Geist (hrsg. u. eingel. v. P. OSWALD u. G. SCHULZ-BENESCH). Freiburg 1984, 5. Aufl. (1972).

MONTESSORI, M.: "Kosmische Erziehung" (hrsg. u. eingel. v. P. OSWALD u. G. SCHULZ-BENESCH). Freiburg 1988.

MÜLLER, L. (Hg.): Hugo Gaudig. Die Schule der Selbsttätigkeit. Bad Heilbrunn 1969, 2. Aufl. (1963).

MÜßENER, G.: Der (Schul-)Pädagoge als "Führer" - der "Führer" als "Diener". Legitimationsanalytische Überlegungen Peter Petersens zur Dignität des Lehrers und Erziehers. In: REINERT, G.-B./ DIETERICH, R. (Hg.): Theorie und Wirklichkeit. Studien zum Lehrerhandeln zwischen Unterrichtstheorie und Alltagsroutine. Frankfurt 1987, S. 43-61.

NICOLIN, F. (Hg.): Pädagogik als Wissenschaft. Darmstadt 1969.

ODENBACH, K.: Lexikon der Schulpädagogik. In chronologischer Darstellung von 1423 bis zur Neuzeit. Braunschweig 1970.

OELKERS, J.: Intention und Wirkung: Vorüberlegungen zu einer Theorie pädagogischen Handelns. In: LUHMANN, N./SCHORR, K.E. (Hg.): Zwischen Technologie und Selbstreferenz. Fragen an die Pädagogik. Frankfurt 1982, 139-194.

OELKERS, J.: Erziehen und Unterrichten. Grundbegriffe der Pädagogik in analytischer Sicht. Darmstadt 1985.

OELKERS, J.: Petersen und die Reformpädagogik. In: MASCHMANN, I./ ders. (Hg.): Peter Petersen. Beiträge zur Schulpädagogik und Erziehungsphilosophie. Heinsberg 1985, S. 55-99.

OELKERS, J.: Reformpädagogik. Eine kritische Dogmengeschichte. Weinheim -München 1989.

OSWALD, P.: Menschenbildung als Anliegen Montessoris (1968). In: SCHULZ-BENESCH, G. (Hg.): Montessori. Darmstadt 1970, S. 392-407.

OSWALD, P.: Pädagogik als Wissenschaft nach der Auffassung Maria Montessoris. In: Vierteljahresschrift für wissenschaftliche Pädagogik, 46. Jg. (1970), S. 135-146.

OSWALD, P.: Der nicht-endende Streit um Montessori. In: Welt des Kindes, 49. Jg. (1971), S. 85-94.

OSWALD, P.: "Kosmische Erziehung" in der pädagogischen Theorie Maria Montessoris. In: SCHEID, P./WEIDLICH, H. (Hg.): Beiträge zur Montessori-Pädagogik 1977. Stuttgart 1977.

OSWALD, P.: Der Freiheitsbegriff bei Maria Montessori. In: Montessori-Werkbrief, Heft 3/4-1983, S. 59-67.

OSWALD, P.: "Montessori- bzw. Waldorfpädagogik"? (Gemeinsames und Unterschiedliches in zwei pädagogischen Konzeptionen). In: Vierteljahresschrift für wissenschaftliche Pädagogik, Heft 1/1985, S. 139-159.

OSWALD, P.: Die Pädagogik Maria Montessoris und Rudolf Steiners. In: Zeitschrift für Pädagogik, Heft 3/1985, S. 385-396.

OSWALD, P.: Anregung zur Disputation (zu: H. HOLTSTIEGE, Maria Montessori und die "reformpädagogische" Bewegung). In: Montessori-Werkbrief, Heft 2/1988, S. 67-76.

OSWALD, P.: Maria Montessori und die kosmische Erziehung. In: FUCHS, B./HARDT-PETER, W. (Hg.): Montessori-Pädagogik und die Erziehungsprobleme der Gegenwart. Würzburg 1989, S. 34-47.

PESTALOZZI, J.H.: Meine Nachforschungen über den Gang der Natur in der Entwicklung des Menschengeschlechts (1797). Hrsg. v. A. STENZEL. Bad Heilbrunn 1962.

PETERSEN, J.: Pädagogische Argumentation und didaktische Forschung I. Acht Kapitel zur Geschichte der empirischen Unterrichtsforschung. Kiel 1987.

PETERSEN, P.: Gemeinschaft und freies Menschentum. Die Zielforderungen der neuen Schule. Eine Kritik der Begabungsschulen. Gotha 1919.

PETERSEN, P.: Der Bildungsweg des neuen Erziehers. Antrittsvorlesung, gehalten am 3. November 1923 in der Universität Jena. Leipzig 1924 (Sonderabdruck).

PETERSEN, P.: Allgemeine Erziehungswissenschaft. Berlin - Leipzig 1924.

PETERSEN, P.: Innere Schulreform und Neue Erziehung. Gesammelte Reden und Aufsätze. Weimar 1925.

PETERSEN, P.: Eine Grundschule nach den Grundsätzen der Arbeits- und Lebensgemeinschaftsschule. Hrsg. zus. mit HANS WOLFF. Weimar 1925.

PETERSEN, P.: Die neueuropäische Erziehungsbewegung. Weimar 1926.

PETERSEN, P.: Der Jena-Plan einer freien allgemeinen Volksschule. Langensalza 1927.

PETERSEN, P.: Das Unterrichtsleben. Sonderabdruck aus: Die Quelle, Jg. 1930, Heft 1.

PETERSEN, P.: Der Ursprung der Pädagogik (II. Teil der "Allgemeinen Erziehungswissenschaft"). Berlin - Leipzig 1931 (unveränd. Nachdruck 1964).

PETERSEN, P.: Pädagogik. Berlin 1932.

PETERSEN, P.: Pädagogik der Gegenwart. Reprint der 2. Aufl. 1937. Weinheim - Basel 1973.

PETERSEN, P.: Von der Pädagogik zur Erziehungswissenschaft. Die Begründung des pädagogischen Realismus. In: Europäischer Wissenschaftsdienst, 3. Jg., Nr. 6 (Stuttgart - Berlin 1943), S. 18-21.

PETERSEN, P.: Der Mensch in der Erziehungswirklichkeit. Reprint der Erstausgabe 1954. Weinheim - Basel 1984.

PETERSEN, P.: Führungslehre des Unterrichts. Neuausgabe nach der 10. Aufl. 1971. Weinheim - Basel 1984.

PETERSEN, P.: Der Kleine Jena-Plan. Weinheim - Basel 1980, 56.-60. Aufl.

PETERSEN, P./PETERSEN, E.: Die pädagogische Tatsachenforschung (besorgt v. TH. RUTT). Paderborn 1965.

PETZELT, A.: Tatsache und Prinzip. Philosophie und Psychologie (hrsg. v. J. RUHLOFF). Frankfurt 1982.

PRIOR, H.: Die "Führungslehre des Unterrichts" in heutiger Sicht. In: MASCHMANN, I./OELKERS, J. (Hg.): Peter Petersen. Beiträge zur Schulpädagogik und Erziehungsphilosophie. Heinsberg 1985, S. 145-167.

RABENSTEIN, R. (Hg.): Erstunterricht. Bad Heilbrunn 1979, 2., überarb. Aufl.

REBLE, A. (Hg.): Die Arbeitsschule. Texte zur Arbeitsschulbewegung. Bad Heilbrunn 1963.

REBLE, A.: Geschichte der Pädagogik. Dokumentationsband II. Stuttgart 1971.

REBLE, A.: Geschichte der Pädagogik. Stuttgart 1975, 12., abermals überarb. u. erw. Aufl. (1951).

REICH, K.: Unterricht - Bedingungsanalyse und Entscheidungsfindung. Ansätze zur neuen Grundlegung der Berliner Schule der Didaktik. Stuttgart 1979.

RENNER, K.: Konzentration als pädagogisches Grundphänomen. In: BÖHM, W. (Hg.): Maria Montessori. Texte und Gegenwartsdiskussion. Bad Heilbrunn 1985, 3. neubearb. Aufl. (1971), S. 127-129.

RÖHRS, H.: Die Reformpädagogik. Ursprung und Verlauf in Europa. Hannover 1980.

RUTT, TH.: Petersenschule heute. Heinsberg 1983.

RUTT, TH.: Peter Petersen. Leben und Werk. Heinsberg 1985.

SALZMANN, CH.: Schule und Schulleben aus der Sicht Peter Petersens. Der Jena-Plan und das Problem seiner Reaktualisierung. In: Pädagogische Rundschau, Heft 3/1984, S. 333-353.

SALZMANN, CH.G.: Ameisenbüchlein oder Anweisung zu einer vernünftigen Erziehung der Erzieher (1806). Hrsg. v. TH. DIETRICH. Bad Heilbrunn 1964, 2. Aufl.

SAUPE, E.: Deutsche Pädagogen der Neuzeit. Ein Beitrag zur Geschichte der Erziehungswissenschaft zu Beginn des 20. Jahrhunderts. Osterwieck am Harz 1929, 7. u. 8. Aufl. (1924).

SCHEIBE, W.: Die reformpädagogische Bewegung 1900-1932. Eine einführende Darstellung. Weinheim - Basel 1984, 9. Aufl. (1969).

SCHEIBNER, O.: Arbeitsschule in Idee und Gestaltung. Gesammelte Abhandlungen. Heidelberg 1962, 5. Aufl.

SCHEID, P./WEIDLICH, H. (Hg.): Beiträge zur Montessori-Pädagogik 1977. Stuttgart 1977.

SCHLEIERMACHER, F.E.D.: Theorie der Erziehung. Die Vorlesungen aus dem Jahre 1826 (Nachschriften). In: F.E.D. Schleiermacher. Ausgewählte pädagogische Schriften (besorgt v. E. LICHTENSTEIN). Paderborn 1964, 2. Aufl. (1959), S. 36-243.

SCHMALT, H.-D.: Psychologische Aspekte einer Theorie der Handlung. In: LENK, H. (Hg.): Handlungstheorien - interdisziplinär. Band 3: Verhaltenswissenschaftliche und psychologische Handlungstheorien. 2. Halbband. München 1984, S. 517-546.

SCHULZ-BENESCH, G. (Hg.): Montessori. Darmstadt 1970.

SCHULZ-BENESCH, G.: Die Gründe der Mißverständnisse der Montessori-Pädagogik in Deutschland (1961). In: Ders. (Hg.): Montessori. Darmstadt 1970, S. 366-391.

SCHULZ-BENESCH, G.: Der Streit um Montessori. Kritische Nachforschungen zum Werk einer katholischen Pädagogin von Weltruf mit einer internationalen Montessori-Bibliographie. Freiburg 1962, 2. Aufl.

SCHULZ-BENESCH, G.: Über Reden und Schriften Montessoris (Zur Problematik der deutschen Editionen und Schriften Montessoris). In: SCHEID, P./WEIDLICH, H. (Hg.): Beiträge zur Montessori-Pädagogik 1977. Stuttgart 1977, S. 139-158.

SCHULZ-BENESCH, G.: Abenteuer eines Lebens für das Kind. In: OSWALD, P./SCHULZ-BENESCH, G. (Hg.): Grundgedanken der Montessori-Pädagogik. Aus Maria Montessoris Schrifttum und Wirkkreis. Freiburg 1980, 6., erw. Aufl. (1967), S. 173-186.

SCHULZ-BENESCH, G.: Montessori. Darmstadt 1980.

SCHÜTZ, A./LUCKMANN, TH.: Strukturen der Lebenswelt. Band 1. Frankfurt 1979.

SCHWERDT, TH.: Kritische Didaktik in Unterrichtsbeispielen. Paderborn 1952. 18. Aufl.

SKIERA, E.: Die Jenaplan-Schule in den Niederlanden. Beispiel einer pädagogisch fundierten Schulreform. Weinheim - Basel 1982.

SKIERA, E. (Hg.): Schule ohne Klassen. Gemeinsam lernen und leben. Das Beispiel Jenaplan. Heinsberg 1985.

SPRANGER, E.: Lebensformen. Geisteswissenschaftliche Psychologie und Ethik der Persönlichkeit. München - Hamburg 1965 (1914).

SPRANGER, E.: Gedanken zur Daseinsgestaltung (ausgew. von H.W. BÄHR). München 1965 (1954).

SPRANGER, E.: Der geborene Erzieher. Heidelberg 1968, 5. Aufl.

STACH, R. u.a.: Zusammen lernen - Zusammen leben. Eine praxisbezogene Einführung in die Pädagogik Peter Petersens. Ein Lese- und Arbeitsbuch in Form eines Werkstattberichts. Heinsberg 1984.

STANDING, E.M.: Maria Montessori. Leben und Werk. Oberursel/Ts. o.J.

STROHAL, R.: Bemerkungen zu dem Begriff der psychischen Dispositionen und seiner Bedeutung für die Pädagogik. In: BREZINKA, W.(Hg.): Weltweite Erziehung. Freiburg 1961, S. 251-262.

VEEN-BOSSE, B. VAN: Konzentration und Geist. Die Anthropologie in der Pädagogik Maria Montessoris. In: HAGENMAIER, TH. u.a.: Neue Aspekte der Reformpädagogik. Studien zur Anthropologie und Pädagogik bei Kerschensteiner, Dewey und Montessori. Heidelberg 1964, S. 101-160.

WATZLAWICK, P. (Hg.): Die erfundene Wirklichkeit. Wie wissen wir, was wir zu wissen glauben? Beiträge zum Konstruktivismus. München 1985, 2. Aufl. (1981).

WEBER, M.: Politik als Beruf. München - Leipzig 1920, 2. Aufl. (1919).

WIEHL, R.: Reflexionsprozesse und Handlungen. In: BUBNER, R. u.a. (Hg.): Handlungstheorie. Göttingen 1976, S. 17-65.

ZDARZIL, H.: Pädagogische Anthropologie. Graz - Wien - Köln 1978, 2., überarb. u. erw. Aufl. (1972).